JIM COLLINS
e BILL LAZIER

BEYOND ENTREPRENEURSHIP BE 2.0

Criando Empresas Feitas para Durar

ALTA BOOKS
EDITORA
Rio de Janeiro, 2022

BE 2.0
(Beyond Entrepreneurship 2.0)

ISBN: 978-65-5520-884-9

Impresso no Brasil — 1ª Edição, 2022 — Edição revisada conforme o Acordo Ortográfico da Língua Portuguesa de 2009.

Dados Internacionais de Catalogação na Publicação (CIP) de acordo com ISBD

C712b Collins, Jim

BE 2.0 (Beyond Entrepreneurship 2.0): criando empresas feitas para durar / Jim Collins, Bill Lazier ; traduzido por Carolina Palha. - Rio de Janeiro : Alta Books, 2022.
352 p. : il. ; 16cm x 23cm.

Inclui índice.
Tradução de: BE 2.0 (Beyond Entrepeneurship)
ISBN: 978-65-5520-884-9

1. Empreendedorismo. 2. Liderança. 3. Gerenciamento e gestão. I. Lazier, Bill. II. Palha, Carolina. III. Título.

2021-4635 CDD 658.421
CDU 658.421

Elaborado por Odilio Hilario Moreira Junior - CRB-8/9949

Produção Editorial
Editora Alta Books

Diretor Editorial
Anderson Vieira
anderson.vieira@altabooks.com.br

Editor
José Ruggeri
j.ruggeri@altabooks.com.br

Gerência Comercial
Claudio Lima
comercial@altabooks.com.br

Gerência Marketing
Andrea Guatiello
marketing@altabooks.com.br

Coordenação Comercial
Thiago Biaggi

Coordenação de Eventos
Viviane Paiva
eventos@altabooks.com.br

Coordenação ADM/Finc.
Solange Souza

Direitos Autorais
Raquel Porto
rights@altabooks.com.br

Assistente Editorial
Caroline David

Produtores Editoriais
Illysabelle Trajano
Larissa Lima
Maria de Lourdes Borges
Paulo Gomes
Thales Silva
Thiê Alves

Equipe Comercial
Adriana Baricelli
Daiana Costa
Fillipe Amorim
Kaique Luiz
Maira Conceição
Victor Hugo Morais

Equipe Editorial
Beatriz de Assis
Brenda Rodrigues
Gabriela Paiva
Henrique Waldez
Marcelli Ferreira
Mariana Portugal

Marketing Editorial
Jessica Nogueira
Livia Carvalho
Marcelo Santos
Thiago Brito

Atuaram na edição desta obra:

Tradução
Carolina Palha

Copidesque
Camila Paduan

Revisão Gramatical
Edite Siegert
Fernanda Lutfi

Diagramação
Joyce Matos

Capa
Larissa Lima

Editora **afiliada à:**

ASSOCIADO

Rua Viúva Cláudio, 291 — Bairro Industrial do Jacaré
CEP: 20.970-031 — Rio de Janeiro (RJ)
Tels.: (21) 3278-8069 / 3278-8419
www.altabooks.com.br — altabooks@altabooks.com.br
Ouvidoria: ouvidoria@altabooks.com.br

DEDICATÓRIA

Para nossas melhores amigas, Joanne e Dorothy

SUMÁRIO

INTRODUÇÃO

O QUE É *BE* 2.0?

Quando Bill Lazier e eu escrevemos *Beyond Entrepreneurship*, com base no curso que ministramos na Faculdade de Negócios de Stanford, decidimos criar um roteiro para líderes de pequenas e médias empresas que desejam construir grandes empresas feitas para durar.

Bill trouxe a rara combinação de experiência prática e reflexão acadêmica, e *Beyond Entrepreneurship* reuniu muito de sua sabedoria acumulada. Embora eu tenha continuado a escrever, sozinho e em coautoria, vários best-sellers do *New York Times* e do *Wall Street Journal* sobre o que faz as grandes empresas funcionarem, muitos líderes me disseram que esse primeiro livro continua sendo seu favorito. Quando Reed Hastings, cofundador da Netflix, me apresentou em um encontro para as Escolas KIPP, em 2014, ele me surpreendeu dizendo que, quando era um jovem empresário, havia lido *Beyond Entrepreneurship* seis vezes. Quando a Netflix ganhou o prêmio Stanford ENCORE de empresa mais empreendedora, Hastings deu um conselho aos aspirantes a CEO: "Memorizem as primeiras 86 páginas de *Beyond Entrepreneurship*." Por meio do *Beyond Entrepreneurship*, Bill tornou-se o mentor de empreendedores que ele mesmo nunca teve, inspirando-os a se empenharem para construir empresas verdadeiramente excelentes e duradouras.

Mas por que relançar *Beyond Entrepreneurship* e por que agora? Decidi relançá-lo como *BE 2.0* por três motivos.

Primeiro, ainda sou apaixonado por empreendedores e líderes de pequenas e médias empresas, que sempre foi um público que desejei alcançar. Isso pode surpreender os leitores de meus livros posteriores, nos quais pesquisei empresas que haviam se tornado gigantes. Mas o tamanho a que chegaram obscurece o fato de que todas as empresas estudadas para livros como *Feitas para Durar*, *Feitas para Vencer* e *Great by Choice* [Grandes por Escolha, em tradução livre] já foram pequenas startups, e pesquisei toda a sua história desde os primórdios. Dediquei muito da minha curiosidade a entender por que algumas empresas *florescentes* se tornaram grandes e duradouras e outras, não.

Segundo, eu tinha um novo material substancial e útil para os empresários e líderes de empresas de pequeno e médio porte de hoje. Este novo material, sobre decisões de pessoas, liderança, visão, estratégia, sorte e muito mais, encontrou o lugar certo em um relançamento de *Beyond Entrepreneurship*. Conforme avançar neste livro, pense nele como uma casa clássica e tradicional que passou por uma boa reforma. O novo material está nos capítulos novos, e inseri "propostas" em todo o livro, que estão destacadas sob o título "Visão de Jim em 2020". Quase metade do texto a seguir foi escrito para a edição de 2020. No entanto, deixei o texto dos capítulos originais intactos, como Bill e eu o escrevemos, em 1992 (com apenas algumas correções e pequenos ajustes). O texto original aparece sob um fundo sombreado.

Terceiro, e mais importante, este relançamento objetiva homenagear e estender o legado do meu coautor, o maior mentor da minha vida, Bill Lazier. Sem sua mão norteadora, eu não seria quem sou, nem minha vida seria o que é. Quando Bill faleceu, em 2004, eu queria escrever algo sobre ele e sobre o profundo impacto que teve nas pessoas. Logo após esta Introdução ao *BE 2.0*, compartilho a história de Bill e o que aprendi com essa alma sábia e generosa, um homem que mudou a vida de milhares de jovens.

Espero que *BE 2.0* o ajude a criar uma empresa icônica. Ainda mais, espero que a orientação de Bill saia destas páginas para viver em você e naqueles que você lidera.

Jim Collins
Boulder, Colorado
2 de março de 2020

VISÃO DE JIM EM 2020

Capítulo 1

BILL E EU

BILL LAZIER FOI A RELAÇÃO mais próxima que tive à de um pai. Meu próprio pai morreu quando eu tinha 23 anos, sem nunca ter tido tempo para me ensinar nada sobre a diferença entre o certo e o errado, ou sobre os valores essenciais e o caráter do ser humano. Atingi a maioridade no fim dos anos 1970, na era pós-Vietnã, pós-Watergate, que parecia destituída de qualquer grande senso de causa, direção ou propósito. Quando concluí a graduação, em 1980, eu nunca tinha conversado com nenhum dos meus colegas sobre o compromisso com o serviço como um tema possível para nossas vidas, e raramente discutíamos a ideia de que viver de acordo com um conjunto de valores essenciais deveria guiar nossas carreiras. Por volta dos meus 20 e poucos anos, tive a sensação torturante de que havia deixado escapar algo essencial, algo que não conseguia identificar.

Então conheci Bill.

Pouco antes do meu aniversário de 25 anos, durante meu segundo ano na Faculdade de Negócios de Stanford, fui atingido por um raio de "antropossorte", o tipo de sorte que surge como um encontro casual com uma pessoa que muda sua vida. O reitor acadêmico ofereceu a Bill, um executivo e fundador de empresas de sucesso na casa dos 50 anos, a oportunidade de ingressar no corpo docente e ministrar um curso eletivo. Bill aceitou o cargo em Stanford para compartilhar sua sabedoria prática, transferindo suas energias da formação de jovens empresas para a formação de jovens líderes. Eu me candidatei a uma vaga de outro curso eletivo, mas o sistema distribuía a grade de forma aleatória e me colocou na primeira turma de Bill. Perguntei aos meus colegas: "Alguém sabe alguma coisa sobre este professor Lazier?" Todos balançaram a cabeça em negação. "Bom, acho que vou às primeiras aulas ver qual é a dele."

Foi a melhor coisa que fiz. Se o sistema tivesse me atribuído aleatoriamente a outro curso, ou se eu tivesse desistido dele, seria extremamente improvável que a minha carreira tivesse seguido o mesmo rumo. Este livro não existiria. Nem qualquer um dos outros livros que escrevi sozinho ou em coautoria, nem *Feitas para Durar*, nem *De Bom a Excelente*, nem *Como as Gigantes Caem*, nem *Great by Choice*. Nenhuma das pesquisas e livros resultantes que tive o privilégio de escrever teriam acontecido. E meu próprio caráter — na verdade, meus valores essenciais mais profundos — seria outro.

Por algum motivo, Bill gostou de mim. Acho que ele percebeu que eu era uma máquina de propulsão de alta energia sem um propósito claro para me orientar. Ele convidava minha esposa, Joanne, e a mim para jantarmos em sua casa com ele e sua esposa, Dorothy. E continuou fazendo isso após a minha formatura, me incentivando a pensar seriamente sobre a melhor forma de desenvolver meus talentos e dar uma contribuição diferenciada ao mundo. Fazia isso de forma gentil, mas persistente, inspirando-me a me comprometer com uma vida de pesquisa, escrita e ensino.

Então, em 1988, assim que fiz 30 anos, Bill deu um passo verdadeiramente corajoso em meu nome, e a minha vida mudou para sempre. A Faculdade de Negócios de Stanford perdeu repentina e inesperadamente um famoso professor que ministrava uma oferta secundária popular do curso sobre empreendedorismo e pequenos negócios de Bill. O reitor perguntou a Bill se ele conhecia alguém para assumir o cargo de professor no próximo ano, enquanto procurava um substituto "real". Bill me indicou.

O reitor expressou certo ceticismo, mas Bill me defendeu: "Eu acredito nele", disse. "E assumirei a responsabilidade de treiná-lo, já que ele ministrará o mesmo curso que eu, apenas para uma turma diferente."

Não tendo outra alternativa, o reitor cedeu, esperando que Bill segurasse as pontas para eu não fazer muita besteira.

Imagine que você é um jovem arremessador nas ligas menores e, um dia, o ônibus que transportava os arremessadores da liga principal quebra a caminho do Yankee Stadium. O jogo está prestes a começar e os técnicos estão lutando para colocar alguém no monte para arremessar, e por acaso você está parado lá. Então alguém intervém em seu nome e diz: "Ei, garoto, pegue uma luva e uma bola, vá até lá e arremesse!" Foi assim que me senti entrando na sala de aula do MBA de Stanford, substituindo um professor famoso.

Bill colocou sobre mim um enorme fardo de responsabilidade — *ele confiava e acreditava em mim* —, e eu não queria decepcioná-lo. Ele também me deu uma palestra sobre como atingir o máximo desempenho nos momentos mais importantes. É como se estivéssemos no banco de reservas antes do jogo que representava a grande chance da minha vida, com o técnico Bill me dizendo: "Esta é a sua chance. Se fizer um jogo quase perfeito, eles permitirão que você lance novamente, e isso pode mudar toda a sua vida. Agora, vá lá e jogue!"

Eu joguei no "Yankee Stadium" da Faculdade de Negócios de Stanford pelas sete temporadas seguintes.

Lições de Vida de um Mentor Magnífico

A grandeza de Bill não estava no seu sucesso. Sem dúvida, ele foi bem-sucedido, de todas as formas. Ele foi um empresário de sucesso, cujas empresas privadas criavam empregos e geravam riqueza muito depois de sua própria vida expirar. Foi um professor e acadêmico de sucesso, cuja reputação lhe rendeu uma cátedra como o primeiro professor de negócios Nancy e Charles Munger na Faculdade de Direito de Stanford (onde Bill encerrou sua carreira de professor). Bill teve um impacto tão profundo nos graduandos de direito que eles o homenagearam nomeando a peça central externa da Residência de Pós-Graduação Munger de Lazier. Também foi um filantropo de sucesso, doando tempo e dinheiro para uma variedade de empreendimentos sociais, incluindo seis anos como presidente do conselho do Grinnell College.

Mas, acima de tudo, Bill foi um mentor. Não apenas para mim, mas para centenas de jovens. Portanto, antes de passar para as lições deste livro, mais focadas nos negócios, vou compartilhar as lições de vida que aprendi com Bill. É apropriado colocá-las no começo de *BE 2.0*, pois Bill foi a prova viva de que não há verdadeiro sucesso sem ser bem-sucedido na forma como você vive a sua vida.

Nunca Reprima o Impulso da Generosidade

Um dia, duas grandes caixas de madeira apareceram em nossa varanda, as etiquetas de endereço indicando que foram enviadas por Bill. Ao abri-las, Joanne e eu encontramos algumas garrafas de vinhos espetacularmente bons, franceses, italianos e californianos. Liguei para Bill e perguntei o que motivara o presente tão apreciado. "Dorothy e eu tivemos um problema de estoque em nossa adega e precisávamos abrir espaço para algumas garrafas novas. Achamos que você poderia nos ajudar tirando um pouco de nossas mãos."

Bill dominava a arte de fazer as pessoas aceitarem sua generosidade, dando um jeito de fazer parecer que você é que estava fazendo um favor *a ele*. Ele tinha uma enorme adega e duvidávamos de que realmente tivesse um problema de estoque. Joanne e eu havíamos comentado no jantar com ele uma noite o quanto gostávamos de suas seleções de vinho. Na época, não tínhamos recursos para estocar vinhos daquela qualidade. Então, Bill simplesmente decidiu compartilhá-los, deixando-nos com o feliz problema de como colocar dezenas de garrafas em uma pequena prateleira em nosso minúsculo porão.

De todos os grandes e conhecidos líderes empresariais, de quem Bill mais me lembrava era William R. Hewlett, cofundador da Hewlett-Packard Company (HP). Hewlett acreditava que uma empresa tinha responsabilidade com todos ao seu redor e que as pessoas que trabalhavam pesado para torná-la bem-sucedida mereciam compartilhar da riqueza que ajudavam a criar. Bem à frente de seu tempo, a Hewlett incorporou esses valores na década de 1940, muito antes de se tornarem moda nos EUA corporativos. A HP se tornou uma das primeiras empresas de tecnologia a instituírem uma participação significativa nos lucros e propriedade de ações para todos os funcionários de longo prazo, e Hewlett se tornou um dos primeiros titãs da tecnologia a se comprometer a doar uma grande parte de sua fortuna. Ao construir sua empresa e viver sua vida, Hewlett seguia um lema simples que costumava repetir: "Nunca reprima o impulso da generosidade."

Bill e eu fomos inspirados por Hewlett, e Bill abraçou totalmente a máxima de Hewlett sobre a generosidade. Ele acreditava que o sonho americano não dizia respeito somente a fazer o bem para si mesmo; mas ainda mais à oportunidade de fazer um trabalho útil e de doar-se livremente para os outros. Você pode doar dinheiro. Ou tempo. Ou serviços para uma causa ou para o país, de forma mais geral. Ou ensinar e orientar a próxima geração. Ou arriscar-se por algo em que acredita. No caso de Bill, ele fez tudo isso e muito mais. A generosidade de Bill não esgotava sua energia; tinha o efeito oposto. Por ser tão generoso e doar muito a outras pessoas, isso voltava direto para ele, aumentando sua gratidão, que ele transformava novamente em doação, o que aumentava ainda mais sua energia — girando e girando o volante da energia da generosidade, construindo um impulso de doar cada vez maior ao longo de sua vida.

Sabendo Quando Dar o Salto Irreversível

Bill iniciou sua carreira como contador em uma prestigiosa firma de contabilidade. Com sua estrela em ascensão, ele sabia que estava prestes a ser nomeado sócio.

A resposta de Bill à sua promoção iminente à parceria?

Ele declinou.

"Sempre tive o grande sonho de dar o salto empreendedor para construir minha própria empresa", contou-me ele sobre esse momento. "E senti que me tornar sócio me amarraria a uma posição confortável e prestigiosa, e esse conforto dificulta dar o salto irreversível." Então, pouco antes de elevarem Bill a sócio, ele abandonou o conforto e a segurança que sufocariam seu sonho empresarial e se lançou sobre o abismo.

Tenha em mente que isso aconteceu em outra época, quando as pessoas ansiavam pelo prestígio e pela segurança da classe média alta, quando o empreendedorismo era visto como uma escolha de carreira estranha e exótica para aqueles que querem correr riscos loucos, quando profissionais recém-casados com filhos pequenos raramente trocavam seus caminhos bem trilhados para o sucesso pela incerteza e pelo risco. Mas, para realizar sonhos quase impossíveis, chega um momento em que você tem que se atirar, comprometer-se, sem nenhum caminho fácil para o qual recuar. Bill acreditava que a maioria das pessoas não consegue realizar seus grandes sonhos audaciosos porque não se compromete totalmente no momento crucial.

Para ser claro, Bill não defendia dar saltos precipitados e do tipo "tudo ou nada" em qualquer caminho aleatório, escolhido cegamente. Ele analisava cuidadosamente antes de assumir compromissos ousados e irreversíveis. Ainda assim, a questão permanece: sim, é arriscado apostar tudo na busca de um sonho cujas chances de sucesso são baixas, *mas, se no momento crítico você não apostar tudo, as chances de realizar o sonho vão de baixas a zero.*

Para Bill, ficar na empresa de contabilidade teria sido a abordagem da segurança, na qual tudo é definido para você, e, enquanto permanecer na linha, os bons desfechos não só são previsíveis, como até garantidos. Mas há outra escolha, a escolha que Bill fez. Você pode renunciar à certeza de uma vida segura, similar à de tantas outras pessoas, e, em vez disso, começar com uma tela em branco, na qual você pintará sua obra-prima.

Mais tarde, vivi a minha própria encruzilhada. Após cerca de cinco anos na minha carreira de professor, enfrentei uma escolha de vida fundamental. Eu poderia pegar a estrada já conhecida. Poderia seguir uma carreira acadêmica tradicional, fazer um doutorado seguido por anos subindo na escada da estabilidade como professor. Ou poderia abrir meu próprio caminho fora do mundo acadêmico, apostando alto em minhas próprias pesquisas e textos.

Ao longo dos anos, alguns alunos me perguntaram sobre a contradição inerente à noção de ser um "professor de empreendedorismo". Afinal, o que a estrutura e a segurança da estabilidade acadêmica têm a ver com o risco e a ambiguidade do empreendedorismo? Então, pensei: "Por que não inverter as palavras? Em vez de me tornar um professor de empreendedorismo, por que não me tornar um *empreendedor que ensina*?"

Quando eu disse a Bill que queria "me tornar um professor autônomo, responsável pela minha cadeira e me mantendo como fosse possível", ele achou isso estranho e improvável. Ele acreditava que eu tinha nascido para ser professor, pesquisador e escritor e, de início, me aconselhou a construir uma plataforma acadêmica mais tradicional e estável. Quando eu disse a Bill que ainda seria professor, pesquisador e escritor — só que sem a universidade —, ele balançou a cabeça diante da minha audácia infundada.

Então lembrei a Bill do seu próprio momento de total comprometimento, quando ele renunciou à sociedade pouco antes de ela se consolidar. "O que seria da sua vida se você tivesse dado ouvidos àqueles que se preocuparam com sua decisão de trocar a sociedade pelo caminho do empreendedorismo?" Percebi um sorriso evanescente, e ele não respondeu. Avaliando agora, acho que Bill estava me testando, sondando se eu acreditava o suficiente na ideia do "professor autônomo" para assumir o comprometimento que isso exigiria. Ele também se importava comigo o suficiente para desafiar minhas ideias.

Joanne e eu demos o salto irreversível, sem volta, no que chamamos de nosso "momento Thelma e Louise", invocando o filme clássico que termina com Thelma e Louise dirigindo um conversível a toda velocidade, mãos entrelaçadas, arremessando-se sobre um escancarado desfiladeiro do deserto. (Embora, ao contrário de Thelma e Louise, nós realmente quiséssemos pousar no outro lado.) Quase não conseguimos, a certa altura, sentindo que íamos nos espatifar na encosta do penhasco, quando nossas reservas de caixa quase secaram. Mas, se tivéssemos mantido em aberto uma opção de retirara fácil, de volta ao conforto de Stanford, meu comportamento teria sido diferente, muito menos comprometido. E as chances de sucesso cairiam de remotas para zero.

Se você passar a vida mantendo suas opções em aberto, é exatamente isso o que fará... passará toda a sua vida deixando suas opções em aberto.

Faça a Aposta de Confiança

Depois de deixar a clausura e a cultura acadêmica de Stanford, tomei uma série de decisões erradas sobre as pessoas, o que fez com que eu perdesse a minha confiança. Contei a Bill sobre as experiências e perguntei: "Bill, as pessoas alguma vez abusaram da sua confiança?"

"Claro", disse ele, "faz parte da vida".

"Você se tornou mais desconfiado, mais defensivo?", perguntei, continuando: "Essas experiências me tornaram muito mais cauteloso com as pessoas."

"Jim, esta é uma das grandes bifurcações na estrada da vida. Em um caminho, você primeiro assume que alguém é confiável e mantém essa visão até que tenha evidências incontestáveis do contrário; no outro, você primeiro supõe que alguém não é confiável até que ele prove que a confiança é merecida. Você tem que escolher o caminho que deseja e segui-lo."

Sabendo que Bill parecia confiar nas pessoas, perguntei: "Mas e o fato de que as pessoas *nem sempre* são confiáveis?"

"Eu escolho supor o melhor das pessoas e aceitar que elas às vezes vão me decepcionar."

"Mas você não se deu mal com essa postura?", perguntei, o desafiando.

"Claro que me dei mal!", vociferou ele. "Várias vezes. Porém, com muito mais frequência, percebo que as pessoas querem dar o seu melhor quando você acredita nelas. Se confiar nelas, elas se sentirão responsáveis por merecer essa confiança. Você já considerou a possibilidade, Jim, de que, ao confiar nas pessoas, você as ajuda a serem mais confiáveis?"

"Mas algumas delas vão tirar vantagem disso", retruquei. "E elas podem nos fazer mal."

Bill me contou de uma situação em que perdeu "tanto dinheiro que doeu", quando alguém abusou da sua confiança. Não foi nada catastrófico. ("Nunca se deixe abrir até o limite da catástrofe; mantenha seus olhos no fluxo de caixa", aconselhou também.) Mas doeu, em particular porque veio de alguém que ele conhecia há muito tempo.

Bill colocou isso em termos de vantagens e desvantagens. Suponha que você confie em alguém e que essa pessoa mereça a confiança. Essa é uma grande vantagem. Pessoas confiáveis se sentem validadas e motivadas quando os outros confiam nelas. Qual é a desvantagem se você estiver errado? Contanto que não se exponha a perdas inaceitáveis, você sentirá mágoa e decepção. Considere o outro lado: qual é a vantagem da desconfiança? Você minimiza a mágoa e a decepção. Qual é a desvantagem? Este, Bill aconselhou, é o argumento decisivo: se você presumir que as pessoas não são confiáveis, você desmotivará e afastará as melhores pessoas. Essa foi a "aposta de confiança" de Bill — uma crença obstinada de que há mais vantagens e menos desvantagens em uma oferta inicial de confiança do que em uma oferta inicial de desconfiança.

"Então, o que você faz quando descobre que alguém abusou da sua confiança?", perguntei.

"Primeiro, você precisa ter certeza de que não é apenas um mal-entendido. Ou incompetência."

"Incompetência?"

"Claro", disse Bill. "Existem dois tipos de perda de confiança. A primeira é perder a confiança nas habilidades de alguém porque você descobre que a pessoa é um incompetente bem-intencionado. A segunda é perder a confiança no caráter de alguém. Você pode ajudar alguém que é incompetente a se tornar competente, mas, se descobrir que alguém deliberada e repetidamente se aproveitou da sua confiança, você nunca mais poderá confiar nele totalmente."

A confiança e a crença de Bill nos outros agiam como um ímã, elevando as pessoas a um padrão mais alto de desempenho e caráter, simplesmente porque não queriam decepcioná-lo. As decepções nunca o impediram de acreditar nas pessoas. Ele apostava alto nelas, várias e várias vezes. E, quando essas pessoas valiam a aposta, permaneciam comprometidas e leais a Bill pelo resto da vida.

Construa uma Vida Significativa Construindo Relacionamentos

"Você pode levar a vida como uma série de transações, ou construindo relacionamentos", disse-me Bill uma vez. "As transações podem lhe dar o sucesso, mas apenas os relacionamentos contribuem para uma vida excelente."

"Como saber que temos boas relações?", perguntei.

Bill pensou por um momento, então respondeu: "Quando você pergunta a cada uma das pessoas que fazem parte do relacionamento quem se beneficia mais com ele, e ambas respondem: 'Sou eu.'"

"Não é um jeito meio egoísta de ver as coisas?" Fiquei intrigado.

"Não, a ideia geral é que cada pessoa contribui tanto para o relacionamento que ambas se sentem enriquecidas", explicou Bill. "Deixe-me perguntar a você, Jim, quem você acha que se beneficia mais com o nosso relacionamento?"

"Ah, isso é fácil... eu! Você faz muito por mim."

"Ah, esse é o meu ponto", sorriu Bill. "Veja, eu responderia que me beneficio mais do que você."

A abordagem de Bill funciona apenas quando ambas as pessoas investem no relacionamento, não pelo que "receberão" dele, mas pelo que podem dar a ele.

Bill foi um mentor particularmente generoso. Nos últimos anos da sua vida, Bill cruzou o caminho de centenas de jovens que foram orientados por ele. Fiquei curioso para ver quem ele escolheu para mentorar, e com quem continuou fazendo esse trabalho. Aqueles em que Bill investiu entenderam que ser mentorado não significa "fazer conexões", "networking" ou "conseguir um mentor para lhes abrir portas". A mentoria — ser mentor e ser mentorado — é um *relacionamento*, não uma transação.

Apesar da declaração cortês de Bill sobre o quanto ele se beneficiou da nossa amizade duradoura, sempre achei que ganhei muito mais com sua orientação do que fui capaz de retribuir a ele. E outras pessoas tocadas pela orientação de Bill me disseram que se sentiam da mesma maneira. Mas Bill tinha um pedido tácito para todos nós. Ele esperava que as pessoas que orientou participassem de um ciclo virtuoso, no qual os pupilos se tornariam mentores da próxima geração, que por sua vez alimentaria o ciclo. E, dessa forma, a mentoria torna-se não apenas um relacionamento de mão dupla, mas uma rede de relacionamentos em expansão, que se estende muito além do tempo de vida do mentor e do pupilo.

Comece com os Valores, Sempre com os Valores

Bill adorava falar do caso da L.L.Bean. Ele gostava em particular de apresentar os alunos à história do seu fundador, Leon Bean, e de contar como Bean tomava decisões com base mais em valores essenciais do que em maximizar o crescimento e a receita. Contrariando a mentalidade comum de MBA de que o objetivo é buscar mais dinheiro, Leon Bean deixava o dinheiro de lado em prol de cuidar dos clientes como amigos, cultivar uma cultura da qual se orgulhava e passar um tempo ao ar livre. Na opinião de Bill, o sucesso empresarial não deve se basear tanto no que você faz, mas em quem você é. Assim como uma grande pintura ou música reflete os valores do artista, uma grande empresa também reflete os valores essenciais de seus líderes empreendedores.

Usando Bean como exemplo catalítico, Bill desafiava seus alunos a desenvolverem uma filosofia clara de orientação para a vida, uma filosofia não definida pelo dinheiro. Uma das citações favoritas de Bill (que você encontrará mais para a frente neste livro) foi a resposta de Leon Bean às pessoas que achavam que ele deveria crescer mais rapidamente para ganhar mais dinheiro: "Já faço três refeições por dia e nem consigo fazer uma quarta."

Para Bill, o dinheiro nunca foi o placar principal da vida. Ele poderia ter ganhado mais dinheiro, muito mais, se tivesse passado as últimas duas décadas da sua vida focado em maximizar o sucesso nos negócios. Em vez disso, ele escolheu ensinar. Bill me ensinou uma lição fundamental, tanto com palavras quanto com seu exemplo: se você define o sucesso pelo dinheiro, sempre fracassa. O verdadeiro placar da vida sobe quando você constrói relacionamentos significativos e vive bem, de acordo com seus valores essenciais. Isso significa que os valores vêm antes das metas, antes da estratégia, antes das táticas, antes dos produtos, antes das escolhas de mercado, antes do financiamento, antes dos planos de negócios, antes de cada decisão. Peguei de Bill a ideia de que uma empresa deveria começar não tanto com um plano de negócios, mas quase com uma Declaração de Independência, que começa com uma declaração de valores: *Consideramos essas verdades evidentes por si mesmas*. Os valores vêm em primeiro lugar, e tudo o mais vem em seguida — nos negócios, na carreira, na vida.

Bill ensinou que os valores essenciais não são fáceis. Viver de acordo com os valores essenciais é difícil.

Um valor essencial que Bill instilou em mim foi a natureza sagrada do *comprometimento*. "Tenha muito cuidado com o que você se compromete", aconselhava Bill. "Não há maneira honrosa de abrir mão de um compromisso firmado por escolha."

Em 2005, eu me comprometi a fazer uma apresentação de encerramento em um encontro perto de Fort Lauderdale, na Flórida, em 25 de outubro. Meu voo estava programado para 24 de outubro, o mesmo dia em que o furacão

Wilma atingiu o sul da Flórida. Seis milhões de pessoas perderam a energia. Aeroportos fechados. As portas do hangar foram arrancadas. Eu esperava receber um telefonema da pessoa com quem havia me comprometido absolvendo-me de meu compromisso. Mas a conferência já havia começado, antes de o furacão chegar, e era o evento de despedida de carreira do organizador da conferência. Ele queria que eu fosse de qualquer maneira e falasse com todos os participantes, que, afinal, estavam presos no sul da Flórida.

O que fazer?

Minha equipe e eu debatemos se eu deveria cancelar. Então fiz uma pergunta simples, inspirada por Bill: "É impossível honrar meu compromisso, quero dizer, realmente *impossível*?"

Na verdade, havia uma possibilidade remota. Eu poderia voar para Orlando, que ainda estava fazendo voos, e chegar tarde da noite. Então eu poderia viajar de carro, por quatro ou cinco horas no meio da noite, na esperança de evitar colidir com linhas de energia caídas, árvores e sinais de trânsito enviesados. Se as estradas estivessem transitáveis, eu chegaria de manhã cedo. Então, foi o que fiz, arranjando um voo para Orlando por volta da meia-noite, navegando em rodovias totalmente desertas durante a noite, chegando sem energia, e com as pessoas fazendo fila do lado de fora dos supermercados em busca de água e comida, para dar a palestra de encerramento por meio de um gerador movido a gás, exatamente na hora combinada.

Bill me imbuiu da ideia de que viver de acordo com os valores essenciais costuma ser inconveniente, às vezes, dispendioso, e sempre exige bastante. Na verdade, é difícil. Continuo imperfeito no que tange a viver de acordo com todos os meus valores essenciais constantemente. Mas me comporto de forma muito mais condizente com eles por causa dos ensinamentos e do exemplo de Bill. Ele me ensinou que você deve se autocorrigir continuamente, como um navio no mar guiado pelas constelações — às vezes, você se desvia um pouco, mas revê seus valores e retoma o curso. E isso é um trabalho para a vida toda, durante toda uma vida bem vivida.

Coloque a Manteiga nos Seus Waffles

Em 1991, quando comecei a lutar com a escrita do manuscrito do que se tornaria *Beyond Entrepreneurship*, reclamei com Bill que me sentia como se estivesse em uma jornada sombria de desespero, tentando fazer as palavras funcionarem. *Beyond Entrepreneurship* foi meu primeiro livro, eu nunca tinha empreendido um esforço de tal proporção e me senti terrivelmente inadequado para a tarefa, um sentimento reforçado todos os dias quando eu lia meu texto do dia anterior e pensava: "Passei seis horas para produzir algo digno de ir para o lixo."

Esperava que Bill me desse um sermão sobre a necessidade da disciplina para superar a frustração, como lutar pelos quilômetros finais de uma maratona. Eu estava começando a entender a verdade sobre o sofrimento inerente necessário para acertar as palavras. Escrever é como correr: se você der o máximo na corrida, sempre vai doer. Nunca fica mais fácil; você é que fica melhor.

Mas, em vez disso, recebi um sermão sobre diversão. "Bom, Jim, se você não gosta de fazer isso, não vai insistir nisso por tempo suficiente para ficar realmente bom." Em seguida, acrescentou: "A vida é muito curta para não gostar do que você está fazendo. *Se não podemos tornar algo divertido, devemos parar de fazê-lo*!"

Um dia após entregar o manuscrito de *Beyond Entrepreneurship* ao editor, Bill sofreu um ataque cardíaco e fez uma cirurgia de revascularização quíntupla. Poucos meses após a cirurgia, Bill e eu nos encontramos para um de nossos frequentes festivais de waffle nas manhãs de sábado no Peninsula Creamery, em Palo Alto, Califórnia. Quando seu waffle chegou, Bill colocou uma boa camada de manteiga por cima.

"Bill!", exclamei. "O que você está fazendo? Eles não lhe disseram para parar de comer manteiga por causa do coração?"

Bill calmamente derramou um pouco de xarope quente no waffle, observando a manteiga e o xarope girando juntos em uma mistura de açúcar e gordura deliciosa.

"Quando eu estava sendo levado para a sala de cirurgia", começou a explicar Bill, "aposto que eles viram um sorriso no meu rosto. Percebi que, se aquele fosse o fim da minha vida, bem, que fosse. Dorothy e eu tivemos uma carreira fabulosa, uma vida maravilhosa. Saber disso — quero dizer, sentir isso — ao entrar na sala de cirurgia... me fez ver que a minha vida é incrível."

"Mas o que isso tem a ver com a manteiga nos waffles?", perguntei.

"Já tive uma vida ótima. Tudo daqui em diante é bônus. Então, sim, vou colocar manteiga nos meus waffles."

Bill nunca confundiu uma vida ótima com uma vida longa. Afastei-me refletindo que não poderia determinar a duração da minha vida; todos nós somos criaturas de vida curta, vulneráveis a sermos atacados por doenças ou acidentes a qualquer momento. Quarenta anos, cinquenta anos, sessenta anos, cem anos, mesmo mais do que isso — são números minúsculos na grande varredura do tempo.

E o tempo *se acelera*. Um dia, enquanto dirigia para o campus com Bill, perguntei-lhe se ele notava que o tempo passava mais rápido à medida que envelhecia.

"Como assim?", perguntou ele.

"Estou percebendo que os dias do lixo semanais, quando preciso colocar o lixo para coleta, parecem se esgueirar cada vez mais rápido", falei, acrescentando: "Sei que ainda são os mesmos sete dias que sempre foram, mas com certeza parecem sete dias mais curtos do que há uma década."

"Ah!", riu Bill. "Espere até ter a minha idade e sentir que o Natal está chegando tão rápido quanto os dias do lixo!"

Então, se a vida é curta — mesmo que você viva cem anos —, a questão principal não é como a estender o máximo possível, mas como viver uma vida que valha a pena viver o tempo todo, viver uma vida tão boa a ponto de você se sentir bem, seja qual for o momento em que ela terminar.

A questão aqui não é de fato a manteiga nos waffles... principalmente se você não gosta de manteiga ou de waffles. A questão é uma lição que eu gostaria de abraçar da melhor forma possível: o valor absoluto de se divertir e ter prazer de viver, de amar o que você faz, de viver com a suposição paradoxal de que você ainda tem décadas de vida e que ela pode acabar amanhã.

Em 23 de dezembro de 2004, Bill acordou de um cochilo e, caminhando pela sala, caiu morto de insuficiência cardíaca congestiva. Dorothy mais tarde me disse que ele estava com um sorriso no rosto, parecendo ter morrido feliz pela vida que levou. Algumas horas depois da morte de Bill, recebi um telefonema com a notícia. Desliguei o telefone e me virei para Joanne: "Bill está morto." Quando meu pai morreu, chorei pelo que nunca tive. Mas, quando Bill morreu, chorei pelo que havia perdido.

No funeral de Bill, na espaçosa Igreja Memorial de Stanford, mais de mil pessoas se reuniram, a grande maioria tinha sido elevada por seu exemplo e seus ensinamentos. Sentei-me lá e imaginei cada pessoa como um vetor se movendo no tempo e no espaço, cada um com uma trajetória alterada porque Bill teve um impacto sobre seus valores e escolhas. Se um indicador de uma vida bem conduzida é que você mudou a vida de outros — que a vida de algumas pessoas é diferente e melhor por sua causa —, seria difícil ter uma vida melhor do que a de Bill.

Capítulo 2

UMA ÓTIMA VISÃO SEM ÓTIMAS PESSOAS É IRRELEVANTE

Tire nossos 20 melhores funcionários, e digo a você que a Microsoft se tornaria uma empresa irrelevante.

BILL GATES

EM OUTUBRO DE 2007, RECEBI um telefonema de Steve Jobs para discutir sua ideia de criar a Apple University como parte de seu objetivo de tornar a Apple uma grande empresa duradoura, que continuasse a entregar resultados superiores e a ter um impacto distinto muito depois de sua partida. Ele queria que a Apple se elevasse muito acima da queda desanimadora que atinge muitas empresas de sucesso à medida que envelhecem sem seus fundadores, a de se tornar apenas mais uma grande empresa sem a qual o mundo, indiferente, seguiria.

No meio da conversa, não resisti à curiosidade e perguntei como era nos dias sombrios de 1997, quando ele voltou para salvar a Apple. Lembre-se de que, naquela época, poucas pessoas pensavam que a Apple poderia sobreviver como uma empresa independente, muito menos recuperar sua grandeza. Não havia iPod, iPhone, iPad ou iTunes. E, mesmo que houvesse lampejos desses produtos que mudaram o mundo como ideias nascentes, os produtos reais estavam anos no futuro. (A Apple não lançou o iPhone até quase uma década após o retorno de Jobs.) O Microsoft Windows, em grande parte, vencia a guerra dos padrões do computador pessoal. Em 1997, uma das maiores startups de todos os tempos, a Apple, havia caído no limite da capitulação à irrelevância. Então, perguntei: "No que você se firmou para emergir da escuridão? O que lhe deu esperança?"

Eu estava com a pessoa que talvez fosse o maior visionário de produtos do nosso tempo do outro lado da linha, e esperava que ele me falasse sobre sistemas operacionais orientados a objetos, sobre o potencial remanescente do computador Macintosh ou talvez sobre algumas outras ideias de produto "insanamente excelentes" que ele tinha em mente naquele momento. Mas, não, não foi essa a resposta que ele me deu.

Em vez disso, ele falou sobre *pessoas*. Jobs me disse que encontrou, nas sombras, algumas das pessoas certas com quem construir sua reviravolta — pessoas que ainda tinham uma paixão ardente pela visão de mudar o mundo que marcou os primórdios da empresa, pessoas que ainda compartilhavam da dedicação apaixonada de Jobs de fazer produtos requintados, pessoas que ainda ficavam empolgadas em fazer "bicicletas para a mente" a fim de amplificar a criatividade individual. Ele falava delas quase como se fossem os restos dos Jedi espalhados, escondidos abaixo da tela do radar do Império, prontos para se reerguerem no momento certo. Os valores da Apple viviam dentro dessas pessoas — escondidos, adormecidos, atrofiados, mas vivos —, e sua primeira base foi buscar aqueles que ainda mantinham a fé e a paixão.

Associamos a reviravolta espetacular de Jobs ao iPod e ao iPhone. Não que ele tenha perdido o ímpeto de criar os produtos certos depois disso, mas aprendeu que a única maneira de construir uma grande empresa duradoura que fabrica ótimos produtos é ter as pessoas certas trabalhando na cultura certa. Jobs, o empreendedor visionário que liderou a Apple nos primeiros anos com um estilo de liderança "gênio com mil ajudantes", ficou obcecado por transformar a Apple em uma empresa que poderia ser visionária sem ele. Após o retorno de Jobs, a Apple se tornou a primeira empresa norte-americana a atingir uma capitalização de mercado de US$1 trilhão. E quanto dessa capitalização de mercado veio *depois* que Jobs deixou o cargo, no último ano de vida? Mais de US$600 bilhões.

Quando me sentei para atualizar *Beyond Entrepreneurship* para *BE 2.0*, perguntei-me: "Há algo que Bill e eu deixamos de fora da edição original que seja tão significativo que mereça um capítulo novo?" Sim. Deveríamos ter incluído um capítulo sobre as decisões relacionadas às pessoas, e deveríamos tê-lo colocado bem à frente, como o primeiro capítulo. Refletindo sobre mais de 25 anos de pesquisas rigorosas a respeito do que motiva as grandes empresas, descobri que "primeiro quem" é o princípio acima de todos os outros, no qual você não pode errar. A primeira em importância, *acima de qualquer outra atividade*, é o imperativo para colocar as pessoas certas a bordo. Minha equipe de pesquisa e eu identificamos o princípio "primeiro quem" (*primeiro* coloque as pessoas certas a bordo e *então* descubra para onde ir) em *De Bom a Excelente*. Neste novo capítulo, não vou repetir o que escrevi naquele livro. Em vez disso, expandirei a ideia, compartilhando algumas lições que aprendi sobre o princípio "primeiro quem" desde *De Bom a Excelente*, em particular no que diz respeito aos leitores do *BE 2.0*.

Você precisa das pessoas certas muito mais do que da ideia de negócio certa, principalmente porque qualquer ideia de negócio específica tende sempre ao fracasso, em qualquer condição. Se tiver pessoas inadequadas para qualquer coisa, exceto para a ideia específica ou estratégia de negócios que tem em mente, o que acontecerá quando essa ideia fracassar e você precisar passar para a próxima ideia, e para a próxima depois dela? Em outro cenário, e se sua primeira ideia for bem-sucedida, mas depois você gerar uma ideia ainda maior ou melhor que deseje buscar (como ocorreu quando a Apple mudou de computadores pessoais para iPods e iPhones)? Se contratou pessoas apenas para uma estratégia específica, criou maiores chances de fracasso desde o início. Mesmo se você for um supervisionário, talvez até mesmo o próximo Steve Jobs, a habilidade mais importante para construir uma grande empresa é tomar decisões excelentes no que tange às pessoas. Sem as pessoas certas, você simplesmente não pode construir uma grande empresa, ponto-final.

Ed Catmull, cofundador da Pixar Animation Studios e colega próximo de Jobs, acreditava que se você tiver as pessoas certas pode até mesmo começar com uma ideia ruim e ainda assim terminar com um ótimo resultado. "No início, *todos* os nossos filmes são uma droga" [grifo do original], escreveu Catmull em seu livro *Criatividade S.A.* (que recomendo fortemente), acrescentando que "todos os filmes que hoje consideramos brilhantes foram terríveis uma vez". Às vezes, a equipe da Pixar chegava a descobrir que o conceito da história original precisava ser totalmente descartado. *Monstros S.A.*, por exemplo, começou como uma história sobre um homem lidando com monstros que apareciam e o perseguiam, cada monstro representando um medo não resolvido, e isso simplesmente não funcionou. Então, o diretor e sua equipe retrabalharam a história repetidamente, iteração após iteração, até encontrarem a fórmula certa. Catmull estruturou a Pixar com base na ideia de que a primeira pergunta não é: "Quais são as grandes histórias nas quais apostar?", mas: "Quais são as grandes pessoas em quem apostar?" Catmull entendeu que uma ideia visionária com as pessoas erradas faz um filme ruim, mas que grandes pessoas com a história errada a mudarão para fazer um filme excelente. Apesar de quase todos os filmes da Pixar terem sofrido momentos de crise, a estratégia "primeiro quem" de Catmull levou a 14 filmes consecutivos no primeiro lugar.

"A história é o estudo das surpresas." Essa máxima do historiador Edward T. O'Donnell captura o mundo em que vivemos. Estamos vivendo a história, surpresa após surpresa após surpresa. E, quando pensamos que tivemos todas as grandes surpresas por um tempo, surge outra. Se as duas primeiras décadas do século XXI nos ensinaram alguma coisa, é que a incerteza é crônica; a instabilidade é permanente; a interrupção é comum; e não podemos prever nem governar os eventos. Não haverá "novo normal"; haverá apenas uma série contínua de episódios "não normais", desafiando as previsões e imprevistos pela maioria de nós até que aconteçam. E isso significa dobrar o princípio do "primeiro quem". Se deseja escalar uma montanha grande e assustadora, que nunca foi escalada, sua melhor proteção contra obstáculos inesperados é certificar-se de ter os parceiros certos do outro lado da corda, pessoas que podem se adaptar a tudo que você encontrar na montanha. Mesmo o mais visionário entre nós nem sempre pode prever quais ideias funcionarão. E ninguém pode prever com segurança o que o futuro nos lançará ou mesmo o que está por vir.

Rastreie a Métrica Número Um

Nas reuniões semanais, mensais ou trimestrais da equipe de gestão, qual é a métrica número um, prioritária, que você analisa? Vendas? Lucratividade? Fluxo de caixa? Algo a respeito de produtos ou níveis de serviço? Ou alguma outra métrica? Seja qual for sua resposta, há uma métrica que se sobressai acima de todas as outras, uma métrica a ser rastreada com obsessão, uma métrica da qual depende a grandeza de toda a empresa. E, no entanto, ironicamente, para a maioria das empresas, raramente é a métrica discutida primeiro — se é que é discutida. Contudo, para construir uma empresa verdadeiramente grande e duradoura, essa métrica deve estar no topo.

E qual é essa métrica? *A porcentagem de posições críticas preenchidas pelas pessoas certas para elas.* Pare e pense: que porcentagem de suas posições críticas você ocupou com as pessoas certas? Se sua resposta for inferior a 90%, você acabou de identificar sua prioridade número um. Para construir uma empresa de alta excelência, você precisa se esforçar para que 90% de suas posições críticas sejam preenchidas pelas pessoas certas.

Por que não 100% das posições críticas? A qualquer momento, há uma probabilidade muito alta de que pelo menos algumas posições críticas fiquem temporariamente vazias. Também pode ser que você tenha alocado alguém recentemente para uma posição crítica e ainda não sabe como será o desempenho dessa pessoa nela. E, em alguns casos, as demandas da posição crítica crescem mais rapidamente do que as capacidades da pessoa que a ocupa.

O que é uma posição crítica? Qualquer posição que atenda a qualquer uma das três condições a seguir se qualifica como crítica:

1. A pessoa que a ocupa *tem o poder de tomar decisões importantes sobre as pessoas.*

2. Uma falha na posição *pode expor toda a empresa a um risco significativo ou até à catástrofe.*
3. O sucesso na posição tem *um impacto significativamente descomunal no sucesso da empresa.*

Pensar em quem colocar nas posições críticas é crucial quando você não consegue tirar as pessoas do barco com facilidade. Isso pode ocorrer por causa da dinâmica familiar, por ter funcionários quase efetivos, por políticas internas ou até mesmo pela simples lealdade a algumas das pessoas que contribuíram desde o início para o sucesso da empresa. Mas, sejam quais forem as restrições — e quaisquer que sejam os motivos —, você ainda tem a tarefa de preencher suas posições críticas com as pessoas certas.

Saiba Quando Parar de "Desenvolver" e Então "Substituir"

Considere o seguinte cenário: uma pessoa em uma posição crítica está fazendo um bom trabalho, mas insuficiente. Você gosta dessa pessoa, quer que ela seja bem-sucedida e já investiu tempo e energia nela. Mas o fato é que você ainda não está vendo o desempenho de alto nível de que precisa na posição. Ao enfrentar essa situação, que direção você tende a tomar — investir mais para desenvolver a pessoa ou agir de forma decisiva e *substituí-la*? (Observação: substituir a pessoa não significa necessariamente chutá-la para fora da empresa; você pode realocá-la.)

Não há uma única resposta certa. Olhando para os melhores líderes que estudamos, vemos uma divisão 50/50 entre aqueles que se inclinam para o desenvolvimento e aqueles que se inclinam para a substituição. Por exemplo, aqui estão dez dos melhores líderes corporativos da história, cinco inclinados para o desenvolvimento e cinco para a substituição de pessoas quando lutavam para entregar um desempenho superior em posições críticas:

Inclinados para o Desenvolvimento

Anne Mulcahy, Xerox
Bill Hewlett, HP
Herb Kelleher, Southwest Airlines
J. W. Marriott, Marriott
William McKnight, 3M

Inclinados para a Substituição

Katharine Graham, *The Washington Post*
Andy Grove, Intel
Ken Iverson, Nucor
Peter Lewis, Progressive Insurance
George Rathmann, Amgen

Entretanto, mesmo aqueles que tendem para o desenvolvimento têm um limite, um ponto em que confrontam o fato brutal de que precisam substituir alguém em uma posição crítica. Fiz esta pergunta em incontáveis reuniões de executivos: "Qual das duas categorias de erros a seguir você cometeu com mais frequência? Categoria 1: em retrospecto, esperou muito antes de tirar a pessoa da posição crítica. Categoria 2: em retrospecto, você foi precipitado e deveria ter sido mais paciente. Pare e pense: qual erro você comete com mais frequência?" Em resposta a essa pergunta, a maioria das mãos se levanta para a Categoria 1, esperando muito antes de tomar uma ação decisiva.

Para ser justo, é mais fácil saber quando você comete um erro da Categoria 1 do que quando comete um da Categoria 2, em particular se as pessoas retiradas das posições críticas de forma precipitada saírem da empresa. Ainda assim, permanece o fato de que toda organização luta com a tensão entre desenvolver e substituir pessoas em posições críticas. E nenhum líder acerta sempre. Às vezes, eles investem muito tempo no desenvolvimento de alguém e às vezes agem muito rapidamente para substitui-lo. Não há nenhum algoritmo a ser aplicado, nenhum fluxograma a seguir e nenhuma equação a ser executada para obter uma taxa de acerto na decisão de desenvolver ou substituir alguém. Os melhores executivos se preocupam profundamente com seu pessoal e é por isso que costumam esperar demais. Mas também melhoram seu julgamento com o tempo.

O que nos leva a uma questão crucial: *como você sabe quando cruzou a linha de demarcação, quando é hora de parar de "desenvolver" e "substituir" alguém em uma posição crítica?* Acredito que a melhor abordagem é fazer perguntas ponderadas e deixar que essas perguntas o guiem para uma resposta. Condensei anos de reflexão em sete questões que apresento aqui para estimular seu pensamento quando enfrentar o enigma "desenvolver ou substituir". Para ser claro, isto não é uma receita; você pode ter apenas uma preocupação e decidir substituir a pessoa, ou ter seis e decidir desenvolvê-la.

1. *Você está começando a perder outras pessoas por manter esta na posição crítica?*

   As melhores pessoas querem trabalhar com as melhores pessoas e, se sentirem uma tolerância crônica por um desempenho medíocre em posições críticas, podem começar a debandar. Pior, se você tolerar pessoas de alto desempenho que se comportam de forma contrária aos seus valores essenciais declarados, os verdadeiros adeptos começarão a desanimar e a se tornar céticos, e alguns irão embora. Não há melhor maneira de destruir uma grande cultura do que reter em posições críticas pessoas que não cumprem ou que atropelam os valores essenciais da empresa.

2. *Você tem um problema de valores, de disposição ou de habilidades?*

   Se alguém em uma posição crítica se comporta de forma persistente ou flagrantemente contrária aos valores essenciais da empresa, os melhores líderes o substituem. Se alguém abraça apaixonadamente os valores essenciais da empresa e também tem a vontade indomável de fazer o que for necessário para dominar sua posição, você pode ser mais paciente antes de tomar a decisão de substituí-lo. A decisão mais difícil vem com a questão da *disposição*. A pessoa carece (ou perdeu) a disposição de se desenvolver para atender às demandas da posição? Se não, você pode reanimá-la? Os grandes líderes nunca subestimam o quanto as pessoas podem crescer, mas também sabem que o crescimento depende da humildade e da disposição implacável de melhorar. (O crédito pela estrutura de valores, disposição e habilidades é do falecido Dale Gifford, da Hewitt Associates, que me ensinou isso.)

3. *Qual é a relação da pessoa com a janela e o espelho?*

   As pessoas certas nas posições críticas mostram maturidade na janela e no espelho. Quando as coisas vão bem, as pessoas certas apontam para a janela, dando crédito a outros fatores além delas mesmas; elas colocam o foco nas outras pessoas que contribuíram para o sucesso e recebem pouco crédito. E, quando as coisas dão errado, elas não culpam as circunstâncias ou outras pessoas pelos contratempos e fracassos; elas apontam para o espelho e dizem: "Eu sou responsável por isso." Pessoas que se olham no espelho — que sempre perguntam: "O que eu poderia ter feito melhor? O que eu deixei passar?" — crescem. Pessoas que sempre apontam para a janela para explicar os problemas ou colocar a culpa em outra coisa atrofiam o seu crescimento.

4. *A pessoa vê o trabalho como uma tarefa ou como um compromisso?*

   As pessoas certas em posições críticas entendem que não têm "tarefas"; elas têm *um compromisso*. Elas entendem a diferença entre sua lista de tarefas e seus verdadeiros compromissos. Um grande médico não tem apenas a "tarefa" de realizar procedimentos, mas assume um compromisso pela saúde do paciente. Um grande treinador não tem apenas a "tarefa" de preparar os treinos, mas assume o compromisso de transformar seus jogadores em pessoas melhores. Um grande professor não tem apenas a "tarefa" de estar na sala de aula das 8h às 15h, mas assume um compromisso pelo aprendizado de cada aluno. Cada pessoa que ocupa uma posição crítica tem um compromisso mais amplo do que uma lista de tarefas, e as pessoas certas nunca se escondem atrás de um "Eu cumpri as tarefas" como desculpa para não cumprir o compromisso mais amplo.

5. *Sua confiança na pessoa aumentou ou diminuiu no último ano?*

   Assim como o preço das ações de uma empresa sobe ou desce à medida que os investidores ganham ou perdem a confiança em seu crescimento e seu desempenho, a confiança em uma pessoa também sobe ou desce com base em seu crescimento e desempenho. A variável crítica é a *trajetória* dessa confiança ao longo do tempo. Quando alguém lhe diz: "Entendi!", você consegue se desfazer das suas preocupações ou sente cada vez mais a necessidade de acompanhar o trabalho dele?

6. *Você tem um problema na organização ou na posição?*

   Às vezes, você está com a pessoa certa, mas na posição errada. Você pode ter alocado a pessoa em uma posição desalinhada com suas capacidades ou temperamento. Ou talvez — e isso acontece com frequência em empresas de alto crescimento — a demanda daquela posição cresceu tanto que superou as capacidades da pessoa que a ocupa.

7. *Como você se sentiria se a pessoa debandasse?*

   Se ficar secretamente aliviado, você já concluiu que ela é uma pessoa errada. Se ficar perturbado, você pode muito bem acreditar que ela ainda é a pessoa certa.

Quando atingir seu limite e decidir substituir alguém em uma posição crítica, tenha em mente uma distinção essencial: *seja rigoroso, não implacável*. Rigor significa ser honesto com você mesmo e encarar a necessidade de remover alguém de uma posição crítica. Mas ser rigoroso na tomada de decisões não significa ser implacável na maneira como fará a mudança. Ser rigoroso, não implacável, requer uma mistura de coragem e compaixão. A coragem reside em você ser direto e franco, não se esconder atrás de motivos inventados ou delegar a difícil tarefa para outra pessoa. Se você não tem coragem de assumir a responsabilidade pessoal por tomar decisões e divulgar as notícias, não tem o direito de liderar. A compaixão vem por meio do tom e do respeito. Você lidará com a mudança de maneira que se sinta à vontade para ligar para essa pessoa no dia do aniversário dela no ano que vem, e anos depois? E a pessoa acolheria calorosamente a chamada?

Se Quer Fazer Seu Pessoal Crescer, Cresça Primeiro

Anne Bakar não esperava se tornar CEO da Telecare, certamente não aos 29 anos. Quando seu pai morreu, por uma reação adversa a um tratamento médico, Bakar assumiu a responsabilidade de descobrir o que fazer com o pequeno negócio de serviços psiquiátricos que ele fundara. Conheci Bakar quando Bill e eu estávamos finalizando o manuscrito da edição original de *Beyond Entrepreneurship*. "Eu amava muito meu pai. Quero honrar o que ele construiu e tornar a Telecare excelente e duradoura", disse ela. Demos a ela uma cópia do manuscrito, e ela reuniu 24 membros de sua equipe no Claremont Hotel, em Berkeley, para lançar as bases da Telecare como uma grande empresa. Bakar e sua equipe se agarraram à estrutura de visão estabelecida no capítulo original de *Beyond Entrepreneurship* sobre o tema (o mesmo reproduzido nesta edição) para capturar os valores essenciais e estabelecer um propósito duradouro para a empresa: *ajudar pessoas com deficiência mental a realizarem todo o seu potencial.*

Era uma grande ambição para uma pequena empresa liderada por uma jovem CEO no vasto mundo da saúde e do tratamento das doenças mentais. Mas Bakar era apaixonada por esse propósito, inspirada pela crença do pai de que pessoas com deficiências mentais poderiam ter uma recuperação significativa. Ela também teve visão estratégica, aprimorada por trabalhar na Montgomery Securities, onde tinha que fazer investimentos com base em análises incisivas de empresas. E ela teve a coragem de fazer grandes apostas bem escolhidas, com base na validação empírica.

No entanto, para tornar a Telecare uma grande empresa, Bakar precisava crescer e se tornar uma grande líder, para escalar suas próprias capacidades junto com o crescimento e a escala da empresa. Anne Bakar 1.0 era inteligente e estratégica, movida pela paixão juvenil, com instinto de liderança suficiente para fazer a Telecare seguir na direção certa. Isso não bastava. Ela teve que crescer e se tornar Anne Bakar 2.0; depois, Anne Bakar 3.0.

Ela *aprendeu* a contratar ótimas pessoas e a fundi-las em uma equipe coesa. *Aprendeu* que a cultura não apoia apenas a estratégia, mas que cultura é estratégia. *Aprendeu* a contratar com base em valores e temperamento, não só por causa de inteligência e experiência. *Aprendeu* como e quando delegar, e quando não o fazer. *Aprendeu* a responsabilizar os líderes de sua unidade por manter a cultura vibrante na linha de frente. *Aprendeu* a tomar decisões sábias que reduzem os lucros em curto prazo em prol da grandeza em longo prazo. *Aprendeu* a manter a calma e a mitigar seu impulso de assumir o controle de seu pessoal quando as coisas davam errado. *Aprendeu* a enfrentar ameaças existenciais saindo da empresa para cultivar mentores com os quais pudesse aprender intelectual e emocionalmente. "Quando enfrentei crises organizacionais, fui para fora, em vez de me voltar para dentro, implacável em buscar o melhor conselho que pudesse do maior número de especialistas possível", refletiu ela mais tarde. "Embora o impulso-padrão seja conscientemente recuar quando há incerteza ou caos, fiz o contrário, e isso foi fundamental para meu aprendizado e crescimento." E seu crescimento não parou. Enquanto escrevo estas palavras, ela está trabalhando na Anne Bakar 3.0 e, após essa versão, haverá a Anne Bakar 4.0. A maior força de Bakar é seu compromisso em crescer e se tornar a líder de que a Telecare precisa, a cada passo do caminho.

Em 2015, a Telecare celebrou seu aniversário de 50 anos, tendo crescido sob a liderança de Bakar para oferecer 85 programas em 8 estados e servindo a milhares de pessoas. Ao longo do caminho, o crescimento no valor do ESOP (plano de propriedade de ações para funcionários) do funcionário derrotou o S&P 500. E, em 2017, Bakar entrou para o Hall of Fame de Negócios da Área da Baía de São Francisco, um reconhecimento raro, até então conferido a fundadores, CEOs e presidentes de empresas como Cisco, Salesforce, Intel, Apple, HP e Charles Schwab.

A maioria dos grandes líderes não começa como grandes líderes. Claro, existem algumas aberrações da natureza que parecem nascer para a liderança, que são fascinantes de se observar, como uma espécie de inseto exótico. Mas isso é algo irrelevante; você simplesmente não pode fazer nada para saber se nasceu como um desses insetos estranhos e bizarros. E — este é o ponto crucial — a maioria dos líderes excepcionais desenvolve suas capacidades. Não porque querem "ser" grandes líderes, mas porque estão tentando ser dignos das pessoas que lideram. Se você deseja que as pessoas com quem trabalha melhorem seu desempenho, primeiro melhore o seu. Se deseja que outras pessoas expandam suas capacidades, primeiro expanda as suas.

O que Dwight Eisenhower estava fazendo no início de 1936? Era um major qualquer, servindo como assistente do General Douglas MacArthur nas Filipinas. Oito anos depois, ele era o comandante supremo das Forças Aliadas. Em West Point, ele mostrou uma promessa mediana. Ninguém disse: "Olha, lá se vai o futuro grande general Eisenhower, e um dia eles vão nomear o Eisenhower Hall em sua homenagem." Ele não começou como o Eisenhower que conhecemos hoje; ele se tornou esse Eisenhower. Claro, o general George C. Marshall, chefe do Estado-Maior do Exército, precisou reconhecer os dons de Eisenhower e ajudá-lo a se mover mais rapidamente para uma posição de significativa responsabilidade. Ao construir e liderar sua organização, é bom se perguntar: "Quem é o meu Eisenhower oculto?"

Steve Jobs, na casa dos 20 anos, não poderia ter liderado o ressurgimento da Apple no início dos anos 2000. O jovem Jobs era famoso por suas explosões temperamentais e humilhantes, visto como um gênio imaturo totalmente intolerante com qualquer pessoa que discordasse de sua visão peculiar. Mas ele não ficou preso em sua imaturidade empresarial. É bom que jovens líderes estudem o livro *Como Steve Jobs Virou Steve Jobs*, de Brent Schlender e Rick Tetzeli, que captura a jornada e o amadurecimento de Jobs. Não confunda o comportamento de Steve Jobs aos 20 anos com sua eficácia de liderança aos 50; não confunda o duro "gênio com mil ajudantes" com o homem motivado e reflexivo que buscou construir uma grande empresa duradoura, que poderia durar mais que ele; não confunda Steve Jobs 1.0 com Steve Jobs 2.0. Compreender a mensagem da vida de Steve Jobs é vê-la não como uma história de sucesso, mas como uma história de *crescimento*.

Um dos mitos mais destrutivos é o de que um empresário-fundador ou líder de uma pequena empresa quase inevitavelmente atingirá seu limite gerencial e precisará ser substituído por um CEO "real" para construir a empresa. Steve Jobs 1.0 acreditou nesse mito e quase matou a Apple; precisou de Steve Jobs 2.0 para salvá-la. Se alguém tentar convencê-lo desse mito, pergunte em resposta: "Bem, se isso for verdade, como você explica o fato inegável e empírico de que muitas das grandes empresas da história foram construídas por um empresário-fundador?"

Aqui está uma pequena lista (eu poderia fazer uma muito mais longa) de fundadores ou cofundadores empreendedores que se tornaram os próprios líderes de que suas empresas precisavam para atingir a grandeza: Wendy Kopp (Teach For America), Gordon Moore e Robert Noyce (Intel) , George Rathmann (Amgen), Bill Gates (Microsoft), Jeff Bezos (Amazon), Walt Disney (Disney), Bill Hewlett e David Packard (HP), Robert W. Johnson (Johnson & Johnson), J. W. Marriott (Marriott), Herb Kelleher (Southwest Airlines), Sam Walton (Walmart), Ed Catmull (Pixar), Fred Smith (Federal Express) e Phil Knight (Nike). Se você é um empresário-fundador, nunca deixe *ninguém* o convencer de que os fundadores não podem se transformar em construtores. Nossa pesquisa mostra que a permanência média dos arquitetos que estruturam as grandes empresas duradouras está mais para três décadas do que para três anos.

A mesma lógica se aplica àqueles que, como Anne Bakar, na Telecare, herdam a liderança por meio da transição familiar. Por simples probabilidades estatísticas, talvez a maioria dos líderes de família de segunda ou terceira geração fique aquém. Mas, novamente, há exemplos que devastam a sabedoria comum de que os filhos e netos dos fundadores não podem escalar a empresa. Quando Peter Lewis assumiu a Progressive Insurance, o negócio de sua família, ele tinha apenas 32 anos e transformou a Progressive de uma pequena empresa regional em uma das principais seguradoras de automóveis dos Estados Unidos. J. W. Marriott Jr. começou a trabalhar na pequena rede de restaurantes

Hot Shoppe de seu pai e liderou a evolução do negócio de sua família em um hotel icônico e uma empresa de resort conhecida no mundo todo.

Katharine Graham se tornou uma das maiores CEOs do século XX, ao herdar inesperadamente a responsabilidade pela liderança da empresa da família após o suicídio do marido. Quando a revista *Fortune* me deu a oportunidade de escrever uma matéria de capa sobre "Os 10 Maiores CEOs de Todos os Tempos", escolhi Graham como um deles, com a seguinte descrição:

> Além do choque e da dor, Graham enfrentou outro fardo. Seu pai colocara o Washington Post Co. nas mãos do marido com a ideia de que ele o repassasse aos filhos. O que seria dele agora? Graham encerrou a questão imediatamente: a empresa não seria vendida, informou ela ao conselho. Ela assumiria a sua gestão.
>
> A "gestão", no entanto, teve um começo bastante indigesto. Na época, o *Washington Post* era um jornal local medíocre; Graham queria que ele se popularizasse tanto quanto o *New York Times*. Um ponto de decisão crucial veio em 1971, quando ela confrontou o que fazer com os Documentos do Pentágono — um estudo do Departamento de Defesa que vazou e revelou fraudes do governo a respeito da Guerra do Vietnã. O *Times* já havia entrado com um mandado de segurança para publicar trechos deles. Se o *Post* os publicasse, correria o risco de ser processado sob a Lei de Espionagem. Isso, por sua vez, prejudicaria a oferta pública de ações da empresa e as lucrativas licenças de televisão. "Essa era uma decisão que arriscava a existência da empresa", escreveu Graham em suas memórias, *Uma História Pessoal*. No entanto, optar pela sobrevivência garantida à custa da alma da empresa, concluiu ela, seria pior do que não sobreviver. O *Post* fez a publicação.
>
> Posteriormente reivindicada pela Suprema Corte, foi uma decisão notável para uma CEO acidental que sentiu insegurança por toda a sua vida; frases como: "Eu estava apavorada" e "Eu tremia dentro das calças" salpicam suas memórias. Essa ansiedade logo se amplificaria, à medida que os repórteres Bob Woodward e Carl Bernstein investigavam obstinadamente o que ficou conhecido como Watergate. Hoje, consideramos o resultado dessa história óbvio. Mas, na época, o *Post* estava sozinho em sua busca. Ao escolher publicar, Graham construiu um grande jornal e, por sua vez, uma grande empresa — que está entre as 50 IPOs de melhor desempenho dos últimos 25 anos e ganhou um investimento de Warren Buffett. Graham nunca se deu muito crédito, insistindo que, com Watergate: "Nunca senti que houvesse muita escolha." Mas, é claro, ela escolheu. Coragem, dizem, não é a ausência de medo, mas a capacidade

de agir apesar dele. Por essa definição, Katharine Graham pode ser a CEO mais corajosa da lista.

O velho ditado "pai rico, filho nobre, neto pobre" pode ser estatisticamente verdadeiro, mas não é uma lei determinística da natureza. Bill e eu adorávamos falar sobre o caso L.L.Bean em nosso curso de Stanford. Leon Gorman, neto do fundador, logo assumiria a liderança da empresa, e pressionávamos nossos alunos a dizerem se Leon era a escolha certa. Gorman tinha 30 e poucos anos, formou-se em estudos interdisciplinares, trabalhou na Marinha e não tinha MBA. Muitos de nossos alunos disseram que não, que, em vez dele, a empresa deveria buscar uma administração "real", alguém com MBA em Stanford ou Harvard e experiência substancial na construção de uma marca e no crescimento de uma empresa.

Em suas memórias, *L.L.Bean: The Making of an American Icon* [L.L.Bean: A Formação de um Ícone Norte-americano, em tradução livre], Gorman conta como, antes de se tornar presidente da empresa, ele sempre carregava um caderninho preto, no qual fazia anotações sobre como melhorar a operação, chegando a compilar mais de 400 ideias específicas. Ao se tornar presidente, ele começou a implementar a lista. Sob o comando de Gorman, a L.L.Bean aumentou as receitas em mais de 40 vezes em dólares ajustados pela inflação. Se isso é perder poder e dinheiro em três gerações, perder deve ser algo maravilhoso.

E, então, para aqueles de vocês encarregados de liderar em qualquer nível, eu tenho uma pergunta: você está disposto a fazer o que for necessário para crescer e se tornar o líder de que sua unidade, organização, empresa ou causa precisa? À medida que sua empresa cresce de 1X a 2X a 5X a 10X, você escalará sua própria liderança de 1X a 2X a 5X a 10X? Você amadurecerá sua própria liderança da versão 1.0 para a 2.0 e da 2.0 para a 3.0? Você se contentará em ser apenas um bom líder ou — como Anne Bakar, Dwight Eisenhower, Steve Jobs, Katharine Graham e Leon Gorman — nunca vai parar de crescer e se tornará um líder descomunal? A liderança é um compromisso, não um direito; uma decisão, não um acidente; uma questão de ação intencional, não de genética. Aprender ou não a liderar com grandeza é, no fim das contas, uma escolha.

Aproveite ao Máximo a "Antropossorte"

Na maioria das vezes pensamos na "tropossina" — quando coisas inesperadas e decorrentes de outras nos acontecem. Por exemplo, o número vencedor aparece na loteria, uma tempestade atrasa uma viagem para uma reunião importante ou alguém contrai uma doença rara. Mas me sintonizei com um segundo tipo de sorte, mais poderoso: a "antropossorte".

Basta pensar nas "antropossortes" da sua própria história. Pode ser a sorte de encontrar um mentor que mudou sua vida. Pode ser a sorte de encontrar um grande amigo ou um parceiro de vida ideal ou um chefe ou colega de equipe incrível. Também pode assumir a forma de topar com alguém que seria uma pessoa espetacular em sua empresa.

Descobri um dos melhores membros da nossa equipe de pesquisa frequentando uma lanchonete em Boulder. Minha esposa Joanne e eu adorávamos o serviço que ele prestava, então íamos lá com frequência, e, uma noite, comecei a conversar com ele.

"Terrence, você é de Boulder?"

"Não, sou de Nova Jersey."

"Como você veio parar aqui?"

"Estudo aqui perto, na Universidade do Colorado."

"Está dando um tempo nos seus estudos? Você parece estar trabalhando aqui sempre que vimos."

"Não, estou fazendo tudo ao mesmo tempo. Trabalho para pagar a faculdade."

"Quanto você tem trabalhado?"

"De quarenta a cinquenta horas por semana."

"Mesmo em época de aula?"

"Sim."

"O que você está estudando?"

"Estou fazendo dupla especialização, economia e finanças."

"E como está indo?"

"Só tiro nota máxima."

Joanne e eu conversamos no caminho para casa sobre esse jovem notável que conhecemos. Ficamos tão impressionados que, poucos dias depois, voltamos ao mesmo restaurante em uma missão de recrutamento. Eu queria aquele garoto no meu time.

"Você deve realmente gostar de hambúrgueres", disse Terrence, vindo até a nossa mesa.

"Não estamos aqui hoje para comer hambúrgueres", falei. "Viemos aqui por você, para convidá-lo a se candidatar a uma vaga na minha equipe de pesquisa de verão."

Terrence se juntou à equipe e trabalhou comigo por vários anos antes de se formar. Ele se tornou uma grande força em nossas iniciativas, contribuindo significativamente com três publicações subsequentes, *De Bom a Excelente*, *Como as Gigantes Caem* e *Great by Choice*. Cada um desses trabalhos tornou-se notavelmente melhor por Terrence integrar a equipe.

Praticar o "primeiro quem" significa recrutar o tempo todo, mantendo-se altamente atento para topar com grandes talentos onde quer que você esteja. Você nunca sabe quando terá a "antropossorte", mas a terá, repetidamente. Se olhar pelas lentes do "primeiro quem" em tudo o que fizer — se transformar cada pergunta de "o quê" em "quem" —, provavelmente reconhecerá sua "antropossorte" quando ela aparecer.

Tenho tido uma sorte incrível até agora na minha vida, mas minha maior fortuna foi reconhecer e honrar meus eventos de "antropossorte". Tive a sorte de cruzar o caminho de Joanne na faculdade e começarmos a namorar quatro dias após nosso primeiro encontro. Tive a sorte de topar com Bill Lazier por acaso em sua aula de empreendedorismo na primeira vez que ele lecionou. Tive a sorte de Jerry Porras me estender a mão para colaborarmos em Stanford em um projeto de pesquisa seminal, que se tornaria o livro clássico *Feitas para Durar*. Quando olho para trás, em minhas primeiras seis décadas, eu as vejo muito mais definidas e moldadas pelo "quem" do que pelo "quê", consistindo em grande parte em incidentes de "antropossorte" — mentores, professores, amigos, colegas e parceiros que mudaram e moldaram o arco da minha vida. E, agora, ao conhecer jovens como Terrence que cruzam meu caminho, espero ser um pouco de "antropossorte" para alguns deles.

Vivemos em uma cultura do "quê". Perguntamos aos candidatos políticos: *o que* você vai fazer a respeito [de educação, política externa, economia ou qualquer outra coisa]? Perguntamos a aspirantes a empreendedores: *qual* é a sua grande ideia? Perguntamos aos jovens: *qual* carreira você escolherá? Perguntamos aos mentores: *qual* trabalho devo aceitar? Perguntamos: *o que* devemos fazer para resolver um problema urgente? Não que essas perguntas sejam ruins, mas são secundárias em relação à questão de *quem*. Defina quem comandará a política externa, e você terá uma boa política. Escolha uma pessoa certa para sua equipe fundadora, e você terá mais chances de ter boas ideias e fazê-las funcionar. Decida quem será seu mentor, e é mais provável que você faça boas escolhas profissionais. Encontre a pessoa certa para quem trabalhar e, provavelmente, você terá uma ótima experiência profissional. Identifique quem é o responsável por um problema e, provavelmente, você obterá soluções melhores do que se tentar resolvê-lo sozinho.

De todos os conceitos em nossa pesquisa sobre o que impulsiona as grandes empresas, a mudança de um estado de espírito do tipo "primeiro o quê" para "primeiro quem" foi a mais transformadora na maneira como conduzo minha própria vida. As realizações em si mesmas trazem pouco significado ou satisfação duradoura, mas a *busca* pela realização de braços dados com as pessoas certas pode produzir uma satisfação tremenda. Se você tiver sorte o suficiente para se destacar em um trabalho significativo de que gosta, terá muita sorte.

Mas, se faz um trabalho significativo de que gosta com as pessoas que ama, você realmente ganhou na loteria.

Concentre-se na Sua Unidade e Cuide do Seu Pessoal — Não da Sua Carreira

Uma das maiores lições que aprendi, após cumprir um cargo de dois anos como Presidente da Classe de 1951 para o Estudo de Liderança na Academia Militar dos Estados Unidos em West Point, foi a importância fundamental da *liderança da unidade*. A estrutura celular de qualquer organização verdadeiramente grande é a unidade bem dirigida, pois é aqui que grandes coisas são realizadas. Uma grande liderança no topo não significa muito sem uma liderança excepcional no nível da unidade. Se você deseja construir uma empresa verdadeiramente grande ou um empreendimento do setor social, precisa cultivar legiões de líderes de unidade que, por sua vez, criam coesão da unidade em busca de objetivos audaciosos. Se deseja expandir sua cultura, e fazer a jornada de uma grande empresa para uma grande empresa *duradoura*, deve investir na construção de um pipeline de líderes de unidade certos.

Os líderes de unidade certos são aqueles que se concentram em primeiro lugar em sua unidade de responsabilidade — aqueles que conduzem a empresa a uma grandeza espetacular —, em vez de ficarem obcecados com o próximo movimento da sua carreira. Quando os jovens me procuram pedindo "conselhos de carreira", às vezes digo a eles: "A melhor coisa que você pode fazer pela sua carreira é parar de se concentrar nela." Em seguida, conto a eles sobre Anne Mulcahy e o General Lloyd Austin III.

Anne Mulcahy nunca tentou se tornar CEO da Xerox, mas, quando a empresa se viu oscilando à beira da irrelevância, no início dos anos 2000, o preço de suas ações caiu 92%, e sua dívida foi classificada como lixo, o conselho teve dificuldade em determinar quem poderia salvá-la. A Xerox havia tentado anteriormente levar um "agente de mudança" de fora, e essa estratégia não funcionou.

Com uma sabedoria rara nos Estados Unidos corporativos, o conselho decidiu não buscar outro salvador de fora e, em vez disso, decidiu procurar um líder comprovado de dentro. Quem as pessoas seguirão? Em quem as pessoas acreditam? Em quem as pessoas concentrarão suas energias? Em quem as pessoas confiarão? Quem tem resultados comprovados? Quem criou a grandeza em cada etapa da carreira? E um nome veio à tona: Anne Mulcahy. Eles pediram que ela assumisse o fardo de liderar a empresa, e Mulcahy arquitetou uma das reviravoltas corporativas mais improváveis da história moderna, salvando a empresa do esquecimento, recriando uma lucratividade robusta, reconstruindo o balanço patrimonial e dando à empresa uma chance de recuperar seu posto como um dos casos mais célebres da história norte-americana dos negócios.

Em primeiro lugar, como muitos dos maiores CEOs da história se tornaram CEOs, em particular aqueles que evitavam a autopromoção? Assim como Mulcahy fez — com cada responsabilidade que tinham, cada passo ao longo de sua carreira, eles buscavam conduzir sua empresa a resultados excepcionais. À medida que seus resultados cresciam, eles continuavam sendo solicitados a arcar com o fardo de unidades de responsabilidade ainda maiores. Eles prestavam atenção ao que estava bem na frente deles, não importava o quão grande ou pequeno fosse, fazendo a empresa alçar níveis estratosféricos de grandeza. Mulcahy se concentrou em entregar resultados em sua unidade de responsabilidade, transbordando os valores essenciais da empresa e cuidando de seu pessoal. As pessoas acreditavam nela porque Anne acreditava nelas; as pessoas a seguiam porque nunca foi uma questão pessoal. Quando o conselho a escolheu para liderar a Xerox para sair da escuridão, Mulcahy não tentou mudar seu estilo de liderança. Agora, ela simplesmente tinha a responsabilidade de liderança por toda a empresa, em vez de por uma só parcela.

O General Lloyd Austin III graduou-se na Classe West Point de 1975 e ascendeu ao posto de oficial general quatro estrelas. Perto do final de sua ilustre carreira militar, Austin serviu como vice-chefe do Estado-Maior do Exército e, em seguida, como comandante do Comando Central dos EUA, quando foi responsável pelos esforços militares dos EUA no Oriente Médio, do Egito ao Paquistão, incluindo Síria, Iraque e Afeganistão.

Alguns anos depois de se formar em West Point, Austin se preocupou se estava sendo promovido com rapidez suficiente. "Aí um dia acordei", disse-me ele, "e decidi parar de focar tanto cuidar da minha carreira. Em vez disso, decidi cuidar do meu povo. E foi então que tudo mudou. Eles não me deixariam falhar!"

Durante uma das minhas visitas ao General Austin, ele ofereceu um pequeno jantar para um grupo de líderes das comunidades empresarial, política e militar. No meio desse jantar de dignitários reunidos, o General Austin interrompeu a conversa. "Precisamos dar uma pausa para fazer algo importante", disse ele. Três soldados saíram da cozinha. Eles prepararam nossa refeição, e o General Austin queria ter certeza de que sabíamos quem eles eram. Ele compartilhou um resumo de seu serviço e um pouco da experiência pessoal de cada um, e então deu à mesa a chance de lhes agradecer pela refeição requintada. Nunca vi o General Austin perder a oportunidade de destacar seu povo. E nunca o vi levantar a voz. Calmo e quieto, ele exalava uma presença de comando palpável, infundida com humildade pessoal e determinação feroz. O General

Austin liderou com espírito de serviço — ao país, ao cumprimento da missão e ao povo que teve a honra de liderar.

Anne Mulcahy e o General Austin exemplificam uma lição a aprender o mais cedo possível: cuide de seu pessoal, não de sua carreira. Faça de cada responsabilidade que você recebe, de cada pequena parte da empresa que você comanda, de cada unidade que lidera — não importa o quão pequena seja — uma referência de grandeza. Se fizer isso, é mais provável que morra de indigestão por ter muitas oportunidades de responsabilidade do que de fome por ter poucas.

Abrace o Dilema de Jorge Paulo

Tive a alegria e o privilégio de observar de perto a trajetória de um dos mais inspirados empreendedores e construtores de empresas do mundo, o brasileiro Jorge Paulo Lemann. Lemann e seus dois sócios, Marcel Herrmann Telles e Carlos Alberto Sicupira, começaram com uma pequena corretora, e a partir daí construíram um dos bancos de investimento mais bem-sucedidos da América Latina. E, embora os sócios fossem espertos e talentosos em administrar dinheiro, eles descobriram que tinham um gênio peculiar para construir uma cultura cheia de pessoas famintas e fanáticas que prosperavam na meritocracia. Eles se tornaram tão bons em construir a cultura que começaram a considerar a compra de empresas inteiras e, em seguida, a administravam com base em seu sistema operacional cultural, com o objetivo de construí-las e desenvolvê-las para sempre. "Se acreditamos em nossa cultura", disseram a si mesmos, "por que não apostar alto nela?"

Então, eles compraram uma empresa de varejo, a Lojas Americanas, e uma cervejaria, a Brahma. A tese deles se mostrou correta: se eles tivessem as pessoas certas, com o DNA cultural certo, eles poderiam empregar essas pessoas certas em negócios adquiridos e lucrar muito. Lemann e seus parceiros se concentraram em construir uma "Máquina de Pessoas" para contratar e treinar um grupo cada vez maior de jovens líderes agressivos e ambiciosos para uma eventual utilização. Sua "estratégia" final era encontrar jovens apaixonados e motivados; colocá-los em uma cultura meritocrática intensa; desafiá-los com metas audaciosas; e dar a eles uma participação no resultado — o que eles resumiram como Cultura dos Sonhos Voltada a Pessoas. O fato de eles não saberem em quais negócios poderiam eventualmente utilizá-los não importava; o que importava, em primeiro lugar, era ter gente suficiente com o DNA cultural certo para aproveitar oportunidades gigantescas. E essas oportunidades continuaram surgindo e se tornando cada vez maiores. Lemann e seus sócios finalmente fundiram seus negócios de cerveja com a Interbrew da Bélgica para criar a InBev.

A cada ano, começando no início dos anos 2000, o conselho ia ao meu laboratório de gestão, em Boulder, Colorado, para termos intensas sessões de diálogo socrático de dois dias, motivadas por uma grande questão: o que precisamos fazer a seguir para construir uma grande empresa duradoura? Em uma dessas reuniões, o conselho começou a pensar seriamente em comprar a Anheuser-Busch, Clydesdales e tudo.

A certa altura, durante uma pausa, Lemann disse: "Jim, sinto que você está um pouco nervoso com a magnitude disso tudo."

"Sim, eu sei que você gosta de grandes apostas, mas esta é uma aposta incomensurável. Precisamos ter certeza de que o conselho está tomando uma decisão disciplinada, não baseada no ego."

"Eu entendo, mas você não entende meu problema básico", disse Lemann, fazendo uma pausa dramática. "Tenho muitos jovens líderes excelentes e preciso dar-lhes coisas realmente importantes para fazer. Nunca subestime o poder de manter o ímpeto."

E foi então que compreendi perfeitamente como Lemann, Telles e Sicupira criaram uma máquina de ímpeto tão poderosa. Desde os primeiros dias operando como uma pequena startup, eles ficaram obcecados em encontrar, atrair e desenvolver ótimas pessoas. Eles não contratavam visando habilidades específicas, preencher uma posição aberta, atingir uma meta específica ou buscar uma oportunidade de mercado. Eles inverteram a equação, dando o salto de fé de que, se enchessem a máquina com pessoas fanaticamente motivadas, eles iniciariam um ciclo virtuoso de ímpeto. Primeiro, você consegue pessoas excelentes. Então precisa dar a elas algo grande para fazer. Se escolher algo grande o suficiente, precisará de mais pessoas excelentes. Então você tem que inventar coisas maiores para fazer, o que exige conseguir mais pessoas excelentes, o que então o envia em busca de coisas ainda maiores para fazer. Repita isso várias vezes, sem parar, sem diminuir a velocidade, sem quebrar a magia do ímpeto.

Você tem o dilema de Jorge Paulo? Tem muitos líderes jovens e talentosos, muitas pessoas ambiciosas, capazes e motivadas? Se criar esse "problema" para sua empresa, será forçado a buscar o próximo grande sonho; caso contrário, os melhores procurarão outra coisa para fazer.

Se Você Precisa de Incentivos Financeiros para Motivar, Está com as Pessoas Erradas

Em nossa pesquisa, não encontramos um padrão sistemático ligando a remuneração de executivos ao processo de transição de empresas boas para excelentes. Os incentivos financeiros não fazem — na verdade, não podem fazer — com que as empresas alcancem a grandeza, pela simples razão de que *você não pode transformar as pessoas erradas nas pessoas certas com dinheiro.* Afinal, se alguém precisa de incentivos financeiros para ter um desempenho de alto nível, falta-lhe o ímpeto interior intenso, o fanatismo produtivo, necessário para fazer grandes coisas.

Tive o privilégio de estudar e trabalhar com algumas das empresas de melhor desempenho do mundo, não apenas corporações executivas, mas também unidades militares de elite, escolas bem-sucedidas de Ensino Fundamental e Médio, times profissionais, modelos de sistemas de saúde e serviços sociais. E, durante todo o processo, observei feitos impressionantes de liderança e desempenho, muitas vezes sem incentivos financeiros significativos.

Enquanto eu escrevia este capítulo, minha equipe de pesquisa e eu estávamos conduzindo um estudo sobre a educação K-12, aprendendo com líderes (diretores) de unidades escolares extraordinárias que haviam melhorado os resultados educacionais nas circunstâncias mais adversas. A premissa do estudo é que ter o líder de unidade certo no prédio pode criar a cultura de desempenho necessária para estimular o ensino excepcional. Nenhum desses líderes escolares usava incentivos financeiros como fator-chave para a obtenção de resultados. *Nenhum deles.*

A Clínica Cleveland se tornou uma das instituições de saúde mais admiradas do mundo, atraindo médicos de elite que queriam trabalhar com outros médicos de elite na busca por um objetivo único: Fazer o que é melhor para o paciente. Ao operar da melhor forma, a Cleveland transformou essa obsessão de "conseguir as pessoas certas" em um ciclo de impulso de reforço: comece com as pessoas certas operando em uma cultura colaborativa que impulsiona os resultados dos pacientes, que depois atrai pacientes do mundo todo, o que gera reputação e recursos para investir nas melhores pesquisas e instalações. Tudo isso, então, atrai ainda mais dos melhores médicos para se juntarem à empresa. E a Cleveland conseguiu tudo isso com uma estrutura salarial simples para seus médicos — sem incentivos de pagamento por desempenho com base no número de pacientes ou procedimentos.

O CEO da Cleveland me convidou para visitar e observar sua cultura distinta em ação, incluindo a chance de testemunhar uma cirurgia de coração de peito aberto. Foi uma exibição de coreografia requintada na sala de cirurgia. Quando o cirurgião estendia a mão, sem erguer os olhos ou dizer uma palavra, o instrumentador tinha a ferramenta precisamente certa pronta; a mão do cirurgião se abria; a ferramenta era colocada em seus dedos; sua mão se fechava e circulava de volta para a cavidade torácica, tudo em um movimento contínuo. Os operadores da máquina do coração-pulmão (perfusionistas cardiovasculares) cronometravam perfeitamente o momento de inflar os pulmões, na hora exata. Cada pessoa desempenhava sua parte em sincronia com o procedimento geral, criando a sensação de que eu estava assistindo a um balé coreografado, bonito na concepção e primoroso na execução. Não havia absolutamente nada que os incentivos financeiros pudessem ter feito para melhorar o profissionalismo naquela sala de cirurgia. Após o procedimento e durante minha visita, perguntei aos médicos da Cleveland o que os levara, entre todas as outras opções, a escolher a Cleveland, Ohio. A resposta era sempre a mesma: porque eles queriam fazer o melhor trabalho com as melhores pessoas da sua área.

Ou considere as unidades militares de elite. Pense nos níveis de responsabilidade, treinamento, habilidade e julgamento necessários para liderar uma unidade de forças especiais em uma perigosa operação secreta de importância nacional. Esses líderes ganham um salário de classe média e não há nada que se assemelhe a participação nos lucros ou a opções de ações. Quando você lê *O Único Sobrevivente*, do SEAL Marcus Luttrell, não vê nada como: "Bom, se você executar essas missões difíceis e arriscadas, há um grande bônus de fim de ano para você." Não é que a cultura SEAL não tenha incentivos, mas esses incentivos são, em grande parte, não financeiros.

Muito mais poderoso do que qualquer quantia de dinheiro é o respeito entre os companheiros SEAL. Dick Couch, que serviu como líder de pelotão SEAL e cujos livros são altamente recomendados entre os membros da comunidade SEAL, resumiu isso em *The Sherriff of Ramadi*: "Nas equipes, a reputação é tudo. A reputação de um SEAL o segue desde os comandos de treinamento nas equipes SEAL e depois no desdobramento operacional. É uma comunidade pequena e todos se conhecem — ou têm um amigo próximo que conhece." Os SEAL rotineiramente arriscam suas próprias vidas para nunca deixarem um companheiro para trás, não por qualquer questão financeira, mas por causa de uma promessa sagrada de um com o outro. Imagine estar em uma cultura na qual você sabe com 100% de certeza — não 90%, não 95%, não 99%, mas absolutamente 100% — que, não importa o que aconteça, você nunca será deixado para trás. Você poderia oferecer a uma equipe SEAL um milhão de dólares para deixar um irmão para trás, e a melhor resposta que você obteria seria a incompreensão absoluta seguida por um desgosto absoluto; você provavelmente teria um dia muito ruim.

Mesmo no topo das Forças Armadas dos Estados Unidos, os oficiais-generais multiestrelas ganham muito menos do que vários CEOs corporativos — por um fator de cinco, dez ou até vinte. Sempre que ouço os membros do conselho corporativo dizerem: "Bem, precisamos pagar dezenas de milhões para conseguir um verdadeiro talento de liderança no topo", me pego pensando em oficiais gerais que são responsáveis por milhares de vidas e gerenciam enormes riscos estratégicos enquanto realizam difíceis objetivos nacionais. Se realmente se trata de incentivos financeiros, como explicamos o fato de que alguns dos melhores líderes do mundo servem em nossas forças armadas? Ou em nossas escolas? Ou nos melhores centros médicos? Ou em movimentos sociais movidos pela energia de milhares de jovens idealistas?

Para ser claro, não estou dizendo que os incentivos financeiros não têm impacto. Na verdade, as evidências da economia deixam claro: as pessoas *respondem* aos incentivos (mesmo que eles não sejam a principal fonte de motivação para as melhores pessoas). Ignorar a influência dos incentivos é ignorar a natureza humana. E isso me leva a um ponto-chave: os incentivos *errados* não são apenas benignos; eles podem ser completamente perigosos. Se você está tentando construir uma grande empresa guiada por um conjunto de valores profundamente arraigados, simplesmente não pode se dar ao luxo de ter incentivos que reforcem o comportamento incompatível com seus valores essenciais, ou, pior, que reforcem o comportamento das pessoas erradas e afastem as certas. Na verdade, o sistema *errado* de incentivos pode encorajar as pessoas a fazerem coisas erradas e talvez até mesmo a lançar a empresa em uma crise.

Considere o que aconteceu com a Wells Fargo. Dick Cooley e Carl Reichardt conduziram a Wells Fargo por uma inflexão de boa para excelente nas décadas de 1980 e de 1990. A Berkshire Hathaway, de Warren Buffett, apostou na Wells Fargo quando foi guiada pela liderança inspirada de Reichardt. "Com a Wells Fargo, achamos que obtivemos os melhores gerentes do setor", escreveu Buffett em 1991. Ele ficou feliz em ver o valor do investimento da Berkshire na Wells Fargo crescer, o que o encorajou a comprar mais ações ao longo do caminho.

Em 2017, no entanto, a Wells Fargo danificou severamente sua marca, fazendo com que alguns se perguntassem se a empresa havia abandonado inclusive os princípios que a impulsionaram de boa a excelente. Ao contrário do etos de liderança incorporado por Cooley e Reichardt, e das práticas que construíram a confiança do cliente ao longo de décadas, a Wells Fargo (nas palavras de seu próprio presidente) "violou essa confiança, abrindo contas para certos clientes de banco de varejo que não as solicitaram ou, em alguns casos, que sequer sabiam quais eram". Timothy J. Sloan, que se tornou CEO após o escândalo, escreveu em uma carta aos acionistas: "Reembolsamos mais de US$3,2 milhões em encargos e taxas para aproximadamente 130 mil contas que não poderíamos descartar como iniciadas sem a autorização do cliente."

O número 130 mil é impressionante. Como isso aconteceu, especialmente com uma empresa que era excelente na era Cooley-Reichardt? Parte da resposta é que a Wells Fargo instituiu uma cultura de vendas agressiva associada a um sistema de incentivos que pressionava as pessoas a agirem de forma contrária aos valores essenciais da empresa. Embora o relatório dos diretores independentes do conselho cite vários fatores contribuintes, ele identificou a causa raiz como "a distorção da cultura de vendas e do sistema de gestão de desempenho do Community Bank, que, quando combinada com uma gestão de vendas agressiva, criou pressão sobre os funcionários para vender produtos indesejados ou desnecessários para os clientes e, em alguns casos, para abrir contas não autorizadas". Em uma tentativa de resolver o problema, a Wells Fargo fez mudanças críticas na liderança e reformou seu sistema de compensação de incentivos.

Nenhuma empresa, por melhor que seja, está imune ao potencial ciclo destrutivo de incentivos desalinhados e às pessoas erradas nas posições críticas. O ciclo da desgraça começa quando você coloca a bordo algumas pessoas erradas que se comportam de forma contrária aos valores essenciais da empresa e degradam sua cultura. Algumas dessas pessoas, então, tornam-se poderosas o suficiente para criar incentivos que estão desalinhados com os valores essenciais. Isso reforça o comportamento das pessoas erradas e afasta as certas. A cultura torna-se cada vez mais dominada pelas pessoas erradas e cada vez mais inóspita para as certas. Mais pessoas certas debandam, e a proporção de pessoas erradas aumenta até uma massa crítica. E então, um dia, você acorda com a terrível percepção de que a cultura que você cultivou, cuidadosamente, foi destruída.

A questão aqui não é que uma empresa não deva ter mecanismos de compensação financeira. Na verdade, a maioria das grandes empresas da nossa pesquisa empregava mecanismos de remuneração que iam além dos salários tradicionais. Mas esses mecanismos de compensação funcionam apenas na medida em que se alinham aos valores da empresa e ajudam a cumprir a função fundamental de compensação. E qual é essa função fundamental? Ao construir uma organização verdadeiramente excelente, o objetivo principal de um sistema de remuneração, por mais estruturado que seja, é garantir que você seja capaz de atrair e reter as pessoas certas — pessoas automotivadas e autodisciplinadas que adotam seus valores essenciais —, não tentar "motivar" as pessoas erradas. Tudo remonta ao princípio do "primeiro quem": colocar as pessoas certas a bordo, nas posições críticas, e as erradas para fora.

Obviamente, as pessoas certas devem ser bem pagas em suas áreas. E elas precisam sentir que o sistema de compensação é justo. Caso esteja se perguntando se gostaria de compartilhar mais do sucesso financeiro da empresa com as pessoas que a tornam excelente, tenha em mente o mantra de Bill Hewlett: "Nunca reprima o impulso da generosidade."

Construa uma Cultura em que as Pessoas Dependam umas das Outras

William Manchester se tornou um dos mais proeminentes historiadores biográficos do século XX, conhecido por seus livros sobre John F. Kennedy, Douglas

MacArthur e sua aclamada série *Last Lion*, sobre Winston Churchill. Seu preâmbulo para *Last Lion: Volume 2* é a melhor prosa biográfica que já li. Mas, por mais que ame suas biografias e histórias, achei suas memórias, *Goodbye, Darkness*, mais profundamente comoventes.

Em *Goodbye, Darkness*, Manchester se concentra em si mesmo para desvendar um mistério perturbador em sua vida. Ele serviu como fuzileiro naval no Pacífico na Segunda Guerra Mundial. Em 2 de junho de 1945, enquanto estava envolvido com sua unidade, Manchester sofreu um "ferimento de um milhão de dólares" — ruim o suficiente para encerrar sua missão de combate com um Coração Púrpura, mas leve o suficiente para que ele se recuperasse e levasse uma vida normal. Deitado em recuperação, antes de ser enviado para casa, ele decidiu desafiar as ordens, abandonar o hospital de campanha e retornar à sua unidade, que estava sendo implantada atrás das linhas inimigas, em Okinawa. Poucos dias depois, sua unidade foi atingida por um morteiro direto, com Manchester ferido tão gravemente que foi considerado morto até um médico perceber que ele ainda estava respirando. Dessa vez, ele foi mandado para casa.

Décadas depois, Manchester passou a ter um pesadelo recorrente consigo mesmo como um jovem sargento confrontando sua personalidade de meia-idade no topo de uma colina, "um homem dividido contra sua própria juventude". Incapaz de forçar os pesadelos de volta ao seu inconsciente, ele decidiu escrever um livro tecendo três histórias em uma — a história da Guerra do Pacífico, a história de si mesmo como um jovem fuzileiro naval naquela guerra e a história de si mesmo como um homem de meia-idade voltando para visitar as ilhas da Guerra do Pacífico. As histórias convergiram para a ilha de Okinawa, no Pão de Açúcar, local de uma batalha que custou mais de 7 mil vidas de fuzileiros navais em 10 dias.

Mas a história mais profunda era o desejo de Manchester de desvendar o mistério: por que ele havia voltado para sua unidade, desafiando ordens e indo embora sem permissão para ser morto, quando poderia ter retornado ao conforto seguro com sua honra intacta? A resposta — que encorajo fortemente que você leia no contexto original — se resume ao que ele chama de um ato de amor por seus companheiros fuzileiros navais: "Eles nunca me decepcionaram, e eu não poderia fazer isso com eles. Eu tinha que estar com eles, em vez de deixá-los morrer e eu viver ciente de que poderia tê-los salvado."

A questão aqui não é que a vida empresarial e organizacional é uma guerra ou algo parecido. Sugerir que construir uma empresa — fabricar computadores, criar medicamentos biotecnológicos, construir lojas de varejo, administrar uma companhia aérea ou mesmo construir uma empresa social voltada para uma causa — está no mesmo nível que a batalha pelo Pão de Açúcar seria quase um sacrilégio. Não, o objetivo é destacar o poder de criar uma cultura em que as pessoas saibam que seus camaradas dependem delas para sobreviver e não podem decepcioná-los.

O comandante do Corpo de Fuzileiros Navais certa vez me pediu para dar uma palestra para os cerca de cem oficiais generais mais graduados. No almoço anterior, perguntei a ele: "Qual é o propósito do acampamento? Por que você mantém essa prática um tanto brutal?" Ele me disse que as pessoas pensam erroneamente que se trata apenas de encontrar os espécimes físicos mais fortes. O objetivo, ele descreveu, não é encontrar as pessoas mais fortes, mas eliminar as pessoas que, sob coação, optam por cuidar apenas de si mesmas em vez de ajudar os outros ao seu redor.

Quando Fred Smith concebeu sua ideia de um serviço de entrega noturno confiável e o descreveu como trabalho para um curso de negócios em Yale, no qual obteve um C, porque o professor considerou a ideia inviável. Depois, Smith fez um movimento contracultural para quem se formava em Yale, em 1966; ele se alistou para servir no Corpo de Fuzileiros Navais dos Estados Unidos. Na implantação de combate (onde ganhou uma Estrela de Prata por bravura e dois Corações Púrpuras), Smith teve o insight central que transformaria a Federal Express de uma ideia em um negócio viável e, de um negócio, em uma grande empresa. Como Manchester, ele percebeu que as pessoas fazem coisas irracionais para ter sucesso — não por grandes ideias, incentivos, chefes, hierarquias ou mesmo reconhecimento, *mas umas pelas outras*.

Smith saiu de sua experiência no Vietnã com uma fé cada vez maior de que, se você começar com um respeito básico pelas pessoas e mostrar confiança, colocando-as em situações que precisam superar porque outras pessoas dependem delas, elas buscarão forças inimagináveis para cumprir a missão. Então, quando você tem caminhões e aviões que precisam ser totalmente coordenados, e a falha em chegar a um ponto de transferência a tempo pode se espalhar pela linha e comprometer a promessa da marca "absolutamente, positivamente em tempo integral", você precisa de mais do que capital financeiro, sistemas, aviões e caminhões para ter sucesso.

A Federal Express tornou-se tão incorporada ao cotidiano dos EUA que seu nome virou um verbo [no Brasil, o equivalente a "FedExar alguma coisa"]. No entanto, no início, a empresa estava tão perto do limite que, em certo ponto, Smith fez uma viagem a Las Vegas em desespero, na qual ganhou US$27 mil para abastecer os aviões e manter o sistema vivo. A história pode ser apócrifa, mas sua resistência na mitologia corporativa mostra como a empresa gigante de hoje já lutou como uma pequena startup. Contudo, a verdadeira fonte da vitória da Federal Express contra todas as probabilidades como uma empresa em estágio inicial lutando por sua própria existência não está em uma mesa de jogo de Las Vegas. O ingrediente secreto foi o fato de Smith construir uma cultura de confiança, respeito e amor — uma cultura de pessoas dependendo de outras pessoas. Essa história é excepcionalmente bem contada no livro *Breakthroughs!*, de P. Ranganath Nayak e John M. Ketteringham (um dos melhores livros de casos escritos sobre inovadores que desafiavam as probabilidades), que descreve a cultura de compromisso mútuo de Smith como o verdadeiro avanço [em inglês, "breakthrough"].

Quando penso na época em que Bill Lazier me defendeu para o reitor de Stanford, me abrindo uma oportunidade para ensinar e me colocando em uma jornada de 30 anos para estudar o que faz as grandes empresas funcionarem, vejo que ele despertou o meu melhor porque eu o decepcionaria se falhasse. Sim, um propósito nobre combinado com metas audaciosas inspira muito bem nossos esforços. Mas, no final, damos o nosso melhor quando outras pessoas dependem de nós para sobreviver, quando não podemos decepcioná-las.

Vivemos em um mundo rico em sucesso, mas pobre em significado. Uma vida de trabalho implacável sem sentido é brutal e sombria. A maioria de nós nunca terá o amor profundo em nosso trabalho diário que Manchester teve com seus companheiros fuzileiros navais. Mas podemos nos aproximar disso construindo uma cultura em que as pessoas dependam umas das outras. E, ao fazer isso, você dará a elas algo de valor incomensurável — um trabalho que importa. E *isso* é incrível.

Capítulo 3

ESTILO DE LIDERANÇA

O segredo para o impacto de um líder é a sinceridade. Antes que possa inspirar emoções, ele mesmo deve ser influenciado por elas. Antes que possa arrancar lágrimas alheias, as suas próprias devem fluir. Para convencê-los, ele mesmo deve acreditar.

WINSTON CHURCHILL

Nós a chamamos de *Síndrome M*. M é a inicial de um CEO particularmente ineficaz que observamos. M também é a primeira letra da palavra *mal-estar*.

M tinha um QI de mais de 150. M tinha doutorado e MBA. M tinha 20 anos de sólida experiência no setor. M mantinha contato pelo primeiro nome com as principais pessoas do seu setor. M trabalhava 80 horas por semana. O mercado de M estava crescendo mais de 30% ao ano.

Mesmo assim, a empresa de M, após o sucesso inicial, fracassou e foi puxada para uma espiral descendente — para a melancolia e o mal-estar da mediocridade. Por quê? Porque o estilo de liderança de M era tão ineficaz — tão opressor — que pairava sobre a organização como um manto frio e penetrante. Deprimia as pessoas. Corroía a confiança delas. Gradualmente sugava a energia e a inspiração delas. Isso matou a empresa lentamente, dia a dia, semana a semana.

O que M fez de errado?

- M pregava o "respeito pelas pessoas" (porque havia lido sobre a crença de Hewlett-Packard no respeito), mas nunca confiou nelas. M enaltecia o trabalho em equipe, mas o definia como uma obediência cega.

- M era terrivelmente indeciso. Confrontado com uma decisão importante, ele a analisava repetidas vezes, atrasando a ação. Oportunidades significativas passaram pela empresa e pequenos problemas se transformaram em grandes crises.
- M não tinha prioridades claras. Ele constantemente lançava listas de 10 a 20 itens de ação para as pessoas, dizendo-lhes: "*Todos* são de prioridade máxima."
- M passava a maior parte do tempo trancado na segurança do seu escritório, atrás de portas fechadas e espessas. Ele raramente caminhava pelos corredores ou parava para ver como as pessoas estavam.
- M criticava constantemente as pessoas, mas nunca dava nenhum reforço positivo. Um único erro assombraria um funcionário para sempre — M nunca daria à pessoa a chance de provar que aprendera com o erro.
- M nunca comunicou com eficácia a visão da empresa. Consequentemente, as pessoas sentiam que não havia visão, que a empresa era como um navio sem senso de direção, açoitado por violentas tempestades.
- M falava e escrevia em linguagem túrgida e técnica. Em vez de inspirar as pessoas, ele as deixava entediadas e confusas.
- Depois que a empresa atingiu um patamar de sucesso (com cerca de US$15 milhões em receitas e 75 funcionários), M se recusou a avançar com qualquer coisa nova, ousada ou arriscada. A empresa estagnou. Pessoas ambiciosas partiram.

Como no caso de M, a principal barreira para a grandeza em muitas empresas é a liderança ineficaz. A tecnologia mais avançada, a estratégia mais cuidadosa e a melhor execução tática podem ser totalmente ofuscadas por um estilo de liderança pobre. Isso vale para todas as empresas, mas é particularmente válido para empresas de pequeno e médio porte, nas quais os principais líderes têm um impacto diário drástico e devem ser os arquitetos da grandeza corporativa.

Simplificando, é impossível construir uma grande empresa se você tiver um estilo de liderança destrutivo.

O Efeito Multiplicador

Se você é a pessoa superior, seu estilo dará o tom para toda a organização. É um efeito multiplicador — para melhor ou para pior —, porque o tom que você define no topo afeta os padrões de comportamento das pessoas em toda a empresa. Se for eficaz, seu estilo será um fator poderoso na construção de uma grande empresa. No entanto, se for ineficaz ou negativo, será como um cobertor úmido e pesado pendurado sobre a empresa, imobilizando-a.

Estilos Diferentes

Todos deveriam ter o mesmo estilo de liderança? Não, claro que não. Seu estilo de liderança decorre das suas características particulares de personalidade.

Na verdade, existem muitos estilos eficazes. Alguns líderes eficazes são quietos, tímidos e reservados; enquanto outros são extrovertidos e sociáveis. Alguns são hiperativos e impulsivos; outros são mais metódicos. Alguns são velhos, sábios e experientes; outros são jovens, ousados e aventureiros. Alguns gostam de fazer discursos; outros ficam nervosos na frente de uma multidão. Alguns são carismáticos; outros, não. (Não confunda liderança com carisma. *Carisma não é igual a liderança,* e alguns dos líderes mais eficazes têm pouco carisma.)

Examine o espectro de líderes mundiais e observe o quanto seus estilos diferem: Mahatma Gandhi (frágil e de fala mansa), Abraham Lincoln (melancólico e pensativo), Winston Churchill (o buldogue feroz e indomável), Margaret Thatcher (severa e tenaz, a "Dama de Ferro"), Martin Luther King Jr. (apaixonado e eloquente). No entanto, apesar da ampla variedade de estilos, cada um desses líderes foi altamente eficaz.

Cultive seu próprio estilo; não tente ser alguém que você não é ou adotar um estilo que não se encaixa com você. Você imagina Winston Churchill tentando imitar o estilo de Gandhi, vestindo uma tanga e falando em uma voz suave, quase inaudível? Por outro lado, você imagina Gandhi tragando charutos gordos e rosnando: "Nossa política é fazer a guerra, por mar, terra e ar, com todas as nossas forças e toda a força que Deus pode nos dar..."? Essas imagens são absurdas. Mas não são mais absurdas do que tentar imitar o estilo de outra pessoa.

Um estilo eficaz cresce dentro de você. Deve ser inteiramente seu. Ninguém, exceto você, terá um estilo exatamente igual ao seu.

Liderança Eficaz: Função Mais Estilo

A liderança corporativa eficaz consiste em duas partes: *função* de liderança e *estilo* de liderança.

A função de liderança — a responsabilidade número um de um líder — é catalisar uma visão clara e compartilhada para a empresa e garantir o compromisso e a busca vigorosa por ela. Esse é um requisito universal da liderança, e, independentemente do seu estilo, você deve desempenhar essa função. (O Capítulo 2 explica o conceito de visão e como defini-la.)

Por outro lado, o estilo de liderança é único para cada indivíduo. Existem muitos estilos que podem ser usados para desempenhar a função de liderança. Mas aqui reside um paradoxo. Por um lado, afirmamos que seu estilo deve ser peculiar e que muitos podem ser eficazes. Por outro lado, temos a temida Síndrome M, em que o estilo de M era a principal barreira para a grandeza corporativa. Como reconciliar esse paradoxo? Isso significa que, embora cada líder tenha seu próprio estilo, alguns são mais eficazes do que outros?

Para resolver o paradoxo, condensamos os elementos de estilo que vemos nos líderes corporativos mais eficazes. Embora cada um deles tenha um estilo pessoal e único, há certos elementos que tendem a ser comuns em uma variedade de estilos eficazes. Veja a Figura 3.1, a seguir.

Liderança Corporativa Eficaz

Função de Liderança		Estilo de Liderança	
Canalizar uma visão clara e convincente para que seja compartilhada pelo grupo e norteie as ações dele	+	Os 7 Elementos do Estilo Eficaz de Liderança** (Todos os estilos têm esses aspectos)	Características Individuais de Personalidade (Exclusivas de cada indivíduo)

** Autenticidade, Determinação, Foco, Participação, Habilidades com Pessoas (Pesadas e Leves), Comunicação, Intrepidez

Figura 3.1

Uma analogia ajudará a esclarecer a nossa solução para o paradoxo. Pense por um momento nos excelentes escritores. Cada escritor tem seu próprio estilo; o estilo de William Faulkner é muito diferente do de Ernest Hemingway; o de Barbara Tuchman difere do de William Manchester. Embora o estilo seja pessoal para cada escritor, existem certos elementos que tendem a perpassar os estilos de todos os grandes escritores: eles envolvem o leitor no início da obra, capturam a imaginação com detalhes vívidos, usam bem a linguagem, têm bons começos e finais, e assim por diante.

VISÃO DE JIM EM 2020

O Que É Exatamente "Liderança"?

A experiência mais significativa que tive em minha investigação contínua sobre o tema da liderança veio em 2012 e em 2013, quando tive a honra e o privilégio de servir a uma nomeação de 2 anos na cadeira de Classe de 1951 para o Estudo de Liderança na Academia Militar dos Estados Unidos, em West Point. Essa é uma das maiores instituições de desenvolvimento de liderança do mundo, visando transformar mulheres e homens em líderes de caráter. Viajei para West Point várias vezes para me envolver com cadetes e professores e refletir sobre a essência da liderança, como os líderes são formados e como bons líderes podem se tornar grandes líderes.

Um dos meus objetivos era obter uma visão mais profunda a respeito de uma pergunta aparentemente simples: o que *é* liderança? Falamos sobre isso o tempo todo, mas o que ela exatamente *é*?

Em primeiro lugar, sejamos claros: Não existe uma "personalidade de liderança". Vivemos na era das celebridades, em que as pessoas reverenciam um culto à personalidade; mas confundimos personalidade com liderança, o que é temerário.

Pense em uma das líderes empreendedoras de maior impacto das últimas décadas, que considero uma heroína, Wendy Kopp, fundadora do Teach For America. Levei Kopp a um de meus seminários em West Point, para uma sessão especial destinada a convidados com um pequeno grupo de cadetes. Uma das primeiras coisas que os cadetes notaram foi que Kopp era tímida, reservada, um tanto desconfortável por ser o centro das atenções. Nós nos encontramos em uma pequena sala de seminário projetada para apenas cerca de 30 pessoas, mas ela falava tão baixinho que os cadetes se esforçavam para ouvi-la, acima do zumbido distante de máquinas rangendo em uma obra próxima.

Ela contou a história de sua ansiedade durante o último ano da faculdade, porque ainda não sabia o que queria fazer da vida. Enquanto vagava naquele abismo existencial, teve que escrever um TCC. Ela decidiu fazer o seu sobre educação, uma paixão nascente, com o objetivo de debater duas premissas fundamentais. Primeiro, toda criança, não importa de qual família ou bairro, merece a chance de ter uma educação sólida. Segundo, os jovens que saem de faculdades excepcionais podem ser inspirados a se destacar como professores por um mínimo de dois anos em algumas das comunidades mais carentes dos Estados Unidos, do Delta do Mississippi ao Harlem e ao Bronx. Ela então percebeu o que fazer da vida e lançou o Teach For America.

Desde sua fundação, o Teach For America inspirou mais de 500 mil jovens a se inscreverem no programa e já enviou mais de 60 mil membros do programa para as salas de aula. Em 2009, quando um editor da revista *Inc.* me entrevistou para a edição de aniversário de 30 anos, começamos a falar sobre alguns dos maiores empresários de todos os tempos. Nessa discussão, votei em Kopp como empresária da década.

A liderança de Wendy Kopp incluía uma habilidade instintiva de conectar as pessoas certas com outras pessoas certas e, em seguida, envolvê-las no nobre senso de missão para as crianças. No início de sua carreira na Teach For America, Kopp se concentrou em atrair indivíduos altamente capazes para a causa e, em seguida, liberá-los para o sucesso como professores e líderes educacionais. Conforme progredia na Teach For America, e agora na Teach For All (uma rede de organizações semelhantes em outros países), ela abraçou uma visão coletiva de liderança, em que as pessoas de todos os níveis do sistema — alunos, pais, professores, diretores de escolas, administradores distritais, funcionários públicos, empresários, profissionais de saúde — trabalham juntas para fins comuns. A partir de todo o ecossistema ligado às crianças, Kopp conseguiu reunir milhares de pessoas, de dentro e de fora de sua organização, em busca do sonho de que *todas* as crianças de *todos* os lugares um dia tenham a oportunidade de ter uma educação de excelência.

Naquela sala de seminário em West Point, Wendy Kopp personificou uma verdade essencial e ensinou aos cadetes uma lição profunda sobre liderança: você não precisa de uma personalidade poderosa e carismática para inspirar as pessoas a fazerem grandes coisas. Nem precisa de poder formalizado. Kopp não tinha o poder de uma autoridade institucional, o poder de nível hierárquico, de título exaltado, de ações com direito a voto ou o poder de mandatos governamentais. Ela nem mesmo tinha o poder de atração financeira, visto que a maioria dos membros poderia ganhar um salário maior fazendo outras coisas com seus talentos. Como James MacGregor Burns ensinou em seu livro clássico, *Leadership*, nunca devemos confundir poder bruto com liderança.

A verdadeira liderança só existe se as pessoas a seguem quando têm a liberdade para *não* o fazer. Muitos líderes empresariais pensam que estão liderando quando na verdade estão simplesmente exercendo poder e podem descobrir, para seu horror, que ninguém os seguiria se não tivessem poder. Se você se fia principalmente em posição, título, cargo, dinheiro, incentivos, fama ou qualquer outra forma de poder bruto para agir, simplesmente abdicou da liderança. Aqueles que emitem ordens arbitrárias apenas porque podem são a antítese dela. Como disse o general Colin Powell, cujo livro, *It Worked for Me*, eu recomendo: "Em meus 35 anos de serviço, não me lembro de ter dito a ninguém:

'Isso é uma ordem.''' Powell aprendeu que muitas vezes é bem melhor exercer "o comando com delicadeza".

Então, se liderança não decorre de personalidade, poder, patente, posição ou título, o que ela *é* exatamente? Em West Point, influenciado diretamente pelas palavras e reflexões do General Eisenhower, finalmente cristalizei uma pequena definição de liderança que melhor se ajusta a tudo o que estudei e observei. A definição é simplesmente esta: *liderança é a arte de fazer com que as pessoas queiram fazer o que deve ser feito.*

Observe três pontos nessa definição. Primeiro, como líder, é sua responsabilidade descobrir o que deve ser feito. Você pode fazer isso com base em suas ideias e seu instinto ou, mais provavelmente, por meio do diálogo e debate com as pessoas certas; mas, de qualquer maneira, você precisa ser claro. Segundo, não se trata de fazer com que as pessoas façam o que deve ser feito, mas de fazer com que elas *queiram* fazê-lo. Terceiro, liderança não é uma ciência; é uma *arte*.

Eu amo a palavra "arte" — que vem diretamente de Eisenhower —, pois ela capta o que acredito que Bill e eu procurávamos quando esboçamos o capítulo original sobre liderança de *Beyond Entrepreneurship*: você tem que descobrir e cultivar os aspectos do seu estilo em particular, uma mestria de liderança distinta que o torne eficaz para fazer com que as pessoas certas trabalhem apaixonadamente com você na realização do que deve ser feito.

Talvez, como Wendy Kopp, você tenha o dom de definir uma visão clara e magnética que pode ser expressa em poucas palavras. Talvez, como Kopp, tenha o dom de fazer as pessoas acreditarem na realização de sonhos impossíveis, incutindo-lhes a ideia de que o que as outras pessoas veem como impossível (*todas* as crianças, de *todos* os lugares) é a única meta aceitável. Talvez, como Kopp, você tenha o dom de reunir uma coleção diversificada de pessoas certas, estabelecer tacitamente um tom de colaboração e criar um ambiente no qual a verdade é ouvida e um espaço para que as melhores ideias prosperem. Talvez, como Kopp, você tenha o dom de encontrar pessoas inteligentes e práticas, apaixonadas por transformar ideais elevados em sistemas escaláveis.

Ou talvez seus dons sejam totalmente diferentes. Talvez, como Anne Mulcahy, você tenha o dom de prender a atenção de uma sala com um discurso comovente. Talvez, como Herb Kelleher, da Southwest Airlines, você tenha o dom de cultivar a diversão e fazer seu pessoal se sentir respeitado e amado. Talvez, como Katharine Graham, você tenha o dom de não se render, abençoado por uma determinação estoica que se infiltra nas pessoas ao seu redor e lhes dá confiança. Talvez, como Bill Gates, você tenha o dom de simplificar um mundo complexo, de modo que pessoas ativas se sintam confiantes e cientes daquilo em que estão gastando suas energias.

O segredo é descobrir seus dons de liderança e, então — como Wendy Kopp continua fazendo —, refiná-los da maneira como um grande pintor, compositor, ator ou arquiteto se aprimora ao longo de décadas de atenção obsessiva ao seu ofício.

Quando olho para trás, avaliando a estrutura simples que Bill e eu colocamos na edição original de *Beyond Entrepreneurship* — a ideia de separar a função de liderança do estilo de liderança —, fico impressionado com o quão perto estávamos de articular a essência da liderança. Nos anos que se seguiram, meu ceticismo em relação ao culto à personalidade só se consolidou. Todas as minhas pesquisas subsequentes sobre o que faz as grandes empresas funcionarem revelou evidências convincentes de que alguns dos maiores líderes empresariais de todos os tempos careciam de qualquer carisma óbvio. Além disso, nossos estudos mostraram que alguns dos piores episódios de declínio e fracasso corporativo aconteceram com líderes carismáticos e extravagantes no comando. (Veja *Como as Gigantes Caem*.) É muito melhor ser um líder pouco carismático que faz com que as pessoas certas confrontem os fatos brutais do que uma força magnética de personalidade que leva seguidores obedientes ao desastre. Se você tiver carisma, ainda poderá construir uma grande empresa duradoura. Mas nunca se esqueça: caso sua empresa não possa ser grande sem seu carisma pessoal para inspirá-la, então ela ainda não é uma grande empresa.

Sete Elementos do Estilo de Liderança

Neste capítulo, identificamos os elementos de estilo comuns entre os líderes eficazes. São eles:

1. Autenticidade.
2. Determinação.
3. Foco.
4. Participação.
5. Habilidades com Pessoas (Pesadas e Leves).
6. Comunicação.
7. Intrepidez.

Elemento 1 do Estilo de Liderança: Autenticidade

O elemento mais importante da liderança eficaz é viver a visão da empresa com autenticidade. Os valores e as ambições de uma empresa não são inspirados inteiramente pelo que os líderes dizem; eles são inspirados principalmente pelo que eles *fazem*.

Em uma empresa saudável, não há incoerências entre o que é dito e o que se acredita — os valores vêm de dentro dos líderes e se mostram na organização por meio das atividades do dia a dia. Pense nisso como amassar o pão — massageando constantemente os valores na própria essência da organização.

É verdade que os líderes corporativos eficazes estão cientes dos benefícios práticos de seus valores. Mas eles se comportariam de forma coerente com eles na *ausência* de tais benefícios. E esse é precisamente o ponto que os torna tão bem-sucedidos e eficazes.

Quando Bill Hewlett e Dave Packard começaram a HP, eles não se sentaram e perguntaram: "Quais são os valores de negócios mais pragmáticos?" Não. Eles acreditavam profundamente em ter respeito pelas pessoas e simplesmente agiam dessa forma em tudo o que faziam. Era tão natural para eles quanto respirar.

MOSTRE SUAS CONVICÇÕES

Observamos que líderes empresariais eficazes transmitem uma intensidade feroz sobre seus valores, suas crenças e seus desejos. Eles não têm medo de mostrar a paixão que está associada a esses valores, às vezes tornando-se bastante passionais.

Jim Gentes, fundador da Giro Sport Design, é conhecido por demonstrar emoção ao falar sobre como um produto da Giro salvou uma vida ou ajudou um atleta a realizar um sonho.

Phil Knight, CEO da Nike, é tímido; ele não é como um líder de torcida que pula para cima e para baixo. Mas, ao falar com seus colaboradores sobre o orgulho que sentia por eles, durante uma reunião da empresa em 1990, suas emoções estavam à flor da pele. Knight, fundador de uma das empresas mais bem-sucedidas de nossa era — um homem movido por desempenho, competição e vitórias —, mostrou suas lágrimas e mal conseguiu terminar sua palestra. Isso tocou profundamente o pessoal da Nike, porque foi tudo real.

SEJA O MELHOR MODELO PRÁTICO

Apenas falar de forma autêntica não basta; você também precisa agir com autenticidade. Cada decisão e ação deve estar de acordo com sua filosofia, sendo em si mesma uma declaração de seus valores essenciais.

O pessoal de sua empresa é extraordinariamente influenciado pelo que você faz. Como líder corporativo, você é como um pai ou um professor e, portanto, é provável que as pessoas sigam os exemplos que você dá.

Não subestime o limite de influência das suas ações sobre aqueles que trabalham para você. Maneiras de falar e de se comportar, estilos de tomada de decisão e outros atributos serão transmitidos. Por exemplo, poucas semanas depois que John F. Kennedy assumiu a presidência dos EUA, os membros da equipe da Casa Branca estavam falando em staccato, no estilo de Kennedy, e golpeando o ar com os dedos, como ele fazia.

Essa é a natureza da resposta das pessoas a figuras de autoridade. Inevitavelmente, elas começarão a imitá-las. Mesmo se você tiver um ambiente não hierárquico, ainda será visto como uma figura de autoridade, e as pessoas reagirão a você como tal.

Portanto, *você deve ser um modelo da cultura que deseja criar.*

Sam Walton, fundador e principal líder do Walmart durante sua ascensão bem-sucedida de uma única loja a uma rede de lojas de descontos, entendeu a importância de ser o modelo consumado da empresa. Walton, conforme retratado no livro de Vance Trimble, *Sam Walton*, acreditava que a cultura do Walmart deveria se basear principalmente na simplicidade — que um extremo minimalismo e eficiência criariam uma força imbatível.

Portanto, como modelo dessa filosofia, Walton não alugava nenhum carro mais caro do que um subcompacto ao viajar. Ao voar em companhias aéreas comerciais, ia de classe econômica. Ele pedia sanduíches frios e batatas fritas para as reuniões do Conselho de Administração — os membros do conselho tinham que levar cada um a sua Coca-Cola. Tomava café da máquina de venda automática do saguão, como todo mundo. Dirigia uma velha caminhonete surrada, mesmo quando recebia dignitários ingleses (para o desgosto deles).

Burton Stacy, do banco da cidade natal de Walton, disse: "Ele [Walton] não será visto com nada melhor do que o que é permitido a seu pessoal... Sam Walton não fica em um hotel melhor... nem come em um restaurante melhor, nem dirige um carro melhor." Jack Stephens, ex-membro do Conselho do Walmart, disse: "Sam Walton — ele vive e respira eficiência."

Como todos os líderes corporativos eficazes, Walton é um artigo 100% genuíno — nada artificial, nada inventado.

Em contraste, há o exemplo da Fortune Systems, um empreendimento de computadores que faliu em meados da década de 1980, apesar de ser excepcionalmente bem capitalizado e de estar entre os primeiros no mercado. Um executivo sênior disse: "Somos todos parte de uma equipe de natureza igualitária, trabalhando pelos mesmos objetivos. Acreditamos em nos concentrar nas tarefas em questão, não em símbolos de status."

Ainda assim, em flagrante violação desse sentimento, os gerentes seniores tinham uma "suíte executiva" separada, e o CEO tinha uma vaga de estacionamento privativa. Quando vimos essa incoerência, sabíamos que a empresa estava caminhando para a mediocridade, na melhor das hipóteses. Nem mesmo isso ela conseguiu.

Como Walton, sua filosofia corporativa declarada deve ser, em última análise, um reflexo genuíno dos valores e crenças que você mantém em seu próprio íntimo. Os valores devem fazer parte de você — do seu próprio espírito — para que você responda instintivamente às situações de uma forma coerente com a sua filosofia declarada. Você não deve precisar pensar nisso. Da mesma forma, quando outras pessoas tomarem ações que forem contra esses valores, isso deve afetá-lo no fundo da alma.

Também é importante levar essa autenticidade para as grandes decisões estratégicas tomadas pela empresa. Assim como você deve ser um modelo exemplar dos valores e crenças por meio de suas ações do dia a dia, a própria empresa deve ser um modelo exemplar de sua filosofia, exemplificada pelas suas principais decisões.

EXEMPLO DE CASO: YVON CHOUINARD E A LOST ARROW CORPORATION

Na Lost Arrow Corporation (controladora da Patagônia), Yvon Chouinard tinha uma profunda convicção sobre o papel que sua empresa deveria desempenhar na preservação do meio ambiente. Ele a reforçava doando todos os anos 10% dos lucros brutos para causas ambientais e comprando tecidos de empresas que usavam métodos ambientalmente corretos, mesmo que fossem mais caros.

Ainda mais impressionante é a longa história de gestão da Lost Arrow de acordo com essa crença. No início dos anos 1970 (décadas antes da moda de ser uma empresa com consciência ambiental), Chouinard começou a usar sua empresa para mudar completamente a maneira como os alpinistas se protegiam em penhascos; ele queria que eles usassem dispositivos que deixassem a rocha intacta. Ele fez isso introduzindo dispositivos de proteção não prejudiciais chamados calços, ou porcas.

Na época, isso foi considerado por muitos como algo imprudente. Poucos escaladores queriam trocar os pitons (pontas de metal que cravavam na rocha, danificando-a permanentemente), e a maioria pensava que Chouinard estava travando uma batalha difícil. Destemido, Chouinard apresentou o novo equipamento e trabalhou fanaticamente para fazer a comunidade de escalada mudar.

E funcionou. Em 1975, praticamente ninguém mais usava pitons, e os penhascos foram preservados para as gerações futuras. Essa ação, liderada por Chouinard, atraiu funcionários dedicados e leais para a empresa.

Eles sabiam disso; ao contrário de muitas empresas que simplesmente defendiam a "preocupação com o meio ambiente", Chouinard falava sério. E eles foram inspirados por isso.

RESPALDE AS PALAVRAS COM AÇÕES

Não temos simpatia por gerentes que não respaldam suas palavras com ações. Certo, ninguém é perfeito, e todos nós falhamos em viver 100% de acordo com nossos ideais. Mas alguns líderes de empresas nem mesmo vivem 25% de seus ideais. Sua conversa é retórica. Sua falta de sinceridade é nauseante. Eles não merecem ser líderes. E, de fato, certamente não construirão grandes empresas.

Viva o que você diz. Não fale da boca para fora, *aja*.

VISÃO DE JIM EM 2020

A que Causa Você Serve?

Na época em que eu servia na cadeira de liderança em West Point (o que já mencionei neste livro), fiquei surpreso ao descobrir que muitos dos cadetes que conheci pareciam mais felizes do que meus alunos da época em que eu lecionava no MBA de Stanford. Acredito que um grande motivo para o que observei é que a ética do Serviço — o compromisso com uma causa maior do que você mesmo — permeia toda a experiência de West Point. E é Serviço com "S" maiúsculo. Os cadetes sabem que podem até morrer prestando esse serviço.

O que Anne Mulcahy, Gordon Moore, Wendy Kopp e George C. Marshall têm em comum? Todos eles lideram ou lideraram com espírito de serviço a uma causa maior do que eles mesmos. Para Mulcahy, a causa era salvar a empresa que ela amava, a Xerox, e criar um futuro inspirador para seu pessoal. Para Moore, foi transformar a Intel em uma força catalítica para revolucionar a maneira como a civilização funciona por meio do poder cada vez maior da microeletrônica. Para Kopp, é um serviço ao objetivo gigantesco de que todas as crianças de todos os lugares tenham acesso a uma educação de excelência. Para Marshall, foi o serviço ao país e a derrota dos regimes tirânicos que marchavam através de suas fronteiras para oprimir os povos livres. Esses líderes subjugavam suas próprias ambições e egos a serviço de sua causa.

Considere Marshall, que serviu como chefe do Estado-Maior do Exército e arquiteto principal da vitória dos Aliados na Segunda Guerra Mundial. Como um dos oficiais militares de mais alta patente em 1944, Marshall poderia ter feito lobby para ser comandante do Dia D, liderando a invasão dos Aliados na Europa, garantindo a si mesmo o status de herói ainda em vida e reivindicando fama imortal. Mas, como o historiador militar e biógrafo de Marshall, o professor Mark Stoler, ensina em seu curso *The Skeptic's Guide to American History* [O Guia Cético da História Norte-americana, em tradução livre], Marshall deixou claro ao presidente Roosevelt que faria tudo o que fosse melhor para o país e para os esforços de guerra. Roosevelt disse que não conseguia dormir sem Marshall ao seu lado em Washington. Então, Eisenhower conseguiu o papel de campo, enquanto Marshall continuou a servir como arquiteto nos bastidores. Foi sua determinação feroz rumo a um objetivo maior e sua disposição de subverter sua glória pessoal por esse objetivo que tornaram Marshall um dos maiores oficiais-generais da história.

Na pesquisa para *De Bom a Excelente* (publicado uma década depois de Bill e eu termos finalizado *Beyond Entrepreneurship*), minha equipe de pesquisa e eu descobrimos o fator X da liderança para que uma empresa passe de boa a excelente. É o princípio do Nível 5. O Nível 5 é o nível mais alto de capacidade em uma hierarquia, que engloba o Nível 1 (habilidades individuais), o Nível 2 (habilidades de trabalho em equipe), o Nível 3 (habilidades de gestão) e o Nível 4 (habilidades de liderança). No Nível 5, um líder aplica todas as habilidades dos Níveis 1 a 4 a serviço de uma causa maior do que si mesmo, e o faz com uma mistura paradoxal de humildade e ímpeto indomável. Os líderes de Nível 5 são incrivelmente ambiciosos. Eles são fanáticos, obcecados, monomaníacos, implacáveis, incansáveis. Mas sua ambição é, antes de tudo, voltada para a causa, para a empresa, para o propósito, para o trabalho, *não para eles próprios*.

Anne Mulcahy, Gordon Moore, Wendy Kopp e George Marshall são modelos de liderança de Nível 5, assim como muitos dos outros líderes presentes neste livro, de Anne Bakar e General Lloyd Austin III a Fred Smith e Katharine Graham. O mesmo aconteceu com Steve Jobs em seus últimos anos, quando passou de Steve Jobs 1.0 para Steve Jobs 2.0, e canalizou seu gênio criativo para fazer da Apple uma grande empresa, que poderia durar muito além do espaço da vida dele.

Muitas vezes me perguntaram se as pessoas podem chegar ao Nível 5 e, em caso afirmativo, como? Sim, e a melhor faísca para acender essa liderança em você mesmo é lidar com uma pergunta que é ao mesmo tempo simples e complexa: *a que causa você serve?* Em prol de qual causa você está disposto a se sacrificar e a sofrer, porque, para promovê-la, tomará decisões que causarão dor a você e aos outros? Que causa dará significado à sua vida? Pode ser uma causa grandiosa e altamente tangível, ou uma causa mais privada e mais tácita; o que importa é liderar a serviço dessa causa, em vez de servir a si mesmo.

Elemento 2 do Estilo de Liderança: Determinação

George C. Marshall destacou que o maior dom que um líder pode ter é a capacidade de decidir. A julgar por quantos executivos sofrem de indecisão crônica, achamos que Marshall tem sua parcela de razão.

Líderes que constroem grandes empresas raramente sofrem de indecisão. A capacidade de decidir — chegar, de alguma forma, a uma decisão, mesmo na ausência de informações perfeitas (e nunca haverá informações perfeitas) — é um atributo essencial de equipes e líderes de alta performance.

NÃO DEIXE A ANÁLISE EVITAR A DECISÃO

A análise nos permite dizer "talvez", mas a vida (principalmente em empresas de pequeno e médio porte), não.

O uso criterioso da análise é bom, desde que você não seja vítima da "paralisia da análise". Raramente existem fatos ou dados suficientes para eliminar todos os riscos ou para tomar uma decisão baseada apenas nesses fatos. Além disso, todas as análises de negócios são fortemente afetadas por suas suposições. É comum que duas pessoas olhando para o mesmo conjunto de fatos cheguem a conclusões totalmente diferentes sobre eles. Por quê? Porque elas chegam a esses fatos com suposições diferentes.

Faça este experimento. Peça a um grupo de colaboradores para avaliar a viabilidade de um possível novo produto e decidir implementá-lo ou não. Você fornece a eles um legítimo arsenal de fatos. Todos são excelentes colaboradores, com exatamente o mesmo treinamento corporativo. No entanto, cerca de metade deles dirá "vamos implementá-lo" e a outra metade, "não". Por quê? Para fazer a análise, eles precisam fazer suposições, e essas suposições orientam suas respostas.

Isso vale para a maioria das situações corporativas. Você pode fazer uma análise praticamente infinita, mas ela raramente será conclusiva. E, ainda assim, você precisa tomar decisões.

Não estamos sugerindo que você deva ser descuidado em suas ações e adotar uma fúria cega de atos impulsivos. Fatos, análises e probabilidades, todos têm seu lugar na tomada de decisão. Basta lembrar que o objetivo é *tomar uma decisão,* não a soterrar com a análise.

Você tem que sentir quando a análise feita e os fatos reunidos são suficientes. Vá em frente. David Starr Jordan, presidente fundador da Universidade de Stanford, captou isso perfeitamente em sua abordagem à tomada de decisão: "Quando todas as evidências parecem estar presentes, digo sim ou não de uma vez e arrisco."

SIGA SEU INSTINTO

A abordagem "sim ou não" de Jordan ainda deixa uma questão sem resposta: *como* exatamente você faz uma escolha final com base em informações imperfeitas? Parte da resposta está em estar disposto a seguir seu instinto — sua intuição.

É certo que algumas pessoas se sentem desconfortáveis com decisões intuitivas. A intuição parece acientífica e irracional, e seu uso é estranho para aqueles que não têm prática. No entanto, os tomadores de decisão mais eficazes usam uma combinação de análise obstinada *e* intuição.

Paul Cook, fundador e força orientadora do desenvolvimento da Raychem Corporation, é um bom exemplo disso. Em uma palestra, ele disse ao público:

> Estranhamente, a empresa cometeu dois ou três grandes erros que nunca teria cometido se eu tivesse seguido fielmente a minha intuição. Eu não deixaria isso acontecer de novo. Aprendi a confiar piamente na minha intuição. Foi exatamente isso o que fiz. E fez uma grande diferença.

Cook não está sozinho. Paul Galvin (fundador da Motorola), William McKnight (construtor da 3M), Sam Walton (do Walmart), Kristine McDivitt (CEO da Patagonia por 17 anos) e muitos outros executivos corporativos eram adeptos de seguir sua intuição e praticavam essa abordagem.

Não existe uma pessoa não intuitiva; todo mundo tem intuição. A dificuldade está em reconhecê-la e usá-la. O que é necessário para usar sua intuição com eficácia? Aqui estão algumas sugestões:

- Vá direto ao cerne de qualquer problema ou decisão. Não deixe uma miríade de dados, análises, opções e probabilidades sobrecarregá-lo e levá-lo à catatonia da indecisão.
- Ordene a bagunça — as longas listas de prós e contras — e concentre-se na questão central. Quando for confrontado com um problema, diga a si mesmo: "Qual é a essência disto? À parte os detalhes, o que é importante aqui?" Não se detenha incessantemente em todos os atributos e complexidades de um problema. Reduza a situação aos seus elementos essenciais.
- Uma técnica útil é esmiuçar uma decisão até seu âmago e fazer uma pergunta simples: seu instinto diz "sim" ou "não"?

Com o tempo, você desenvolverá um senso bem aguçado para perceber o que a sua intuição lhe diz. Esse "senso" tem uma vantagem especial — você simplesmente saberá se algo está certo. Uma ferramenta eficaz para desenvolver esse "senso" é observar de perto suas reações internas às decisões que toma.

Por exemplo, se você se pegar atolado em elaboradas colunas de prós e contras, escolha aleatoriamente uma decisão e observe como reage a ela. Se sentir alívio, provavelmente ela é a decisão certa. Se, por outro lado, você se sente inquieto ou tenso — sente aquele "frio na barriga"[1] —, provavelmente a escolha é errada. Você pode escolher uma opção e conviver com ela por 24 horas sem contá-la a ninguém. Isso lhe permite pensar em como a decisão funcionaria antes de torná-la pública.

Cuidado com a influência do medo em seus instintos. O medo cria o autoengano. O que se passa por uma decisão intuitiva às vezes é uma decisão disfarçadamente impulsionada pelo medo. Uma decisão movida pelo medo é aquela em que, devido aos riscos envolvidos, você tem receio de fazer o que, no fundo, sabe que é certo. As decisões motivadas pelo medo podem ser facilmente confundidas com as decisões intuitivas, porque existe uma falsa sensação de alívio que surge com a pacificação do medo. (Entretanto, esse falso alívio não perdura, e a "voz" da sua intuição acaba retornando.)

Se você se pegar dizendo: "Acho que essa é a coisa certa a se fazer, mas tenho medo de tal coisa", você corre o risco de tomar uma decisão que vai contra os seus instintos. Para usar sua intuição com eficácia, você precisa de coragem para fazer o que sabe ser certo, independentemente dos riscos envolvidos.

Um exemplo famoso dessa ideia vem de Harry Truman, um dos presidentes mais decididos dos Estados Unidos, que usou sua "intuição" ao tomar a decisão impopular de demitir o General MacArthur, em 1951. As apostas eram enormes, não apenas sobre o status político de Truman, mas também sobre o conflito militar em rápida escalada na Coreia. Contudo, Truman despediu MacArthur assim mesmo. Anos depois, Truman refletiu:

> A única coisa que aprendi com a situação de MacArthur foi que, quando há algo que sua intuição lhe diz que você tem que fazer, quanto mais cedo o fizer, melhor para todos.

UMA DECISÃO RUIM É MUITO MELHOR DO QUE NENHUMA

Não importa o quão inteligente você seja, é impossível ter uma taxa de acerto de 100% nas decisões. Um bom número de suas decisões será abaixo do ideal; essa

1 Aqui existe um jogo de ideias intraduzível. Em inglês, intuição/instinto é *gut* — entranhas, intestino —; assim, a intuição se materializa em sensações/reações físicas e, portanto, se associaria ao popular "frio na barriga". [N. da T.]

é a natureza da vida. Se você esperar até ter certeza absoluta antes de fazer uma escolha, só conseguirá se atolar no pântano da indecisão.

Não fazer nada pode até *ser confortável*, porque não gera um risco imediato. Mas, no mundo de uma empresa de pequeno a médio porte, que precisa continuar se movendo, geralmente é uma receita para o desastre. Se você tem um problema urgente, *tome uma decisão e vá em frente*.

A indecisão costuma ser pior do que uma decisão errada. Dê uma olhada no problema; tome a ofensiva, em vez de o deixar encurralá-lo em um canto e ser pressionado, ficando sem opções. Se você tomar uma decisão errada, que seja. Ela voltará em breve o estapeando, então você poderá resolvê-la direito.

Infelizmente, a maioria de nós tem medo de errar, o que dificulta seguir esse conselho. Muitos de nós carregam um forte medo do ridículo, da censura, da crítica ou de ser exposto. Em outras palavras, as consequências *psicológicas* de pensar em cometer um erro muitas vezes parecem piores do que as consequências reais. Podemos relutar em tomar uma decisão por medo de — suspiro — errar.

É preciso aprender a conviver com o fato de que você cometerá erros — muitos erros — e de que aprenderá com eles. Na verdade, os erros são uma grande fonte de força; cometer erros é análogo a construir músculos no treinamento esportivo. Pense nisto por um minuto: como um atleta fica mais forte? Chegando à falha muscular. Você faz, digamos, três flexões e falha na quarta. O corpo se adapta, fica mais forte e, da próxima vez, você conseguirá fazer quatro flexões e falhar na quinta. Na seguinte, fará cinco e falhará na sexta, e assim por diante.

No processo de tomada de decisões, algumas serão "falhas", e aprender com elas é "construir músculos". Se você nunca cometer erros, ficará para sempre preso nas três flexões.

Orgulhe-se do fato de cometer erros periodicamente. Isso mostra que você não é uma daquelas almas tímidas que têm tanto medo de errar que *não fazem nada* que valha a pena na vida. Como Paul Garvin, fundador e arquiteto da Motorola, disse: "Não tema os erros. A sabedoria geralmente nasce deles."

SEJA DECISIVO, MAS NÃO TEIMOSO

Ser decisivo *não* significa ser inflexível ou teimoso. Sim, você precisa tomar decisões e se comprometer com os cursos de ação decorrentes. Mas você também precisa estar disposto a fazer ajustes e a se adaptar a novas informações ou circunstâncias. Se precisar mudar uma decisão, mude-a. É muito melhor fazer isso do que se ater obstinadamente a uma má decisão ou, pior, nunca chegar a tomar uma decisão. Em longo prazo, é muito melhor fazer o que é certo do que sustentar a mesma postura.

TOMADA COLETIVA DE DECISÕES

O quanto você deve envolver outras pessoas em suas decisões? Em *Excelência Empresarial*, David Bradford e Allan Cohen destacam que existe um contínuo de estilos de tomada de decisão. Em uma extremidade dele, está a *tomada de decisão delegativa*, segundo a qual o líder empurra a decisão para os outros, dizendo: "Vocês decidem."

Em seguida, vem a *tomada de decisão consensual*, segundo a qual a decisão é proveniente de um processo coletivo conduzido pelo líder. No estilo consensual, o grupo toma a decisão. O líder não impõe a sua solução, mas busca uma escolha que tenha "concordância geral" de todo o grupo. Nessa situação, o líder precisa ser hábil em fazer perguntas e observações, fornecer informações e viabilizar a decisão. Líderes de consenso eficazes guiam o grupo até o encerramento no momento certo — eles não interrompem o processo prematuramente, nem permitem que as deliberações se arrastem de maneira improdutiva.

Consenso não é unanimidade! Muitos gestores interpretaram o consenso como unanimidade. Nem todas as pessoas devem concordar com a decisão para que haja consenso; só precisa haver um acordo geral. A concordância geral é significativamente maior do que uma maioria de 51%, mas geralmente fica aquém dos 100% da unanimidade. É algo que é sentido, em vez de quantificado. Uma vez que um consenso é alcançado, aqueles que discordaram durante o processo precisam concordar ou deixar o barco.

Mais adiante no contínuo, está a *tomada de decisão participativa*, segundo a qual o líder pede ideias, sugestões, avaliações de alternativas e soluções. No entanto, diferentemente do estilo consensual, o líder (não o grupo) é quem faz a escolha final. (Um excelente estudo de caso de tomada de decisão participativa é apresentado no livro *Treze Dias*, em que Robert F. Kennedy detalha os eventos da Crise dos Mísseis de Cuba.)

A vantagem da tomada de decisão participativa é que ela tem o benefício de ter vários pontos de vista e uma discussão vigorosa, mas permite uma via para decisões rápidas. Depois de uma intensa vasculhada nas questões, o líder pode declarar rápida e resolutamente: "O que faremos é tal coisa."

No fim do contínuo, está a *tomada de decisão autocrática*. Nesse estilo, o líder obtém apenas informações de outras pessoas (não sugestões nem soluções). O líder não envolve outras pessoas no processo de tomada de decisão nem convida o grupo a debater alternativas. Todo o processo de tomada de decisão permanece nas mãos dele.

Qual estilo é mais eficaz para a saúde e o sucesso em longo prazo? Não há uma resposta única e clara, mas há algumas observações a serem feitas.

Em geral, os líderes mais eficazes tendem a fazer um uso extensivo da tomada de decisão participativa. As melhores decisões são tomadas com algum nível de participação — ninguém é brilhante ou experiente o suficiente para ter todas as respostas. *Ninguém.*

Bob Miller, CEO da MIPS Computer, um líder altamente eficaz, explicou:

> As melhores decisões surgem de facilitar ideias e sugestões de um grupo de grandes pessoas. Tenha pessoas excelentes ao seu redor, envolva-as nas decisões e, na maioria das vezes, você acertará.

O grau de participação depende muito da importância da decisão. Se você buscar uma ampla participação em todas as decisões, até mesmo nas triviais, as pessoas gastarão todo o seu tempo em reuniões. No entanto, conforme a importância da decisão aumenta, é aconselhável contar com a participação de um grupo mais amplo.

As pessoas se comprometem mais com decisões que elas podem influenciar do que com aquelas que são decretadas por ordens superiores. É verdade que um processo coletivo (consensual ou participativo) demanda mais tempo, mas a decisão provavelmente será executada de forma mais rápida e completa. E é a ação que resulta da decisão que importa, não a decisão em si. Lembre-se de que pode demorar mais para convencer as pessoas a aceitarem uma decisão depois que ela foi tomada do que as envolver no processo de tomada de decisão.

Um processo coletivo não convida à discordância entre os membros do grupo — uma discordância que pode ser desconfortável e difícil de dirimir? Sim. E isso é ótimo.

Reforçando: desacordos durante o processo de tomada de decisão são ótimos. Ao tomar decisões importantes, é aconselhável ter argumentos construtivos e pontos de vista diferentes. O desacordo esclarecerá as questões e produzirá uma solução mais elaborada. Sem discordâncias, você dificilmente entende o problema na totalidade.

Com base no exemplo da Crise dos Mísseis de Cuba, Robert Kennedy escreveu sobre a importância do desacordo para se chegar às melhores decisões:

> O fato de podermos falar, debater, argumentar, discordar e, então, debater um pouco mais foi essencial para escolhermos nosso curso final. [...] As opiniões, mesmo os próprios fatos, podem ser mais bem julgadas pelo conflito, pelo debate. Falta um elemento importante quando há unanimidade de pontos de vista.

Os líderes de grandes empresas também tendem a fazer um uso extensivo da tomada de decisão delegativa. Para construir uma grande empresa com líderes eficazes em todos os níveis, você precisa se afastar de muitas das decisões e compelir as pessoas a serem independentes. É verdade que há diversas decisões nas quais você precisa se envolver, mas existem várias outras nas quais você não é essencial. Além disso, as empresas mais inovadoras tendem a empurrar as decisões o mais para baixo possível na organização, dando às pessoas de todos os níveis a oportunidade de agir rapidamente, de utilizar sua criatividade, de aplicar seu intelecto e de assumir responsabilidades.

Delegar decisões não significa ser desapegado, nem significa ficar de braços cruzados se o navio inteiro estiver prestes a se espatifar nas rochas. Significa simplesmente dar às pessoas o poder de tomar decisões que afetam a sua área. Isso fornece a elas a chance de se testarem e de construírem seus próprios "músculos" de tomada de decisão.

Lembre-se de que nenhum estilo sozinho funcionará em todas as situações e de que é útil ter habilidade em uma variedade de métodos. Oferecemos as seguintes diretrizes básicas para a tomada de decisão em grupo:

1. Sempre que for apropriado, delegue as decisões para baixo na hierarquia; dê às pessoas a chance de construir seus "músculos" de tomada de decisão. Seja absolutamente claro sobre quais decisões você delegou e responsabilize as pessoas por elas.
2. Quando houver decisões importantes, que requeiram um comprometimento generalizado para uma implementação bem-sucedida, leve-as para o grupo, de modo participativo ou consensual. Entre no processo com seus próprios pontos de vista, mas esteja aberto para eles sejam influenciados pelas ideias das outras pessoas. Deixe claro se a decisão final deve ser tomada por consenso ou por você.
3. Incentive a discordância durante o processo.
4. Reserve as decisões autocráticas para as situações nas quais não houver tempo para convidar à participação (por exemplo, quando o navio estiver batendo nas rochas), para decisões triviais, para decisões em que você deseja enviar uma mensagem simbólica a fim de reforçar seus valores e para aquelas decisões específicas que você acredita que devem ser sempre tomadas inteiramente por você.
5. Seja qual for o estilo que usar, seja honesto. Fingir ser participativo ou voltado ao consenso em um esforço para obter "adesão" a uma decisão que você já tomou é algo terrivelmente destrutivo. Se você praticar esse tipo de engodo, as pessoas perceberão, perderão o interesse e se sentirão

manipuladas. Tal engano cria um ceticismo e uma falta de compromisso genuíno. Se pretende ser autocrático, simplesmente seja honesto quanto a isso.

ASSUMIR A RESPONSABILIDADE E COMPARTILHAR O CRÉDITO

Esteja preparado para assumir a total responsabilidade pelas decisões erradas e, inversamente, para compartilhar o crédito pelas certas. Se você fizer o oposto — se levar todo o crédito pelas decisões certas, mas culpar os outros pelas erradas —, rapidamente perderá o respeito de seu pessoal.

Quando as coisas dão errado, é preciso coragem para dizer: "A responsabilidade é *minha*." Mas isso é exatamente o que você deve dizer — pelo menos, se quiser conquistar o respeito e o compromisso duradouro das pessoas. Alguns executivos tentam explicar uma má decisão dizendo: "A ideia era boa, mas a execução foi prejudicada por terceiros." Isso talvez seja verdade. Mesmo assim, um líder eficaz arcará com as responsabilidades.

Quando as coisas vão bem, dê a glória e o crédito à sua equipe. Se você for um bom líder, não precisará ocupar o centro do palco e dará crédito ao esforço da sua equipe. Sua contribuição será óbvia. Deixe-a tácita. Como, há 2.500 anos, o filósofo chinês Lao-tzu apontou: "Os verdadeiros líderes inspiram as pessoas a fazerem grandes coisas, e, quando o trabalho é concluído, seu pessoal diz com orgulho: 'Fomos nós que fizemos isso.'"

VISÃO DE JIM EM 2020

Boas Decisões, Cronograma Correto

Durante sua ascensão de uma startup empreendedora a uma grande empresa, a Intel instalou um mecanismo para a tomada de decisões denominado de "confronto construtivo". Como membro da equipe da Intel, você carregava o fardo de argumentar, debater e discordar para ajudar a resolver problemas urgentes. Não importava se você fosse um engenheiro júnior ou um profissional de marketing de campo; se sentia que a lógica e os fatos apontavam para uma solução contrária àquela proposta por outras pessoas na sala, mesmo que contrária à visão do CEO, esperava-se que você argumentasse a favor dela.

A cultura da Intel do confronto construtivo (às vezes, referida como "discordar e se comprometer") exemplifica um padrão de tomada de decisão cultivado por líderes de Nível 5 em nossa pesquisa. Eles estimulavam o diálogo, o debate e a divergência como ingredientes indispensáveis para a tomada de decisões extremamente boas. Eles também criavam um clima em que as evidências, a lógica e os fatos prevaleceriam sobre a personalidade, sobre o poder e sobre a política. Como membro de uma equipe de Nível 5, você não apenas tem a oportunidade de se envolver nos debates, mas também a *responsabilidade* de o fazer. Se falhar em defender seu argumento, em discordar da pessoa mais poderosa na sala, em levar lógica e evidências sólidas para o debate, ou se atacar uma pessoa em vez do problema, você fracassa nessa responsabilidade.

Cultivar o debate, a discussão, o diálogo e a discordância leva tempo e resulta em um processo de tomada de decisão mais lento do que apenas emitir uma ordem executiva. Mas também aumenta a probabilidade de escolher um curso de ação sábio. Claro, você não pode se dar ao luxo de gastar todo o seu tempo discutindo, e nem todas as decisões merecem um debate exaustivo. Mas, para as grandes e mais relevantes decisões, em particular para aquelas escolhas que envolvem grandes apostas e/ou acarretarão uma desvantagem se derem errado, o objetivo principal não deve ser deixar as pessoas confortáveis em uma feliz aura de consenso. O objetivo deve ser *tomar uma boa decisão e executá-la de maneira brilhante.*

Peter Drucker apresentou uma primeira regra para a tomada de decisão: não tome uma decisão a menos que conheça as opiniões contrárias a ela. Em *O Gestor Eficaz*, Drucker escreveu a história do presidente-executivo da General Motors, Alfred P. Sloan, em meio a uma importante decisão. "Suponho que estejamos todos de acordo quanto à decisão aqui", disse Sloan à sua equipe. Todos concordaram com a cabeça. "Então, proponho que adiemos uma discussão mais aprofundada sobre este assunto até nossa próxima reunião, para nos dar tempo de desenvolver uma discordância e talvez chegar a um entendimento sobre essa decisão."

Grandes líderes tomam decisões claras, mas nem sempre rápidas. A obra-prima, decorrente de uma pesquisa detalhada, de Ron Chernow, *Washington: A Life* [Washington: Uma Vida, em tradução livre], apresenta detalhes requintados de como George Washington — uma das poucas figuras a alcançar um nível histórico de elite na liderança militar e na política — era moroso para decidir, firme nas suas decisões e raramente ficava indeciso. Seu assessor direto, Alexander Hamilton, disse a respeito de Washington: "Muito consultava, muito ponderava; resolvia lentamente, resolvia decididamente." Thomas Jefferson escreveu sobre Washington: "Talvez a característica mais forte de seu caráter fosse a prudência, ele nunca agia até que todas as circunstâncias e todas as considerações fossem pesadas com maturidade; abstendo-se caso surgisse uma dúvida; mas, uma vez decidido, cumpria com seu propósito frente a quaisquer obstáculos que a ele se opusessem." Washington cultivou uma cultura de diálogo aberto, praticando sua famosa autodisciplina do silêncio, encorajando argumentos concorrentes, ouvindo e sondando, até que decidisse agir.

Um ingrediente crucial para tomar boas decisões é conhecer a linha do tempo. Às vezes, o prazo para se tomar uma boa decisão é de meses ou anos, enquanto, em outras situações, o prazo é muito mais curto. Em 1962, na Crise dos Mísseis de Cuba, o então presidente Kennedy teve que tomar decisões que, se imprudentes, deslanchariam o pior lado de uma guerra nuclear em grande escala. E ele teve que tomar essas decisões em um cronograma medido em dias e horas. Ainda assim, mesmo com toda a pressão, ele buscou clareza e compreensão, aprimoradas por argumentos e debates entre seus principais conselheiros e aguçadas por suas perguntas perspicazes.

Ernest R. May e Philip D. Zelikow publicaram as transcrições do presidente Kennedy e de sua equipe deliberando durante a Crise dos Mísseis de Cuba em *The Kennedy Tapes: Inside the White House during the Cuban Missile Crisis* [As Fitas Cassetes de Kennedy: Dentro da Casa Branca durante a Crise dos Mísseis de Cuba, em tradução livre]. Curioso para entender seu padrão de debate e decisão, pedi a um membro da minha equipe de pesquisa que analisasse sistematicamente as transcrições. Como parte dessa análise, ele calculou a proporção de perguntas para declarações do então presidente Kennedy ao longo dos 13 dias de crise. A proporção foi mais alta no primeiro dia da crise; com o passar dos dias, a proporção de perguntas para declarações de Kennedy caiu abaixo do nível daquele dia. A alta proporção de perguntas para declarações no início indica que Kennedy queria estimular o diálogo e o debate, e encontrar as melhores respostas, em vez de emitir diretrizes rápidas de liderança.

Em suas clássicas memórias, *Treze Dias*, Robert F. Kennedy descreveu que o presidente intencionalmente permanecia fora de alguns dos debates, para que seus conselheiros não fossem excessivamente influenciados por ele. Quando o destino do mundo está em jogo, a única coisa que importa é descobrir e extrair o caminho prático mais sábio para dissipar a crise, e Kennedy deixou espaço para os melhores argumentos vencerem. Ainda assim, durante a crise, à medida que Kennedy alcançava clareza quanto ao melhor próximo passo, ele entrava em ação e sua equipe se unificava em relação à decisão (independentemente de quais fossem as divergências anteriores). O padrão repetitivo de diálogo, debate e discordância — todos infundidos pelos melhores fatos disponíveis — ajudou o presidente a tomar uma série iterativa de decisões importantes que salvaram o mundo da aniquilação nuclear.

Claro, você pode se encontrar em uma situação em que deve decidir rápido, e isso simplesmente não permite um debate prolongado. Se você fosse Ben Sliney, o gerente nacional de operações da Federal Aviation Administration (FAA), na manhã do 11 de Setembro de 2001, não teria meses, dias, nem mesmo horas para tomar decisões importantes; você teria *minutos*. Pouco antes das 8h30 do dia 11 de Setembro, Sliney recebeu a notícia de que o voo American

Airlines 11 de Boston havia sido sequestrado. Pouco depois das 8h30, um supervisor interrompeu a reunião matinal de Sliney para transmitir a informação de que um comissário de bordo havia sido esfaqueado. Às 8h46, um avião atingiu a Torre Norte do World Trade Center. A equipe de Sliney no Centro de Comando tentou entender os relatos de que um pequeno avião havia atingido a torre. Quando as imagens da CNN mostraram a fumaça saindo de um corte gigantesco, eles rapidamente perceberam que "aquele não era um avião pequeno". Às 9h03, o United 175 explodiu na Torre Sul do World Trade Center. Naquele momento, Sliney percebeu que os EUA estavam sob um ataque coordenado de proporções desconhecidas, e o relógio da decisão começou.

"Eu estava em uma instalação de controle de tráfego aéreo cercado por 40 personalidades de alto nível que faziam todo tipo de coisa para que eu agisse", contou Sliney mais tarde. "Estávamos conferindo e trocando informações com frequência, então havia muita urgência [...] para fazer alguma coisa eficaz [...]. Eu tinha uma equipe enorme naquele dia e muitas pessoas dispostas a me darem conselhos não solicitados." Sliney também buscou informações da sede, embora não tivesse recebido nenhuma resposta antes de começar a tomar grandes decisões. Às 9h25, Sliney decidiu interromper todas as decolagens em todo o país.

Então, às 9h37, um jato da American Airlines colidiu com o Pentágono, e Sliney viu claramente o que deveria ser feito: fechar todo o espaço aéreo dos Estados Unidos, uma ação totalmente sem precedentes na história da aviação do país. Às 9h42, trinta e nove minutos depois que o United 175 atingiu a Torre Sul, a FAA emitiu a diretiva de Sliney para pousar todos os voos no aeroporto mais próximo, independentemente do destino. As pessoas se uniram em prol dessa decisão e a executaram com perfeição, pousando 4.556 aeronaves em aeroportos de grande e de pequeno porte, em todo o país.

Em *Great by Choice*, Morten Hansen e eu conduzimos uma análise sistemática do ritmo da tomada de decisão executiva, com ênfase em líderes empreendedores construindo grandes empresas em ambientes altamente turbulentos. Descobrimos que algumas das melhores decisões aconteceram rapidamente e outras, mais lentamente. Aprendemos que a pergunta crítica a ser feita em qualquer situação é: "Quanto tempo temos antes que nossos riscos mudem?" Em algumas situações, você não incorrerá em risco significativo de aumento (de catástrofe ou de perder uma grande oportunidade) se demorar mais para decidir. Em outras, entretanto, você aumentará drasticamente seus riscos ao esperar muito tempo. O segredo é saber em que situação você se encontra, não ter uma tendência para "sempre rápido" ou "sempre lento". Você precisa ser bom em ambos. A decisão certa tomada no prazo errado é uma decisão ruim.

Aqui, então, está uma arquitetura básica de tomada de decisão executiva que encontramos em nossa pesquisa:

1. Determine quanto tempo você tem para decidir, se minutos, horas, dias, meses ou até anos.
2. Estimule o diálogo e o debate — guiado por fatos e evidências — para determinar as melhores opções.
3. Tome uma decisão, firme e inequívoca, assim que tiver certeza do que deve ser feito e/ou quando o tempo de decisão acabar; não espere um acordo consensual.
4. Unifique-se totalmente em prol da decisão e execute-a com uma disciplina fanática.

Os líderes da nossa pesquisa que criaram grandes empresas entenderam que o que acontece *depois* de uma decisão — o nível de comprometimento e a ferocidade da implementação — conta pelo menos tanto quanto a própria decisão. Em uma cultura de liderança de Nível 5, em que os membros das equipes colocam o sucesso da empresa e sua causa acima de seus próprios interesses, as pessoas se unem para implementar uma decisão já tomada. Seria um pecado secular minar a decisão após a deliberação dizendo algo como: "Bom, essa é a decisão que o CEO tomou, mas não acho que seja boa." Em todas as nossas pesquisas sobre o que motiva as grandes empresas, descobrimos que grandes decisões quase sempre acontecem com discordâncias ainda no ar. Mas as pessoas se comprometem a fazê-las funcionar, mesmo que tenham argumentado agressivamente por um curso de ação diferente.

Sem discordâncias, você pode não entender totalmente o problema. Sem um compromisso unificado, dificilmente conseguirá agir. A verdadeira grandeza requer uma série de boas decisões, supremamente bem executadas, que se acumulam por um longo período de tempo.

Claro, tudo isso depende de ter as pessoas certas. Você precisa de pessoas que argumentem e debatam por causa do comprometimento apaixonado com o sucesso da empresa, que defendam as melhores decisões para ajudar a organização e sua causa, não a si mesmas. Você precisa de pessoas que prefiram perder a discussão e ver a equipe vencer do que o contrário. Você precisa de pessoas que levem fatos e evidências para o diálogo, não apenas opiniões. Você precisa de pessoas que aceitem a responsabilidade de fazer tudo o que puderem para garantir o sucesso de uma decisão da qual discordaram; e, se elas não puderem conviver com a decisão, devem aceitar a responsabilidade de deixar o barco por opção delas. Em suma, você precisa de líderes de Nível 5 que conduzam uma equipe de Nível 5 em uma cultura de Nível 5 — isso é, se você deseja transformar seu negócio em uma empresa verdadeiramente grande e duradoura.

Elemento 3 do Estilo de Liderança: Foco

Resolva as prioridades primeiro — e deixe os supérfluos de lado. A alternativa a isso é não fazer nada.

PETER F. DRUCKER

Líderes eficazes concentram seus esforços, reduzindo ao mínimo o número de prioridades e permanecendo resolutamente fixos nelas. Você não pode fazer tudo; como uma empresa no caminho para a grandeza também não.

FAÇA UM DISPARO POR VEZ

Crie uma pequena lista das principais prioridades e *a mantenha curta.* Alguns líderes consideram útil ter apenas uma prioridade por vez. Eles, então, se concentram naquela única prioridade até que a resolvam.

Se você precisa ter mais de uma prioridade, mantenha um máximo de três — mais do que três é admitir que você não tem nenhuma prioridade.

Um exemplo desse ponto foi feito por Bob Bright, diretor executivo de uma empresa de eventos esportivos com sede em Chicago, responsável pela Maratona de Chicago. Durante o mandato de Bright, a corrida cresceu de um evento regional mediano para um evento internacional de alto nível e palco de recordes mundiais. Quando questionado sobre qual foi o segredo para o seu sucesso, Bright respondeu com uma declaração simples: "Nunca coloque seu rifle no modo automático."

Pedimos que explicasse. Então, ele nos contou que serviu à Marinha no Vietnã por oito anos. Esteve no meio de muitas batalhas — liderou equipes de "isca" diretamente para os acampamentos inimigos. Foi lá que aprendeu uma das lições mais importantes da sua vida:

> Quando você tem poucas pessoas, e há inimigos ao redor, a melhor coisa é dizer: Você leva esta seção daqui para cá, e você leva esta seção de lá para cá, e não atire no modo automático. Faço um disparo por vez. Não entre em pânico.
>
> Bem, a mesma ideia se aplica aos negócios — e é muito importante. Mantenha-se focado em uma cena de cada vez. Se você não fizer isso, terá muitos problemas.

Isso não significa equiparar negócios com a liderança de uma unidade militar em combate. Ainda assim, a ideia básica — mantenha o foco, faça uma coisa por vez, não entre em pânico — aplica-se à confusão de conduzir uma empresa empreendedora. Isso significa que você deve ter apenas um item em sua lista de "coisas a fazer"? Sim e não. Claro que é praticamente impossível liderar uma empresa e ter apenas uma "coisa a fazer" na lista. Mas você deve gastar a maior parte do seu tempo em sua prioridade número um, concentrando seus esforços nela até que esteja concluída.

GERENCIE SEU TEMPO, NÃO SEU TRABALHO

O recurso mais restrito da sua empresa é o seu tempo. Praticamente todos os outros recursos podem ser adquiridos ou produzidos de alguma forma, mas você não pode adquirir nem produzir mais tempo para si mesmo. Existem apenas 24 horas em um dia.

Kenneth Atchity, presidente da Atchity Entertainment International, observou que há uma diferença vital entre gerenciar o tempo e gerenciar o trabalho: o trabalho é infinito; o tempo é finito. O trabalho se expande para preencher o tempo que for alocado a ele. Para ser produtivo, portanto, você deve gerenciar seu tempo, não seu trabalho. A pergunta-chave a se fazer não é: "O que vou fazer?" Mas, sim: "Como vou gastar meu tempo?"

Parece confuso, mas faz todo o sentido se você pensar bem. A quantidade de trabalho que você precisa fazer, em particular se for o líder de uma organização, pode se expandir indefinidamente — simplesmente não é possível fazer tudo. Atchity foi preciso em seu livro *A Writer's Time* [O Tempo do Escritor, em tradução livre]:

> Se o seu trabalho for bem-sucedido, mais trabalho será gerado; como resultado, o conceito de "terminar seu trabalho" é uma contradição em termos tão flagrantes e tão perigosos que pode levar a colapsos nervosos — porque gera uma pressão equivocada na sua mente e nos seus hábitos.

Quantas vezes você sentiu que simplesmente não tinha tempo suficiente para fazer tudo? Provavelmente, muitas. Nós o entendemos. Nenhum de nós tem (ou terá) tempo suficiente para fazer tudo. Todas as noites dormiremos com trabalho a fazer. Se levarmos uma vida produtiva, morreremos com trabalho a ser feito.

No entanto — e isso é crucial —, há muito mais tempo disponível para nós, mas não fazemos um bom uso dele. Se você administrar seu tempo com sabedoria, provavelmente "descobrirá" muitos intervalos produtivos não utilizados na sua vida.

O primeiro passo é examinar para onde vai o seu tempo. Acompanhe periodicamente o seu tempo e analise em que ele está sendo gasto. Ele está sendo gasto em suas principais prioridades? Ou você se distrai e o desvia para atividades sem importância?

Seu tempo está sendo gasto principalmente em atividades que reforçam sua visão ou contribuem diretamente para a busca da sua estratégia? Se não, você não está focado o suficiente.

Uma maneira segura de se forçar a se concentrar é trabalhar *menos*. J. Willard Marriott, fundador da Marriott Corporation, tinha uma filosofia útil que aplicou para transformar sua empresa de um restaurante de uma única unidade em uma grande corporação: "Trabalhe pesado. Faça com que cada minuto de trabalho conte. Trabalhe menos horas — alguns de nós perdemos metade do nosso tempo."

Winston Churchill, um dos indivíduos mais prolíficos da história, dedicava seu tempo a pintar, alimentar animais e socializar. Ele, então, focava seu tempo de trabalho (que geralmente não começava antes das 23h) apenas nos itens mais importantes.

ESCOLHAS DIFÍCEIS — DECISIVIDADE REVISITADA

Definir prioridades exige fazer escolhas difíceis quanto ao que é realmente importante. Uma razão pela qual tantas pessoas têm demasiada dificuldade em se concentrar é que elas também têm dificuldade em tomar decisões: elas hesitam em escolher quais itens serão deixados de fora da sua lista de prioridades. E você precisa estar disposto a retirar itens da lista.

Um CEO com quem trabalhamos deixava sua equipe administrativa louca porque não conseguia escolher as prioridades. Ele queria que *tudo* fosse feito. Mas, infelizmente, quase nada era feito. Ele dava às pessoas 20 "prioridades", o que, é claro, era uma lista de desejos impossíveis. Com razão, um gerente resmungou:

> Devemos "focar" 20 itens. Isso é simplesmente impossível. Mas, quando vou ao nosso CEO e pergunto: "Quais são os itens mais importantes, porque só posso fazer alguns deles por vez?", ele congela. Ele simplesmente não consegue fazer escolhas difíceis.

Esse CEO não tinha coragem de remover itens da lista, pois isso exigia que ele tomasse uma decisão. Mas era exatamente isso o necessário. A empresa, não surpreendentemente, enfrentou sérias dificuldades logo após essa conversa.

Elemento 4 do Estilo de Liderança: Participação

Líderes que constroem grandes empresas são participativos — sempre colocando seu toque pessoal nos negócios. Simplesmente não há desculpa para ser desapegado, indiferente, distante ou displicente.

CONSTRUÇÃO DE RELACIONAMENTOS

Grandes empresas têm ótimos relacionamentos: com os clientes, com os fornecedores, com os investidores, com os colaboradores e com a comunidade em geral. Em todas as negociações, a ênfase é desenvolver e nutrir relacionamentos construtivos de longo prazo.

(Observação: isso é muito diferente da atenção indiferente e dissimulada dada às "relações com o colaborador" ou às "relações com o cliente". Na maioria das empresas, as "relações com os colaboradores" objetivam pacificar as pessoas, em vez de construir um relacionamento com elas. Estamos escrevendo sobre algo bastante diferente aqui.)

Em uma grande empresa, os colaboradores devem ter um relacionamento com ela que vá muito além da mentalidade tradicional: "Sou pago para trabalhar." Até os ex-colaboradores sentem que ainda têm um relacionamento com a empresa muito depois do término do contrato de trabalho. Você já percebeu que os funcionários que saíram de certas empresas ainda dizem "nós" quando falam sobre elas?

Os clientes de grandes empresas têm um vínculo mais estreito do que a troca tradicional do tipo "Eu pago por um produto". Eles acreditam que têm um relacionamento pessoal com a empresa. Lembre-se do que Leon Bean fez com a L.L.Bean Corporation, conforme descrito em um artigo do *Saturday Evening Post*: "[...] cada um de seus clientes parece compartilhar a ilusão de que L.L.Bean é uma descoberta pessoal e, muito provavelmente, um amigo pessoal."

Esses relacionamentos próximos se desenvolvem porque os líderes da empresa investem seu tempo pessoal ajudando a moldá-los.

Joanne Ernst é uma atleta contratada da Nike há sete anos. Durante esse tempo, a liderança da Nike investiu na construção de um relacionamento de longo prazo com Ernst. Ela até recebe notas pessoais manuscritas e saudações de Natal do presidente Phil Knight.

Esse investimento pessoal no relacionamento criou uma intensa lealdade e compromisso com a Nike. E, como resultado, Ernst fez um grande esforço para ser uma boa porta-voz da empresa, muitas vezes estendendo suas obrigações — muito além dos seus deveres contratuais — para fazer algo "certo". Ela explicou:

> Nunca foi somente uma transação comercial pura. Sempre me identifiquei com o espírito da Nike — o espírito competitivo e a magia dos esportes. Mas é mais do que isso. Se eu fizesse um trabalho ruim, sentiria como se estivesse decepcionando amigos pessoais. Era exatamente assim que eu me sentia a respeito deles. Mesmo depois de me aposentar dos esportes e encerrar meu vínculo formal com a empresa, ainda me sinto parte da família Nike. Sempre me sentirei assim.

Pense em cada interação como uma oportunidade para estabelecer ou desenvolver um relacionamento positivo de longo prazo. Você só pode fazer isso com participação. Você não constrói relacionamentos com seus colaboradores escrevendo memorandos antigos e formais; você faz isso interagindo com eles de uma forma mais pessoal.

Saia e converse com as pessoas. Caminhe pela empresa. Sente-se no refeitório e coma com pessoas de todos os níveis. Saiba os nomes do máximo de pessoas que puder. (Algumas pessoas, como Kristine McDivitt, da Patagonia, aprendem os nomes de todos os colaboradores.) Cumprimente as pessoas pelo primeiro nome.

Eis um exemplo do que *não* fazer. O gerente-geral de uma empresa de informática se convenceu de que deveria "fazer um pouco dessa coisa de participação". Ele havia lido sobre MBWA (gerenciamento andando por aí) e disse à sua secretária para marcar reuniões com os colaboradores de seu escritório. Ele queria agendar um pouco de gerenciamento andando por aí para que não tivesse que efetivamente sair e andar por aí!

Você pode estar se perguntando se isso realmente aconteceu. Sim, aconteceu. E, embora seja um caso extremo, não é, de forma alguma, isolado. E também é imperdoável. Simplesmente não há justificativa para não sair do escritório e interagir pessoalmente com as pessoas de maneira informal.

Larry Ansin, que revitalizou completamente a Joan Fabrics Corporation, depois de assumi-la de seu pai, disse-nos:

> Você precisa sair de trás da sua mesa e ver por si mesmo o que está acontecendo. Saia e converse com as pessoas. Escute o que elas têm a dizer. Mostre-se. Não se limite a uma tempestade de memorandos corporativos.

Ansin teve muito mais sucesso na construção de uma grande empresa do que o gerente-geral que "agendou" o gerenciamento andando por aí em seu escritório particular.

USE UMA COMUNICAÇÃO INFORMAL

Uma maneira poderosa de ampliar sua participação é usar uma comunicação rápida e informal. Um método particularmente eficaz é manter com você o tempo todo uma pilha de papéis para anotações. Use-os para fazer anotações breves e manuscritas para as pessoas. Você ficará surpreso com a diferença que isso faz. E dificilmente é algo demorado; às vezes, leva apenas 1 minuto fazer uma anotação pessoal, e 60 segundos são uma pequena quantidade de tempo em comparação com o impacto que causam. Isso faz com que as pessoas saibam que você está atento a elas e ao que estão fazendo e que se preocupa com elas.

Bill conta como esse método, em particular, fez uma grande diferença para ele em seu relacionamento pessoal com Stanford:

> Eu estava no meio de um período letivo particularmente cansativo e estava completamente exausto. Também me sentia um pouco deprimido, porque vários projetos em que estava trabalhando não estavam indo muito bem. Abatido, entrei cambaleando em meu escritório e remexi na pilha de correspondência na minha mesa. Abri um envelope de correspondência interno e, para minha surpresa e deleite, encontrei uma pequena nota manuscrita do reitor me agradecendo por meus esforços em um de meus cursos. Aquele bilhete, que provavelmente não levou mais de 30 segundos para ser escrito, ajudou muito a solidificar meus sentimentos sobre Stanford e a elevar meu moral.

SEJA ACESSÍVEL E DISPONÍVEL

Não há vantagem em manter uma formalidade inflexível. Defina um tom de proximidade. Chame pelo primeiro nome. Reduza as "barreiras de status" ao mínimo. Vagas de estacionamento privativas, escritórios ostentosos e privilégios flagrantes "somente para executivos" devem ser evitados ou minimizados. Os símbolos de status executivo distanciam você do resto da sua empresa.

Descubra como se tornar acessível. Se as pessoas sentirem que há um fosso (completo, com crocodilos sob a forma de secretárias rudes) em torno do seu escritório, significa que a sua participação é ínfima. As pessoas de todos os níveis devem sentir que podem ter um contato direto com os principais executivos da empresa.

Isso é válido mesmo quando a empresa cresce? Acessibilidade, contato direto e participação fazem sentido quando a empresa cresce além de um certo tamanho?

A resposta é sim, e só precisamos olhar para a IBM como exemplo. Mesmo depois que Thomas J. Watson Jr. assumiu o lugar do pai (quando a IBM já estava bem acima de um bilhão de dólares), ele se agarrou à famosa "política de portas abertas". Watson Jr. escreveu em *Pai, Filho & Cia*:

> A política de portas abertas era uma prática de papai que remontava ao início dos anos 1920. Esperava-se que os funcionários descontentes da IBM reclamassem disso com os seus gestores. Mas, se nem assim eles ficassem satisfeitos, tinham o direito de vir diretamente a mim. [...] Em pelo menos uma ocasião, um único protesto levou a uma mudança substancial na forma como fazíamos negócios.

Conforme a empresa crescia, o escritório de Watson tratava de 200 a 300 casos por ano. Para mantê-lo gerenciável, ele usava assistentes pessoais, escolhidos entre os jovens gestores mais promissores da IBM. Mesmo depois que a IBM ultrapassou 100 mil funcionários, Watson ainda lidava pessoalmente com algumas reclamações de funcionários "[...] para que todos soubessem que o chefe ainda estava disponível".

Se os Watsons conseguiam ser acessíveis e manter sua participação nos negócios à medida que a IBM crescia, dizer "Somos muito grandes para essas coisas" é uma desculpa esfarrapada.

O QUE ESTÁ ACONTECENDO

Rejeite a ideia do senso comum de que, à medida que a sua empresa cresce, você deve se afastar e se distanciar do que está acontecendo na linha de fogo. Sim, você precisa delegar autoridade. Sim, você precisa superar o impulso compulsivo de direcionar todas as decisões. É verdade que seu tempo será comprimido e cada vez mais dominado por reuniões de "alto nível".

No entanto, você ainda precisa encontrar um tempo para se expor em primeira mão ao ritmo e às atividades da empresa. A única maneira de fazer isso é ver com seus próprios olhos e ouvir com seus próprios ouvidos. Veja você mesmo quais são os problemas, o que está indo bem e como as pessoas se sentem.

Por exemplo, Sam Walton buscava constantemente maneiras de manter seus próprios dedos no pulso da empresa. Sem aviso, Walton, às vezes, visitava até dez escritórios do Walmart em um único dia. Certa vez, Walton acordou às 2h30, comprou uma caixa de donuts, levou-os para a doca de carregamento de um armazém e os compartilhou com os estivadores enquanto lhes perguntava como as coisas poderiam melhorar. Em outra situação, ele inesperadamente pulou na cabine de um caminhão do Walmart e rodou 160 quilômetros para obter informações pessoais diretas sobre o sistema de transporte do Walmart.

O comportamento de Walton não é incomum entre os líderes corporativos mais eficazes. Claro que demanda tempo sair e ver por si mesmo o que está acontecendo, em particular à medida que a empresa cresce. Mas não é impossível. Os melhores líderes corporativos encontram tempo para isso. Eles sabem que é fundamental ouvir as pessoas do chão de fábrica, do campo ou do laboratório da mesma forma que os outros executivos.

REFORCE OS VALORES COM DETALHES SIMBÓLICOS

Há um paradoxo evidente nas pessoas que constroem as grandes empresas. Por um lado, elas se concentram na visão e na estratégia de alto nível, enquanto, por outro, envolvem-se com detalhes aparentemente triviais. A aceitação do paradoxo reside na compreensão de que esses detalhes não são triviais. Os detalhes são importantes. Os líderes mais eficazes são obcecados pela visão e pelos detalhes. Eles são fanáticos por acertar os detalhes.

A maneira como você lida com certos detalhes é, na verdade, uma declaração de alto nível — uma declaração sobre os valores essenciais da empresa. Envolver-se com certos detalhes envia uma mensagem simbólica muito poderosa.

EXEMPLO DE CASO: DEBBIE FIELDS

Debbie Fields, fundadora do Mrs. Fields Cookies, escreveu em seu livro *One Smart Cookie* [Um Cookie Sagaz, em tradução livre] que entrou em uma de suas lojas sem avisar (um hábito muito comum dela) e percebeu "[...] um lote de biscoitos terríveis embalado para os clientes."

> Eles estavam planos e tinham assado demais. Um cookie perfeito do Mrs. Fields tem cerca de 1,5cm de espessura, e aqueles tinham metade disso. Um cookie perfeito do Mrs. Fields tem 7,5cm de diâmetro e mede entre 7,5cm e 10cm. E eles também estavam mais tostados do que deveriam.

Os biscoitos estavam errados apenas cerca de meio centímetro para cada direção — meio centímetro! Mas o que realmente enfatizava a importância dos detalhes e reforçava a filosofia subjacente do Mrs. Fields era a maneira como Debbie Fields lidava com essas situações.

Ela poderia ter despedido o gerente da loja na hora, o que não fez. Poderia ter enviado um memorando corporativo enfatizando o tamanho e a cor adequados dos cookies, mas ela também não fez isso. Ela fez algo muito mais poderoso e simbólico.

> Virei-me para o jovem que estava ao meu lado e disse: "Diga-me, o que você acha destes biscoitos?"

> "Ah", disse ele, "eles estão bem ok".
>
> Balancei a cabeça. Eu tive minha resposta. Uma bandeja de cada vez, peguei os cookies — que equivaliam a cerca de quinhentos a seiscentos dólares — e os coloquei delicadamente na lata de lixo. "Sabe", eu disse a ele, "bem ok nunca é algo ok".

Pense em valores de reforço como algo análogo a sovar massa de pão. Seu envolvimento pessoal com detalhes específicos faz parte do processo de sova. Como Debbie Fields jogou no lixo seiscentos dólares em biscoitos, sua participação em um detalhe aparentemente trivial pode assumir proporções míticas e se enraizar na mente das pessoas como um símbolo vívido da filosofia da empresa.

Temos um relacionamento próximo com a Hewlett-Packard. Por meio desse relacionamento, ouvimos um grande número de histórias conhecidas como "histórias de Bill e Dave". Cada história retrata vividamente como Hewlett ou Packard lidou com um incidente específico nos estágios de formação da empresa.

Em uma história, de acordo com a lenda da HP, Bill Hewlett, enquanto perambulava por uma divisão, notou um pequeno detalhe: o estoque estava trancado com correntes e cadeados. Furioso, Hewlett pegou um alicate, destruiu as correntes e deixou os restos na mesa do gestor da divisão, com um bilhete: "Não é assim que fazemos as coisas por aqui. Confiamos em nosso pessoal. Bill Hewlett."

Quando questionado se essa história era verdadeira, Hewlett respondeu simplesmente: "Talvez seja." Ele então explicou que fez muitas coisas, como o incidente do cortador de parafuso nos primeiros dias da empresa — tantas, que não conseguia se lembrar de todas.

PARTICIPAÇÃO VERSUS MICROGERENCIAMENTO

Não confunda participação com microgerenciamento; eles não são iguais. O microgerenciamento — um comportamento terrivelmente destrutivo — é ilustrado na seguinte descrição do estilo de gestão de um determinado CEO:

> Nosso CEO tenta controlar e conduzir cada pequeno detalhe. Em vez de se sentir competente e confiável, você sente que está sendo "vigiado". Ele critica tudo, e isso nos deixa loucos. Alguns de nossos melhores funcionários foram para outras empresas porque isso é muito desmoralizante. Você conhece o velho ditado sobre ver a floresta pelas árvores? Bem, esse cara está tão longe das árvores que está tentando controlar a direção e o tamanho de *cada agulha de pinheiro*.

O estilo do CEO é claramente opressor, mas como isso se diferencia da participação? Estamos sendo coerentes? A princípio, aconselhamos você a "saber o que está acontecendo" e a "reforçar os valores com detalhes específicos"; então nós o advertimos a não "microgerenciar". Como essas ideias se encaixam?

A diferença é simplesmente esta: um microgerente não confia em seu pessoal e busca *controlar* cada detalhe e cada decisão; ele acredita que, no fim das contas, só ele fará as escolhas certas. Um líder participativo, por outro lado, confia que seu pessoal fará escolhas, em geral, boas; ele respeita suas habilidades.

Um microgerente não respeita as habilidades de seu pessoal. Um microgerente faz com que as pessoas se sintam sufocadas — como um jovem de 20 anos se sentiria se seus pais ainda lhe ditassem a hora de dormir. Qualquer pessoa que tenha sido microgerenciada pode atestar que isso tem um efeito terrivelmente desmoralizante.

O microgerenciamento também limita o desenvolvimento das pessoas. Em vez de ser um guia ou modelo, um microgerente dominante busca controlar os outros e acaba se vendo cercado por pessoas de capacidades atrofiadas, que perguntam: "Por que devo aprender a pensar por mim mesmo, quando ele quer pensar por mim?"

Sim, você deve ser fanático por acertar os detalhes. Sim, você deve moldar os valores do grupo com atos simbólicos em certos detalhes específicos, mas não em todos os detalhes. Os atos simbólicos têm como objetivo mostrar o caminho — guiar, orientar, dar o exemplo. O objetivo deles é deixar uma impressão duradoura para que você não precise controlar as pessoas com rigidez — para que as pessoas se comportem, *por conta própria*, de acordo com a filosofia central da empresa.

Você pode ser participativo sem sufocar as pessoas; você pode ter seus dedos no pulso da organização, mas não a sufocar. Na verdade, a participação não controladora tem exatamente o efeito oposto do microgerenciamento. Em vez de desmoralizar as pessoas, isso as eleva e as inspira a talvez fazerem mais do que, de outra forma, pensariam ser possível, o que nos leva diretamente ao nosso próximo elemento de estilo de liderança.

VISÃO DE JIM EM 2020

Não Confunda Empoderamento com Descaso

Jamais esquecerei a primeira vez que vi Jorge Paulo Lemann trabalhando. Na época, no início da década de 1990, a maioria dos escritórios executivos fornecia privacidade e espaço em proporção à suposta importância do executivo. Portanto, quando visitei seu escritório, em São Paulo, pela primeira vez, esperava ser escoltado até a suíte executiva de Lemann. Mas tal suíte não existia. Em vez disso, encontrei uma sala gigantesca, as mesas misturadas, uma cacofonia de atividade por toda parte, pessoas gesticulando descontroladamente e tão envolvidas em seu trabalho que ninguém prestou atenção em mim. E bem no meio da confusão estava Jorge Paulo em uma mesa simples e indefinida. Seu semblante calmo evocou a imagem de um monge zen sentado bem no meio da Times Square da cidade de Nova York, contemplando com serenidade o oceano de atividade que se agitava em todas as direções ao seu redor. Era ali que Lemann passava a maior parte do dia, observando, ouvindo e conversando, altamente acessível a todos.

Como todos os grandes criadores de cultura que conheci e estudei, Lemann nunca confundiu empoderamento com descaso. Ele acreditava apaixonadamente em liderar saindo do caminho de seus melhores funcionários. No entanto, embora ele não microgerenciasse, também era a antítese do distanciamento imperioso.

O distanciamento imperioso, ou mesmo uma distração feliz, apareceu como um fio condutor de muitas empresas que já foram grandes, à medida que oscilavam à beira do declínio. É como se os executivos começassem a acreditar que precisavam agir como, bem, *executivos*. Em vez de fazer perguntas, eles emitiam diretrizes. Em vez de irem ver por si mesmos o que diabos estava acontecendo, eles pediam relatórios. Em vez de receberem briefings das pessoas mais próximas da ação, eles obtinham informações filtradas pela média gerência. Em vez de perguntarem: "Quais são os detalhes essenciais que preciso entender?", eles diziam: "Vou continuar focado no quadro geral." Em vez de fazer anotações com base nas informações das pessoas da linha de frente, eles emitiam memorandos para as pessoas na linha de frente lerem.

Winston Churchill sempre procurou saber os detalhes do local tão diretamente quanto possível. Ele até criou um departamento separado da cadeia de comando normal para alimentá-lo com os fatos brutais, de modo que a verdade nua e crua chegasse até ele. Um dos poucos pontos de angústia e desacordo entre o rei e ele mesmo durante a Segunda Guerra Mundial ocorreu na véspera do Dia D, quando Churchill sentiu que era seu dever estar no local durante o ataque real, observando diretamente a ação de um navio de bombardeio. O rei George, horrorizado com a imagem de seu primeiro-ministro acabando no fundo do Canal da Mancha, apelou a Churchill para que ele não fosse; e os dois trocaram vários despachos. Churchill argumentando para ir, e o rei implorando para que ele não o fizesse. No final, Churchill aquiesceu, escrevendo: "Devo obedecer aos desejos de Sua Majestade e, de fato, às ordens." Mesmo assim, poucos dias após o Dia D, Churchill cruzou o Canal para ver a ação em primeira mão. Ele escreveu mais tarde sobre chegar a um château que havia sido bombardeado na noite anterior: "Certamente havia muitas crateras ao redor dele." Churchill perguntou ao general Montgomery: "O que há para impedir que um grupo militar alemão interrompa nosso almoço?" Montgomery disse que achava que eles não iriam. Felizmente para a história, isso não aconteceu.

Se algo é realmente um imperativo estratégico, você precisa lhe dar sua atenção pessoal direta. Qualquer coisa que não valha seu envolvimento direto não é, por definição, um imperativo estratégico.

Em julho de 1987, George Rathmann acordou com notícias impressionantes e aterrorizantes que ameaçavam sua jovem empresa, Amgen. O rival Genetics Institute recebeu uma patente que contornava a tecnologia proprietária da Amgen para a produção de EPO (eritropoietina, um hormônio liberado pelos rins que estimula a produção de glóbulos vermelhos). O Genetics Institute ganhou a patente da chamada EPO natural, feita de urina humana. Essa EPO "natural" não tinha viabilidade comercial, pois exigiria quase 6 milhões de galões de urina humana para produzir EPO suficiente para um paciente durante um ano. A inovação tecnológica da Amgen criou o único caminho viável para o destino final de EPO. Mas a patente do Genetics Institute ameaçou a capacidade da Amgen de capitalizar totalmente seu avanço. Resumido em um artigo da *Nature*: "Como as células geneticamente modificadas [da Amgen] são essenciais para fazer grandes quantidades de EPO, a situação é perfeita para a disputa: o Genetics Institute tem uma reivindicação sobre o destino final e a Amgen sobre a única maneira de chegar lá."

Muitos CEOs envolvidos em uma complicada batalha legal delegariam a seus advogados a tarefa de encontrar uma maneira de fazer um acordo, talvez arranjando um acordo de licenciamento cruzado para compartilhar as recompensas. Mas Rathmann assumiu a responsabilidade *pessoal* como comandante de campo e coordenou *ele mesmo* os esforços legais. A Amgen suportou a batalha legal com um enfurecido Rathmann liderando a luta. No fim, a Amgen obteve uma vitória completa nos tribunais e continuou em sua odisseia para se tornar uma das primeiras empresas verdadeiramente grandes de biotecnologia.

Rathmann modelou uma capacidade de liderança que Kevin Sharer (CEO da Amgen de 2000 a 2012) também adotou, mesmo quando a empresa se tornou muito maior. Sharer a descreveu como a capacidade de alternar continuamente entre altitudes. Em um dia não atípico, como ele relatou em uma entrevista para a *Harvard Business Review*, Sharer passou um tempo pela manhã com sua equipe de liderança em uma decisão de investimento de US$100 milhões, que teve vastas implicações estratégicas para as operações internacionais da Amgen. Um pouco mais tarde, ele passou um tempo fazendo avaliações de executivos e pensando em uma sucessão. Em seguida, ele passou um tempo com o modelo para uma nova mesa de conferência da sala de reuniões, concentrando-se em como a nova mesa poderia afetar a dinâmica do grupo. Altitude de 30 mil pés, depois de 3 mil pés, depois de 30 pés.

Então, em que ponto da vida de uma organização um líder empreendedor deve aprender a "deixar para lá" e parar de se preocupar com os detalhes corretos? Quando o empreendedor deve fazer a transição de um estilo intensamente participativo para um estilo sem intervenção? Quando o fundador deve mudar para se concentrar inteiramente na visão e na estratégia, deixando a tática e a implementação para os outros?

Essas são as perguntas erradas.

A escolha não está entre ser participativo ou delegar. Em nossa pesquisa, os empreendedores que lideraram suas empresas desde o início até algumas das maiores corporações da história geralmente tinham *tanto* um estilo prático *quanto* um estilo delegativo. Não importava o quão grande suas empresas se tornassem, eles permaneciam intimamente conectados ao seu pessoal, hiperconscientes dos fatos locais e diretamente engajados nos imperativos estratégicos. Se você perder sua curiosidade voraz sobre os detalhes táticos, se perder o interesse apaixonado pelas pessoas e pela forma como se sentem, se você se isolar no casulo protetor dos confortos executivos, pode muito bem acordar um dia e descobrir que sua empresa já entrou em um ciclo sombrio de declínio e de autodestruição.

Mesmo assim, os melhores empreendedores da nossa pesquisa não deixaram sua liderança prática escorregar para um microgerenciamento devastador ou para a patologia de liderar como um "gênio com mil ajudantes". Observamos o modelo de "gênio com mil ajudantes" entre alguns dos CEOs de comparação menos bem-sucedidos de nosso estudo sobre as boas empresas que viraram excelentes. Nesse modelo, um indivíduo brilhante — o líder gênio — ocupa as posições críticas com lacaios-auxiliares que implementam suas grandes ideias. Esse modelo de "gênio com mil ajudantes" pode funcionar excepcionalmente bem em curto prazo, desde que o gênio permaneça totalmente engajado (e enquanto permanecer um gênio). Em longo prazo, entretanto, esse modelo falha no teste de grandeza duradoura. Afinal, se todos dependerem do gênio imponente para tomar todas as decisões, grandes e pequenas, a empresa provavelmente sucumbirá à mediocridade apática e oscilante quando o fundador se afastar.

Obviamente, o objetivo não é apenas dominar o equilíbrio entre a liderança participativa e a empoderadora. O objetivo é se tornar um formador de cultura e um formador de pessoas para que a empresa possa ser grande por décadas além de sua própria vida. Quando encontra pessoas que são tão fanáticas por acertar os detalhes essenciais quanto você, quando as ensina a construir e a liderar um sistema que oferece excelência tática consistente, quando elas se esforçam para superar em muito o que você mesmo alcançou durante seu próprio mandato, então você realmente estabeleceu a base para uma grande empresa duradoura.

Elemento 5 do Estilo de Liderança: Habilidades com Pessoas (Pesadas e Leves)

Os líderes que constroem grandes empresas dominam o paradoxo do difícil e do suave. Eles mantêm as pessoas em padrões de desempenho incrivelmente altos (pesado), mas não medem esforços para edificá-las — para que se sintam bem consigo mesmas e com o que são capazes de alcançar (leve).

A IMPORTÂNCIA DO FEEDBACK

Se tivéssemos que escolher o elemento mais subutilizado da liderança corporativa eficaz, seria o feedback — em particular o feedback *positivo.*

É um fato da natureza humana que as pessoas têm um melhor desempenho quando têm uma autoimagem positiva. Psicólogos em uma variedade de experimentos descobriram que o desempenho das pessoas — *medido objetivamente* — melhora ou diminui dependendo do tipo de feedback que recebem. O feedback positivo tende a melhorar o desempenho, enquanto o negativo, a diminuí-lo.

Ainda assim, com frequência, as pessoas recebem pouquíssimo feedback dos líderes das empresas — positivo *ou* negativo. Essa ausência de feedback envia a seguinte mensagem: não nos importamos com você. E, quando as pessoas sentem que você não se importa com elas, elas não darão o melhor de si. E por que motivo deveriam fazê-lo?

Grandes treinadores esportivos — aqueles que dominam a arte de incentivar as pessoas para que tenham um desempenho no mais alto nível possível — sempre souberam da importância de dar feedback a seus atletas e mostrar que se importam com eles.

Em uma entrevista à *Forturne,* Tommy Lasorda, técnico do Los Angeles Dodgers por quatro flâmulas da National League e dois campeonatos da World Series, disse:

> Pessoas felizes conseguem ter performances melhores. Quero que meus jogadores saibam que aprecio o que eles fazem por mim. Veja, eu acredito em abraçar meus jogadores. Acredito em dar tapinhas nas costas deles. As pessoas dizem: "Nossa, você quer me dizer que um cara que ganha um milhão e meio de dólares por ano precisa ser motivado?" Eu digo, absolutamente. Todos precisam ser motivados, desde o presidente dos Estados Unidos até o cara que trabalha na sede do clube.

John Wooden, o treinador de basquete universitário mais talentoso da história (10 campeonatos da NCAA na UCLA em 12 anos), acreditava em sempre buscar uma maneira de desenvolver seus jogadores e, ao mesmo tempo, continuamente desafiá-los a serem melhores. Ele tinha uma filosofia simples: "As pessoas", disse ele, "precisam de modelos, não de críticos". Um de seus conselhos era: "[...] encerrar a prática com um toque feliz. Sempre tentei contrabalançar qualquer crítica na prática com um pouco de elogio."

Outro grande treinador, Bill Walsh (que supervisionou três equipes do Super Bowl Championship no San Francisco 49ers), enfatizava a importância do incentivo pessoal e positivo. Walsh apertava a mão de todos os jogadores antes de cada jogo e lhes dava uma palavra pessoal positiva de encorajamento. Ele também pedia a seus assistentes técnicos que cumprimentassem cada jogador, apertassem suas mãos e lhes dessem palavras de apoio.

Esses treinadores são bons modelos para executivos. Eles claramente vivem de acordo com padrões incrivelmente altos e fazem avaliações imparciais e objetivas das pessoas. No entanto, ainda usam o reforço positivo.

Implícito, é claro, está o pressuposto de que você realmente se preocupa com as pessoas da sua organização — que você tem compaixão, empatia e respeito por elas. E, de fato, esse é um requisito para uma liderança corporativa eficaz. Uma organização dirigida por indivíduos que não se importam ou não respeitam as pessoas que trabalham para eles provavelmente não alcançará uma grandeza duradoura.

Atribuímos muito do incrível sucesso de John Wooden à sua sincera preocupação com cada jogador. "Meu amor pelos jovens", escreveu ele, "é a principal razão de eu ter permanecido como treinador e recusado posições que teriam sido muito mais lucrativas".

E o feedback negativo ou crítico? Você não pode dirigir uma empresa e dar apenas feedback positivo. Obviamente, há momentos em que um feedback crítico é necessário. E, certamente, é essencial fornecer apenas feedback honesto. Se você fabricar um feedback positivo só para fazer alguém se sentir bem, perderá credibilidade. Além disso, há momentos em que a produção de alguém precisa ser avaliada criticamente, pois o desempenho dessa pessoa pode estar muito aquém das expectativas.

Em seu livro *Building a Champion* [Formando Campeões, em tradução livre], Bill Walsh escreveu:

> O "treinador de jogadores" estiloso, elegante, fácil de lidar, afável, fará com que você realize até 80% do trabalho. Os 20% finais são atribuídos à tomada de decisões difíceis, exigindo um alto padrão de desempenho, atendendo às expectativas, prestando atenção aos detalhes e "dando um sacode" quando necessário.

Com tudo isso dito, no entanto, observamos que os líderes ruins erram por excesso de feedback crítico e pouco feedback positivo. Em muitas empresas, as pessoas só recebem feedback quando fazem algo errado, e não todas as vezes que fazem algo certo.

Além disso, os melhores líderes estão sempre procurando maneiras de colocar as pessoas em posições nas quais tenham um bom desempenho — nas quais tenham um desempenho em níveis que mereçam um reforço positivo. Eles estão sempre procurando maneiras de edificar as pessoas, em vez de destruí-las.

Na verdade, se descobrir que tem alguém que não está tendo um bom desempenho, você pode primeiro fazer a pergunta: "Esta pessoa está no cargo certo?" É comum descobrir que um funcionário que perece em um emprego, floresce em uma função diferente. Por exemplo, excelentes engenheiros e vendedores muitas vezes não se dão bem em funções de gestão.

Por fim, esteja ciente de que, quando as coisas vão mal, não é necessariamente o momento para ser mais crítico. Na verdade, repreender asperamente as pessoas que provavelmente já sabem que as coisas não estão indo bem é contraproducente. Em circunstâncias difíceis, as pessoas precisam de um pouco de incentivo e apoio.

EXEMPLO DE CASO: RUSSELL S. REYNOLDS

Um exemplo interessante é o de como Russ Reynolds, fundador da Russell Reynolds Associates, lidou com uma visita a um escritório de baixo desempenho. Todo o escritório estava absolutamente apavorado com a visita iminente de Reynolds, temendo que ele criticasse e talvez demitisse algumas pessoas. Todo mundo estava nervoso, em parte por causa da declaração do diretor do escritório: "Se você não dá conta das suas tarefas, tenho certeza de que o Russ vai se livrar de você e encontrar alguém que dê."

Na hora marcada, os funcionários se reuniram na sala de conferências principal, esperando o pior. Reynolds começou a reunião conversando com as pessoas. Após cerca de 30 minutos, o diretor do escritório tentou mergulhar em uma discussão mais séria sobre os problemas em questão. Reynolds puxou a discussão de volta para um tom mais leve e positivo. Finalmente, exasperado, o diretor do escritório perguntou: "Você não quer começar a trabalhar e lidar com nossos problemas daqui?"

"Não", respondeu Reynolds, "percebo que você está fazendo tudo o que pode. Tenho certeza de que, se você continuar trabalhando nisso, algo vai se transformar, e o escritório vai se reerguer. Vocês são boas pessoas e tenho toda a confiança em vocês. Apenas continuem".

Foi absolutamente brilhante. Reynolds sabia que as pessoas precisavam ser edificadas naquele momento, não destruídas. As pessoas no escritório responderam: "Nossa, esse cara *acredita* em nós. *Não podemos* decepcioná-lo." Sua crença neles era bem fundada; o escritório se recuperou e se tornou uma unidade de muito sucesso.

LÍDER COMO PROFESSOR

A abordagem mais construtiva para o feedback crítico segue do conceito de líder como professor. Quando precisar fornecer orientação corretiva ou negativa, pense em você não como um crítico — ou mesmo um chefe —, mas como um guia, mentor e professor. O processo de crítica deve ser uma experiência educacional que contribua para o desenvolvimento posterior do indivíduo.

EXEMPLO DE CASO: H. IRVING GROUSBECK

Irv Grousbeck, cofundador e presidente da Continental Cablevision, desenvolveu uma abordagem muito eficaz para habilidades pesadas e leves com pessoas. Durante uma conversa conosco, ele explicou sua filosofia e estilo:

> Sempre operei a partir do modelo do gestor como professor. Eu me interesso pela forma como os erros podem ser usados para melhorar as capacidades das pessoas.
>
> Primeiro — e isso é importante — você não critica a pessoa. Em vez disso, você *avalia o evento*. Isso é análogo a fazer um bom trabalho criando os filhos; você aborda a questão de o armário estar bagunçado, em vez de criticar seu filho por ser uma pessoa bagunceira.
>
> O mesmo se aplica à gestão. Sempre pergunto sobre o lado humano da história. Peço que me deem uma ideia do que aconteceu para que o evento se desenrolasse daquela forma. Então, pergunto às pes-

soas quais opções consideraram, lhes apresento algumas outras opções e pergunto se as levaram em conta. Lanço sugestões sob a forma de perguntas.

Todo o processo é de educação e de desenvolvimento. Deixo claro que estamos do mesmo lado, que não há problema com a pessoa em si e que não há problema entre mim e ela. Enfatizo que todos cometem erros, às vezes ilustrando o ponto referindo-me a erros que cometi.

Mas também deixo claro que quero que a pessoa saiba como o evento poderia ter sido mais bem abordado, para que possa ser feito melhor no futuro. Dessa forma, ela desenvolve constantemente suas capacidades, e toda a empresa se beneficia.

Grousbeck tem um estilo delicado de dar feedback corretivo. No entanto, ele é resolutamente dedicado a um alto padrão de excelência — tanto em relação a ele quanto aos outros. E, na maioria das vezes, esse padrão é alcançado.

O PAPEL DOS ALTOS PADRÕES

Não interprete a importância de edificar as pessoas e ajudá-las a aprender com os erros como permitir um desempenho incompetente, ruim ou irresponsável. Junto com a necessidade do reforço positivo está a dos padrões elevados.

Assim como dar às pessoas um reforço positivo tende a aumentar seu desempenho, o mesmo ocorre com a presença de desafios e de altas expectativas. Bons professores sempre sabem que os alunos desejam ser desafiados e que tendem a responder favoravelmente às altas expectativas. Pense um pouco nos melhores professores que você já teve. Eles provavelmente mantinham padrões muito rigorosos para a classe. O mesmo princípio se aplica à liderança corporativa eficaz.

Como um bom professor, um bom líder presume que pessoas de todas as esferas da vida e origens *podem* ter um desempenho de alto nível e que, no fundo, é isso o que elas desejam. Um bom líder não *exige* um alto desempenho (exigir implica que as pessoas são basicamente preguiçosas e tendem a reter seus melhores esforços — que devem ser extraídos delas, como dentes arrancados).

Não, um bom líder oferece às pessoas a oportunidade de se testarem, de crescerem e de fazerem o melhor trabalho possível.

Não faltam pessoas interessadas em fazer algo de que possam se orgulhar. Mas há uma grande escassez de líderes que estimulem desafios rígidos e padrões elevados, combinados com a crença inflexível de que pessoas aparentemente comuns podem fazer coisas extraordinárias.

Coloque as pessoas em posições nas quais sejam obrigadas a cumprir um padrão elevado e diga-lhes que você acredita que elas farão isso. Lembre-se da abordagem que Trammell Crow adotou ao construir sua empresa: apostar nas pessoas e ter fé nelas. Em *Trammell Crow*, de Robert Sobel, um jovem desenvolvedor contou sua experiência com Crow:

> Lembro-me de quando ele me levou a uma reunião com os empreiteiros e todos os credores e me apresentou a eles. Ele me pintou como se eu fosse algo que eu realmente não era, o que acho que demonstrou confiança em minhas habilidades. Eu não acreditava que ele dera a alguém tão jovem e inexperiente [como eu] esse nível de responsabilidade.

Essa combinação de empurrar/puxar, yin/yang, pesado/leve, padrões elevados/reforço positivo é a essência de estimular as pessoas a exercitarem sua capacidade total. Ao ajudar cada pessoa a atingir sua capacidade máxima, qualquer que seja o nível (e há um espectro de habilidades em qualquer grupo de pessoas), você estimula toda a empresa a chegar a um nível muito alto.

Elemento 6 do Estilo de Liderança: Comunicação

Sabemos que parece banal ressaltar a necessidade da comunicação — e, na verdade, gostaríamos que fosse. O fato lamentável é que muitos líderes de empresas são péssimos comunicadores. Não é que eles não possam se comunicar; é que eles não o fazem.

Uma grande empresa prospera na comunicação. Líderes eficazes estimulam uma comunicação constante: para cima, para baixo, lateralmente, em grupo, individual, em toda a empresa, escrita, oral, formal, informal. Eles trabalham para ter um zumbido contínuo de comunicação por toda a organização.

COMUNICAR VISÃO E ESTRATÉGIA

No próximo capítulo, enfatizaremos a importância de desenvolver uma visão e uma estratégia claras para a empresa. Mas apenas desenvolvê-las não basta; também é necessário comunicá-las.

Você não precisa ser um orador eloquente ou um escritor espetacular para se comunicar com eficácia. Não se preocupe em como comunicar para onde a empresa está indo, apenas diga. E faça isso sempre. Fale. Escreva. Desenhe... diga de novo. Nunca deixe a visão se perder; mantenha-a sempre na frente das pessoas. Consulte-a constantemente.

Quando Jim Burke era CEO da Johnson & Johnson, estimou que gastava 40% (sim, *40%*) de seu tempo comunicando o Credo da J&J (os valores essenciais e as crenças básicas da empresa).

Ao observar Doug Stone, ex-CEO da Personal CAD Systems, percorrer a empresa, notamos que ele desenhava imagens da estratégia da empresa em flipcharts em escritórios e salas de conferência por todo o edifício. Durante quase todas as reuniões, ele de alguma forma fazia esses pequenos desenhos e os deixava por toda parte: em pedaços de papel, nos blocos de notas das pessoas, em flipcharts, em quadros brancos, em quadros de avisos, em guardanapos do refeitório. Quando questionado sobre isso, ele disse:

> Deixo esses desenhos de propósito. É difícil fazer uma organização inteira entender para onde está indo, então você tem que continuar martelando a mensagem. Deixo esses desenhos para que as pessoas os encontrem sempre e talvez até os consultem durante as reuniões. Vejo como uma sugestão subliminar.

USE ANALOGIAS E IMAGENS

Use imagens vívidas para transmitir o que a empresa intenta fazer. Use exemplos concretos para ilustrar como a empresa está tendo sucesso em seguir a visão. Conte histórias que ilustrem os valores e o espírito da organização.

Analogias, parábolas e metáforas, descritas graficamente, são uma forma poderosa de comunicação. Utilize-as.

Em 1940, Franklin Roosevelt precisava comunicar efetivamente o conceito e a necessidade do "Lend-lease" (um programa pelo qual os Estados Unidos forneceriam suprimentos para uma Grã-Bretanha sitiada durante as primeiras fases da Segunda Guerra Mundial). Ele poderia ter examinado todas as complexidades financeiras do Lend-lease, mas isso não teria captado o imaginário do público norte-americano. Em vez disso, ele recorreu a uma parábola:

> Suponha que a casa do meu vizinho pegue fogo e que eu tenha uma mangueira de jardim. Se ele puder pegar minha mangueira de jardim e conectá-la ao hidrante, posso ajudá-lo a apagar o fogo. E agora, o que eu faço? Não digo a ele antes da operação: "Vizinho, minha mangueira de jardim me custou quinze dólares; você tem que me pagar quinze dólares por isso." [...] Não quero quinze dólares — quero minha mangueira de jardim de volta depois que o incêndio acabar.

Um dos nossos exemplos de negócios favoritos é o de Steve Jobs transmitindo a essência da visão da Apple. Em 1980 (antes de o Macintosh ter sido criado), durante uma palestra em Stanford, ele disse:

> [A Apple] baseia-se no princípio de que uma pessoa e um computador são fundamentalmente diferentes de 10 pessoas e 1 computador. É como o custo do equipamento de capital de um trem de passageiros: você pode comprar 1 mil Volkswagens, e, não, eles não são tão confortáveis nem tão rápidos, mas essas 1 mil pessoas podem ir aonde quiserem, quando quiserem. É disso que trata a nossa indústria.
>
> A melhor analogia [...] é pensar que o homem de bicicleta é duas vezes mais eficiente do que um condor [o animal mais eficiente]. O homem pode fazer ferramentas que amplificarão a habilidade inerente que ele possui. É para isso que servem esses computadores; eles são bicicletas.

Saia do óbvio. Desenhe imagens. Conte histórias. Faça analogias inesperadas. Seja intenso. Não se preocupe se a analogia é logicamente correta — o objetivo é se comunicar com eficácia, não ser logicamente correto.

ADICIONE UM TOQUE PESSOAL À COMUNICAÇÃO FORMAL

A maior parte da escrita sobre negócios é enfadonha, engessada e improdutiva. Não tem vida, nem faísca. Não há personalidade nela. Em um esforço para ser profissional e diplomático, certos gerentes eliminam qualquer esperança existente de se comunicarem com eficácia.

Você já percebeu que um bom escritor faz você sentir que ele está tendo uma conversa pessoal com você? Ou que um bom orador o atrai, criando uma intimidade entre você e ele, mesmo que haja muitas pessoas (talvez milhares) na plateia? Esse é o efeito que você deve se esforçar para criar.

Existem duas maneiras básicas de obtê-lo:

- Primeiro, revele-se. Não tenha medo de compartilhar sua própria experiência e suas observações. Contar algo sobre você, sua própria experiência ou sua visão única do mundo cria intimidade, mesmo que não haja contato pessoal entre você e o escritor ou palestrante.
- Segundo, use um estilo direto, pessoal e despretensioso. Use palavras como nós, você e eu, em vez de palavras despersonalizadas, como "alguém". Use palavras calorosas, como amigo e parceiro. Fale ou escreva diretamente para o ouvinte, como se ele estivesse sentado bem na sua frente. Encurte suas frases. Seja vigoroso. Use uma linguagem clara e palavras objetivas.

Não diga: "Percebe-se que existem algumas insatisfações com os métodos aplicados à situação das relações de trabalho." Diga: "Vejo que vocês estão insatisfeitos com a maneira como foram tratados."

Não diga: "É nossa política maximizar a cadeia de valor e o vetor de qualidade para nossos produtos de bebida de malte." Diga: "Fazemos uma ótima cerveja."

Não diga: "O assunto em questão é a redução de recursos financeiros devido à predação econômica específica de litígios." Diga: "Os processos judiciais estão nos custando muito dinheiro."

DÊ NOME AOS BOIS — E NÃO SE ESCONDA

É um grande erro apresentar notícias desagradáveis com eufemismos, e pior ainda é esquivar-se da responsabilidade de comunicar fatos desagradáveis. É muito melhor ser honesto e direto.

Por exemplo, considere o seguinte memorando:

Para: Diretor de Pessoal

De: CEO

Assunto: Ajuste da equipe

Com o declínio do nosso negócio, é hora de cortar despesas. Portanto, devemos realizar um reajuste de pessoal. Em anexo, está uma lista de indivíduos que precisam ser desligados nos próximos 60 dias. Por favor, discuta a situação com seus gerentes.

Enfatize que isso não é uma dispensa. Em vez disso, diga às pessoas que é simplesmente hora de eliminar os de pior desempenho.

Como é a primeira vez em nossa história que fazemos um reajuste de pessoal, trate a situação com cuidado. Espero que você minimize os conflitos.

Pense por um minuto: o que há de errado nisso? Existem pelo menos quatro problemas com o memorando:

1. Se algo se parece com um pato, grasna como um pato e balança como um pato, então provavelmente é um pato. Não importa como você expresse, esse reajuste de pessoal é uma demissão em massa, e apenas os estúpidos não a reconhecerão pelo que ela é.

2. O CEO está se escondendo. Em vez de assumir a responsabilidade por anunciar uma decisão desagradável, ele a está transferindo para o diretor de pessoal.
3. Como a demissão não está sendo tratada de forma direta e aberta, a maioria das pessoas obterá informações por meio de boatos. Isso aumentará seus medos e fará com que elas se sintam muito inseguras: "Quantos serão demitidos? Eu serei um deles? Quando terei uma resposta? Devo procurar um novo emprego?" Além disso, elas ficarão ressentidas: "Eles acham que eu sou idiota? Por que nosso CEO não nos fala sobre isso? Ele não tem nenhum respeito por nós?"
4. O resultado é previsível: algumas das melhores pessoas — aquelas que a empresa mais deseja manter — decidirão sair. Os que permanecerem gastarão incontáveis horas de energia estressados, preocupando-se com sua situação, em vez de fazerem um trabalho produtivo.

As pessoas odeiam ser enganadas. Elas odeiam ser tomadas como estúpidas. Elas rapidamente perdem o respeito pelos líderes que não as tratam de maneira honesta e direta.

O que o CEO deveria ter feito de forma diferente? Ele deveria ter comunicado essa decisão tão complicada pessoalmente. Aqui está um exemplo do que um líder mais eficaz pode fazer:

> Meus amigos e parceiros de negócios,
>
> Sempre acreditei na comunicação, em toda e qualquer circunstância, e em ser franco e aberto com quase tudo que afeta nossa empresa. Alinhado a essa filosofia, devo abordar uma das decisões mais difíceis que tive que tomar em toda a nossa história.
>
> Como vocês sabem, experimentamos um declínio drástico em nossos negócios. Esse declínio nos colocou em uma situação em que devemos cortar despesas em todas as áreas, incluindo pessoal. Portanto, decidimos fazer uma demissão de 10%.
>
> Sei que isso será um choque; nunca tivemos que fazer algo assim. E, Deus sabe, espero nunca mais ter que o fazer. Mas, para garantir a sobrevivência da empresa, que está em jogo, concluímos que esse doloroso passo é necessário.
>
> Quero que saibam que decidimos implementar a demissão de uma única vez. Vocês têm minha palavra de que esperamos que essa seja a única demissão; não há nenhuma outra planejada. Preferimos tomar o remédio amargo em uma grande dose do que prolongar a agonia e a incerteza por um longo período.

Não importa como seja apresentada, a notícia de uma demissão será dolorosa, principalmente para os infelizes funcionários que perderão seus empregos. No entanto, a abordagem mais direta provavelmente produzirá menos problemas e obterá mais respeito do que a primeira.

Dar nome aos bois não faz parte apenas uma boa comunicação, mas também transmite respeito pelo seu pessoal. Sempre presuma que as pessoas de todos os níveis têm "detectores de pato" quase infalíveis e que preferem líderes que se mostram e que assumem o fardo da comunicação direta e honesta.

ESTIMULE A COMUNICAÇÃO ENTRE OS OUTROS

A comunicação não deve fluir apenas de cima para baixo. Deve ocorrer em todos os níveis e em todas as direções. Esteja ciente de que seu estilo pode inibir a comunicação de outras pessoas. Por outro lado, também pode induzir uma comunicação excelente. Lembre-se, você define o tom.

Aqui estão algumas coisas que você pode considerar para estimular a comunicação em toda a organização:

- Faça muitas perguntas e dê às pessoas tempo para elas as responderem.
- Peça às pessoas para comparecerem às reuniões de equipe (que devem ser agendadas em intervalos regulares) com pelo menos um ponto importante que elas acham que todos devem saber.
- Peça para as pessoas irem às reuniões de equipe com pelo menos uma pergunta que gostariam de fazer. Incentive-as a fazer todas as perguntas em que estiverem pensando. Responda às perguntas dizendo: "Boa pergunta. Bem, estou feliz que você tenha perguntado isso." Não há nada que interrompa a comunicação mais rapidamente do que fazer as pessoas se sentirem estúpidas por fazer perguntas.
- Peça às pessoas em reuniões formais e informais para "falarem o que realmente estiverem pensando".
- Quando alguém discordar do grupo, assegure-se de que a pessoa seja ouvida.
- Seja espontâneo. Incentive as pessoas a se reunirem no calor do momento para resolver os problemas. Reuniões informais improvisadas são alguns dos melhores veículos de comunicação.
- Reduza a formalidade opressiva e rígida. Faça as pessoas se sentirem confortáveis. Afrouxe o botão de cima. Arregace as mangas. Tire os sapatos.
- Quando houver panelas ou tensões, não brinque de "intermediário". Diga às panelas para se reunirem na mesma sala e discutirem o pro-

blema elas mesmas, em vez de usarem você como um canal. As pessoas nas empresas costumam ser como crianças em uma família — elas vão correndo até a mãe ou o pai para reclamar, em vez de lidar diretamente com um problema. Não incentive isso.

- Incentive as pessoas a expressarem seus sentimentos, bem como seus pensamentos. Todos nós temos fortes sentimentos sobre as coisas. Quando os sentimentos são suprimidos, a comunicação real não ocorre. Sentimentos nos negócios? Sim, com certeza! Afinal, os negócios são feitos por pessoas, e as pessoas têm sentimentos.
- Não deixe uma ou duas personalidades dominarem todas as discussões. Atraia os membros mais reticentes de sua equipe, perguntando-lhes quais são seus pontos de vista.
- Agradeça às pessoas por levantarem questões importantes, mesmo que tais questões sejam desconfortáveis.

Novamente, pode parecer banal insistir na comunicação. Mas ela é extremamente importante, e muitos executivos são péssimos nisso. Se você for errar, erre pelo excesso de comunicação. Investir na comunicação nunca é demais.

Elemento 7 do Estilo de Liderança: Intrepidez

Gostaríamos de enfatizar um elemento final do estilo de liderança eficaz: uma mentalidade intrépida. Os líderes de grandes empresas estão sempre avançando — progredindo — como indivíduos (crescimento pessoal) e transmitem cada vez mais essa ideia de abraçar o futuro para a empresa. Eles têm um alto nível de energia e nunca se acomodam.

TRABALHO ÁRDUO

Não há como contornar a necessidade de se fazer um trabalho árduo. Isso é um dado. São os ossos do ofício.

No entanto, há uma grande diferença entre trabalhar arduamente e ser viciado em trabalho. Você trabalha arduamente para fazer algo. Um workaholic, por outro lado, trabalha por compulsão — para encobrir algum tipo de medo. A compulsão por trabalho é destrutiva e prejudicial à saúde. O trabalho árduo é saudável, revigorante e pode ser praticado até o dia da sua morte, ao passo que a compulsão por trabalho leva ao esgotamento.

Conhecemos alguns líderes eficazes que trabalham apenas 40–50 horas por semana; mas que, mesmo assim, classificamos como trabalhadores árduos — seu nível de intensidade e de concentração no trabalho é incrivelmente alto. Por outro lado, conhecemos alguns workaholics que trabalham 90 horas por semana e são basicamente ineficazes. Mais não é necessariamente melhor.

MELHORE A CADA DIA

Nunca pare de buscar se tornar um líder mais eficaz. Você sempre pode ser melhor. Sempre existe um padrão mais elevado. Nunca pare de aprender ou de desenvolver suas habilidades. Permaneça resolutamente comprometido com a busca constante por um padrão mais elevado. Tente, a cada dia, ser melhor do que no dia anterior.

Preste atenção às suas fraquezas e às suas deficiências. Peça um feedback brutal sobre seus pontos fracos e sobre o que você deve trabalhar. Peça críticas sinceras sobre o seu estilo de liderança para aqueles que trabalham com você e para você. Peça também a pessoas de fora totalmente objetivas que observem seu estilo de liderança e façam comentários. (Isso é algo que fizemos por vários CEOs, e eles descobriram que, apesar de doloroso, é extremamente útil.) Coloque pessoas de fora, honestas e objetivas, em seu conselho de diretores.

Nenhum de nós acha agradável ter nossas deficiências apontadas. Isso dói. Portanto, tendemos a evitar receber um feedback que sabemos que exporá nossas deficiências. Mas, como um remédio desagradável, é necessário. Para ser um líder realmente excepcional, você precisa estar comprometido com o autodesenvolvimento contínuo.

MANTENHA A ENERGIA

Se você ficar obsoleto, sua organização também ficará. No momento em que ficar desanimado e perder a energia em relação ao seu trabalho, simultaneamente deixará de ser eficaz como líder. As pessoas que constroem grandes empresas permanecem dinâmicas durante todo o mandato. Elas nunca "se aposentam no trabalho". Na verdade, algumas nunca se aposentam de fato. Elas não conseguem se imaginar passando seus anos de sabedoria como aposentados apáticos e improdutivos.

Cuide de si mesmo física, emocional e espiritualmente. Durma o suficiente. Cuide da sua saúde. Exercite-se. Divirta-se. Leia. Converse com pessoas interessantes. Exponha-se a novas ideias. Passe um tempo sozinho em atividades renovadoras. Defina novos desafios para você. Faça o que for necessário para se manter vibrante, estimulado, crescendo e vivo como ser humano.

Você também precisa gostar do que está fazendo. Nunca vimos um líder de pequena empresa eficaz que não gostasse de seu trabalho. Fazer coisas de que você não gosta acaba levando a baixos níveis de energia e ao esgotamento.

Por fim, uma das melhores maneiras de manter um alto nível de energia é mudando constantemente. Experimente coisas novas, envolva-se em novos projetos, mude a maneira como faz as coisas, experimente; faça o que for preciso para manter um ar de frescor. Algumas pessoas pensam que fazer mudanças custa energia. Afinal, não é mais fácil simplesmente manter as coisas como estão? Ah, mas aqui está o segredo: sim, a mudança custa energia, mas adiciona mais energia do que gasta.

Você já percebeu que, quando muda para um novo escritório ou para uma nova casa, seus níveis de empolgação e de energia aumentam? Você pode até reclamar da inconveniência de se mudar, mas a novidade da situação é estimulante e revigorante. O mesmo princípio se aplica ao trabalho.

OTIMISMO E TENACIDADE

Pesquisas sobre o aspecto psicológico mostraram que as pessoas mais produtivas e felizes têm uma visão basicamente otimista do futuro. Acreditamos que o mesmo se aplica às empresas.

Certamente, você não deve, de forma alguma, desconsiderar as dificuldades que devem ser enfrentadas, os contratempos que podem ser encontrados, a dor a ser suportada e a possibilidade do fracasso. Lentes cor-de-rosa são perigosas. No entanto, você não pode duvidar de que a empresa tem a capacidade de tornar a si mesma e a seu próprio futuro melhores do que são hoje. Você tem que acreditar na sua empresa e no futuro dela. Se não fizer isso, quem o fará?

Otimismo, entretanto, não é suficiente; ele deve andar de mãos dadas com a tenacidade e com a persistência.

Quando conhecemos Bob Miller, que assumiu o cargo de CEO da MIPS Computer em 1987 (quando a empresa estava caminhando para a insolvência) e saiu com sucesso dos "dias sombrios", ficamos surpresos ao descobrir seu estilo tranquilo. No início, você pode até mesmo descrevê-lo como um homem discreto ou de fala pacata. Como, nos perguntamos, ele conseguiu impulsionar a MIPS?

Depois de alguns minutos, começamos a entender. Enquanto ele falava, sentíamos sua convicção resoluta e firme de que a MIPS tinha o potencial de moldar o seu setor. Combinada com isso, estava uma determinação clara e inabalável de que, enquanto ele estivesse lá, nunca desistiria. Miller descreveu sua visão de negócios como se estivesse em uma missão, e ele nunca permitiu que obstáculos o impedissem de prosseguir persistentemente.

MANTENHA A EMPRESA SE MOVENDO "SEMPRE PARA A FRENTE"

Paul Galvin, fundador da Motorola, constantemente destacava: "Tudo vai dar certo se simplesmente continuarmos em movimento, seguindo em frente." William McKnight, arquiteto principal dos primórdios da 3M, enfatizava que muitos dos sucessos dos produtos da empresa decorreram de algum tropeço, mas que "você só tropeça se estiver se movendo".

Como Galvin e McKnight, líderes corporativos que moldaram grandes empresas — pessoas como os Watsons, Leon Gorman e seu avô Leon Bean, Sam Walton, Bill Hewlett, Akio Morita, William Procter, Walt Disney e Henry Ford — acreditavam em mover suas empresas "sempre para a frente".

Uma das características distintivas de uma grande empresa é que ela não para de tentar mudar, melhorar e fazer coisas novas. Uma grande empresa nunca chega a um destino, nunca acredita que atingiu o suficiente.

A grandeza não é um ponto-final. É um caminho — uma trilha longa, árdua e tortuosa de desenvolvimento e de aprimoramento contínuos. Uma grande empresa atinge um platô e então busca novos desafios, novos riscos, novas aventuras, novos padrões. Uma grande empresa comemora seus sucessos, saboreia-os, aprecia-os — mas apenas como pontos de parada breves em uma jornada nunca concluída.

Sempre em frente. Se uma coisa falhar, tente outra. Corrija. Arrisque. Faça. Aprimore. Mova-se. Aja. Como Henry Ford disse: "Você tem que continuar fazendo e seguindo."

ATINJA O ÂMAGO

A essência da liderança, como mencionamos, é catalisar uma visão clara que seja compartilhada e posta em prática pelo grupo. Mas há um elemento adicional: atingir o âmago das pessoas.

Existe um lado espiritual em todos nós. Para alguns, está oculto sob a desilusão do ceticismo, enquanto, para outros, está perto da superfície. Mas, em todos os casos, ele está lá para ser explorado.

Por espiritual não queremos dizer necessariamente religioso. Estamos falando do lado superior das pessoas; o lado que traz um nó na garganta quando o azarão prevalece; o lado que quer ver os mocinhos vencerem; o lado que quer que o mundo seja um lugar melhor para os nossos filhos; o lado que nos obriga a devolver o troco extra quando um funcionário nos dá a mais por engano; o lado que espera que não desapontemos nossos parceiros na batalha; o lado que nos faz sentir indignação com a trapaça e a injustiça; o lado que nos empurra tarde da noite para completar uma tarefa árdua simplesmente porque demos nossa palavra; o lado que pula instintivamente em um rio gelado para salvar uma vítima de afogamento; o lado que nos torna heróis.

Certo, esse é apenas um lado de nós. E há outro — o lado sobre o qual Joseph Conrad escreveu em *Coração das Trevas*. O lado que quebra compromissos, deixa nossos parceiros na mão, guarda o troco extra, busca esmagar os menos afortunados, busca a conveniência em vez da excelência e fecha os olhos para nossas próprias inconsistências e fraquezas. Todos nós temos os dois lados. Um líder, no entanto, apela para o lado mais leve, estimulando as pessoas a seguirem o caminho certo. Um líder fala sobre as melhores qualidades que todos nós possuímos e desafia as pessoas a expressarem-nas. Em última análise, um líder muda as pessoas.

Novamente, voltamos à nossa analogia do líder como professor, e pedimos que você pense sobre os professores que mudaram sua vida. Provavelmente, eles o ajudaram a ver mais em si mesmo do que antes. Eles tocaram algo dentro de você que desencadeou novas percepções de si mesmo, novas expectativas de si mesmo; seus ideais subiram para um novo nível.

Com tal postura de professor, um líder idealiza as pessoas e tem a convicção resoluta de que elas podem atingir esse ideal. Um líder atinge o âmago das pessoas, puxando-as para frente e despertando-as. Um líder muda a percepção das pessoas *sobre si mesmas*, fazendo com que elas se vejam da maneira idealizada como *ele* as vê.

O líder transmite a mensagem: "Podemos cumprir nossos grandes e audaciosos objetivos. Eu sei que podemos fazer isso, porque *eu acredito em você*."

Capítulo 4

VISÃO

A questão básica é: a que visão você aspira?

ABRAHAM MASLOW

A FUNÇÃO DA LIDERANÇA — a responsabilidade número um de um líder — é catalisar uma visão clara e compartilhada para a empresa e assegurar o compromisso e a busca vigorosa dela. Como discutimos, esse é um requisito universal da liderança e, não importa qual seja o seu estilo, você deve desempenhar essa função.

Por que a visão é tão importante? O que exatamente é a visão? E como você faz para definir uma?

Este capítulo objetiva responder a essas perguntas. Esperamos inspirá-lo a colocar "catalisar uma visão compartilhada" como sua prioridade número um. Em seguida, apresentaremos a "estrutura de visão Collins–Porras" — uma estrutura útil e prática que remove a imprecisão que envolve o tópico e, ao mesmo tempo, preserva a magia ou centelha que é uma qualidade essencial da visão. Ao longo deste capítulo, forneceremos dicas específicas sobre o processo de catalisar uma visão compartilhada.

Antes de entrar nos benefícios da visão, gostaríamos de fornecer a você um rápido resumo da estrutura geral que usaremos neste capítulo e no restante do livro.

A Figura 4-1 mostra o fluxo básico: você começa com a visão, passa para a estratégia e, em seguida, para a tática. Ela também mostra que a visão é composta de três partes básicas: valores essenciais e crenças básicas, propósito e missão.

Diagrama de Visão, Estratégia e Táticas

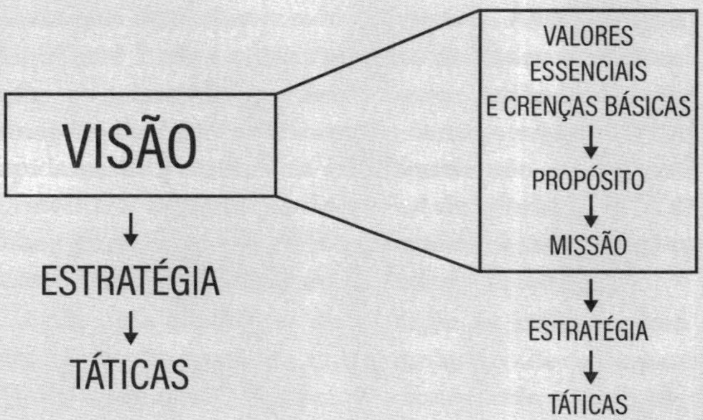

Figura 4.1

Explicaremos cada uma dessas partes posteriormente neste capítulo e daremos muitos exemplos. Mas, primeiro, explicaremos por que você deve assumir a desafiadora tarefa de definir uma visão.

A Visão É Essencial para a Grandeza

Considere qualquer grande organização — que tenha resistido ao longo dos anos — e descobrirá que ela deve sua resiliência ao poder do que chamamos de crenças e ao apelo que essas crenças têm para seu pessoal. [...] A filosofia, o espírito e o impulso básicos de uma organização têm muito mais a ver com suas realizações do que seus recursos, estrutura, inovação e oportunidade.

— THOMAS J. WATSON,
EX-CEO DA IBM CORPORATION

Incutir em sua empresa uma visão corporativa duradoura é uma tarefa desafiadora. Como um gerente nos disse: "Ao me pedir para fazer isso, você está colocando o padrão em um nível muito alto." E, realmente, estamos. É *difícil*, não negamos.

Mas a visão é essencial para alcançar a grandeza corporativa. Observe que na citação anterior Tom Watson não disse: "Considere qualquer organização..."; ele disse: "Considere qualquer grande organização..."

A visão não é necessária para ganhar dinheiro; você certamente pode criar um negócio lucrativo sem ela. Existem muitas pessoas que ganharam muito dinheiro, mas não tiveram uma visão impactante. Mas, se você quiser fazer *mais* do que apenas ganhar muito dinheiro — se quiser construir uma grande empresa duradoura —, precisa de uma visão.

Se você examinar de perto a evolução histórica de grandes empresas — como a IBM, L.L.Bean, Hewlett-Packard, Merck, Herman Miller, 3M, McKinsey & Company, Sony, McDonald's, Nike, Walmart, Disney, Marriott, Procter & Gamble, Boeing, Johnson & Johnson, Motorola, Federal Express, Russel Reynolds Associates, General Electric, PepsiCo, Pioneer Hi-Bred, entre outras —, descobrirá que, em algum momento, *enquanto a empresa ainda era relativamente pequena*, os principais líderes incutiram uma visão atraente nela.

Em alguns casos, como na Federal Express, a visão foi concretizada na fundação da empresa. Em outros, a empresa foi fundada por empreendedores para atender a uma necessidade específica (como trabalhar por conta própria ou levar um produto específico ao mercado), e eles não articularam uma visão mais ampla até alguns anos depois. A Minnesota Mining and Manufacturing Company, por exemplo, foi fundada simplesmente para extrair corindo (uma substância dura semelhante à esmeralda) de um pequeno lago em Minnesota. Foi só depois que o empreendimento inicial falhou e a empresa começou a tatear por alguns anos, que o CEO William McKnight desenvolveu uma visão ampla e clara da 3M Company e seu potencial impacto no mundo.

Mas, em todos os casos, na fundação ou alguns anos depois, os principais líderes de grandes empresas catalisaram e articularam uma visão compartilhada para toda a organização.

Quatro Grandes Exemplos

IBM

Thomas J. Watson Jr., CEO da IBM de 1956 a 1971, sentiu que a visão da empresa fora o ingrediente mais importante na sua ascensão de uma pequena empresa à beira da falência, em 1914, passando pelas fases perigosas de crescimento à sua posição como uma das empresas mais admiradas e consistentemente bem-sucedidas da história.

Watson sentia isso tão profundamente, que publicou um livro sobre o assunto: *A Business and Its Beliefs — The Ideas That Helped Build IBM*, no qual escreve:

> Qualquer organização, para sobreviver e alcançar o sucesso, deve ter um conjunto sólido de crenças nas quais embasar todas as suas políticas e ações. Acredito que o fator mais importante para o sucesso corpora-

tivo é a adesão fiel a essas crenças. Em última instância, a organização deve estar preparada para adaptar qualquer coisa, *exceto* essas crenças.

O pai de Watson, Tom Watson, arquiteto principal da IBM, enfatizava a importância da visão para a IBM. Em 1936, ele escreveu em uma carta ao filho que o recurso número um que um líder deve desenvolver é a "visão".

(Você notará que os termos missão, visão, propósito, valores, objetivos, crenças, cultura e filosofia parecem ser usados indistintamente e de forma um tanto vaga por diferentes autores e gestores. Alguns fazem um uso extensivo da palavra missão. Outros usam o termo visão e outros ainda usam propósito, metas, objetivo geral, objetivos ou cultura. No momento, não se distraia com a terminologia nem gaste muito tempo tentando descobrir se visão é diferente de missão, ou dos valores etc. Vamos desvendar e esclarecer toda essa ideia com a estrutura de visão Collins–Porras, apresentada posteriormente neste capítulo.)

JOHNSON & JOHNSON

Depois que Robert W. Johnson Jr. assumiu o cargo do pai como CEO da Johnson & Johnson, ele pensou muito para redigir uma declaração clara das crenças da empresa. Conhecido a partir de então como "Credo J&J", ele se tornou o pano de fundo para todo o planejamento futuro e a tomada de decisões na empresa.

MCKINSEY & COMPANY

Marvin Bower, arquiteto-chefe da McKinsey & Company, a empresa de consultoria em gestão mais bem-sucedida do mundo, deu uma grande ênfase ao desenvolvimento e à comunicação de uma visão compartilhada desde os primeiros dias da empresa.

Em 1937, quando a McKinsey era uma pequena empresa com apenas dois escritórios (em 1990, tinha 48 escritórios em todo o mundo), Bower dedicou uma quantidade enorme de tempo para entender e articular a visão da McKinsey. Na conferência anual da empresa de 1953, Bower revelou um "diagrama das principais características da personalidade da empresa", que foi usado por anos como um modelo para a "abordagem McKinsey". Mais tarde, Bower escreveu um livro sobre a McKinsey, enfatizando a visão da empresa. As palavras e expressões "nossa filosofia", "nossa abordagem", "tivemos que pensar em termos visionários", "acreditamos" e "nossos princípios" aparecem extensivamente ao longo do livro e nos títulos dos capítulos.

HEWLETT-PACKARD

Durante a primeira metade da década de 1950, quando a Hewlett-Packard tinha apenas 15 anos e ainda era relativamente pequena, Bill Hewlett e Dave Packard levaram sua equipe de gerenciamento para fora da região do vinho em Sonoma, Califórnia, a fim de formular os princípios e objetivos permanentes da HP. Chamadas a partir de então de "conferências Sonoma", essas reuniões solidificaram os preceitos básicos da HP.

Você pode estar pensando: "Mas minha empresa é pequena; não sei se toda essa conversa sobre visão se aplica a nós. Não somos HP, IBM, J&J ou McKinsey. Estamos caminhando ainda."

Bom ponto. Mas, lembre-se, cada uma das empresas citadas já foi uma empresa pequena e batalhadora, e, em todos os casos, a visão foi estabelecida *quando a empresa ainda era pequena*. Não é que essas empresas sejam grandes e, portanto, tenham o luxo de ter uma visão; mas a visão as ajudou a se tornarem excelentes, antes de tudo. A visão precede a grandeza, não o contrário.

Uma advertência: não queremos dizer que a visão é necessária apenas se você quiser se tornar grande. Entendemos que você pode querer continuar sendo uma pequena empresa. Se é isso o que você deseja, ainda assim precisa de uma visão. Por quê? Porque, se você for bom, haverá oportunidades de crescer. A única maneira de permanecer pequeno (se é isso o que você deseja) é tendo uma visão clara sobre o que você deseja que a empresa seja, em primeiro lugar.

Por exemplo, trabalhamos com a proprietária de uma pequena empresa que passou por uma crise séria por falta de uma visão clara. Nas palavras dela:

> Estávamos nos aproximando da conclusão da exaustiva fase de desenvolvimento de um novo produto com um enorme potencial de mercado. Éramos então uma empresa de dez pessoas, e esse novo produto nos catapultaria para pelo menos três ou quatro vezes esse tamanho. Não parecia ótimo?
>
> Foi a pior experiência da minha vida! À medida que o produto se aproximava da conclusão, começamos a correr como galinhas com nossas cabeças cortadas nos preparando para o fluxo de pedidos. Eu tinha uma sensação no estômago de que algo não estava certo; de que eu não queria aquilo de fato.
>
> Mas continuamos avançando, avançando inexoravelmente em direção ao lançamento de um produto que mudaria para sempre o caráter da empresa. Nenhuma pessoa sã abandonaria uma oportunidade tão grande — crescimento, lucros, grande sucesso, admiração, certo? Mesmo

assim, continuei me sentindo cada vez pior, até chegar ao meu limite, completamente exaurida.

Ocorreu-me que o que estávamos fazendo era absolutamente contrário ao que eu queria para mim, para a minha família e para a empresa. O problema é que eu nunca havia articulado o que queria que nossa empresa fosse e nunca havíamos conversado sobre isso entre nós. Simplesmente continuamos avançando, na rotina de ir abraçando uma oportunidade após a outra. As normas sociais ditam que crescer e se tornar um grande sucesso da noite para o dia é o que se deve fazer. E era isso o que nos movia. Mas não era a nossa visão para a empresa nem o que queríamos da vida. Quando o nível de estresse finalmente atingiu um pico insuportável, suspendemos o produto e ficamos muito mais felizes.

Se estivesse claro em nossas mentes que nossa visão era permanecer pequena — uma *pequena* empresa lucrativa e feliz com um estilo de vida agradável —, não teríamos tomado a decisão de fazer o produto, e nunca nem teríamos nos metido nessa horrível confusão.

Os Benefícios da Visão

Vamos agora voltar nossa atenção para os quatro principais benefícios da visão corporativa:

1. A visão forma a base de um esforço humano extraordinário.
2. A visão contextualiza as decisões estratégicas e as táticas.
3. A visão compartilhada cria coesão, trabalho em equipe e senso de comunidade.
4. A visão estabelece as bases para que a empresa supere a dependência de alguns indivíduos-chave.

Uma Base para um Esforço Humano Extraordinário

Os seres humanos respondem a valores, ideais, sonhos e desafios estimulantes. Faz parte da nossa natureza. Fazemos um esforço fenomenal para viver de acordo com os ideais da nossa organização, do grupo de semelhantes ou da sociedade se compartilhamos desses ideais e os consideramos dignos. Os gerentes que constroem suas organizações com base em um conjunto de valores valiosos, crenças sólidas e uma missão cativante preparam as bases para um esforço humano extraordinário.

A maioria das pessoas quer fazer mais do que garantir o seu salário. Elas querem um trabalho em que possam acreditar e que tenha um significado. Isso pode não se aplicar a todas as pessoas, mas certamente se aplica àquelas que têm uma maior probabilidade de se tornarem contribuintes sólidos para uma grande empresa. Aproveite o desejo humano básico por um trabalho significativo, e o problema tradicional de gerenciamento de "como motivar os funcionários", em grande parte, evapora. As pessoas ficam motivadas naturalmente ao fazer um trabalho em que acreditam.

A motivação depende muito de até que ponto uma pessoa pode enquadrar seu trabalho dentro de um propósito geral mais amplo. Isso se aplica até mesmo a trabalhos de rotina. Durante uma visita à Giro Sport Design, um operário da montagem apontou com orgulho para um quadro de avisos. Postadas lá, estavam cartas descrevendo graves acidentes de bicicleta e como os capacetes Giro salvaram pessoas de graves lesões cerebrais. "Felizmente", escreveu uma pessoa, "o capacete se estilhaçou, em vez da minha cabeça. Obrigado por existirem".

"É isso o que fazemos", disse o operário da montagem. "Não estamos apenas fazendo capacetes. Estamos tornando a vida das pessoas melhor."

Um objetivo geral norteador, quando claro e compartilhado, é tão poderoso que pode até constituir a estrutura motivacional de um país inteiro. Em 1967, escrevendo sobre Israel, Barbara Tuchman observou:

> Com todos os seus problemas, Israel tem uma vantagem importante: um senso de propósito. Os israelenses podem não ter riqueza, nem televisão, nem água suficiente, ou uma vida tranquila. Mas eles têm o que a riqueza tende a sufocar: um motivo.

Criar esse motivo é sua tarefa como líder. Você faz isso criando a visão — criando o que Tuchman chama de "a tarefa estimulante" que une um grupo.

Pense em como o povo britânico se reuniu em um esforço supremo para derrotar Hitler na Segunda Guerra Mundial. Pense em como a NASA superou as probabilidades de colocar um homem na Lua no fim da década de 1960. Pense em como os funcionários da Boeing se dedicaram à tarefa "impossível" de tornar o revolucionário 747 Jumbo Jet uma realidade comercial. Pense em como os engenheiros da Apple trabalhavam 80 horas por semana para lançar um computador que mudaria o mundo.

Um Contexto para Decisões Estratégicas e Táticas

A visão corporativa fornece um contexto no qual pessoas de todos os níveis podem tomar decisões. *A importância disso não pode ser subestimada.*

Ter uma visão compartilhada é como ter uma bússola e um destino distante nas montanhas. Se você der a um grupo de pessoas uma bússola e um ponto de destino e depois soltá-las nas montanhas para chegar a ele, elas provavelmente descobrirão uma maneira de chegar lá.

Elas podem encontrar obstáculos, desvios, curvas fechadas e desfiladeiros laterais ao longo do caminho. No entanto, com as direções gerais da bússola, um objetivo final claro e a crença de que estão trabalhando em direção a um destino digno, elas provavelmente alcançarão o objetivo.

Em contraste, empresas sem um objetivo geral compartilhado não têm contexto, e seu pessoal vagueia sem rumo pelos desfiladeiros laterais e toma atalhos para lugar nenhum. Essas empresas se assemelham a corpos de bombeiros sobrecarregados, com pessoas respondendo a crises e oportunidades de receita à medida que surgem, em vez de tomar decisões proativamente dentro de uma concepção coerente do que a organização está tentando fazer.

EXEMPLO DE CASO: COMO BOB MILLER SALVOU A MIPS COMPUTER

A MIPS Computer foi fundada em meados da década de 1980 para capitalizar os avanços significativos na tecnologia da computação. A empresa tinha mais de US$10 milhões em financiamento de capital de risco, tecnologia de ponta e a promessa de uma demanda cada vez maior no mercado por computadores poderosos. No entanto, quatro anos após sua fundação, ela estava em crise e à beira da falência. Por quê?

A MIPS não tinha uma ideia clara do que exatamente intentava fazer. Não tinha uma ideia clara do que queria se tornar. Em vez disso, o departamento de vendas buscou cegamente cada oportunidade de receita, sem fazer a pergunta: quais oportunidades de receita fazem mais sentido dentro do contexto do que buscamos?

Isso, por sua vez, levou o P&D a desenvolver (com um grande custo) uma infinidade de produtos desconexos, sem questionar: como esses produtos nos ajudam a atingir a nossa visão? Os líderes da MIPS buscaram joint ventures que limitavam severamente sua oportunidade de distribuição no exterior, sem nunca pensar: como o mercado externo se encaixa em nossa visão?

Claro, eles *não podiam* fazer essa pergunta, pois não havia uma visão clara. Não havia um ponto focal de esforço unido, e a organização gradualmente se desintegrou em panelas. Cada panela culpava as outras pela posição perigosa da organização. O moral diminuiu. Boas pessoas partiram em busca de melhores oportunidades. Investidores e clientes perderam a confiança, e, portanto, o fluxo de caixa ficou negativo.

Foi necessária a liderança de um novo CEO, Bob Miller, para salvar a empresa. Comentando sobre como ele conseguiu tirar a empresa do buraco para levá-la a uma posição de destaque no setor de Tecnologia RISC, Miller disse:

> A pergunta mais importante é: o que você quer ser daqui a cinco ou dez anos? A empresa nunca fez nem respondeu claramente a essa pergunta. Isso pode parecer simplista, mas fazer essa pergunta foi a solução básica. Só então poderíamos tomar boas decisões estratégicas.

O comentário de Miller leva a um ponto muito importante: a estratégia é impossível sem haver uma visão definida.

Existem milhares de páginas sobre estratégia na literatura de gerenciamento. Gestão estratégica é um curso obrigatório na maioria das escolas de negócios. Grandes empresas de consultoria criam listas de clientes para os quais vender "soluções estratégicas". Há uma boa razão para isso: uma estratégia sólida é essencial para se alcançar a grandeza.

Mas pense por um minuto na palavra estratégia. Qual é o verdadeiro significado desse conceito? Estratégia diz respeito a *como* se pretende atingir o fim desejado. É antes um meio para se atingir um fim. Portanto, é totalmente impossível ter uma estratégia eficaz a menos que você tenha clareza — absoluta — sobre qual é o ponto-final. A estratégia é um *caminho* para você atingir a sua visão. Saber como chegar "lá" é impossível se você não consegue articular o que "lá" é.

A maioria das empresas (acreditamos que a maioria das organizações realmente carece de clareza de visão) permite que crises, bombardeios e decisões táticas as conduzam. Nós nos referimos a isso como "estratégia de direção tática". A visão deve orientar a estratégia, e a estratégia, por sua vez, deve orientar a tática, e não o contrário.

Isso pode parecer óbvio, e você pode estar se perguntando por que estamos insistindo nisso. Entendemos. *É* óbvio. No entanto, sua prática também é extraordinariamente rara. Percebemos que, em quase todas as empresas com problemas organizacionais significativos, uma das principais dificuldades é a falta de uma visão clara. Na verdade, sempre ficamos chocados com a gravidade com que algumas organizações sofrem com esse problema raiz.

Mesmo em situações de relevância nacional, o fenômeno do sucesso tático, mas do fracasso geral devido à falta de um objetivo claro, pode ocorrer.

EXEMPLO DE CASO: A GUERRA DOS ESTADOS UNIDOS NO VIETNÃ

Sabe, vocês nunca nos derrotaram no campo de batalha.

UM CORONEL NORTE-AMERICANO, HANÓI, 1975

Talvez você esteja certo. Mas isso é irrelevante.

CORONEL DO VIETNÃ DO NORTE, EM RESPOSTA

Em termos de tática e logística, de acordo com Harry G. Summers, no livro *On Strategy* [Da Estratégia, em tradução livre], o Exército dos Estados Unidos foi bem-sucedido no Vietnã. Mais de um milhão de soldados eram transportados por ano entre os EUA e o Vietnã, e eram sustentados em campo melhor do que qualquer exército da história o fizera. Em combates táticos, o exército teve uma taxa de sucesso extraordinária, com as forças inimigas sendo repelidas com terríveis perdas em combate após combate. Mesmo assim, foi o Vietnã do Norte que saiu vitorioso. Como os Estados Unidos puderam ter tido tanto sucesso, mas fracassado tão miseravelmente?

Uma ampla gama de autores do assunto chegou a uma conclusão surpreendentemente simples: os Estados Unidos não sabiam exatamente o que buscavam, e, portanto, era impossível ter uma estratégia eficaz. Uma pesquisa feita em 1974 com generais do Exército que comandaram tropas no Vietnã descobriu que quase 70% deles não tinha certeza dos objetivos dos Estados Unidos.

"Essa confusão sobre os objetivos", concluiu Summers, "teve um efeito devastador na capacidade [dos Estados Unidos] de conduzir a guerra".

"Os responsáveis nunca definiram a missão ou o número de tropas", escreveu David Halberstam, autor de *The Best and the Brightest* [Excelente e Refulgente, em tradução livre]. "Parece incrível olhando agora, mas é a verdade. Portanto, nunca houve uma demonstração clara de qual seria a estratégia."

Halberstam poderia ter apontado que, sem essa clareza de objetivo, teria sido absolutamente impossível até mesmo ter uma estratégia.

Não nos entendam mal. Não queremos dizer que a excelência tática (como os Estados Unidos tiveram no Vietnã) não seja importante. Ela é essencial, mas deve estar dentro do contexto de uma visão geral clara. Visão, depois estratégia e, então, tática.

Coesão, Trabalho em Equipe e Senso de Comunidade

Como destacou o técnico John Wooden, do UCLA Bruins, você deve formar cada jogador para ser o melhor como armador, pivô ou atacante, mas é ainda mais importante desenvolver o orgulho de cada jogador por si mesmo e a fé em toda a equipe e em seus objetivos. Treinadores como Wooden sabem conciliar as duas ideias, tendo objetivos compartilhados muito claros e um conjunto de princípios e valores subjacentes que mantêm a equipe unida.

Sem uma visão compartilhada, qualquer organização acaba se degenerando em panelas. Agendas díspares, guerras territoriais, construção de impérios e políticas mesquinhas prevalecem; lutas internas destrutivas esgotam as energias das pessoas, minando o espaço para o trabalho por um objetivo comum e para o fortalecimento de toda a organização. Torna-se impossível manter um senso de comunidade forte e positivo.

As empresas geralmente são fundadas com um senso de propósito claro e vibrante. No entanto, à medida que amadurecem, muitas vezes elas se desintegram em panelas conflitantes. O autoaperfeiçoamento institucional e as guerras territoriais sufocam a centelha e o espírito daquele senso inicial de propósito.

Em uma empresa, entrevistamos os dez principais gerentes separadamente e perguntamos: "Quais são as bases desta empresa? O que você quer se tornar? O que você está buscando?" A mesma resposta não foi repetida nem uma vez. Como um deles explicou: "Nós somos um grupo de dez indivíduos com interesses pessoais, prontos para atacar na direção oposta de todos os outros. Não admira que tenhamos problemas."

A empresa explodiu em uma série devastadora de batalhas internas, com pactos secretos entre agentes importantes para atacarem uns aos outros. A empresa acabou sendo adquirida (por um preço baixo) por uma grande corporação, como um dos vice-presidentes comentou:

> Tínhamos muito potencial e o desperdiçamos. Uma vez que perdemos o senso de propósito unificado, colocamos todas as nossas energias criativas na luta entre nós, em vez de dedicá-las a vencer no mercado. É triste.

Por outro lado, vimos empresas à beira da destruição unirem-se com um propósito comum e superarem dificuldades inimagináveis. A Ramtek Corporation, por exemplo, havia entrado com o pedido de proteção contra falência, propondo uma reorganização de seus negócios, conforme previso pelo inciso 11 da lei norte-americana que rege a falência empresarial. Um novo CEO, Jim Swanson, assumiu o controle da empresa, a ressuscitou para uma nova vida e a tirou da falência. (A maioria das empresas que entra com o pedido de proteção previsto no inciso 11 morre na praia.)

"Nossa missão", disse Swanson, "era sair da falência. Foi uma tarefa tão desafiadora que unificou a equipe para envidar esforços supremos e vencer as adversidades".

Logo depois de sair da falência, Swanson levou sua equipe para respirar novos ares e definir uma nova missão. "Tínhamos um grande desafio", disse ele. "Nós o vencemos. Agora, precisávamos de um novo ou perderíamos o espírito de equipe."

No Capítulo 8, *Inovação*, enfatizamos a importância da descentralização e da autonomia. O problema, claro, é o equilíbrio entre liberar a criatividade individual e, ao mesmo tempo, mover-se em uma direção unificada. A visão é o elo. Se todas as pessoas da companhia tiverem uma estrela-guia à vista (uma visão comum), elas podem se dispersar em centenas de barquinhos independentes que remarão na mesma direção.

Evolução da Dependência Passada de Alguns Indivíduos Importantes

Nas fases iniciais de uma organização, a visão de uma empresa vem diretamente de seus primeiros líderes; é muito relacionada à sua visão pessoal. Para se tornar grande, no entanto, uma empresa deve progredir além da dependência excessiva de um ou de alguns indivíduos-chave. A visão deve ser compartilhada *como uma comunidade* e *identificada principalmente com a organização*, em vez de com certos indivíduos que a dirigem. A visão deve transcender os fundadores.

Para ilustrar esse ponto, gostamos de usar o poderoso exemplo histórico da fundação e do subsequente desenvolvimento dos Estados Unidos. Em vez de criar um país que dependia da presença contínua dos líderes então vivos (Washington, Jefferson, Adams et al.), os fundadores estabeleceram um conjunto de princípios básicos que guiariam o país por séculos após sua morte.

Em essência, eles codificaram a visão do país na Declaração da Independência e na Constituição dos Estados Unidos. Dessa forma, garantiram que o futuro dos Estados Unidos se fundamentaria nas suas crenças sobre como o país deveria funcionar e, tão importante quanto, não exigiria a presença contínua desses indivíduos.

Esses parceiros, que se reuniram na Filadélfia em 1787, eram muito espertos: ao instituírem os princípios duradouros da Constituição, eles criaram a "cola" que manteria o país unido, mesmo na ausência de um inimigo comum ou na presença do único "grande ditador". Os estudantes de história concordarão que isso é muito raro. (Nota: sabemos que a Constituição dos Estados Unidos não é um documento perfeito. Nosso propósito aqui não é deificar a Constituição em si, mas ilustrar a ideia de criar um conjunto duradouro de princípios que independe da presença de líderes específicos.)

É interessante notar que, quando Tom Watson Jr. assumiu a IBM de seu pai, em 1956, ele tinha a Constituição em mente ao levar os principais executivos para fora da empresa para criar o "Plano Williamsburg", como escreveu em *Pai, Filho & Cia*:

> Escolhi Williamsburg [Virgínia], porque é um lugar histórico, e aquela reunião foi concebida para ser uma espécie de convenção constitucional para a IBM.

Em contraste, há o exemplo de Duncan Syme, da Vermont Castings. Syme tinha uma visão: fazer os melhores fogões a lenha do mundo. Ele acreditava tanto nisso que ia trabalhar na linha de produção para garantir que cada fogão atendesse a seus padrões. Durante a década de 1970, a Vermont Castings se tornou a empresa de crescimento mais rápido no setor de fogões a lenha, atingindo vendas de US$29 milhões e margens de até 60%.

Então, no início dos anos 1980, Syme deixou as operações diárias e passou a empresa para gerentes profissionais (gestão do dia a dia, admitiu Syme, não era seu ponto forte).

Mas havia um problema crítico: a visão de Syme foi para a aposentadoria com ele. Na sua ausência, a empresa baixou os padrões de qualidade, diluiu seu foco tradicional em fogões a lenha, reduziu o atendimento ao cliente e afastou a empresa de sua visão original. O crescimento das vendas e dos lucros diminuiu, a empresa perdeu sua capacidade de lançar produtos inovadores e muitos sentiram que ela também havia perdido sua grandeza.

Syme retornou à Vermont Castings em 1986, e a empresa voltou aos trilhos, restituindo sua visão e reconquistando sua posição de principal fabricante de fogões a lenha.

Dessa vez, no entanto, ele adotou uma abordagem totalmente diferente, conforme explicou na revista *Inc.* Em vez de confiar apenas em si mesmo para ser o guardião do "estilo da Vermont Castings", deu início a um processo de institucionalização da sua visão. Ele escreveu uma "Declaração de Visão e Credo da Vermont Castings" e iniciou um longo processo para garantir que ela fosse expressa em todas as decisões operacionais.

Criar uma empresa com uma visão (em vez de uma empresa com um único líder visionário do qual tudo depende) é difícil para alguns líderes. Eles gostam de ser o "visionário" — o herói, ou o grande líder —, de quem tudo depende. Os gestores verdadeiramente visionários são aqueles que tornam a visão propriedade de toda a empresa e a instilam de forma que ela permaneça forte e intacta muito depois de eles deixarem as operações diárias.

A Estrutura da Visão

A palavra visão evoca todos os tipos de imagens. Pensamos em conquistas notáveis. Pensamos em valores e em crenças profundamente arraigados que unem as pessoas em uma sociedade. Pensamos em metas audaciosas e arrebatadoras que estimulam as pessoas. Pensamos em algo eterno — as razões subjacentes da existência de uma organização. Pensamos em algo que nos toca e nos faz nos esforçarmos ao máximo.

E é aí que reside o problema. A visão dá uma sensação agradável. Podemos concordar que ela é essencial para a grandeza. Mas o que exatamente a visão *é*?

A Estrutura Collins-Porras da Visão

Vários CEOs disseram-nos que não conseguem entender o que é visão. Eles já ouviram muitos termos, como missão, propósito, valores e intenção estratégica, mas ninguém lhes mostrou, de forma satisfatória, como isso transcende o atoleiro de palavras ou como definir uma visão coerente para a empresa.

A partir dessa frustração, a estrutura Collins-Porras da visão foi desenvolvida. Muito do material neste capítulo é baseado em extensas pesquisas em Stanford e no artigo sobre visão organizacional e organizações visionárias ("Organizational Vision and Visionary Organizations", *California Management Review*, outono de 1991). Não precisamos entrar em todos os fundamentos teóricos e na pesquisa de fundo da estrutura. Em essência, uma boa visão consiste em:

1. VALORES ESSENCIAIS E CRENÇAS BÁSICAS.
2. PROPÓSITO.
3. MISSÃO.

Descobrimos que as pessoas entendem rapidamente o conceito de valores essenciais e crenças básicas. No entanto, a diferença entre propósito e missão frequentemente causa confusão.

Estrutura Collins-Porras da Visão

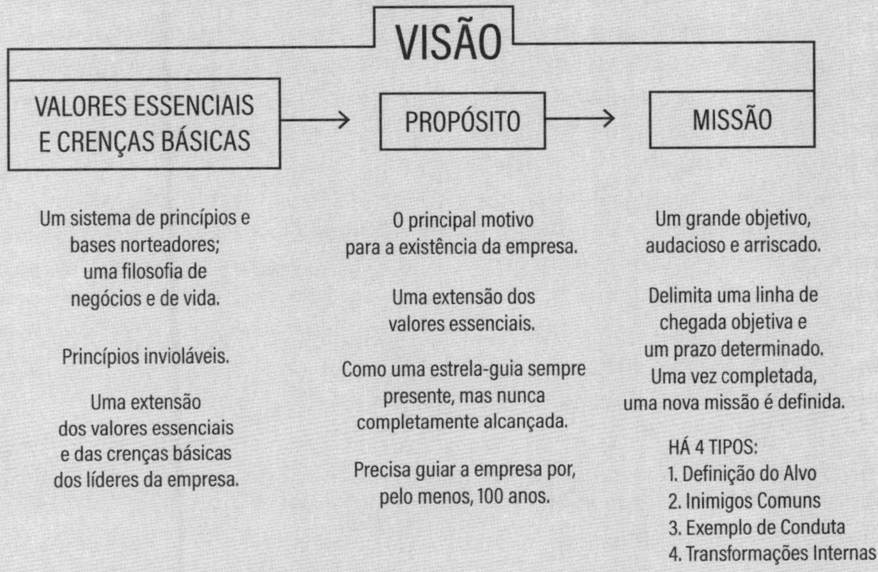

Figura 4.2

Para entender rapidamente a diferença entre propósito e missão, pense em perseguir uma estrela-guia por uma cordilheira. Seu propósito é a estrela-guia, sempre lá no horizonte, nunca alcançável, mas constantemente puxando você para a frente. Sua *missão*, por outro lado, é a montanha específica que você está escalando naquele momento. Ao chegar àquela montanha, todo o seu foco e a sua energia vão para aquela subida específica. Mas, ao chegar ao topo, você avista novamente a estrela-guia (seu propósito) e escolhe outra montanha para escalar (outra missão). E, é claro, durante toda a aventura, você permanece fiel aos seus valores essenciais e às suas crenças básicas.

Com essa estrutura, você pode configurar e codificar sua própria visão corporativa a partir dos exemplos a seguir.

Componente 1 da Visão: Valores Essenciais e Crenças Básicas

A visão começa nos valores essenciais e nas crenças básicas. Os valores essenciais e as crenças básicas são como um éter que permeia a organização —

suas decisões, suas políticas, suas ações — em todas as fases da sua evolução. Algumas empresas se referem a isso como sua "filosofia norteadora".

Os valores essenciais e as crenças básicas formam um sistema de bases e princípios motivadores fundamentais — preceitos sobre o que é importante tanto nos negócios quanto na vida, sobre como os negócios devem ser conduzidos, sua visão da humanidade, seu papel na sociedade, a maneira como o mundo funciona, o que é inviolável, e assim por diante. Você pode pensar nisso como uma ideia análoga à "filosofia de vida" de um indivíduo. Valores essenciais e crenças básicas são análogos ao "código genético" de um organismo biológico — eles estão em segundo plano, mas estão sempre presentes como uma força modeladora.

Os valores essenciais e as crenças básicas vêm de *dentro* de você. Você, como líder da empresa, imprime seus valores e crenças pessoais a respeito da vida e dos negócios por meio de suas ações diárias.

E aí reside o aspecto crucial dos valores essenciais e das crenças básicas: eles devem ser uma extensão absolutamente autêntica dos valores e das crenças do seu íntimo. Você não "define" valores. A pergunta adequada não é: "Quais valores e crenças *deveríamos* ter?", mas: "Quais valores e crenças *estão arraigadas no nosso íntimo*?"

Em última análise, os valores essenciais e as crenças básicas são instilados pelo que você faz, por ações específicas e concretas, não pelo que você diz.

Por exemplo, a L.L.Bean foi construída com base nos valores essenciais e nas crenças básicas defendidos por Leon Leonwood Bean, que fundou a empresa em 1911 e tinha uma filosofia pessoal profundamente arraigada; resumida simplesmente como: "Venda boas mercadorias a um preço razoável, trate seus clientes como trataria seus amigos, e o negócio cuidará de si mesmo."

Belo sentimento. Mas a base da força de Bean não eram sentimentos; eram as ações que refletiam a sinceridade do sentimento. Ele implementou uma garantia de 100% de satisfação por meio de uma política sem perguntas. (Certa vez, a empresa reembolsou o preço total de compra de uma camisa nunca usada vendida 32 anos antes.) Ele decidiu que a Bean nunca fecharia, mantendo as linhas de pedidos por telefone abertas 24 horas por dia, 365 dias por ano. Ele exigiu que todos os produtos fossem fabricados de acordo com altos padrões e que os clientes pagassem um preço justo.

"Mas isso não são valores", você pode estar pensando. "Isso é apenas um bom negócio." Estamos de acordo. É um bom negócio.

Mas o poder da aura de Bean — a razão de seus funcionários dedicados e sua base de clientes fanaticamente leais — era o fato de que, por trás das suas ações, havia um conjunto de valores genuínos. L.L. acreditava sinceramente em tratar os clientes como amigos. Ele não teria agido de outra maneira!

Alguns Exemplos

Seguem exemplos de valores essenciais e de crenças básicas de Herman Miller, Telecare Corporation, Merck, Hewlett-Packard e Johnson & Johnson. Acreditamos que podemos ilustrar melhor os valores essenciais e as crenças básicas com exemplos específicos e detalhados. Alguns desses exemplos vêm de discussões com gestores dessas empresas, documentos ou observações de suas ações. Não estamos sugerindo que você deva adotar os valores e as crenças específicos dos nossos exemplos. Eles são ilustrativos.

Herman Miller, Inc. | Valores Essenciais e Crenças Básicas*

Somos uma empresa de produtos voltada para a pesquisa; não somos uma empresa orientada para o mercado.

Pretendemos contribuir com a sociedade por meio de nossos produtos, serviços e da forma como os entregamos.

Somos dedicados à qualidade: do produto, do serviço, das relações, das nossas comunicações, das nossas promessas.

Acreditamos que devemos ser, para todos os envolvidos, um lugar de potencial realização.

Não podemos viver nossas vidas isolados das necessidades da sociedade.

Estamos profundamente comprometidos com a ideia de Scanlon, um plano para a prática da gestão participativa, incluindo produtividade e participação nos lucros.

O lucro, como respirar, é indispensável. Embora não seja o único objetivo de nossas vidas, no contexto de nossas oportunidades, o lucro deve ser o resultado de nossas contribuições.

*Extraído de *Liderar É uma Arte*, de Max De Pree, ex-CEO da Herman Miller. Publicado pela Doubleday, 1989.

Telecare Corporation | Valores Essenciais e Crenças Básicas

Acreditamos em fazer um trabalho realmente excelente — simplesmente não queremos fazer nada que não tenha uma alta qualidade.

Acreditamos no compromisso de longo prazo com o desenvolvimento dos funcionários.

Acreditamos que temos uma responsabilidade para com a sociedade e que nosso serviço é vitalmente necessário para indivíduos, famílias e para a comunidade como um todo.

Acreditamos que devemos ajudar os pacientes a se reabilitarem em seu nível mais alto, independentemente de sua deficiência.

Acreditamos no trabalho árduo e no prazer extraído de fazê-lo.

Acreditamos no crescimento tanto para nós como indivíduos quanto, em longo prazo, para a organização.

Não existimos para maximizar o lucro, mas devemos ser uma empresa eficiente, produtiva e lucrativa, ou então limitaremos nossa capacidade de prestar serviços.

Johnson & Johnson | Credo*

Acreditamos que nossa primeira responsabilidade é com os nossos clientes.

Nossa segunda responsabilidade é com os nossos funcionários.

Nossa terceira responsabilidade é com a nossa administração.

Nossa quarta responsabilidade é com as comunidades em que vivemos. Devemos ser bons cidadãos.

Nossa quinta e última responsabilidade é com os nossos acionistas. As empresas devem ter um lucro sólido. Quando operamos de acordo com nossos princípios, os acionistas devem obter um retorno justo.

Estamos determinados, com a ajuda da graça de Deus, a cumprir essas obrigações com o melhor de nossa capacidade.

*Parafraseado do Credo da Johnson & Johnson, por RW Johnson, 1943.

Hewlett-Packard | Valores Essenciais e Crenças Básicas*

Nas palavras de Dave Packard: "O Estilo HP prega: 'Faça aos outros o que gostaria que fizessem a você.' É exatamente esse o nosso mote."

Nas palavras de Bill Hewlett: "Fundamentalmente, o Estilo HP prega o respeito pelo indivíduo. Se você lhe der uma chance, o indivíduo fará muito mais do que você pensa que ele pode. Então você lhe dá liberdade. Respeito pelo indivíduo — não apenas pelos funcionários, mas pelos clientes e pelo trabalho."

*De entrevistas com Bill Hewlett e Dave Packard.

Merck & Company | Valores Essenciais e Crenças Básicas*

Valorizamos acima de tudo nossa capacidade de servir ao paciente.

Estamos comprometidos com os mais altos padrões de ética e de integridade.

Somos responsáveis perante os nossos clientes, funcionários e sociedades a que servimos. [...] Nossa interação com todos os segmentos da sociedade — clientes, fornecedores, governos e o público em geral — deve refletir os altos padrões que professamos.

Estamos comprometidos com pesquisas que combinem a ciência com as necessidades da humanidade.

Uma vez que nosso futuro como empresa depende totalmente de conhecimento, imaginação, habilidades, trabalho em equipe e integridade de nossos funcionários, valorizamos muito essas qualidades.

Esperamos lucro, mas lucro de um trabalho que beneficia a humanidade.

*Resumido da "Declaração do Propósito Corporativo" da Merck & Company, 1989.

O Papel do Lucro

Observe que as empresas dos nossos exemplos tendem a ver o lucro como uma necessidade, em vez de um objetivo final do negócio. O que você acha disso? Como isso se encaixa na doutrina clássica das escolas de negócios de que o propósito de uma empresa — a principal responsabilidade de seus gestores — é maximizar a riqueza dos acionistas?

Para se tornar uma grande empresa, pedimos que você rejeite a doutrina clássica das escolas de negócios. "Maximizar a riqueza do acionista" é uma forma teórica simplista de ver os negócios, mas não é respaldada pela realidade de muitas das grandes empresas. A maioria das grandes empresas é formada para cumprir objetivos e expressar os valores de seus fundadores, o que nem sempre é o mesmo que maximizar a riqueza dos acionistas. Para eles, o lucro é simplesmente uma necessidade estratégica, e não o ponto-final supremo.

Esse pode ser um conceito chocante, percebemos. Mas certamente não somos os únicos intelectuais de administração que chegaram à mesma conclusão. Peter F. Drucker, em seu texto clássico, *Administração: Tarefas, Responsabilidades, Práticas,* chegou à mesma conclusão anos atrás:

> Os negócios não podem ser definidos ou explicados em termos de lucro. [...] O conceito de maximização dos lucros é, de fato, sem sentido. [...] O primeiro teste de qualquer negócio *não* é a maximização dos lucros,

mas a obtenção de lucros suficientes para cobrir os riscos da atividade econômica.

Não negamos — e nem as empresas com as quais trabalhamos e estudamos o fazem — que o lucro é essencial. Na verdade, não é o lucro em si que é essencial, mas o fluxo de caixa que ele gera. Uma empresa não pode existir sem o fluxo de caixa adequado, e, para ter uma fonte eterna e autogerada de caixa, a empresa deve ser lucrativa.

Mas lucratividade e fluxo de caixa não são o objetivo final do trabalho. A maximização dos lucros não fornece o tipo de objetivo inspirador no qual as pessoas em toda a empresa estão dispostas a colocar todas as suas energias, a comprometer uma parte de seu espírito. Não estamos dizendo que o lucro é ruim. Sim, o lucro é absolutamente necessário, mas por si só não fornece sentido.

Tom Chappell, fundador da Tom's of Maine, uma empresa altamente lucrativa, explicou na revista *Inc.* como a busca por números, em si, é uma esteira sem fim:

> Metas quantitativas não podem dar propósito a algo que simplesmente não tem nenhum. A busca simplesmente por *mais* de qualquer coisa é inerentemente insatisfatória. Se não há sentido ou alegria no que você está fazendo, ou se você perde isso de vista, medir seu progresso não faz com que um trabalho valha a pena ou seja divertido. Organizar as pessoas em torno de um propósito é a forma mais poderosa de liderança.

Voltando ao exemplo da L.L.Bean, vemos que Leon Leonwood Bean foi motivado principalmente por seu amor por estar ao ar livre, sua paixão por seus produtos e um desejo de fazer negócios de uma forma que refletisse seus valores. Ele desenvolveu o negócio lentamente, levando 55 anos para atingir a proporção de 160 funcionários. O lucro como porcentagem das vendas em 1966 era de apenas 2,2%, com um espaço significativo para melhorias (conforme demonstrado pelo fato de que a lucratividade aumentou drasticamente depois que seu neto assumiu a empresa).

Sim, Bean poderia ter uma empresa maior e mais lucrativa. Mas esse não era o seu propósito. Como o velho L.L. costumava dizer ao expressar satisfação pela sua vida: "Já faço três refeições por dia e nem consigo fazer uma quarta."

Mas, se a maximização do lucro não é necessariamente o objetivo do negócio, então qual é? Isso nos leva ao próximo componente de uma boa visão: o propósito.

Componente 2 da Visão: Propósito

O propósito, a segunda parte principal de uma boa visão, é uma consequência de seus valores essenciais e crenças básicas. O propósito é a razão fundamental da existência de sua empresa — sua razão última de ser. O propósito da sua empresa se alinha com o senso de propósito pessoal que você e outros membros da empresa têm dentro de si e, portanto, dá sentido ao trabalho.

Um aspecto crucial do propósito é que ele deve sempre ser trabalhado, mas nunca totalmente alcançado, como perseguir o horizonte da Terra ou uma estrela-guia. O aspecto duradouro do propósito é bem ilustrado por Steve Jobs, cofundador da Apple e fundador da NeXT:

> Sinto que meu trabalho nunca será terminado. Existem muitos obstáculos por aí, e sempre haverá um obstáculo que nunca alcançarei na minha vida. O objetivo é continuar trabalhando nesse sentido.

Para fazer uma analogia pessoal, o propósito desempenha o papel que um senso de propósito de vida confere a um indivíduo. Uma pessoa com um propósito nunca ficará perdida, pois o trabalho se tornará significativo.

Você já notou que pessoas extraordinárias — como Michelangelo, Churchill, Roosevelt e Maslow — levaram vidas produtivas e realizadas até a morte? Eles tinham um senso de propósito pessoal que nunca poderia ser concluído; eles nunca chegariam ao fim; nunca poderiam se submeter ao ostracismo de uma aposentadoria improdutiva. O propósito em uma empresa desempenha um papel motivador semelhante.

Declaração de Propósito

Você deve ser capaz de articular o objetivo da sua empresa de forma sucinta, em uma ou duas frases. Isso se chama "Declaração de Propósito". Uma declaração de propósito deve transmitir de forma rápida e clara por que sua empresa existe, como atende às necessidades humanas básicas e como impacta o mundo.

Uma boa declaração de propósito é ampla, basilar, inspiradora e duradoura. Deve servir para orientar sua organização por, pelo menos, 100 anos.

DECLARAÇÕES DE PROPÓSITO

MERCK

Todos nós trabalhamos para preservar e melhorar a vida humana. Todas as nossas ações devem ser medidas pelo nosso sucesso em alcançá-las.

SCHLAGE LOCK COMPANY

Tornar o mundo mais seguro.

GIRO SPORT DESIGN

A Giro existe para melhorar a vida das pessoas por meio de produtos inovadores e de alta qualidade.

CELTRIX LABORATORIES

Melhorar a qualidade de vida por meio de uma terapêutica humana inovadora.

LOST ARROW/PATAGONIA

Ser um modelo e uma ferramenta para a mudança social.

PIONEER HI-BRED INTERNATIONAL

Criar produtos de ciência agrícola que podem muito bem ser críticos para sustentar a humanidade no futuro.

TELECARE CORPORATION

Ajudar as pessoas com deficiência mental a realizarem todo o seu potencial.

MCKINSEY & COMPANY

Ajudar as principais corporações e governos a serem mais bem-sucedidos.

MARY KAY COSMETICS

Ser uma empresa que dá oportunidades ilimitadas para as mulheres.

KENNEDY-JENKS

Nosso propósito é fornecer soluções que protejam o meio ambiente e melhorem a qualidade de vida.

ADVANCED DECISION SYSTEMS

Aumentar o poder de tomada de decisão.

STANFORD UNIVERSITY

Aprimorar e disseminar o conhecimento que melhora a espécie humana.

Descobrindo o Propósito: Os "Cinco Porquês"

Ao articular o propósito, não cometa o erro de simplesmente escrever uma descrição específica de suas linhas de produtos ou de seus segmentos de clientes. "Existimos para fazer computadores para trabalhadores do conhecimento" não é uma boa declaração de propósito. Não é atraente nem flexível o suficiente para durar 100 anos. É algo meramente descritivo sobre o que uma determinada empresa faz em dado momento.

Um propósito muito melhor seria:

> Nosso propósito é contribuir criando ótimas ferramentas para a mente, que façam a humanidade progredir.

Isso significa que você deve evitar mencionar seus produtos ou clientes em sua declaração de propósito? Sim e não. Sim, você deve evitar afirmações apáticas, descritivas, insípidas e enfadonhas, como: "Existimos para fazer produtos X para clientes Y."

Por outro lado, e se você tiver certeza de que só fará esse tipo de produto nos próximos 100 anos, poderá produzir uma declaração de propósito como a do Celtrix Laboratories. O Celtrix ficou tentado a declarar seu propósito como "desenvolver, fabricar e vender produtos terapêuticos para seres humanos". Sabiamente, porém, o CEO Bruce Pharriss deu um passo adiante e perguntou: "*Por que* queremos fazer isso? *Por que* isso é importante? *Por que* queremos dedicar uma parte de nossas vidas a isso?" Em resposta, o Celtrix criou a seguinte declaração de propósito:

> Melhorar a qualidade de vida por meio de uma terapêutica humana inovadora.

Esse processo de perguntar várias camadas de "por que" é poderoso para atingir o propósito. Uma pergunta "por que" muito poderosa é: "Por que devemos continuar a existir? O que o mundo perderia se deixássemos de existir?" [Observação: pode parecer uma pergunta estranha, mas é muito eficaz para chegar rapidamente ao propósito principal: o porquê de a empresa existir.]

Outra abordagem poderosa é começar com a afirmação "Nós fazemos produtos X" e depois perguntar "por que" cinco vezes. Chamamos isso de abordagem dos "cinco porquês". Depois de cinco porquês, você descobrirá que está chegando ao propósito fundamental do negócio.

Aqui está um exemplo de como os cinco porquês levam dos produtos ao propósito da Patagonia.

> "Nós fazemos roupas para atividades ao ar livre."
>
> "Por quê?"
>
> "Porque é o que sabemos melhor e o que gostamos de fazer."
>
> "Por que isso é importante?"
>
> "Porque é a melhor maneira de fazer produtos inovadores e de alta qualidade pelos quais as pessoas paguem bem."
>
> "Por que isso é importante?"
>
> "Porque é assim que podemos continuar a ter sucesso financeiro."
>
> "Por que isso é importante?"
>
> "Porque precisamos da credibilidade como uma empresa de sucesso e dos recursos para fazer negócios da maneira como achamos que eles devem ser feitos."
>
> "Por que isso é importante?"
>
> "Porque, em última análise, existimos para ser um modelo e uma ferramenta de mudança social, e a única maneira de fazer isso é sendo financeiramente viável e bem-sucedido o suficiente para que o resto da comunidade empresarial olhe para nós como um modelo."

Você Já Tem um Propósito

Toda empresa precisa de uma declaração de propósito?

Ao responder a essa pergunta, sejamos claros sobre uma coisa: toda empresa *tem* um propósito — uma razão de ser. Acontece que a maioria das empresas nunca o articulou formalmente. No entanto, existe um propósito, escrito ou não. Geralmente, ele é não declarado e implícito, mas sempre está lá, no ar.

Por exemplo, a Nike existe há anos sem uma declaração de propósito formalmente articulada. Ainda assim, a Nike é movida por um propósito poderoso que permeia toda a empresa: ser um veículo de competição e vitória, tanto na vida corporativa quanto no combate atlético. Embora não seja especificado em uma declaração de uma única frase, esse propósito subjacente, que vem do espírito competitivo do fundador Phil Knight, é a força motriz central da Nike. (Na verdade, Nike é o nome da deusa da vitória na mitologia grega.)

Mesmo que você já tenha um propósito, não deixa de ser um exercício valioso refletir sobre a questão: qual é exatamente o nosso propósito? Manter sua resposta em uma frase curta e direta ajuda a esclarecer do que se trata o negócio. E, uma vez esclarecido, isso funciona como um teste para todas as decisões: essa ação é coerente com o nosso propósito?

O Propósito Não Precisa Ser Exclusivo

Sem dúvida, você notou que alguns dos exemplos de propósito que demos podem se aplicar a várias organizações — eles não necessariamente se diferenciam muito de uma empresa para outra. Está ótimo. O propósito é um fator motivador, não um fator de diferenciação. É perfeitamente possível que duas empresas tenham o mesmo propósito.

Sua missão, por outro lado, certamente o diferenciará de todos os demais.

VISÃO DE JIM EM 2020

Propósito Além dos Lucros — Não Confunda Raro com Novo

"Precisamos de uma forma totalmente nova de liderança para nos inspirar e motivar", disse um jovem de vinte e poucos anos quando perguntei a um grupo de jovens quais eram as suas opiniões sobre empreendedorismo e liderança.

"Qual forma?", perguntei.

"Por um lado", disse ele, "exigimos que nossos líderes não apenas nos forneçam orientação, mas também nos digam *por quê*. E precisa ser um 'porquê' maior do que maximizar os lucros para os acionistas. Queremos fazer parte de algo que tenha um propósito além de apenas ganhar dinheiro".

Pensei nisso por um momento e depois disse: "Mas os maiores construtores de empresas sempre fizeram isso. Você está confundindo raro com novo."

Quando algo é raro e requintado, pode parecer "novo" quando vislumbrado pela primeira vez pelas novas gerações. A grandeza é rara, por definição. Mas os principais ingredientes dela — incluindo a ideia de ser motivado por um propósito muito além da mera economia — foram exemplificados por construtores de empresas excepcionais por gerações. Construir uma grande empresa duradoura em qualquer época requer ser quase obsessivo na busca do propósito. Isso sempre funcionou assim. Ainda funciona assim hoje. E quase certamente permanecerá assim para sempre.

Componente 3 da Visão: Missão

Missão, a terceira parte fundamental de uma visão eficaz, é uma meta geral clara e cativante, que serve como ponto focal de esforço.

Para compreender rapidamente o conceito de missão, pense na missão lunar da NASA, conforme articulada pelo então presidente Kennedy, em 1961:

> Esta nação deve se dedicar a atingir o objetivo, antes do fim desta década, de pousar um homem na Lua e devolvê-lo em segurança à Terra.

Ao contrário do propósito, que nunca é alcançado, uma missão deve ser alcançável. Ela traduz os valores e o propósito em uma meta energizante e altamente focada — como a missão de ir à Lua. É nítida, clara, ousada, estimulante. Ela estende a mão e agarra as pessoas pelo pescoço. Requer pouca ou nenhuma explicação; as pessoas a "entendem" imediatamente. Depois que uma missão é cumprida, você retorna ao propósito para definir uma nova.

Lembre-se da analogia de perseguir uma estrela-guia por uma cordilheira. Seu propósito é a estrela-guia, sempre lá no horizonte, nunca alcançável, mas constantemente puxando você para frente. Sua missão é a montanha específica que está escalando em dado momento. Ao chegar ao topo, você avista novamente a estrela-guia e escolhe outra montanha para escalar.

Uma boa missão tem uma linha de chegada — você deve saber quando a cumpriu, como a missão na Lua ou no topo de uma montanha. Uma boa missão é arriscada, cai naquela área cinzenta na qual a razão diz: "Isso não tem lógica", e a intuição diz: "Mas acreditamos que podemos fazer isso mesmo assim."

Gostamos de usar a seguinte frase para transmitir a ideia de missão:

Grandes objetivos audaciosos e arriscados.

Por fim — e isso é importante —, uma boa missão tem um prazo específico para sua realização.

O projeto da Lua foi um belo exemplo de tal missão. Foi excitante. Era grande, audacioso e arriscado, mas alcançável. Tinha uma linha de chegada clara e um cronograma.

Rejeite Declarações de Missão Padronizadas

Percebemos que nossa definição de missão é diferente da usada na maioria das empresas. Por favor, rejeite abordagens padronizadas! A maioria das declarações de missão corporativa é terrível. Muitas vezes, elas não passam de uma descrição sem graça das operações da empresa — um fluxo tedioso de palavras que evoca a resposta: "Verdade, mas quem se importa?" Os gestores redigem um monte de palavras que fazem sentido, mas que têm o mesmo apelo de uma folha de alface. Cheiram a eufemismos corporativos e são incapazes de tocarem o espírito das pessoas.

Aqui estão alguns exemplos de declarações de missão tipicamente ineficazes (de empresas reais):

> A Corporação está empenhada em fornecer soluções de engenharia inovadoras para problemas especializados, com a tecnologia e a atenção ao atendimento ao cliente diferenciando-os de commodities de produção e de operações de job shop.

Dá vontade de sair correndo e conquistar o mundo, não é mesmo?!

> Oferecemos aos nossos clientes produtos de banco de varejo, imobiliário, financeiro e corporativo que atenderão às suas necessidades de crédito, investimento, segurança e liquidez.

Agora, *essa* foi realmente emocionante!

> [A empresa] está no setor de aplicação de microeletrônica e tecnologia de computador em duas áreas gerais: hardware relacionado a computadores e serviços de aprimoramento de computador, que incluem computação, informação, educação e finanças.

Essa chega a dar um arrepio na espinha; dificilmente conseguiremos ficar parados.

Sabemos que estamos sendo um pouco sarcásticos e rudes. No entanto, temos que deixar claro que declarações de missão como essas simplesmente não funcionam. Elas não inspiram nem motivam uma empresa. Como um funcionário de uma das empresas citadas nessas declarações nos disse em resposta à declaração de missão dela:

> Isso é ridículo. A declaração é muito longa e enfadonha. Quando terminei de lê-la, estava totalmente sem inspiração e havia perdido a confiança nas pessoas do topo da empresa. Quer dizer, argh — quem quer ler essas coisas? É triste. Se eles não demonstram entusiasmo pelo que a organização está tentando fazer, como podem esperar que mais alguém se inspire?

Seja Cativado e Apaixonado pela Sua Missão

Sua missão precisa atender a um critério primordial: deve ser convincente. As melhores missões contêm um elemento de paixão genuína.

Não defina uma missão como esta:

Fabricar e vender calçados esportivos em todo o mundo.

Defina uma missão como esta:

Apaixone-se pela Reebok.

Não defina uma missão como esta:

> Fazer microprocessadores de última geração e intuitivos para uma ampla gama de aplicações.

Defina uma missão como esta:

Difundir a arquitetura MIPS por todo o mundo até metade da década de 1990.

Não defina uma missão como esta:

> Fabricar produtos automotivos que atendam às necessidades do consumidor e proporcionem um retorno adequado aos acionistas.

Defina uma missão como a que Henry Ford definiu em 1909:

Democratizar os automóveis.

Um dos nossos exemplos favoritos é a missão de 1940 da Grã-Bretanha, conforme articulada por Winston Churchill:

> Todo o nosso povo e império se comprometeram com a única tarefa de limpar a Europa da peste nazista e de salvar o mundo da nova idade das trevas. Procuramos tirar a vida e a alma de Hitler e do hitlerismo. Só isso. Incansavelmente. Até o fim.

Agora, *isso* é uma missão. Certo, a missão da Grã-Bretanha em 1940 dificilmente é o tipo de objetivo que poderia ser assumido por uma pequena empresa. No entanto, transmite a ideia de que uma missão deve ter um elemento de paixão.

Risco, Compromisso e Zona de Desconforto

Mas não é arriscado definir uma missão tão audaciosa? Sim. Uma boa missão deve ser difícil de cumprir. Deve haver uma chance de você falhar, combinada com a crença de que você conseguirá de qualquer maneira. É isso que torna uma missão real.

E as empresas altamente conservadoras que alcançaram a grandeza? Elas não se guiam por empreitadas do tipo "apostar tudo", certo? Na verdade, algumas das empresas mais conservadoras estabeleceram missões altamente arriscadas. Vejamos brevemente três exemplos: IBM, Boeing e Procter & Gamble:

- No início dos anos 1960, a IBM apostou em uma grande missão: reestruturar o setor de computadores com o IBM 360. Foi o maior projeto comercial com financiamento privado já realizado e exigiu mais recursos do que para construir a primeira bomba atômica. A revista *Fortune* o chamou de "talvez o julgamento de negócios mais arriscado dos últimos tempos". Durante o lançamento do 360, a IBM acumulou quase 600 milhões de dólares em estoque de trabalho em processo e quase precisou de empréstimos de emergência para fazer os pagamentos dos colaboradores.
- A Boeing atingiu o limite de missões arriscadas, com uma definida na década de 1950: criar um avião a jato comercial de sucesso. Ela investiu parte substancial de seu patrimônio líquido no projeto, que, caso fracassasse, comprometeria a solvência da empresa. O Boeing 707 foi o resultado. Uma década depois, a Boeing fez uma aposta semelhante com o 747.
- A Procter & Gamble, conhecida como uma das mais conservadoras de todas as empresas, tem um histórico de compromisso com objetivos arriscados. Por exemplo, no início dos anos 1900, a P&G estabeleceu uma missão interna: chegar a um ponto em que pudesse fornecer empregos estáveis a seus funcionários, em vez de fazer contratações e demissões forçadas por demandas sazonais.

Essas oscilações eram causadas pelas demandas dos atacadistas, que faziam pedidos em grandes quantidades e, então, como uma cobra digerindo uma grande refeição, hibernavam. Para cumprir a missão, a P&G deu o passo audacioso de criar uma força de vendas para vender diretamente aos varejistas — uma atitude que, na época, foi considerada insana pelos estudiosos do setor. Mas o CEO Richard Deupree tinha uma filosofia simples sobre movimentos ousados e audaciosos:

> Gostamos de testar o impraticável e o impossível, e provar que é praticável e possível. Você faz algo que acha que é certo. Se funcionar, você embarca. Se não, hipoteca tudo e vai à falência.

A todas essas empresas, eram comuns: 1) a crença de que elas podiam cumprir a missão e 2) a disposição de buscá-la. Essa disposição de arriscar faz parte do processo de definição da visão. Sua tarefa é escolher uma missão que caia em uma zona de desconforto — que não seja uma aposta garantida, mas que você acredite, que, no fundo, a empresa consegue dar conta dela.

Você define uma missão não por pura análise, mas pela combinação de análise e intuição. Você nunca poderá provar com antecedência que uma missão audaciosa será 100% realizável. Você precisa saber em seu íntimo que isso pode ser feito, reconhecendo esta verdade simples: uma vez comprometido com um desafio ousado, as probabilidades de sucesso mudam.

Quando Kennedy propôs a missão à Lua, foi informado de que a chance de sucesso era de 50%. Ele acreditava na capacidade dos EUA de cumprir a missão, de driblar as adversidades de alguma forma. Ele sabia que, se o país se comprometesse com a missão, encontraria um jeito de concretizá-la.

Pense desta forma: se alguém o coloca em uma montanha para uma escalada difícil e deixa um caminho fácil de recuo, as probabilidades de sucesso estariam em um certo nível, digamos, para fins de argumentação, 50%. Agora, suponha que você esteja na mesma montanha e a via de escape tenha sido removida; se não tiver sucesso, você morre. As probabilidades de sucesso se aproximam de 100%. Por quê? Porque você está comprometido. Você lutará, se debaterá, criará meios ou de alguma forma descobrirá um caminho para o topo, porque não tem outra escolha.

Seja Honesto

Assim como seus valores e propósito, sua missão deve ser sincera e autêntica — algo que você deseja tanto obter que está disposto a fazer sacrifícios pessoais para tal. Vimos casos em que os líderes de uma empresa traçam uma missão que parece excelente, mas não é um reflexo honesto de seus objetivos reais para o negócio. Isso nunca funciona; na verdade, é contraproducente.

Em dada situação, o CEO continuou falando sobre "Nossa missão..." quando tudo no que ele estava realmente trabalhando era em vender a empresa e sacar suas opções de ações. Ele não apenas perdeu a dedicação da maioria dos funcionários, mas também o respeito deles. Como disse uma pessoa: "Não havia como ficarmos animados quando ele não era honesto conosco. Quer dizer, não somos estúpidos."

Quatro Tipos de Missão

Existem quatro tipos básicos de missão:

1. Definição do Alvo.
2. Inimigos Comuns.
3. Exemplo de Conduta.
4. Transformações Internas.

TIPO 1 DE MISSÃO: DEFINIÇÃO DO ALVO

Esse tipo é exatamente como o nome indica: estabelecer uma meta clara e bem definida e mirar nela. O projeto da Lua da NASA foi uma missão de definição de alvo. O objetivo da Ford de "democratizar os automóveis" e o objetivo do MIPS de tornar sua arquitetura "difundida em todo o mundo até metade da década de 1990" também foram definições de alvos.

Outra abordagem para determinar o alvo é definir a meta de levar a empresa a um nível totalmente novo de prestígio, sucesso, domínio ou posição no setor em geral. Alguns exemplos:

> *Merck*: "Tornar a Merck a farmacêutica proeminente em todo o mundo na década de 1980." (Estabelecida em 1979).
>
> *Coors*: "Ser o número três do setor cervejeiro até o fim dos anos 1980." (Estabelecida em 1980). "Ser o número dois do setor cervejeiro até o fim dos anos 1990." (Estabelecida em 1990.)
>
> *Schlage Lock*: "Tornar-se o principal fornecedor de fechaduras dos Estados Unidos até o ano 2000." (Estabelecida em 1990.)

Você já ouviu falar da Tokyo Tsushin Kogyo? Provavelmente, não. Em 1952, era uma empresa minúscula e batalhadora de sete anos, e seus fundadores lutavam para se impulsionar no caminho da grandeza. Eles decidiram estabelecer uma missão ousada e audaciosa:

> Criar um produto que se difunda por todo o mundo.

A empresa, então, implementou a missão criando e comercializando o primeiro rádio pequeno o suficiente para caber no bolso de uma camisa. Hoje, a empresa é conhecida como SONY Corporation.

Você provavelmente notou que nenhum dos nossos exemplos de definição de alvo são definidos com números. Uma meta quantitativa pode ser uma missão eficaz? Sim, *mas com cautela.*

Por exemplo, a missão da Home Depot, definida no fim dos anos 1980, era:

> Atingir todo o mercado nacional com US$10 bilhões em vendas e 350 postos em 1995.

Em 1997, o fundador do Walmart, Sam Walton, estabeleceu a seguinte missão:

> Virar uma empresa de US$1 bilhão.

Essa era uma missão para mais do que dobrar o tamanho da empresa, mas o Walmart a cumpriu dentro do cronograma, com vendas de US$1,2 bilhão.

Então, por que dizemos: "Sim, mas com cautela"?

Porque descobrimos que as missões quantitativas costumam ser menos empolgantes para as pessoas de toda a empresa do que, digamos, democratizar o automóvel ou se tornar a empresa preeminente em seu setor. Declarar: "Nossa missão é chegar a US$50 milhões em receita em 1995" não necessariamente entusiasma as pessoas. Se você usar uma missão quantitativa, certifique-se de vinculá-la a algo significativo para todos.

Jack Stack faz um uso extensivo de definição de alvos quantitativos em sua empresa, a Springfield Remanufacturing Company. Ele também se certifica de colocar os números em um contexto mais amplo, conforme explicou em uma entrevista à revista *Inc.*:

> Nossos objetivos são sempre baseados na segurança da empresa, então o sentido maior é criar empregos e manter as pessoas trabalhando. Cada meta é uma obrigação, não um desejo. Queremos criar uma empresa que dure 30, 40 ou 50 anos.

Lembre-se de que o objetivo aqui não é apenas definir um alvo preciso, mas criar um que empolgue as pessoas.

TIPO 2 DE MISSÃO: INIMIGOS COMUNS

Preparar-se para derrotar um inimigo comum é uma forma de missão particularmente poderosa, embora pouco criativa. Ela apela aos instintos competitivos das pessoas. Escolher um inimigo comum para procurar e destruir — especialmente se você for o oprimido — pode criar uma unidade de propósito extraordinária. A missão britânica em 1940 (tirar a vida e a alma de Hitler) é um excelente exemplo histórico. O mesmo tipo de missão pode ser definido nos negócios.

A missão da Pepsi em determinado momento era "Vencer a Coca!" Um executivo sênior da Pepsi descreveu o impacto dessa missão:

> Sempre acreditamos, desde o início dos anos 1970, quando a Pepsi era amplamente vista como uma empresa perene, que podíamos fazê-lo. Todos nós começamos com esse objetivo e nunca tiramos os olhos dele. [...] Isso nos colocou em uma missão de busca e destruição contra Golias.

Em um dos nossos exemplos favoritos de todos os tempos, a Honda, quando confrontada com o fato de a Yamaha a ter ultrapassado como maior fabricante de motocicletas do mundo, respondeu com um:

Yamaha wo tsubusu!

(Vamos esmagar, detonar, destruir a Yamaha!)

Logo depois que a Honda estabeleceu sua missão, rebaixou tanto a Yamaha que mais tarde a Yamaha se desculpou publicamente com a Honda por ter afirmado que a dominaria.

A Nike tem prosperado por anos em missões do tipo inimigos comuns. Primeiro, ela se propôs a vencer a Adidas nos Estados Unidos. E assim foi. Então, após a ascensão inesperada da Reebok, ela estabeleceu a missão de esmagar a Reebok nas competitivas "Sneaker Wars" — guerras dos tênis. (Durante uma entrevista sobre a guerra, no programa *20/20* da ABC, que foi ao ar em 19 de agosto de 1988, perguntaram a Phil Knight, CEO da Nike, se ele conhecia o presidente da Reebok. Knight disse que sim. O entrevistador então perguntou se ele gostava do presidente da Reebok. Knight respondeu: "Não. E não quero gostar dele." Um membro do conselho da Nike certa vez comentou: "Nossa ideia de um dia perfeito é levantar de manhã e jogar pedras em nossos concorrentes.")

Missões do tipo inimigos comuns são normalmente estabelecidas por empresas que se esforçam para ser a número um, mas ainda não alcançaram essa posição; elas jogam bem em uma motivação de Davi contra Golias.

Um efeito extremamente poderoso das missões inimigos comuns é que elas podem converter uma organização cujas costas estão contra a parede — preocupadas com a sua sobrevivência — ao modo "prevaleceremos". As pessoas não gostam de "apenas sobreviver", elas gostam de vencer. E uma missão inimigo comum explora essa motivação humana básica.

A Micron Technology é um excelente exemplo. Em 1985, o *dumping* ilegal de seus produtos abaixo do custo por parte das empresas japonesas quase tirou a pequena empresa de semicondutores do mercado. O CEO Joseph Parkinson usou a existência de um inimigo externo como uma força unificadora para puxar a empresa pelo que ele chama de "dias sombrios". Parkinson nos disse em uma entrevista:

> Quando as coisas estavam indo mal, eu tentava manter todos motivados para sobrevivermos. No início, eu não estava logrando muito êxito, mas depois me ocorreu o fato de que as pessoas gostam de ganhar. Quer dizer, quem gosta de apenas sobreviver? Assim, mesmo contra a parede, partimos para a ofensiva. Sim, era uma vantagem tremenda ter um inimigo ferrenho. Mas era mais do que isso. Prometemos triunfar sobre aquele inimigo. E essa mudança do modo de sobrevivência para o modo de "triunfo" — vencendo as probabilidades como o azarão — é algo que todos podem apoiar, desde trabalhadores da linha de montagem até o VP.

Um alerta: apesar das vantagens óbvias, existem aspectos negativos nas missões inimigos comuns. É difícil passar a vida inteira em guerra. O que você faz quando derrotar o inimigo e se tornar o número um? O que acontece quando você não é mais Davi e se torna Golias? A Nike, por exemplo, entrou em crise após derrotar a Adidas. Ela só se recuperou daquela queda após a Reebok a ultrapassar e se tornar um alvo digno da sua fúria competitiva.

TIPO 3 DE MISSÃO: EXEMPLO DE CONDUTA

Outro tipo útil de missão são os modelos corporativos. Use organizações que você admira como exemplos do que você deseja que sua empresa se torne. As missões de exemplo de conduta são excelentes para empresas de pequeno e de médio porte com perspectivas brilhantes.

Por exemplo, em seus primeiros anos, Trammell Crow tinha a missão de "ser a IBM do setor imobiliário". Jim Gentes, da Giro Sport, fala sobre se tornar para o setor de ciclismo o que a Nike é para os calçados esportivos e a Apple é para os computadores. A Norwest Corporation, de Minneapolis, pretende ser "o Walmart dos bancos".

E, por falar no Walmart, é interessante notar que Sam Walton usou J.C. Penney como seu modelo de conduta, incluindo a cópia direta dos sete princípios de gestão de negócios de Penney nos primórdios do Walmart.

TIPO 4 DE MISSÃO: TRANSFORMAÇÕES INTERNAS

As missões de transformação interna são raras. Eles geralmente são melhores em organizações que precisam de uma restruturação drástica.

Por exemplo, os Estados Unidos tiveram uma missão de transformação interna no fim dos anos 1800: reconstruir a União após a Guerra Civil. A tentativa da União Soviética, no fim do século XX, de se tornar uma economia de mercado mais livre é outro exemplo social de uma missão de transformação interna. Um excelente exemplo corporativo vem de Jack Welch, da General Electric:

> Estamos empenhados em desenvolver a sensibilidade, a precisão, a simplicidade e a agilidade de uma pequena empresa.

Para uma empresa do tamanho da GE, isso é realmente grande, audacioso e arriscado.

Como as missões de transformações internas tendem a ser mais apropriadas para organizações grandes e estagnadas, encontramos poucos bons exemplos em empresas de pequeno e de médio porte.

Quão Longe no Futuro?

Enfatizamos a importância de ter um cronograma específico afixado à sua missão. Quão longe no futuro uma missão deve se estender? Deve ser algo que pode ser cumprido em seis meses? Um ano? Três anos? Uma década? Cinquenta anos?

Não há uma resposta definitiva. Algumas missões levam 30 anos ou mais para serem cumpridas. Outras podem ser cumpridas em um ano ou menos. Uma boa regra prática é estabelecer um horizonte de 10 a 25 anos, talvez mais longo se a missão for particularmente desafiadora. É claro que algumas missões podem ser cumpridas em menos de dez anos, e pode ser apropriado e eficaz definir um período curto.

Qualquer que seja a duração da missão, certifique-se de reconhecer quando você a cumpriu e, o mais importante, defina uma nova. Caso contrário, você pode cair em uma das armadilhas mais perigosas: a "Síndrome do Está Feito".

VISÃO DE JIM EM 2020

GOAAs, GOAAs em Todo Canto

Quando Jerry Porras e eu conceitualizamos pela primeira vez uma estrutura para desenvolver uma visão organizacional com base em nossa pesquisa, debatemos como chamar a terceira parte da estrutura (após os valores essenciais e o propósito). No início, decidimos usar o termo mais corporativo "missão". Mas, um dia, ao ensinar a estrutura no meu curso de Stanford, ocorreu-me a sigla GOAA, para os grandes objetivos audaciosos e arriscados.

E assim nasceu o GOAA.

VISÃO DE JIM EM 2020

VISÃO — ESTRATÉGIA — TÁTICAS

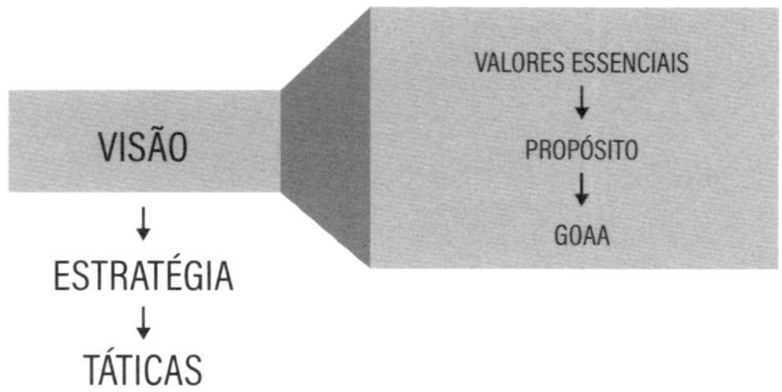

VISÃO		
VALORES ESSENCIAIS →	**PROPÓSITO** →	**GOAA**
Princípios duradouros que guiem o modo de vida; uma filosofia norteadora	A maior razão para a empresa existir	Grandes Objetivos Audaciosos e Arriscados
Devem refletir os valores essenciais pessoais daqueles que moldam o caráter da empresa	É como uma estrela-guia; sempre buscado, nunca completamente alcançado	Como uma grande montanha a ser escalada, uma linha de chegada determinada
Devem ser sempre seguidos, mesmo quando for difícil; práticas e estratégias mudam, os valores essenciais, não	Quando buscado com extrema excelência, a empresa se torna exclusiva e insubstituível no mundo	Não pode haver 100% de chance de sucesso, algumas habilidades precisam ser desenvolvidas para se chegar lá
Atemporais	Deve permanecer guiando a empresa por, pelo menos, 100 anos	Cativante e empolgante; fácil de conquistar as pessoas
		Prazo ideal de alcance: de 10 a 25 anos

No início, nós (Jerry Porras, Bill Lazier e eu) decidimos que usaríamos o GOAA simplesmente como uma forma de ensinar o que torna uma missão boa. Achávamos que seria mais fácil fazer com que as pessoas se engajassem com uma expressão mais tradicional do que fazer com que os líderes adotassem algo tão grande e, bem... *arriscado.*

Em alguns anos, mudamos completamente nosso pensamento. Quanto mais ensinávamos a estrutura, mais percebíamos que as pessoas aprendiam melhor

— e adotavam — o verdadeiro espírito da ideia quando íamos direto à sua essência. Alguns anos depois de publicar a edição original de *Beyond Entrepreneurship*, abracei totalmente o grande, o audacioso e o arriscado. Quando Jerry Porras e eu começamos a escrever *Feitas para Durar*, tínhamos praticamente descartado o termo "missão" e o substituído por "GOAA".

Os GOAAs começaram a aparecer em todos os lugares. Não apenas os CEOs falavam sobre seus GOAAs, mas também os líderes governamentais, os empreendedores de causas sociais, os diretores de escolas, os treinadores esportivos, os oficiais militares e os líderes religiosos.

O *New York Times* até publicou uma reportagem sobre como os GOAAs estavam "varrendo os escritórios de todo o país". Em uma entrevista para aquele artigo, o repórter tentou me provocar um pouco, relatando que alguns dos outros pensadores de gestão com quem conversou estavam reivindicando terem sido os primeiros a apresentar a ideia do GOAA (mesmo que evitassem palavras como grande, audacioso e arriscado) e que não tínhamos encontrado nada de novo.

"O que você tem a dizer sobre isso?", desafiou-me ele.

"Não creio que nenhum de nós possa reivindicar ter sido o primeiro a pensar em um GOAA", respondi. "Certamente, a ideia remonta a muito antes de qualquer um de nós ter nascido."

"Bom, então, quem você acha que pode reivindicar o pioneirismo?", insistiu ele.

"Hmmm… talvez Moisés", respondi.

Os GOAAs têm animado grandes líderes ao longo da história, que os usam para estimular o progresso e incentivar as pessoas. É indiferente se você os chama de "GOAAs", de "missão" ou de qualquer outra coisa que funcione para você. O que importa é você se comprometer com algo que passe nos testes de um GOAA. Faça a si mesmo as seguintes perguntas sobre qualquer GOAA:

- Você e seu pessoal acham o GOAA emocionante?
- O GOAA é claro, cativante e fácil de entender?
- O GOAA se alinha com o propósito da empresa?
- O GOAA é inegavelmente um objetivo, não uma missão prolixa, difícil de entender, complicada, impossível de lembrar ou uma "declaração" de visão?
- Você tem substancialmente menos de 100% de chance de alcançá-lo e, ao mesmo tempo, acredita que sua empresa pode fazê-lo se estiver totalmente comprometida?
- Você seria capaz de dizer claramente se atingiu o GOAA?

Os melhores GOAAs fazem você pensar grande. Eles o forçam a se envolver tanto com a construção de longo prazo *quanto* com a intensidade de curto prazo. A única maneira de alcançar um GOAA é tendo um senso de urgência implacável, dia após dia, semana após semana, mês após mês, durante anos. O que você precisa fazer *hoje*, com foco monomaníaco, e amanhã e no dia seguinte e no outro para desafiar as probabilidades e, finalmente, alcançar seu GOAA? Se você vai colocar um computador poderoso em cada bolso, erradicar a malária, dar a cada criança uma educação básica sólida, cortar as taxas de criminalidade em 80%, tornar impotentes as forças sombrias do terrorismo, construir a empresa mais admirada do seu setor ou realizar qualquer que seja o GOAA, não pode alcançá-lo em meros dias, semanas ou meses. Os melhores GOAAs corporativos requerem de 10 a 25 anos de intensidade implacável para serem alcançados.

Para as pessoas movidas pelo GOAA, o desconforto prolongado e a busca duradoura são formas de felicidade. Quando você se compromete com um GOAA, ele vive com você. Você acorda, e ali, no canto — com pés enormes e peludos, e olhos grandes e brilhantes —, está o GOAA. Você vai para a cama, e ali, na hora de apagar a luz, você o vê mais uma vez parado no canto. "É melhor ter uma boa noite de sono", o GOAA parece dizer, "porque amanhã eu dominarei sua vida novamente".

Cuidado com a Síndrome do Está Feito

É absolutamente essencial reconhecer quando você cumpriu uma missão e, portanto, precisa definir uma nova.

Quando uma missão é cumprida, as pessoas tendem a definir suas próprias direções e a fragmentar o todo. Um exemplo histórico clássico é o esforço aliado da Segunda Guerra Mundial entre a Rússia, a Inglaterra e os Estados Unidos. Os Aliados trabalharam muito bem juntos enquanto tinham em comum a missão de derrotar Hitler. Mas, infelizmente, uma vez que o destino de Hitler foi assegurado, a aliança se desfez, mergulhando o mundo na Guerra Fria.

Além disso, você precisa de novas missões para manter a empresa motivada para os novos desafios. Assim como as pessoas podem ficar perdidas, à deriva e sem objetivo depois de atingirem uma meta, o mesmo se aplica às empresas. Isso é o que queremos dizer com a Síndrome do Está Feito.

Jan Carlzon aprendeu essa lição da maneira mais difícil como CEO da Scandinavian Airlines, depois que a empresa cumpriu sua primeira missão. Em entrevista à revista *Inc.*, ele disse:

> Tínhamos um sonho e o alcançamos muito rapidamente. Mas não tínhamos outro objetivo de longo prazo. Assim, as pessoas começaram a criar

seus próprios objetivos. Veja, tudo tinha sido fácil até demais. Então ficamos frustrados, porque isso é um jogo psicológico. É como aquela música de Peggy Lee, "Is That All There Is" ["É Tudo o que Há", em tradução livre].

Aprendi que, antes de atingir um objetivo, você deve preparar o próximo e já comunicá-lo à organização.

Não é o objetivo em si que é importante. É a luta para chegar até ele.

A SÍNDROME DO ESTÁ FEITO

A EMPRESA TEM UMA MISSÃO CATIVANTE
(ÀS VEZES, ELA É TÃO CATIVANTE
E TÃO ÓBVIA QUE SEQUER
PRECISA SER EXPRESSA)

↓

COESÃO, TRABALHO DE EQUIPE,
PERFORMANCE, ENTUSIASMO

↓

CONCLUSÃO DA MISSÃO,
SEM TER UMA NOVA DEFINIDA
("ESTÁ FEITO")

↓

NENHUM NOVO DESAFIO AUDACIOSO

↓

MAL-ESTAR, COMODISMO, PANELAS,
SENSAÇÃO DE QUE ESTÁ FALTANDO ALGO

Figura 4.3

A Síndrome do Está Feito é particularmente comum em empresas em estágio inicial ou em recuperação, que são motivadas pelo desafio de chegar a um ponto em que a sobrevivência não esteja mais em questão. Como a sobrevivência em tais situações é, em si, um objetivo primordial, a missão de sobreviver nem mesmo é explicitada — todo mundo *sabe* que essa é a missão sem que ninguém o diga.

É aí que reside o problema. Por não ser explícito, não há o reconhecimento explícito de seu cumprimento. Nenhuma nova missão é criada para substituir a antiga. O comodismo se instala, e as panelas se tornam predominantes.

EXEMPLO DE CASO: STRATEGIC SOFTWARE, INC.

Criada em 1976, sem financiamento de risco externo, a Strategic Software levou seus fundadores a se dedicarem a construir uma empresa que forneceria produtos de software excelentes, estabilidade financeira para funcionários e proprietários e um ambiente de trabalho estimulante. Nos primeiros 7 anos, funcionários e gerentes trabalhavam 12 horas por dia em cubículos minúsculos. "Éramos nós contra o mundo", explicou um dos fundadores. "Éramos uma grande equipe."

Gradualmente, ano a ano, a empresa alcançou o sucesso financeiro (atingindo US$25 milhões em receita anual, com margens de lucro saudáveis) e uma base de clientes estável. Em 1983, mudou-se para um complexo de escritórios de prestígio, com esculturas modernas, gramados verdes perfeitamente cuidados, espelhos d'água, tapetes grossos, móveis artesanais de cerejeira e estacionamento próprio.

Então, todo o lugar desmoronou. Um fundador descreveu:

> O que antes era um grande *esprit de corps* se degenerou em panelas ferrenhas, e perdemos todo o senso de espírito de equipe. As pessoas começaram a trabalhar das 9h às 17h e, pior, adquiriram uma atitude de 9h às 17h! Olhamos ao redor e percebemos que o sucesso gerou um mal-estar. Simplesmente não tínhamos o mesmo espírito de luta. A partir daí, tudo foi ladeira abaixo.

O que aconteceu, é claro, foi que a organização cumpriu sua primeira grande missão (chegar a um ponto em que a sobrevivência não estivesse mais em questão). Parecia que não havia mais nada pelo que trabalhar. Estava feito. Seus líderes deveriam ter criado uma nova missão, mas não o fizeram. E a organização estagnou, acabando por ser posta à venda.

O Potencial Impacto de Novas Instalações

No exemplo de caso anterior, fizemos uma observação específica sobre o novo edifício. As instalações podem não parecer um tópico muito importante; mas são.

Vimos várias empresas, como a mencionada, encontrarem dificuldades logo após se mudarem para belos edifícios e escritórios novos. Não é que os novos escritórios sejam ruins em si. Mas mandam um sinal: "Está feito. Temos sucesso. Conseguimos."

Greg Hadley, um experiente artista de reviravoltas, descreveu o impacto de um novo edifício na psicologia de uma empresa que ele assumiu:

> Era como o Taj Mahal. As pessoas olharam em volta e disseram: "Nossa, olha isso. *Está nítido* que somos bons. Já devemos ter sucesso." Então eles começaram a prestar mais atenção a jogos de golfe do que aos negócios.

A Gavilan Computer Company, que perdeu milhões de dólares de capital ao ir de uma startup à falência, tinha escritórios corporativos requintados. Como um funcionário nos disse: "Eu me sentia como se já trabalhasse em uma Fortune 500. Isso diluiu qualquer senso real de urgência. E, sabe, não foi nem de longe tão divertido quanto trabalhar em algumas outras startups em que já estive."

Queremos dizer que você não deve ter bons lugares para trabalhar? Não, claro que não; mas você deve estar ciente de que um belo edifício novo simboliza ter cruzado um limiar, "estar feito", ter cumprido uma missão.

O ponto crucial de tudo isso é que sua empresa cruzará muitas linhas de chegada em sua vida, e haverá símbolos dessas linhas de chegada (uma oferta pública, novos edifícios, prêmios do setor ou o que quer que seja). Seu trabalho é certificar-se de que esses símbolos conduzam a um trabalho contínuo em direção a uma missão cativante.

Quando você chegar ao topo de uma montanha, comece a procurar pela próxima. Defina uma nova missão. Se ficar sentado, sentirá frio e morrerá.

Resumindo Tudo

Já cobrimos os três elementos básicos de uma boa visão: valores essenciais e crenças básicas, propósito e missão. Para ilustrar ainda mais a visão, incluímos dois exemplos de como esses componentes da visão se encaixam: Giro Sport Design (uma pequena empresa) e Merck (uma grande empresa).

EXEMPLO DE VISÃO: GIRO SPORT DESIGN

Valores Essenciais e Crenças Básicas

Os valores essenciais e as crenças básicas e invioláveis da Giro são estes:

ÓTIMOS PRODUTOS. Cada produto que apresentamos deve ser uma contribuição única para o mercado, não aquele que é lançado apenas com o propósito de ganhar dinheiro. Deve, portanto, ser inovador, de alta qualidade e o melhor inquestionável em sua categoria.

UM ÓTIMO ATENDIMENTO AO CLIENTE. Nossos padrões de serviço são tão rígidos quanto os padrões de nossos produtos. Devemos tratar nossos clientes como tratamos nossos melhores amigos.

REGRA DE OURO. Devemos tratar aqueles com quem nos relacionamos como gostaríamos de ser tratados.

TRABALHO EM EQUIPE. Nenhum indivíduo deve ser indispensável. Pense no nós; não no eu.

MELHORES ESFORÇOS. Cada pessoa deve dar o seu melhor em cada tarefa realizada. Esforce-se por um A, não por um B+.

DETALHES. As pequenas coisas importam; Deus está nos detalhes.

INTEGRIDADE. Somos honestos. Honramos nossos compromissos. Somos coerentes e justos.

Propósito

A Giro existe para melhorar a vida das pessoas por meio de produtos inovadores e de alta qualidade.

Missão (Estabelecida em 1990)

A missão da Giro é ser uma grande empresa. Nosso objetivo é ser a empresa mais respeitada e admirada do setor mundial de bicicletas até o ano 2000.

EXEMPLO DE VISÃO: MERCK

Valores Essenciais e Crenças Básicas

Valorizamos, acima de tudo, nossa capacidade de servir ao paciente.

Estamos comprometidos com os mais altos padrões de ética e de integridade.

Somos responsáveis perante os nossos clientes, funcionários e sociedades a que servimos.

Nossas interações com todos os segmentos da sociedade — clientes, fornecedores, governos, o público em geral — devem refletir os altos padrões que professamos.

Estamos comprometidos com pesquisas que combinem a ciência com as necessidades da humanidade.

Uma vez que nosso futuro como empresa depende totalmente do conhecimento, da imaginação, das habilidades, do trabalho em equipe e da integridade dos nossos funcionários, valorizamos muito essas qualidades.

Esperamos lucro, mas um lucro decorrente de um trabalho que beneficie a humanidade.

Propósito

Nosso objetivo é preservar e melhorar a vida humana. Todas as nossas ações devem ser medidas pelo nosso sucesso em alcançá-lo.

Missão (Estabelecida em 1979)

Estabelecer a Merck como a fabricante de medicamentos proeminente em todo o mundo na década de 1980.

Escreva

É uma boa prática codificar sua visão no papel. Escrevê-la o força a pensar rigorosamente sobre o que exatamente você está buscando. Ainda mais importante, é uma etapa crítica para torná-la a visão da organização, em vez da visão de um único líder.

Como Steve Bostic, do American Photo Group, disse em uma entrevista à revista *Inc.*:

> Você tem que colocar [sua visão] no papel. Esse é o segredo. Se as pessoas nunca acessarem a visão de uma forma mais palpável — ou se ela está

> aqui hoje, mas amanhã já se foi —, não há como compactuarem com ela. Existem limites severos para o que as empresas que se resumem às ideias de um só homem podem alcançar.

Bostic não está sozinho nessa visão. RW Johnson codificou o Credo J&J para as futuras gerações de líderes da J&J. Tom Watson escreveu *Uma Empresa e Seus Credos* para codificar os princípios básicos da IBM. Marvin Brower escreveu sobre a visão da McKinsey em um livro, *Perspective on McKinsey*. Bill Hannemann, da Giro, mantém uma versão escrita da visão da Giro perto dele o tempo todo. Nós até conhecemos uma empresa (Stew Leonard's Dairy) que gravou seus princípios atemporais em uma pedra.

E quanto à flexibilidade? Você não quer manter a flexibilidade para mudar com o tempo? Será que toda essa filosofia de "princípios duradouros" e "propósito de 100 anos" realmente faz sentido? Não é um pouco limitante esculpir seus princípios em pedra?

Mudar é bom, nós concordamos. A questão é: o que deve mudar e o que deve ser mantido inalterado? A resposta está parcialmente na hierarquia de valores a táticas:

Valores Essenciais e Crenças Básicas:	Mude raramente, se mudar.
Propósito:	Deve durar 100 anos.
Missão:	Muda sempre que uma é concluída e uma nova precisa ser definida (geralmente a cada 10 a 25 anos).
Estratégia:	Revisada anualmente e totalmente reformulada a cada nova missão.
Táticas:	Em fluxo constante, para se ajustar às condições de mudança.

Uma Descrição Vigorosa e Cativante: Pinte um Quadro com as Palavras

É essencial ser capaz de comunicar a visão em palavras vigorosas, cativantes e específicas — em palavras que provocam as emoções e geram entusiasmo. Pense nisso como traduzir a visão de palavras em imagens; crie uma imagem que as pessoas possam carregar na cabeça. Chamamos isso de "pintar um quadro com as palavras".

Quando você tem uma missão como "Ser uma grande empresa até o ano 2000", precisa descrever vigorosamente o que isso significa e, em seguida, dizer: "Nossa missão é fazer com que essa imagem se torne real."

Use imagens específicas e vigorosas. Observe como Jim Gentes descreve o objetivo da Giro de se tornar uma grande empresa:

> Os melhores pilotos do mundo usarão nossos produtos em competições de alto nível. Os vencedores do Tour de France, do Campeonato Mundial e da Medalha de Ouro Olímpica usarão capacetes Giro. Receberemos telefonemas inesperados e cartas de clientes dizendo: "Obrigado por existirem; um de seus capacetes salvou a minha vida." Nossos funcionários sentirão que este é o melhor lugar em que já trabalharam. Quando você pedir às pessoas que indiquem qual é a principal empresa do setor de ciclismo, a grande maioria dirá Giro.

Veja como Henry Ford pintou um quadro com suas palavras para comunicar a missão de "democratizar os automóveis":

"Vou construir um automóvel para o grande público. Ele terá um preço tão acessível que qualquer pessoa que ganhe um salário razoável será capaz de possuir um — e desfrutar com sua família da bênção de horas de prazer nos grandes espaços abertos que Deus criou." O cavalo terá desaparecido de nossas rodovias e o automóvel fará parte da paisagem.

Observe os detalhes: "Desfrutar com sua família da bênção de horas de prazer nos grandes espaços abertos que Deus criou" e "o cavalo terá desaparecido de nossas rodovias". Isso é o que queremos dizer com "pintar um quadro com as palavras".

Um dos nossos exemplos favoritos do poder de pintar imagens com palavras vem de Churchill, um dos melhores comunicadores de visão que o mundo já conheceu:

Hitler sabe que terá que nos destruir nesta ilha ou perderá a guerra.

> Se pudermos enfrentá-lo, toda a Europa poderá ser livre, e a vida do mundo poderá avançar para vastos planaltos iluminados pelo Sol.
>
> Mas, se falharmos, então o mundo inteiro, incluindo os Estados Unidos, incluindo tudo o que conhecemos e de que cuidamos, afundará no abismo de uma nova Idade das Trevas, ainda mais sinistra, e, talvez, mais prolongada pelas luzes de uma ciência pervertida.
>
> Vamos, portanto, nos apoiar em nossos deveres, e nos empenharmos para que, se o Império Britânico e sua Comunidade durarem mil anos, os homens ainda digam:

"*Este* foi o seu melhor momento."

"Mas esse é Churchill", você diz. "Eu não sou Churchill. Nunca consegui me comunicar como Churchill. Além disso, seria fácil nos comunicarmos como Churchill se tivéssemos um inimigo como Hitler. Mas não temos e nunca teremos."

Verdade. Poucos de nós podem se comunicar como Churchill. Mas podemos aprender com Churchill, Ford e outros. Churchill não nasceu eloquente. Suas palavras não fluíam; ele trabalhou nisso. Ele trabalhava por horas em seus discursos e escritos, moldando cada frase com o cuidado que Michelangelo dispensara a David ou a Pietà. Ele prestava atenção aos detalhes, às imagens específicas e vívidas que ficariam na mente das pessoas, como "vastos planaltos iluminados pelo Sol" e "o abismo de uma nova Idade das Trevas".

Embora poucos de nós possamos esperar ser tão eloquentes quanto Churchill, podemos usá-lo como um modelo para comunicar nossas visões.

VISÃO DE JIM EM 2020

Juntando Tudo — DPR Construction e Sua "Convenção Constitucional" para a Grandeza

A primeira coisa que notei foram as mãos ásperas e a pressão esmagadora de cada aperto de mão, acentuada pela pele bronzeada esticada sobre a musculatura do antebraço bastante intimidante. Eu estava almoçando com alguns dos fundadores da DPR Construction, cerca de um ano após a fundação da empresa. Eram construtores, pessoal de obra, rudes e grosseirões.

Poucas semanas antes, dois membros da equipe da DPR participaram de uma série de palestras em Stanford, na qual o corpo docente compartilhou sua pesquisa em andamento e eu tive o privilégio de apresentar o manuscrito da estrutura de visão que apareceu na edição original de *Beyond Entrepreneurship*. Peter Salvati, da DPR, ligou após a sessão, perguntando: "Você poderia nos encontrar? Gostaríamos de falar com você sobre o seu trabalho na construção de grandes empresas."

Quando Doug Woods, Peter Nosler e Ron Davidowski fundaram a DPR, eles queriam desafiar o setor de construção tradicional. Enfurecidos com o que consideravam práticas hierárquicas e míopes seguidas por algumas empresas, eles declararam independência de seu antigo empregador. Cerca de um ano depois, a empresa tinha menos de vinte pessoas e apenas um punhado de projetos.

"Bom, a primeira coisa que você precisa fazer é articular seus valores essenciais", falei, entrando na conversa do almoço.

Silêncio.

Então, continuei: "Depois disso, você precisa articular um propósito de ser para guiá-lo como uma estrela no horizonte, por décadas ou séculos."

Uma cacofonia de silêncio.

Respirando fundo, então, falei: "E vocês precisam de um objetivo grande e arriscado, uma montanha para escalar que seja quase aterrorizante, tamanha sua audácia."

Finalmente, Woods falou: "VALORES?"

Ele fez pausa.

"PROPÓSITO?"

Ele fez outra pausa.

"O que tudo isso tem a ver com a realidade prática da construção de uma empresa?" Sua mensagem foi clara: somos pessoas que atuam na prática, não filósofos. Nós construímos coisas. Lidamos com a realidade, não com a teoria acadêmica. Do que diabos você está falando?

Achei que não tinha nada a perder ao responder: "Pense no que você está tentando fazer como a fundação dos Estados Unidos, e que vocês — a equipe fundadora — são como Jefferson, Franklin, Adams, Washington e Madison. O que seriam os Estados Unidos sem a Declaração de Independência e a Constituição? Os fundadores não queriam apenas vencer a guerra pela independência. Eles queriam construir uma grande nação duradoura que aspirasse a incorporar um conjunto de ideais. E, lembre-se, foi exatamente a esses ideais que Lincoln voltou no discurso de Gettysburg e que King mais tarde invocou em seu discurso 'Eu tenho um sonho'."

Woods cedeu. Sim, Woods queria vencer, mas não apenas financeiramente. Ele e seus colegas queriam provar na prática o que uma construtora poderia ser, demonstrar que podiam construir uma empresa mais esclarecida *e* vencer no mercado.

E, assim, a equipe fundadora decidiu realizar uma espécie de "Convenção Constitucional", reunindo cerca de 20 pessoas da DPR na Vinícola Thomas Fogarty, no alto da Skyline Boulevard, com vista para o Vale do Silício e para a Baía de São Francisco. Usando a estrutura de visão da edição original de *Beyond Entrepreneurship,* eles trabalharam por dias, não com estratégia, mas com as questões maiores: "Por que existimos? O que queremos representar? O que queremos alcançar?"

O ponto crítico surgiu na discussão sobre o propósito da DPR. De alguma forma, sentimentos como "mudar o mundo" ou "melhorar a vida das pessoas pelo que fazemos" simplesmente não se adequavam ou pareciam apropriados. Por fim, um dos fundadores disse simplesmente: "Olha, somos construtores.

Isso não é apenas o que fazemos; é quem nós somos. Precisamos condensar essa ideia no nosso propósito."

"Então, nosso propósito é construir coisas?", perguntou alguém. "É isso?"

"Bom... sim. Construir coisas é algo bastante preciso."

"Mas, de alguma forma, isso não é suficiente. Não tenho certeza se isso nos torna especiais."

Em idas e vindas, o diálogo continuou.

Então, finalmente, a frase "construir grandes coisas" apareceu.

"É isso! Existimos não apenas para construir, mas *para construir grandes coisas* — ótimos edifícios, uma ótima cultura, ótimos relacionamentos com os clientes, uma ótima equipe colaborativa, e tudo isso contribui para a construção de uma grande empresa." E, assim, eles descobriram seu propósito: *Nós existimos para construir grandes coisas.*

A equipe fundadora da DPR saiu de sua "Convenção Constitucional" com uma visão claramente elaborada, baseada diretamente na estrutura do capítulo de visão do *Beyond Entrepreneurship*. Além do propósito, eles articularam quatro valores essenciais duradouros (veja-os a seguir) e estabeleceram um objetivo audacioso — tornar-se uma empresa de construção verdadeiramente grande até o ano 2000 — trazido à vida com uma descrição vigorosa composta por várias imagens tangíveis. Como estas: empregaremos consistentemente o modificador de segurança mais baixo possível para um empreiteiro geral do nosso tamanho. Construiremos um grande projeto que será reconhecido em uma revista do setor. Após um projeto de planta piloto, seremos convidados a voltar a construir uma grande instalação de manufatura sem concorrência. Nossos amigos do Leste mencionarão que ouviram sobre a grandeza da DPR. Nossas famílias dirão que trabalhamos para uma grande empresa. Seremos pré-selecionados em todos os projetos nos quais expressarmos interesse. Por cinco anos consecutivos, seremos requisitados mais de uma vez pelo mesmo cliente. Seremos citados como autoridade conceituada em negócios como exemplo de uma grande empresa. Receberemos cartas de clientes e de contratados elogiando a DPR e seus esforços. Teremos minorias e mulheres em cargos de estimador de nível sênior e de gerente de projeto. Uma revista nacional escreverá uma matéria positiva sobre a DPR e sobre o nosso sucesso. Receberemos rotineiramente indicações para grandes projetos.

O cofundador Doug Woods descreveu mais tarde como eram grandes as aspirações para a pequena e jovem empresa: "Dizer que queríamos nos tornar uma empresa de construção realmente grande até o ano 2000 era como uma criança de 3 anos dizendo que quer se graduar com 10 anos."

A DPR de fato se tornou uma grande empresa de construção, atingindo US$1 bilhão em receitas em 1998, e continuou ganhando impulso. Em 2015, a DPR comemorou seu 25º aniversário, com US$3 bilhões em receita, 20 escritórios em todo o país e 3 mil funcionários. Ela converteu algumas das corporações mais exigentes e criativas do planeta em clientes, da Pixar à Genentech, da UC Berkeley ao MD Anderson Cancer Center. Ao longo do caminho, definiu objetivos audaciosos ainda maiores, estabelecendo uma nova missão: ser uma das empresas mais admiradas — entre todas, de todos os setores — até 2030.

Na reunião do 25º aniversário da empresa, conheci a próxima geração de grosseirões apaixonados, líderes mais jovens que compraram as ações da era da fundação em uma sucessão planejada, tornando-se proprietários empreendedores. Eles mostraram a mesma paixão por construir grandes coisas. Toda a atitude deles transmitia um etos de intrepidez, de desejo de seguir em frente. Dois anos depois, a DPR ultrapassou os US$4,5 bilhões em receitas e continuou crescendo.

Quando finalizei estas palavras, em 2020, a DPR estava prestes a comemorar três décadas de conquistas desde a sua fundação. Trinta anos de sucesso é um bom começo, mas apenas um começo. A motivação para construir grandes coisas nunca termina.

EXEMPLO DE VISÃO COMPLETA DA DPR CONSTRUCTION

Valores Essenciais

Integridade. Conduzimos todos os negócios com os mais altos padrões de honestidade e de justiça; nós somos confiáveis.

Diversão. Acreditamos que o trabalho deve ser divertido e intrinsecamente satisfatório; se não estamos nos divertindo, estamos fazendo algo errado.

Exclusividade. Devemos ser diferentes e mais progressistas do que todas as outras construtoras; nós representamos algo.

Intrepidez. Acreditamos na mudança autoiniciada contínua, na melhoria, no aprendizado e no avanço dos padrões para seu próprio benefício.

Propósito

Existimos para construir grandes coisas.

Primeira Missão (Grande Objetivo Audacioso e Arriscado)

Tornar-se uma grande construtora até o ano 2000.

Próxima Missão (Grande Objetivo Audacioso e Arriscado)

A DPR cumpriu sua primeira missão audaciosa e estabeleceu uma nova: tornar-se uma das empresas mais admiradas — entre todas, de todos os setores — até 2030.

Clareza e Compartilhamento

Para ser eficaz, uma visão deve atender a dois critérios principais: deve ser *clara* (bem compreendida) e *compartilhada* por todas as pessoas-chave da organização.

Isso levanta uma questão incômoda: a visão deve ser ditada de cima (por exemplo, do fundador ou CEO) ou deve ser derivada de um processo de grupo?

A desvantagem de uma visão ditada de cima é que, embora geralmente seja clara, pode não ser amplamente compartilhada. Por outro lado, uma visão desenvolvida por um processo de grupo pode facilmente se tornar um "elefante branco" pouco inspirador — uma "visão por comitê", que carece de clareza e brilho.

Cada empresa, dentro do contexto de suas próprias normas e estilo, deve chegar às suas próprias conclusões. Não existe uma resposta universal para esse dilema.

Vimos situações em que uma visão clara e compartilhada é definida inteiramente pelo processo de grupo. Para aqueles que são céticos sobre os processos de grupo, indicamos novamente a fundação dos Estados Unidos da América. Embora certamente houvesse líderes fortes presentes (Washington, Jefferson, Madison e Adams), a visão do país foi definida inteiramente por um processo de grupo. Na verdade, George Washington quase não disse uma palavra durante toda a Convenção Constitucional.

Por outro lado, vimos situações em que a visão vem de um único indivíduo. Sam Walton, do Walmart, e Henry Ford são exemplos disso.

Então, o que é melhor, um processo de grupo ou o impulso individual? Nenhum deles. Depende da situação e do seu estilo pessoal. A única coisa que importa é que você defina uma visão clara e compartilhada para a empresa e garanta um compromisso pela busca vigorosa dela. Se fizer isso, estará agindo como líder.

Não Se Restringe a Visionários Carismáticos

Gostaríamos de dissipar o mito de que definir uma visão requer que você seja de alguma forma abençoado com qualidades visionárias carismáticas quase místicas ou sobre-humanas. Se esse mito se verificasse, toda organização precisaria de um CEO que fosse uma mistura de Churchill, Kennedy e Martin Luther King Jr. Na verdade, muitos gerentes respondem à noção de visão pensando: "Isso não é para mim. Não me encaixo no molde estereotipado de um visionário."

Mas a visão é para você, não importa o seu estilo ou magnetismo pessoal. O papel do carisma em definir a visão é amplamente superestimado. Algumas das pessoas que incutiram uma visão extraordinária em suas empresas não surpreendem pelo carisma. Phil Knight, da Nike; Kristine McDivitt, da Patagonia; Bill Hannemann, da Giro; Bob Miller, do MIPS; Bill Hewlett, da HP; Frank Wells, da Disney — e até mesmo Abraham Lincoln e Harry Truman — não se encaixam no estereótipo de visionário carismático. Você não precisa ser membro de um grupo exclusivo de pessoas que se autodenominam visionárias. É possível apenas ser você mesmo. Como Ted Turner disse:

> As pessoas não se dizem visionárias. As pessoas são chamadas de visionárias. Tudo o que sou é Ted Turner.

A tarefa diante de você não é ser um indivíduo inigualável, carismático com visão. A tarefa é construir uma organização com visão. Os indivíduos morrem; as grandes empresas podem viver por séculos.

Capítulo 5

A SORTE FAVORECE O PERSISTENTE

Você começa de baixo. E, mesmo que veja as coisas à frente, sabe que não pode escalar. Você vai e vai e vai até poder tocar o obstáculo — e, na maioria das vezes, quando chega muito perto, há um caminho. Se você voltar antes de colocar seu nariz contra ele, está desistindo.

TOM FROST

Em 15 de maio de 2007, Tommy Caldwell e eu nos sentamos em uma saliência ao lado do El Capitan, no vale de Yosemite. Estávamos em um dia de treinamento, com Caldwell me treinando em minha aventura para escalar a face vertical de 3 mil pés pela rota clássica do Nose em um único dia, meu GOAA pessoal para comemorar meus 50 anos.

"Eu tenho uma pergunta", disse Caldwell enquanto olhávamos para a vasta extensão de granito. "Um GOAA tem que ser alcançável?"

"Por que você pergunta?"

"Bem, tenho essa ideia de escalada, mas não sei se é possível." De onde estávamos sentados, víamos uma seção lisa de alabastro do penhasco conhecida como Dawn Wall — assim chamada porque capta os primeiros raios da luz da manhã. Caldwell ficou sentado ali por um momento, seus olhos fitando a Dawn Wall brilhando ao Sol; quase como se o próprio El Capitan estivesse silenciosamente observando, ouvindo. Em seguida, acrescentou: "Pode ser possível, mas talvez não para mim. Pode ser algo que tenha que esperar pelas gerações futuras."

"Tommy", falei, "se você tem certeza de que vai conseguir, não é um GOAA".

Caldwell de fato se comprometeu com seu GOAA: "escalar livremente" a Dawn Wall, que (se concluída) seria a escalada livre mais íngreme e difícil da história. ("Escalar livremente" significa subir cada centímetro do penhasco sob seu próprio poder, agarrando-se com as pontas dos dedos; você usa cordas apenas para segurá-lo nas quedas, não para ajudá-lo a subir.) Alguns dos pontos de apoio no terreno vertical da Dawn Wall são tão pequenos — mais finos do que a ponta de uma moeda — que são mais fáceis de ver à noite com um farol (quando o contraste aumenta) do que no brilho da luz do dia.

Nos sete anos seguintes, Caldwell lutou para escalar a Dawn Wall. Ele passou a maior parte de cada temporada tentando dominar uma sequência de microconferências espaçadas na parede em branco como um código hieroglífico estranho que precisava ser desbloqueado para se chegar ao topo. Repetidamente, quando seus dedos escorregavam das bordas finas como navalhas e seus pés não conseguiam agarrar o granito vertical, ele teve quedas de 20, 40, até 50 pés — voando no espaço mais de 100 andares acima do solo —, batendo na parede com um audível "umph" quando sua corda se esticava.

Mas, a cada tentativa, Caldwell ficava mais forte. Ele inclusive inovou ao trabalhar com uma empresa de calçados para criar um calçado de escalada. Ainda assim, ele se viu frustrado pelas seções mais difíceis no meio da parede e hesitava com os contratempos. Certo ano, ele recuou quando enormes camadas de gelo caíram do topo do penhasco, como painéis de vidro de janela, caindo e se despedaçando ao seu redor. Em outra excursão, seu parceiro, Kevin Jorgeson, esmagou o tornozelo em uma lesão no fim da temporada ao tentar dar um salto dinâmico de 2,5m entre as pegadas. Em 2013, um gancho de parede falhou, enviando um pacote completo de equipamentos em uma queda de 60m antes de se esticar com força no arnês de Caldwell, causando uma separação costocondral (envolvendo a costela e o esterno, e resultando em uma dor terrível simplesmente para respirar). E, durante todo o processo, ele teve que encontrar maneiras de escalar sem o dedo indicador esquerdo, que ele perdera em um acidente com serra de mesa vários anos antes.

Apesar de todos os contratempos e do azar, ele persistiu. Enquanto outros escaladores eram reconhecidos por seus sucessos, Caldwell adoecia na Dawn Wall. Algumas pessoas até começaram a questionar se ele estava desperdiçando os melhores anos de sua vida como alpinista (dos 29 aos 36 anos) em uma busca quixotesca.

No outono de 2012, Caldwell foi meu convidado especial em um de meus seminários de liderança para cadetes na Academia Militar dos Estados Unidos, em West Point. Caldwell estava se preparando para sua quinta temporada na Dawn Wall, e, enquanto estávamos viajando para West Point, não pude resistir a perguntar: "Tommy, por que você continua se jogando nessa escalada? Você teve tanto sucesso como alpinista, mas tudo o que essa escalada parece fazer é lhe dar fracasso após fracasso. Por que você insiste?"

"Insisto porque a escalada está me deixando melhor, está me deixando mais forte", respondeu ele. "*Não estou fracassando, estou crescendo.*" Começamos uma longa conversa sobre como pensar sobre o fracasso, chegando à ideia de que *o lado oposto da moeda do sucesso não é o fracasso, mas o crescimento.*

"O que vejo em muitas pessoas", continuou ele, "é que elas estão tão focadas no sucesso que não se colocam em situações nas quais provavelmente cresceriam por meio do processo do fracasso. Mas, para realmente encontrar seu limite final, você tem que embarcar em uma jornada de fracasso cumulativo e, com sorte, chegar ao outro lado algum dia. Mesmo que eu nunca não consiga escalar livremente a Dawn Wall, isso me tornará tão mais forte e melhor, que a maioria das outras escaladas parecerá fácil em comparação".

Dois anos depois, com grande parte do mundo extasiado pelo que a mídia de notícias começou a chamar de "a escalada do século", Caldwell e Jorgeson passaram 19 dias fascinantes na Dawn Wall, do fim de dezembro de 2014 a meados de janeiro de 2015. E eles tiveram um golpe de sorte extraordinário: uma sequência quase imaculada de dias frios e ensolarados, proporcionando as condições perfeitas para a escalada. O topo do El Capitan se secou ao Sol, eliminando gradualmente o risco de placas de gelo horripilantes, como uma guilhotina, cortá-los. Em janeiro, El Capitan normalmente tem bastante neve no topo, mas não tinha nas primeiras duas semanas de janeiro de 2015. O tempo manteve-se tão seco e ensolarado que Caldwell pôde esperar dias extras na parede enquanto Jorgeson se esforçava para completar os arremessos intermediários mais difíceis para que eles pudessem terminar juntos. Eles chegaram ao topo um pouco depois das 15h do dia 14 de janeiro de 2015 — 2.801 dias depois daquela conversa em 2007, quando Caldwell se perguntou em voz alta se um GOAA Dawn Wall seria alcançável.

Se Caldwell não tivesse tido a sorte de reunir todas as peças no momento certo, com 19 dias consecutivos praticamente sem azar, ele ainda poderia estar sofrendo para completar a escalada. Se não tivesse tido a sorte de um jornalista vencedor do Prêmio Pulitzer do *New York Times* (cujo editor era alpinista) ter percebido uma grande história em formação que acabou na primeira página várias vezes, a trajetória de vida de Caldwell poderia ter sido diferente. E se seu parceiro, Jorgeson, a princípio não tivesse lutado com os arremessos intermediários — criando um tremendo drama assistido em todo o mundo — e depois conseguido realizá-los, seu sucesso final provavelmente teria atraído muito menos pessoas acompanhando a história tão atentamente. Quando Caldwell e Jorgeson finalmente conseguiram, até o presidente Barack Obama tuitou seus parabéns, enviando uma foto dele em frente a uma pintura de Yosemite. Mas é igualmente verdade que, *se Caldwell não tivesse continuado no jogo, se tivesse desistido, não estaria em posição de receber toda essa sorte.*

Quando ele estava no topo da Dawn Wall, com os braços erguidos em triunfo, pensei comigo mesmo: "Tommy Caldwell é um tipo de Steve Jobs." Cada um desses dois indivíduos tocou minha vida profundamente e tiro consolo e energia renovada do que para mim é um ensinamento básico de suas vidas: *a sorte favorece os persistentes.*

Conheci Jobs no fim dos anos 1980, quando ministrava meu curso na Faculdade de Negócios de Stanford. Estava no início da minha carreira e senti que precisava de ajuda para provar que o curso seria útil para os meus alunos. Então, peguei o telefone e liguei para Jobs do nada: "Estou ministrando um curso sobre como transformar pequenos empreendimentos em grandes empresas e gostaria de saber se você daria uma aula comigo para os meus alunos."

Jobs concordou gentilmente e, no dia marcado, saltou para o centro da sala de aula em formato de teatro; sentei-me de pernas cruzadas em uma mesa, na frente dos meus alunos, e disse: "Então, sobre o que vocês querem falar?" Em seguida, tivemos um seminário de quase duas horas sobre vida, liderança, construção de empresas, tecnologia e futuro. Jobs exalava paixão pelo seu trabalho, paixão por criar e paixão pela ideia de que colocar computadores nas mãos de milhões de pessoas criativas mudaria o mundo.

No meio da sessão, ele brincou: "Bem, fui expulso da minha última empresa." Poucos anos antes, Jobs havia perdido o controle da Apple em uma batalha amarga da diretoria, e lhe estendi a mão bem quando ele estava nas profundezas sombrias de seus "anos selvagens", quando algumas pessoas o ignoravam, rindo pelas suas costas, vendo-o como um derrotado e alguém cada vez mais irrelevante. Sua irmã mais tarde captou isso com uma vinheta simples que compartilhou em um elogio, posteriormente publicado no *New York Times*. Quando 500 líderes do Vale do Silício se reuniram para um jantar com o presidente dos Estados Unidos, Jobs nem mesmo recebeu um convite. Ele poderia ter sacado seus milhões de ações da Apple, retirado-se para a terra do lazer e reclamado sobre a injustiça de tudo isso. Mas ele não o fez.

Sua nova empresa, a NeXT, que fundou depois da Apple, não se tornou a próxima grande novidade. Ainda assim, ele se levantava e ia trabalhar — dia após dia, semana após semana, mês após mês, ano após ano —, labutando sem que as pessoas prestassem muita atenção nele, enquanto seu arquirrival, Bill Gates, ocupava o centro do palco como o principal visionário mudando o mundo.

Então, em 1997 — bang! —, a sorte apareceu. Como mencionei no Capítulo 2, a amada Apple de Jobs se encolhera tanto que estava à beira da extinção. A Apple até conversou com várias empresas sobre uma aquisição, mas não conseguiu chegar a um acordo com nenhum dos pretendentes. Ela precisava desesperadamente de um novo sistema operacional, e por acaso a NeXT tinha exatamente esse tipo de sistema. Então, Jobs teve uma segunda chance, voltando para a Apple junto com o sistema operacional em um pacote. Se não fosse por uma série de eventos de sorte, muito provavelmente não haveria nenhum iPod, nenhum iPhone, nenhum iPad, nenhuma loja da Apple e nenhum Steve Jobs no topo como um ícone global. Se a Apple tivesse alcançado um crescimento espetacular dos lucros de 1990 a 1997, não teria havido oportunidade para Jobs retornar. Se a Apple tivesse se vendido para outra empresa, não haveria Apple a ser revigorada. Se a Apple não precisasse exatamente do tipo de sistema operacional que a NeXT havia desenvolvido, não teria havido negociações que levassem ao retorno triunfante de Jobs.

Então, a história de Jobs é apenas uma história de sorte? E a ascensão da Apple como um caso de boa (de péssima) para excelente é basicamente uma história de boa sorte? E a questão mais geral: "Quanto do sucesso é explicado pela sorte?"

Alguns acadêmicos e teóricos populares argumentaram que o sucesso extremo pode ser mais bem explicado por sorte e circunstâncias afortunadas do que por habilidade e adesão disciplinada aos princípios; afinal, se você pedir a um estádio cheio de pessoas que cada uma lance uma moeda sete vezes, algumas poucas terão sete caras consecutivas por puro acaso. É uma linha de argumento provocativa, mas, quando se trata de iniciar e construir uma grande empresa duradoura, eles estão simplesmente completamente errados.

Em *Great by Choice*, Morten Hansen e eu estudamos alguns dos mais bem-sucedidos empreendedores e construtores de empresas da segunda metade do século XX. Como parte de nossa análise, definimos, quantificamos e estudamos a variável sorte. Definimos um "evento de sorte" como aquele que atende a três testes: primeiro, *você não o causou*; segundo, *tem uma consequência significativa*, boa ou má; e terceiro, tem um *elemento surpresa*, pelo menos algum aspecto do evento é imprevisível antes de ele acontecer. Usando essa definição, as evidências mostraram muita sorte na história dessas empresas. Mas — e este é o ponto crucial — também encontramos quantidades comparáveis de sorte no conjunto de controle de casos de comparação que estudamos! Os grandes vencedores geralmente não obtiveram mais sorte, menos azar, maiores picos de sorte ou sorte em um melhor momento do que seus comparativos. O que conseguiram, em vez disso, foi um maior *retorno sobre a sorte*. Hansen e eu aprendemos que a questão não é se você terá surpresas do destino ao longo do caminho — você certamente será surpreendido por ele, tanto de formas boas quanto ruins. A questão crítica é o que você *faz* com a sorte que consegue. Passei a acreditar que cerca de 50% da grande liderança é fruto do que você faz com o inesperado.

Na verdade, as evidências sugerem que superar a má sorte e os contratempos iniciais pode, na verdade, *aumentar* as chances de construir uma grande empresa duradoura. Juntos, meu mentor de pesquisa, Jerry Porras, e eu estudamos 18 empresas que cresceram de startups a icônicas, tornando-se o que chamamos de "empresas visionárias" que duraram décadas e deixaram uma marca indelével no mundo em que vivemos. Para nossa surpresa, descobrimos que elas tinham *menos* probabilidade de começar a vida com um grande sucesso do que suas comparativas, mais medíocres. Na verdade, as empresas visionárias precisaram superar com mais frequência os primeiros fracassos e derrotas, contratempos que ajudaram a forjar o caráter organizacional que as tornaria verdadeiramente excepcionais em longo prazo. Isso faz sentido quando você para e reflete. Se você tiver muita sorte no início — como chegar ao mercado com segurança, com uma "grande ideia" que surfa na onda do Zeitgeist —, isso pode torná-lo preguiçoso e arrogante. Mas, se você tiver que superar o fracasso e a má sorte desde o início e explorar essas experiências em busca de sabedoria, é mais provável que desenvolva as capacidades necessárias para o sucesso duradouro. Em longo prazo, é melhor experimentar o fracasso cedo e aprender como inovar sistematicamente do que ter apenas um grande megassucesso.

Você pode ver a vida como uma busca por uma grande jogada vencedora ou vê-la como uma *série* de boas jogadas. Se você acredita que a vida se resume a uma única jogada, é claro que pode perder facilmente. Contudo, se a enxerga como uma *série* de jogadas, e se faz cada uma delas da melhor maneira possível, há um enorme efeito de combinação. O azar pode aniquilá-lo, mas a boa sorte não pode torná-lo excelente. Contanto que você não tenha um golpe catastrófico de azar que acabe com o jogo, o que realmente importa é o quão bem você joga a cada vez, em longo prazo. Como você vai jogar esta mão e a próxima — e todas as que receber?

Imagine se, depois de ter sido expulso da Apple, em 1985, Jobs tivesse dito: "Bom, eu tive oportunidades ruins, o cenário não me favoreceu. Fim de jogo." E se ele tivesse perdido sua ética de trabalho e sua paixão? E se ele tivesse transformado a mágoa em amargura, em vez de criar e seguir em frente? Eu pensava em Jobs como o Beethoven dos negócios — um gênio criativo peculiar, com um corpo composicional de trabalho (o Macintosh como sua terceira sinfonia, o iPod como a sétima, e o iPhone/iPad como a nona). Mas minha visão mudou. Passei a vê-lo mais como o Winston Churchill dos negócios — uma alma hiper-resiliente que exemplificou o mantra simples: "Nunca desista, nunca, nunca, nunca, nunca."

Na década de 1930, muitos viam Churchill como uma relíquia de uma era romântica, irrelevante para a nova ordem mundial. Chegando aos 60 anos, ele poderia ter se retirado para o campo, passando o resto de seus dias pintando, produzindo, alimentando seus patos e cisnes e reclamando que "eles simplesmente não entendem". Mas ele permaneceu no jogo, escrevendo, servindo no Parlamento, falando sobre a ameaça nazista, desafiando a política de apaziguamento. E, claro, os melhores momentos de Churchill estavam anos no futuro, quando a Grã-Bretanha resistiu ao ataque de Hitler e de seus capangas nazistas espalhando a essência do mal sobre o mundo. Se Churchill não tivesse persistido em seus anos áridos, não estaria perfeitamente situado para liderar quando toda a Europa escureceu.

No fim da Segunda Guerra Mundial, Churchill foi expulso do cargo, quando seu partido perdeu a eleição. Ele se sentiu profundamente magoado, escrevendo mais tarde: "O poder de moldar o futuro me seria negado. O conhecimento e a experiência que adquiri, a autoridade e a boa vontade que ganhei em tantos países desapareceriam." Enquanto ele olhava carrancudo para o prato do almoço, sua esposa disse que talvez fosse uma bênção disfarçada, ao que Churchill respondeu: "No momento, está disfarçada até demais."

No entanto, mesmo em seus 70 anos, ele permaneceu no jogo. Fez seu famoso discurso que popularizou a expressão "Cortina de Ferro", dando uma imagem vívida à ameaça existencial à liberdade representada pela União Soviética no início da Guerra Fria. Ele escreveu seu livro de memórias de seis volumes, *A Segunda Guerra Mundial* (as melhores 5 mil páginas sobre a arte da liderança que já li), que lhe rendeu o Prêmio Nobel de Literatura. Ele mais uma vez se tornou primeiro-ministro. Como Steve Jobs, ele cessou o impulso implacável de ser útil apenas quando seu corpo fraquejou.

A maioria de nós é freada em algum ponto ao longo do caminho da vida, atirada no chão, o mundo olhando para nós. E quando — *não se, quando* — isso acontecer, temos uma escolha. Nós voltaremos? E, quando isso acontecer de novo, nós nos levantaremos de novo? E de novo, e de novo, e de novo, e de novo? Quando me sinto vencido por acontecimentos, golpeado por contratempos ou simplesmente exausto de lidar com meus próprios erros, penso em Steve Jobs, em Winston Churchill e em Tommy Caldwell. Não persistindo de maneira severa, cheio de sofrimento sem fim, mas persistindo com alegria e gratidão, alimentado pela busca apaixonada de um trabalho com propósito. A vida é muito longa para desistirmos cedo e muito curta para sermos desviados daquilo por que somos apaixonados e para o que nascemos para fazer.

Ao terminar este capítulo, lembro-me de uma conversa fascinante que tive sobre sorte quando tive o azar de ter um voo cancelado e me vi em um voo reserva espremido em um assento do meio. Achei que deveria aproveitar ao máximo e ver o que poderia aprender com as pessoas sentadas ao meu lado. Então, comecei uma conversa.

"De onde você é?", perguntei ao passageiro no assento do corredor, um cavalheiro de aparência distinta que parecia estar na casa dos 60 anos.

"Moro em Denver agora."

"Você é de lá?"

Ele riu: "Não, estou muito longe de onde cresci. Cresci em um bairro pobre do centro da cidade na Costa Leste."

"O que o levou a Denver?"

"Possuo uma rede de restaurantes."

"Como foi que isso aconteceu?"

"Ah, minha vida tem sido uma história de tremenda sorte."

"Como assim?"

"Tudo começou com um professor de ciências incrível. Eu estava sentado em uma sala no primeiro dia de aula, sem prestar atenção e não muito interessado. Então aquele homem entrou, posicionou uma escada no meio da sala, colocou um bloco embaixo da escada e saiu. Ele esperou e então irrompeu de volta na sala, subiu correndo a escada e saltou com um grito estridente. Então olhou para todos nós e disse: 'Vamos falar sobre gravidade.' Ele me inspirou a me interessar por ciências e ganhei uma bolsa de estudos em uma importante faculdade de ciências para estudar física."

Ele passou a descrever como isso o levou a conseguir um emprego em uma empresa de tecnologia de ponta, depois fazer alguns investimentos excelentes — "apostas de muita sorte" — e em seguida reinvesti-los no que se tornaria a sua rede de restaurantes. "Eu estava realmente no lugar certo na hora certa, e tudo simplesmente fluiu."

Então o jovem no assento da janela entrou na conversa.

"Bom, não posso me dar ao luxo de acreditar na sorte", disse ele.

"Por quê?"

"Estou tentando entrar no beisebol profissional, e as chances são muito baixas. Mas tenho que acreditar que posso fazer acontecer, que posso trabalhar e treinar e me colocar no jogo. Tenho que acreditar que depende de mim. Se eu acreditasse que é em grande parte sorte, simplesmente não conseguiria suportar a luta. Eu tenho que acreditar em mim mesmo."

"Sabe", disse o homem mais velho, no assento do corredor. "Eu via as coisas como você. Eu tinha que acreditar que dependia de mim, que eu poderia fazer, que não precisava de sorte para conseguir. Eu não poderia ter feito o que fiz se tivesse começado pensando: 'Bom, é tudo uma questão de sorte.' Avaliando hoje, vejo o papel da sorte, mas teria me destruído acreditar que o azar de onde comecei determinaria onde eu terminaria."

Essa conversa ilustra perfeitamente um estranho paradoxo da sorte. Por um lado, aqueles que constroem grandes empresas acreditam que a sorte não determinará suas realizações e contribuições finais. Eles assumem a total responsabilidade por criar seu próprio destino. Mas, depois de obter um sucesso extraordinário, eles escrevem a sorte de volta em sua própria história, reconhecendo o papel que ela desempenhou. Se você errar por creditar parte de seu sucesso à sorte, e não ao seu próprio brilho, continuará a trabalhar arduamente para melhorar. Atribuir todos os resultados positivos ao seu próprio gênio é arrogância. Afinal, o que aconteceria se um pouco de sorte encobrisse as inadequações que serão expostas quando a sua sorte acabar? O segredo é estar preparado para o que você não pode controlar ou prever, e ser forte o suficiente para sobreviver e aproveitar ao máximo a sorte e as oportunidades quando elas surgirem.

Aqueles que veem a vida, os negócios e a busca por realizações como uma questão de encontrar aquele grande sucesso — o grande golpe de sorte — não conseguem entender como a verdadeira grandeza acontece. Nenhuma grande empresa, nenhuma grande carreira e nenhum grande trabalho surgem por um único evento, um único lançamento de moeda, uma única jogada. Claro, persistência não garante sucesso; e os melhores líderes entendem que podem precisar mudar estratégias, planos e métodos ao longo caminho para construir uma grande empresa. Mas eles também entendem e vivem esta simples verdade: a sorte favorece os persistentes.

Gostaria de encerrar este capítulo com uma advertência essencial sobre a persistência que está em *Feitas para Durar*. De tudo o que escrevi, sozinho ou em parceria com alguém, em 30 anos, este é um dos trechos mais essenciais para empreendedores e líderes de empreendimentos em estágio inicial, reproduzido aqui como um lembrete para ter em mente ao construir sua empresa:

> Os desenvolvedores de empresas visionárias foram muito persistentes, vivendo o lema: nunca, nunca, *nunca* desistir. *Mas em que* exatamente persistir? A resposta: na companhia. *Esteja preparado para matar, adaptar ou evoluir uma ideia* (a GE desistiu do sistema DC original e abraçou o sistema AC), *mas nunca desista da companhia.* Se você comparar o sucesso da companhia ao sucesso de uma ideia específica — como fazem muitos no meio dos negócios — é mais provável que você desista dela caso a ideia fracasse. Se a ideia tiver êxito, é bem capaz que se apaixone e se apegue a ela por tempo demais, enquanto a companhia deveria caminhar em outras direções. Porém, se você considerar a companhia como a criação soberana e não a execução de uma ideia específica ou a capitalização no

momento em que ocorrer uma oportunidade mercadológica, será capaz de desenvolver uma ideia — boa ou ruim — e avançar, o que caracteriza uma grande e duradoura instituição.

Capítulo 6

O QUE MOVE AS GRANDES EMPRESAS — O MAPA

Em uma sociedade em constante renovação, o que amadurece é um sistema ou estrutura dentro da qual inovação, renovação e renascimento contínuos podem ocorrer.

— JOHN W. GARDNER

ESTE CAPÍTULO REÚNE DÉCADAS DE pesquisa em um roteiro para a construção de uma grande empresa. As origens do Mapa remontam a quando comecei minha carreira de pesquisa e ensino na Faculdade de Negócios de Stanford. Um dia, quando me sentei para redigir um novo plano de estudos para o curso sobre empreendedorismo e gestão de pequenas empresas, digitei impulsivamente uma visão geral do curso que desafiava meus alunos com uma aspiração elevada. Em vez de focar apenas os fundamentos do lançamento de um empreendimento startup e a gestão de empresas de pequeno e médio porte, reformulei todo o curso em torno do que seria necessário para construir *uma grande empresa duradoura*.

Eu me apaixonei por essa questão. E me senti fortalecido pela visão de meus alunos fazerem algo nobre e audacioso com as suas vidas. Se eles fossem se tornar empreendedores, eu queria que criassem algumas das empresas mais bem-sucedidas do mundo, empresas que causariam um impacto distinto e positivo, empresas dignas de admiração, empresas que perdurassem. Mas também percebi que tinha muito trabalho a fazer. Simplesmente continuei olhando para a frase "grande empresa duradoura" e pensando comigo mesmo: "Uau, não sei nada sobre isso, mas vou descobrir!"

E isso despertou um grande esforço para descobrir e ensinar o que faz as grandes empresas funcionarem. Mal sabia eu que levaria cerca de 25 anos de trabalho para satisfazer minha curiosidade.

Escrevi meu primeiro livro sobre o assunto com Bill Lazier, a edição original de *Beyond Entrepreneurship*, que se baseou nos casos que ensinávamos em nosso curso em Stanford e na sabedoria prática de Bill. A partir daí, guiado pela tutela inspirada do meu mentor de pesquisa Jerry Porras, coloquei minhas energias em décadas de pesquisa, buscando descobrir princípios atemporais que separam as grandes empresas de todas as outras. Às vezes, fazia parceria com um coautor e às vezes escrevia sozinho, e sempre tive equipes de pesquisa compostas em grande parte por alunos de graduação e de pós-graduação da Universidade de Stanford e da Universidade do Colorado. Cada vez que terminávamos um projeto de pesquisa e um livro, havia outra pergunta para responder, outra lente para olhar, outro ângulo para explorar. Então, continuei marchando, concluindo vários estudos de pesquisa que, no total, basearam-se em mais de 6 mil anos de história corporativa combinada. Estruturamos cada estudo e cada livro resultante como a busca de uma questão abrangente, como:

- Por que algumas startups e pequenas empresas se transformam em empresas visionárias que mudam o mundo e perduram por décadas, enquanto outras não conseguem atingir um status tão icônico? (*Feitas para Durar*, em coautoria com Jerry Porras).
- Por que algumas empresas saltam de boas para excelentes, enquanto outras, em circunstâncias semelhantes, não o fazem? (*De Bom a Excelente*).
- Por que algumas empresas atingem a grandeza e depois a perdem — passando de ótima para boa, então para medíocre e perdida — enquanto outras sustentam sua grandeza? (*Como as Gigantes Caem*).
- Por que algumas empresas prosperam na incerteza, até mesmo no caos, e outras, não; quando atingidas por forças grandes e velozes que não podemos prever nem controlar, o que distingue aquelas que têm um desempenho excepcionalmente bom das que têm um inferior ou pior? (*Great by Choice*, em coautoria com Morten Hansen).

Não estudamos apenas o sucesso; estudamos o *contraste* entre o sucesso e o fracasso, a ascensão e o declínio, a resistência e o colapso, a grandeza e a mediocridade. Ao longo de nossa pesquisa, empregamos um rigoroso método histórico de dicotomias que Jerry Porras e eu criamos, comparando empresas que se tornaram excelentes a empresas em circunstâncias semelhantes que não o fizeram, examinando sistematicamente sua evolução desde o início. Nosso método de pesquisa se baseou no poder do contraste. A questão crítica não era: "O que as grandes empresas têm em comum?" A questão crítica era: "O que as grandes empresas têm em comum que as *distingue* de suas comparações diretas?" As empresas comparadas estavam no mesmo setor, com oportunidades e circunstâncias iguais ou muito semelhantes durante a mesma era, mas não tinham tido um desempenho tão bom. Analisávamos sistematicamente as histórias dos casos contrastantes e perguntávamos: "O que explica a diferença?" (Veja no diagrama a seguir, "O Método de Pesquisa Dicotômico de Boa a Excelente", uma ilustração de como aplicamos essa metodologia no estudo das empresas que passaram de boas a excelentes.)

O MÉTODO DE PESQUISA DICOTÔMICO DE BOA A EXCELENTE

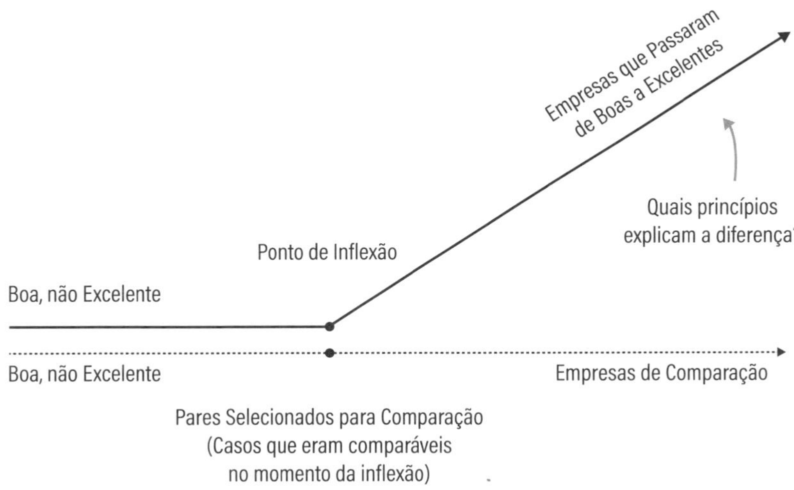

Antes de prosseguirmos, vamos abordar um ponto-chave sobre as grandes empresas da nossa pesquisa. Estudamos *eras históricas* de grandeza, não as empresas como o eram na época. Algumas das empresas da nossa pesquisa tropeçaram ou caíram nas décadas subsequentes após sua era de grandeza, e você pode se perguntar: "Mas e a empresa XYZ? Não parece ser uma grande empresa hoje." Pense em nossa pesquisa como algo comparável ao estudo de uma dinastia esportiva durante seus melhores anos. Só porque a dinastia do basquete UCLA Bruins das décadas de 1960 e 1970, sob a coordenação do treinador John Wooden (com seus 10 campeonatos da NCAA em 12 anos), declinou após sua aposentadoria, não invalida os insights obtidos ao estudar o programa de basquete da UCLA durante sua era dinástica. Nessa mesma linha, uma grande empresa pode deixar de ser grande, mas isso não apaga sua era de grandeza dos livros dos recordes. Concentramos nossas lentes de pesquisa e baseamos nossas descobertas em eras históricas de grandeza que duraram no mínimo 15 anos (e a maioria durou substancialmente mais).

Como leitor de *BE 2.0*, você pode estar intrigado sobre como as descobertas se aplicam a empresas menores; afinal, muitas das empresas apresentadas na nossa pesquisa tornaram-se corporações gigantescas. A resposta é simples: *todas* as empresas que estudamos já foram startups e pequenos negócios, e estudamos seu desenvolvimento desde o início. Aprendemos que é melhor estruturar as bases da grandeza da empresa o mais cedo possível. Para usar uma analogia, é melhor ser bem-educado e entrar na idade adulta como um indivíduo bem ajustado e saudável do que ser mal-educado e ter que corrigir os percalços decorrentes disso mais tarde na vida. Claro, as pessoas podem se tornar bem-sucedidas — e muitas vezes o fazem — após uma criação inadequada dos pais, mas isso não torna a criação inadequada de filhos a melhor opção. O mesmo ocorre com a construção de empresas: é preciso ter bons pais. A maioria das grandes empresas teve os alicerces de excelência colocados em prática quando ainda eram relativamente jovens e/ou pequenas. E, embora seja possível transformar uma mediocridade massiva em uma grande empresa no futuro, é muito melhor acertar as bases de início.

Cada estudo de pesquisa adicionou ideias e princípios. Pensamos em cada projeto de pesquisa como fazer furos e iluminar uma caixa-preta, dentro da qual encontramos princípios duradouros que distinguem as grandes empresas das boas. Cada novo estudo revelou dinâmicas adicionais e nos permitiu ver princípios previamente descobertos sob novos ângulos. Não podemos alegar que os conceitos que descobrimos "causam" a grandeza (ninguém nas ciências sociais pode jamais alegar causalidade), mas podemos afirmar a existência de correlações enraizadas nas evidências. Se você aplicar nossas descobertas com disciplina, suas chances de construir uma grande empresa duradoura serão maiores do que se você se comportar como um caso de comparação.

Após décadas de pesquisa e vários livros, comecei a receber perguntas de pessoas que queriam se envolver com todo o corpo da obra em uma sequência sistemática. As perguntas seguiam esta linha: "Como uma equipe de liderança, por onde devemos começar?" "Como todas as ideias dos diferentes livros se encaixam?" "Existe uma ordem melhor para ler seu trabalho ou se envolver com os conceitos?" "Devemos proceder livro a livro ou conceito a conceito?" "Existe um mapa mestre de princípios em todos os livros?"

Refletindo sobre essas questões, percebi que, de certa forma, eu estava fazendo um projeto de pesquisa gigante de várias décadas que saiu em parcelas, livro por livro. Decidi selecionar os conceitos essenciais em todos os estudos de pesquisa, estabelecendo 12 princípios fundamentais. Em seguida, trabalhei para colocá-los na sequência adequada, ligados entre si em uma estrutura geral, que definiria um caminho que os líderes poderiam seguir para criar uma grande empresa. Meu objetivo era condensar o trabalho da minha vida com grandes empresas em um único "mapa" que coubesse em um grande quadro branco no meu laboratório de gerenciamento.

Trinta anos depois de começar a decifrar o código do que move grandes empresas, apresentei o Mapa pela primeira vez a um grupo de empreendedores em estágio inicial da Techstars, uma aceleradora de startups. Sorri para mim mesmo por ter começado a ensinar empreendedorismo e pequenos negócios em Stanford, determinado a desafiar meus alunos a iniciar e construir grandes empresas que pudessem durar, e fechado o círculo ao desafiar uma geração inteiramente nova de empreendedores e de pequenas empresas líderes. Só que, dessa vez, eu tinha o Mapa.

O que Move as Grandes Empresas

O MAPA

Desenvolvido por Jim Collins

ENTRADAS				SAÍDAS
ESTÁGIO 1 PESSOAL DISCIPLINADO	**ESTÁGIO 2** PENSAMENTO DISCIPLINADO	**ESTÁGIO 3** AÇÃO DISCIPLINADA	**ESTÁGIO 4** FAZER PARA DURAR	
CULTIVE **O NÍVEL 5 DE LIDERANÇA**	ABRACE A **FILOSOSIA DO E**	CRIE MOTIVAÇÃO CONTROLANDO **O VOLANTE**	PRATIQUE **A PRODUTIVIDADE PARANOICA** (EVITE OS **5 ESTÁGIOS DO DECLÍNIO**)	RESULTADOS SUPERIORES
PRIMEIRO QUEM, DEPOIS O QUÊ (Coloque as Pessoas Certas a Bordo)	CONFRONTE OS FATOS BRUTAIS (VIVA O **PARADOXO DE STOCKDALE**)	CONQUISTE AVANÇOS COM A **MARCHA DAS 20 MILHAS**	**FAÇA A HORA** EM VEZ DE MARCAR O TEMPO	IMPACTO INIGUALÁVEL
	ESCLAREÇA O **CONCEITO DO PORCO-ESPINHO**	RENOVE E ESTENDA POR MEIO DE **CINCO BALAS SIMPLES, DEPOIS, POR BALAS DE CANHÃO**	**PRESERVE A ESSÊNCIA/ FOMENTE O PROGRESSO** (CONQUISTE O PRÓXIMO **GOAA**)	GRANDE DURAÇÃO
AMPLIFICADO EM **10X PELO MULTIPLICADOR** Obtém um Alto **Retorno da Sorte**				

No texto a seguir, eu o guiarei pelos itens essenciais do Mapa. Para cada um dos princípios do Mapa, eu o encaminharei para capítulos e monografias selecionados que se relacionam com ele. Se você (ou sua equipe) quiser se envolver com todo o fluxo da estrutura, sugiro percorrer o Mapa enquanto faz a leitura direcionada associada a cada princípio em sequência.

Para começar, observe que o Mapa tem *entradas* e *saídas*.

O que Move as Grandes Empresas

O MAPA

Desenvolvido por Jim Collins

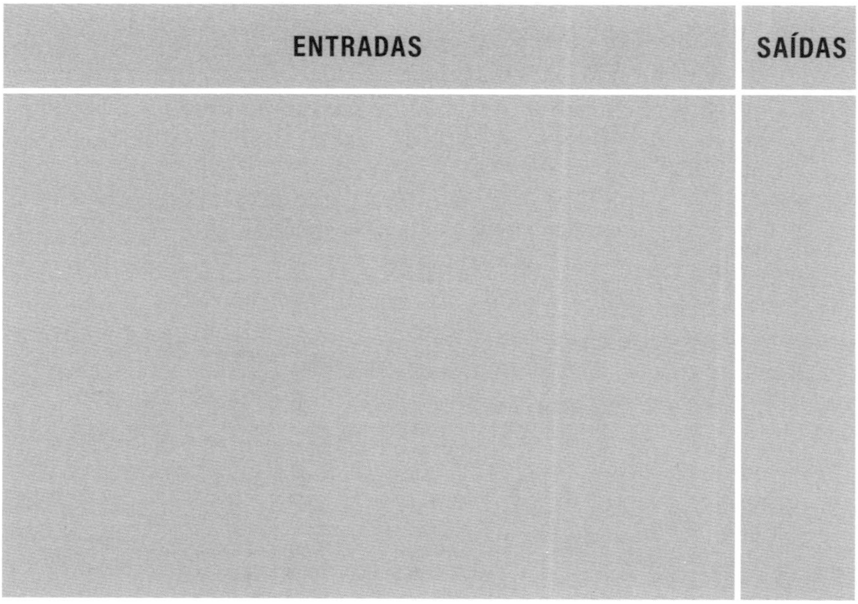

As entradas delineiam o *caminho* para a construção de uma grande empresa, composto por uma sequência de princípios fundamentais que tiramos das nossas pesquisas. Os resultados definem o que *é* uma grande empresa, não como você chega lá. Essa é uma distinção importante, porque as pessoas frequentemente confundem os dois. Ter "as pessoas certas a bordo" é uma entrada (um meio para a grandeza) ou uma saída (uma definição de grandeza)? Alcançar um desempenho superior é uma entrada (um meio para a grandeza) ou uma saída (uma definição de grandeza)? Em nossa pesquisa, tivemos o cuidado de separar as entradas das saídas, e a expressão completa do Mapa tornará essa distinção clara.

Vamos nos voltar primeiro para as entradas, começando pelo papel da disciplina. Um tema abrangente nas descobertas das nossas pesquisas é o papel da disciplina em separar o excelente do medíocre. A verdadeira disciplina requer independência de espírito para rejeitar pressões para se conformar de maneiras incompatíveis com valores, padrões de desempenho e aspirações de longo prazo. A única forma legítima de disciplina é a autodisciplina, ter a vontade interior de fazer o que for preciso para criar um grande resultado, não importa o quão difícil seja. Quando você tem pessoas disciplinadas, não precisa de hierarquia. Quando você tem um pensamento disciplinado, não precisa de burocracia. Quando você tem uma ação disciplinada, não precisa de controles excessivos. Quando você combina uma cultura de disciplina com uma ética de empreendedorismo, cria uma mistura poderosa que leva a um ótimo desempenho.

Para construir uma grande organização duradoura — nos negócios ou nos setores sociais —, você precisa de pessoas disciplinadas que se empenhem em pensamentos disciplinados e tomem ações disciplinadas. Então, você precisa de disciplina para manter o ímpeto por um longo período. Isso é a espinha dorsal da estrutura, disposta em quatro estágios básicos:

Estágio 1: Pessoal Disciplinado.

Estágio 2: Pensamento Disciplinado.

Estágio 3: Ação Disciplinada.

Estágio 4: Fazer para durar.

O que Move as Grandes Empresas

O MAPA

Desenvolvido por Jim Collins

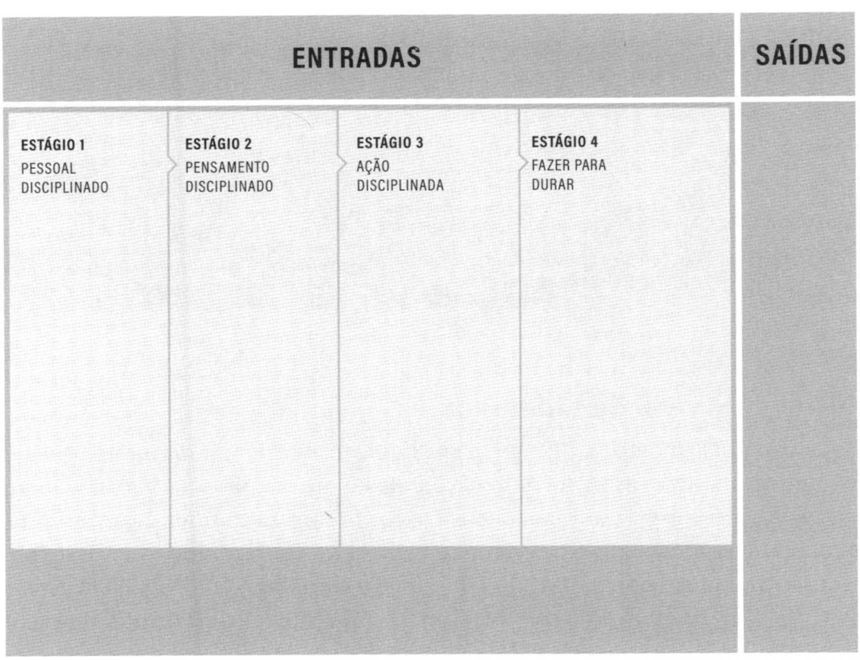

ESTÁGIO 1: PESSOAL DISCIPLINADO

Tudo começa com as pessoas. Existem dois princípios fundamentais no Estágio 1:

- Cultive o Nível 5 de Liderança.
- Primeiro quem, depois o quê (coloque as pessoas certas a bordo).

O que Move as Grandes Empresas

O MAPA

Desenvolvido por Jim Collins

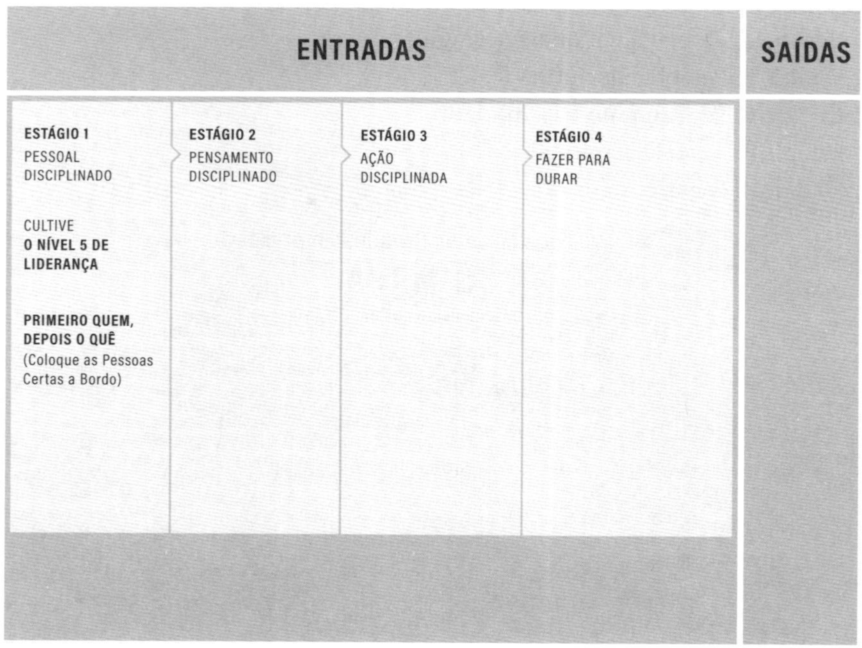

Cultive o Nível 5 de Liderança

Nossa pesquisa mostrou que ter uma liderança carismática não explica por que algumas empresas se tornam excelentes e outras não. Na verdade, alguns dos casos de comparação mais desastrosos tinham uma liderança muito forte e carismática na mesma época em que caíram ou faliram. Em vez disso, nossa pesquisa descobriu que o ingrediente crítico é a liderança de Nível 5. A essência do Nível 5 de liderança é uma combinação paradoxal de humildade pessoal e vontade indomável. A humildade expressa no Nível 5 não é uma falsa humildade; é uma subjugação do ego pessoal *a serviço* de uma causa além de si mesmo. Essa humildade é combinada com a vontade indomável de fazer o que for preciso (não importa o quanto seja difícil) para melhor servir a essa causa. Os líderes de Nível 5 são incrivelmente ambiciosos, mas canalizam sua ambição para construir uma grande equipe e uma grande organização, e para cumprir uma missão compartilhada que, em última análise, não se restringe a eles.

HIERARQUIA DOS 5 NÍVEIS DE LIDERANÇA

NÍVEL 5
EXECUTIVO DE NÍVEL 5
Constrói a grandeza duradoura por meio de uma combinação paradoxal de humildade pessoal com vontade indomável

NÍVEL 4
LÍDER EFICAZ
Motiva um comprometimento com uma visão clara e cativante, bem como uma busca vigorosa por ela, incentivando os mais altos padrões de performance

NÍVEL 3
LÍDER COMPETENTE
Organiza pessoas e recursos em prol de uma busca eficiente e eficaz por objetivos predeterminados

NÍVEL 2
CONTRIBUIÇÃO COMO MEMBRO DE UMA EQUIPE
Contribui com suas habilidades particulares para conquistar objetivos e trabalha proficuamente em equipe

NÍVEL 1
ALTO NÍVEL DE HABILIDADES PARTICULARES
Faz contribuições produtivas com seu talento, conhecimento, habilidades e bons hábitos de trabalho

Embora as personalidades dos líderes de Nível 5 variem, eles geralmente são modestos, quietos, reservados e até tímidos. Todas as transições feitas em nossa pesquisa começaram com um líder de Nível 5 que motivou as pessoas mais com padrões inspiradores do que com uma personalidade inspiradora. A cada dez vezes o sucesso empresarial em nossa pesquisa teve fundadores e líderes que, embora ocasionalmente fossem personagens pitorescos, nunca confundiam liderança com personalidade; eles eram totalmente obcecados por tornar a empresa excelente e por garantir que ela durasse além deles mesmos. Construir uma grande empresa requer cultivar o Nível 5 em você e em sua equipe. Uma grande empresa no seu ápice tem um pipeline de liderança de Nível 5 e líderes de unidade de Nível 5 espalhados por toda parte. (Leituras recomendadas: *De Bom a Excelente*, Capítulos 1 e 2; *Great by Choice*, Capítulos 1 e 2 — conteúdo em inglês —; *Good to Great and the Social Sectors: A Monograph to Accompany Good to Great* — conteúdo em inglês.)

Primeiro Quem, Depois o quê (Coloque as Pessoas Certas a Bordo)

Os líderes de Nível 5 que constroem as melhores e mais duráveis empresas pensam primeiro no "quem" e *depois* no "quê". Eles primeiro colocam as pessoas certas a bordo (e tiram as erradas) e, em seguida, descobrem para onde guiar o barco. Quando você está enfrentando caos, turbulência, perturbação e incerteza, e não pode prever o que está por vir, sua melhor "estratégia" é cercar-se de pessoas disciplinadas que podem se adaptar e ter um desempenho brilhante, não importa o que venha a seguir. Nossa pesquisa respaldou o que chamamos de "Lei de Packard" (em homenagem ao cofundador da HP): nenhuma empresa pode crescer consistentemente mais rápido do que sua capacidade de obter as pessoas certas suficientes e ainda se tornar uma grande empresa. Se uma empresa crescer consistentemente mais rápido do que sua capacidade de obter as pessoas certas suficientes, ela não vai simplesmente estagnar, ela vai cair. A métrica número um a rastrear não é receita, lucro, retorno sobre capital ou fluxo de caixa; a métrica número um é a porcentagem de posições críticas ocupadas pelas pessoas certas para elas. Tudo depende de ter as pessoas certas. (Leituras recomendadas: *De Bom a Excelente*, Capítulo 3; *BE 2.0*, Capítulo 2.)

ESTÁGIO 2: PENSAMENTO DISCIPLINADO

Com as pessoas certas no lugar que devem estar, você chega ao Estágio 2: pensamento disciplinado. Existem três princípios-chave nesse estágio:

- Abrace a filosofia do E.
- Confronte os fatos brutais (viva o Paradoxo de Stockdale).
- Esclareça o conceito do porco-espinho.

O que Move as Grandes Empresas

O MAPA

Desenvolvido por Jim Collins

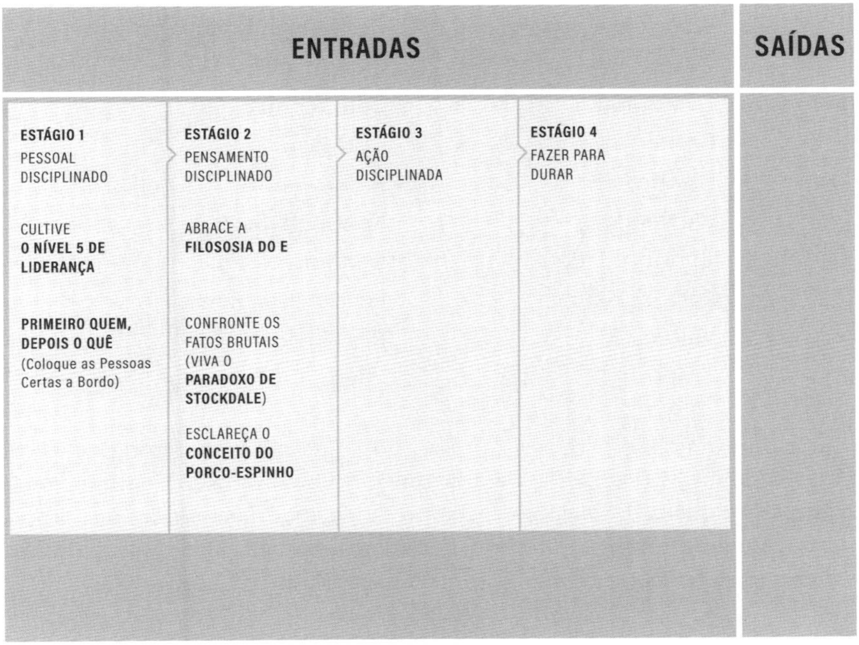

Abrace a Filosofia do E

Falsas dicotomias são pensamentos indisciplinados. Nas palavras de F. Scott Fitzgerald: "O teste de uma inteligência de primeira classe é a capacidade de manter duas ideias opostas na mente ao mesmo tempo e ainda reter a capacidade de funcionar." Os construtores de grandeza se sentem confortáveis com o paradoxo. Eles não se oprimem com o que chamamos de "ditadura do OU", que leva as pessoas a acreditarem que as coisas devem ser *A* OU *B*, mas não ambos ao mesmo tempo. Em vez disso, elas se libertam com a "filosofia do E". Pensadores indisciplinados forçam os debates a duras escolhas da "ditadura do OU"; pensadores disciplinados expandem a conversa para criar a filosofia das soluções E. Na nossa pesquisa, encontramos uma miríade de permutações de dualidades "filosofia do E". Por exemplo:

Criatividade	*E*	Disciplina
Inovação	*E*	Execução
Humildade	*E*	Audácia
Liberdade	*E*	Responsabilidade
Custo	*E*	Qualidade
Curto prazo	*E*	Longo Prazo
Prudência	*E*	Coragem
Análise	*E*	Ação
Idealismo	*E*	Pragmatismo
Continuidade	*E*	Mudança
Postura realista	*E*	Postura visionária
Valores	*E*	Resultados
Propósito	*E*	Lucro

De particular interesse para as empresas, nossa pesquisa mostrou que as companhias visionárias rejeitam a ideia de que o único propósito de um negócio é maximizar a riqueza dos acionistas; empresas visionárias buscam um propósito central além de ganhar dinheiro E geram uma riqueza substancial. (Leituras recomendadas: *Feitas para Durar*, Capítulo 1, Interlúdio e Capítulo 3.)

Confronte os Fatos Brutais (Viva o Paradoxo de Stockdale)

Nossa pesquisa descobriu que os líderes de Nível 5 instilam o Paradoxo de Stockdale, nome dado em homenagem ao almirante Jim Stockdale, o oficial de mais alta patente no campo de prisioneiros de guerra de Hanói Hilton durante a Guerra do Vietnã. Stockdale abraçou uma filosofia do E na sua liderança: você deve manter a fé inabalável de que pode e irá prevalecer no final, independentemente das dificuldades, *e ao mesmo tempo* deve enfrentar os fatos mais brutais de sua realidade atual, sejam eles quais forem. Você deve acreditar que pode sobreviver ao acampamento e viver para ver seus entes queridos novamente *e ao mesmo tempo* deve aceitar estoicamente que não estará presente neste Natal nem no próximo, ou mesmo no seguinte. Não caia na armadilha da liderança de criar falsas esperanças que logo serão destruídas pelos eventos. Ainda assim, não ceda ao desespero nem perca a fé de que vencerá no final. Você precisa do Paradoxo de Stockdale para passar de startup a uma grande empresa. Você precisa do Paradoxo Stockdale para liderar uma empresa de boa a excelente. Você precisa do Paradoxo de Stockdale para navegar por turbulências e perturbações. Você precisa do Paradoxo de Stockdale para reverter o declínio e arquitetar um retorno ao sucesso. Você precisa do Paradoxo de Stockdale para renovar constantemente uma empresa de sucesso para que ela possa perdurar. Os líderes de Nível 5 confrontam os fatos brutais *antes* de definirem a visão e a estratégia, e criam um ambiente no qual a verdade é ouvida. O fracasso em confrontar os fatos brutais é um precursor de um declínio catastrófico, sempre. (Leitura recomendada: *De Bom a Excelente,* Capítulo 4.)

Esclareça o Conceito do Porco-espinho

Uma antiga parábola grega diz que a raposa sabe muitas coisas, mas o ouriço sabe de uma grande coisa. Com base nessa parábola, o filósofo Isaiah Berlin dividiu o mundo em dois tipos de pensadores: raposas e ouriços. As raposas abraçam a complexidade inerente do mundo e perseguem muitas ideias, nunca se entregando a uma única busca ou ideia norteadora. Os ouriços, ao contrário, gravitam em torno da simplicidade e pensam em termos de uma única ideia que orienta tudo. Nossa pesquisa descobriu que aqueles que constroem grandes empresas tendem a ser mais ouriço do que raposa. Também descobrimos que eles usam implícita ou explicitamente o conceito do porco-espinho para a tomada de decisão disciplinada. O conceito do porco-espinho é um conceito simples e cristalino que flui da compreensão profunda da interseção dos três círculos a seguir: (1) algo pelo qual você está profundamente apaixonado, (2) algo em que você pode ser o melhor no mundo, e (3) algo que melhor impulsiona seu motor econômico.

O conceito do porco-espinho também reflete a disciplina para confrontar os fatos brutais sobre o que você *não* é apaixonado, no que você *não* pode ser o melhor e o que *não* faz sentido econômico. Quando você se torna fanaticamente disciplinado na tomada de decisões consistentes com os três círculos, começa a gerar ímpeto. Isso inclui a disciplina não apenas do que fazer, mas, igualmente, do que *não* fazer e do que *parar* de fazer. (Leituras recomendadas: *De Bom a Excelente,* Capítulos 5, 6 e 7; *Good to Great and the Social Sectors: A Monograph to Accompany Good to Great* — conteúdo em inglês.)

OS TRÊS CÍRCULOS
do conceito do porco-espinho

ESTÁGIO 3: AÇÃO DISCIPLINADA

No Estágio 3, você traduz o pensamento disciplinado em ação disciplinada, criando ímpeto para alcançar uma inovação e estender o desempenho. Existem três princípios-chave no Estágio 3:

- Crie motivação controlando o volante.
- Conquiste avanços com a marcha das 20 milhas.
- Renove e estenda por meio de cinco balas simples, depois, por balas de canhão.

O que Move as Grandes Empresas

O MAPA

Desenvolvido por Jim Collins

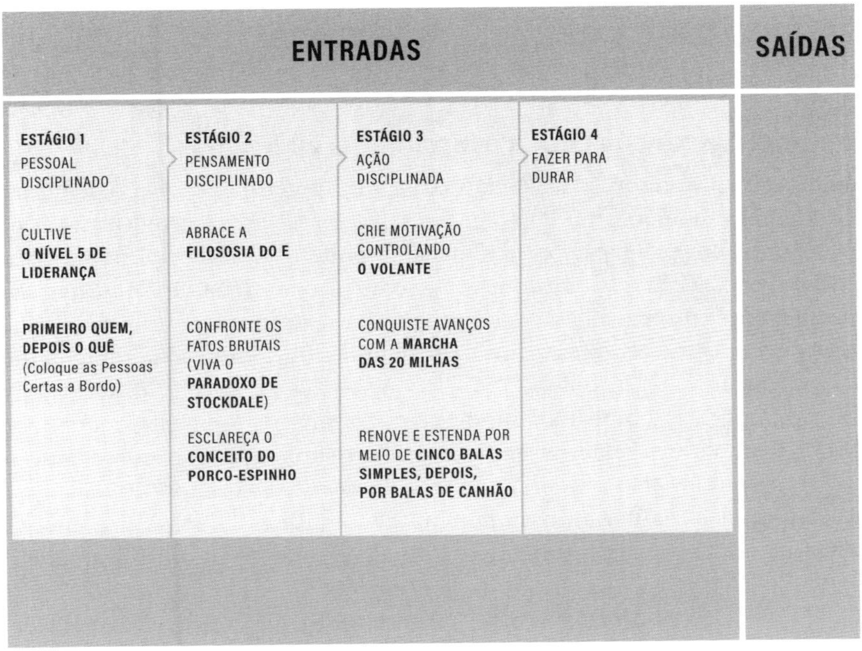

Crie Motivação Controlando o Volante

Nossa pesquisa mostrou que, não importa o quão drástico seja o resultado final, construir um grande empreendimento não é algo que acontece de uma só vez. Não há uma ação única definidora, nenhum grande programa, nenhuma inovação matadora, nenhum golpe de sorte solitário, nenhum impulso milagroso. Em vez disso, o processo se assemelha a empurrar implacavelmente um volante gigante e pesado, giro após giro, ganhando impulso até um ponto de ruptura e além dele. Empurrando com um grande esforço, você faz o volante se mover para frente. Você continua empurrando e faz com que ele complete uma volta. Não pare. Você continua empurrando. O volante se move um pouco mais rápido. Duas voltas... depois quatro... depois oito... o volante cria impulso... dezesseis... trinta e duas... movendo-se mais rápido... mil... dez mil... cem mil. Então, em algum ponto — a revolução! O volante voa para frente com um impulso quase imparável. Depois de compreender totalmente como criar o ímpeto do volante em sua circunstância específica e aplicar essa compreensão com criatividade e disciplina, você obtém o poder da composição estratégica. Cada turno se baseia no trabalho anterior, à medida que você toma uma série de boas decisões, extremamente bem executadas, que se combinam umas com as outras. (Leituras recomendadas: *De Bom a Excelente,* Capítulo 8; *Good to Great and the Social Sectors: A Monograph to Accompany Good to Great* — conteúdo em inglês.)

Conquiste Avanços com a Marcha das 20 Milhas

Para alcançar um impulso revolucionário, você precisa agir com disciplina fanática a cada momento no volante. Em *Great by Choice,* Morten Hansen e eu descobrimos um princípio particularmente poderoso de disciplina fanática: a Marcha das 20 Milhas. Comprometer-se com uma marcha de 20 milhas significa estabelecer um padrão de desempenho para atingir com uma consistência implacável. É como atravessar um país gigantesco fazendo uma marcha mínima de 20 milhas — 32 quilômetros — todos os dias. E você continua em marcha, não importa o tempo, não importa o quão cansado (ou energizado) você se sinta, não importa o quão desagradável seja o ambiente. Durante o processo, você se pergunta: "Do que precisamos — e o que precisamos evitar — para que consigamos manter a nossa marcha de 20 milhas?" Nossa pesquisa descobriu que quanto mais turbulento o ambiente, mais as 20 milhas prosperam. A Marcha das 20 Milhas impõe ordem em meio à desordem, disciplina em meio ao caos e consistência em meio à incerteza. É uma questão de consistência *consecutiva* — ou seja, você não para de ir em frente. Algumas empresas da nossa pesquisa fizeram sua Marcha de 20 milhas por mais de 40 anos consecutivos, sem parar. O compromisso de marchar com consistência *consecutiva* atinge uma bela filosofia do E: estimula a disciplina do desempenho de curto prazo *e* da construção de longo prazo. Você deve acertar a marcha *nesse* ciclo *e em todos os ciclos subsequentes,* de anos a décadas. (Leitura recomendada: *Great by Choice,* Capítulo 3 — conteúdo em inglês.)

Renove e Estenda por meio de Cinco Balas Simples, Depois, por Balas de Canhão

Com o tempo, uma grande empresa renova e amplia seu volante com base no princípio de balas de fogo e depois de balas de canhão. Esta é a ideia: imagine um navio hostil se aproximando. Você tem uma quantidade limitada de pólvora. Então, pega toda a sua pólvora e a usa para disparar uma grande bala de canhão. A bala de canhão voa e se espatifa no oceano, errando o navio que se aproxima. Você se volta para seu estoque, descobre que está sem pólvora e sabe que terá problemas. Mas, suponha, em vez disso, que, ao vir o navio se aproximando, você pegue um pouco de pólvora e dispare uma bala. Falha em 40 graus. Você carrega outra bala e atira. Faltam 30 graus. Você dispara uma terceira bala, errando apenas 10 graus. A próxima bala atinge — ping! — o casco do navio que se aproxima. Você tem uma validação empírica, uma linha de visão calibrada. Agora, você pega toda a pólvora restante e dispara uma grande bala de canhão ao longo da linha de visão calibrada, que afunda o navio inimigo. Nossa pesquisa mostrou que balas de canhão calibradas se correlacionam com resultados desproporcionais; balas de canhão não calibradas se correlacionam com desastres. A capacidade de *expandir* a inovação — para transformar ideias pequenas e comprovadas (balas) em grandes sucessos (balas de canhão) — pode fornecer grandes explosões de ímpeto ao volante. Disparar balas simples e depois balas de canhão é um mecanismo primário para expandir o escopo do conceito do porco-espinho de uma organização e estender seu volante para arenas inteiramente novas. (Leituras recomendadas: *Greatby Choice*, Capítulo 4 — conteúdo em inglês —; *Good to Great and the Social Sectors: A Monograph to Accompany Good to Great* — conteúdo em inglês.)

ESTÁGIO 4: FAZER PARA DURAR

Se você passar de maneira brilhante por todos os princípios-chave dos estágios 1 a 3, provavelmente criará uma empresa de muito sucesso. No Estágio 4, no qual você faz a sua empresa durar, existem três princípios-chave:

- Pratique a produtividade paranoica (evite os 5 estágios do declínio).
- Faça a hora em vez de marcar o tempo.
- Preserve a essência/fomente o progresso (alcance o próximo GOAA).

O que Move as Grandes Empresas

O MAPA

Desenvolvido por Jim Collins

ENTRADAS				SAÍDAS
ESTÁGIO 1 PESSOAL DISCIPLINADO	**ESTÁGIO 2** PENSAMENTO DISCIPLINADO	**ESTÁGIO 3** AÇÃO DISCIPLINADA	**ESTÁGIO 4** FAZER PARA DURAR	
CULTIVE **O NÍVEL 5 DE LIDERANÇA**	ABRACE A **FILOSOSIA DO E**	CRIE MOTIVAÇÃO CONTROLANDO **O VOLANTE**	PRATIQUE **A PRODUTIVIDADE PARANOICA** (EVITE OS **5 ESTÁGIOS DO DECLÍNIO**)	
PRIMEIRO QUEM, DEPOIS O QUÊ (Coloque as Pessoas Certas a Bordo)	CONFRONTE OS FATOS BRUTAIS (VIVA O **PARADOXO DE STOCKDALE**)	CONQUISTE AVANÇOS COM A **MARCHA DAS 20 MILHAS**	**FAÇA A HORA** EM VEZ DE MARCAR O TEMPO	
	ESCLAREÇA O **CONCEITO DO PORCO-ESPINHO**	RENOVE E ESTENDA POR MEIO DE **CINCO BALAS SIMPLES, DEPOIS, POR BALAS DE CANHÃO**	**PRESERVE A ESSÊNCIA/ FOMENTE O PROGRESSO** (CONQUISTE O PRÓXIMO **GOAA**)	

Pratique a Produtividade Paranoica (Evite os 5 Estágios do Declínio)

O primeiro passo a fim de fazer para durar é *não morrer*. Os únicos erros com os quais você pode aprender são aqueles aos quais sobrevive. Toda empresa é vulnerável ao declínio. Não existe nenhuma lei da natureza segundo a qual as empresas mais bem-sucedidas permanecerão inevitavelmente no topo. Qualquer uma pode cair, e a maioria acaba caindo. Os empreendedores que constroem grandes empresas diferem de suas contrapartes de comparação menos bem-sucedidas na forma como mantêm a hipervigilância em tempos bons e ruins. Os líderes que navegam pela turbulência e evitam o declínio presumem que as condições podem mudar inesperadamente, de forma violenta e rápida. Eles perguntam obsessivamente: "E se? E se? E se?" Preparando-se com antecedência, construindo reservas, preservando margens de segurança, limitando os riscos e aprimorando sua disciplina nos momentos bons e ruins, eles lidam com os problemas de uma posição de força e flexibilidade. A produtividade paranoica ajuda a evitar que as organizações caiam nos 5 estágios do declínio que podem parar o volante e destruí-las. Esses estágios são (1) a arrogância por ter nascido no sucesso, (2) a busca indisciplinada por mais, (3) a negação do risco e do perigo, (4) o apego à salvação e (5) a rendição à irrelevância e/ou à morte.

5 Estágios do Declínio

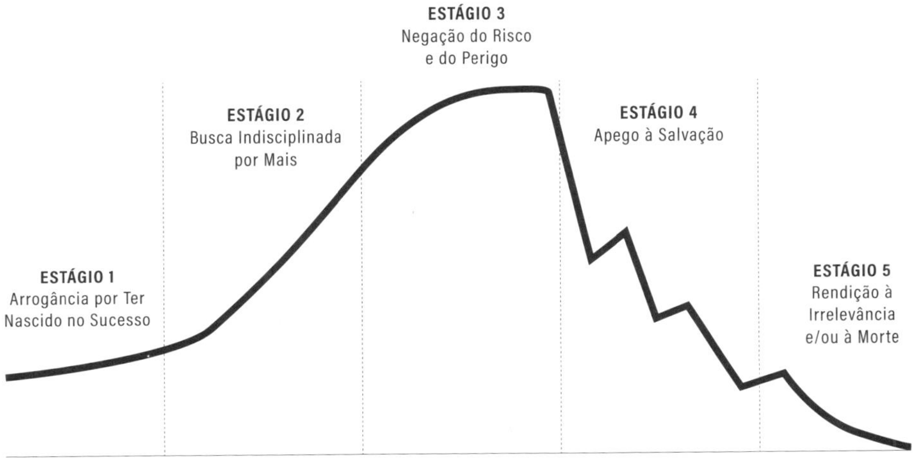

Nossa pesquisa descobriu que as empresas que estão passando pelos três primeiros estágios do declínio ainda parecem fortes quando vistas de fora — muitas vezes, experimentando vendas recordes e rápido crescimento —, mas já estão doentes por dentro. Quanto mais bem-sucedida sua empresa se torna, mais você precisa praticar a produtividade paranoica. (Leituras recomendadas: *Great by Choice*, Capítulo 5 — conteúdo em inglês —; *Como as Gigantes Caem*.)

Faça a Hora em Vez de Marcar o Tempo

Liderar como um visionário carismático — um "gênio com mil ajudantes", de quem tudo depende — é marcar o tempo. Moldar uma cultura que pode prosperar muito além de qualquer líder é fazer a hora. A busca por uma única grande ideia sobre a qual construir o sucesso é marcar o tempo. Construir uma organização que pode gerar muitas ideias excelentes é fazer a hora. Nossa pesquisa mostrou que os líderes que constroem grandes empresas duradouras passam de marcar o tempo para fazer a hora. Quem faz a hora cria receitas altamente replicáveis, programas de treinamento extensos, canais de desenvolvimento de liderança e mecanismos tangíveis para reforçar os valores essenciais. Eles colocam as pessoas certas a bordo e gerenciam o sistema, não as pessoas. Para quem verdadeiramente faz a hora, o sucesso chega quando a organização prova sua grandeza não apenas durante a gestão de um líder, mas também quando a *próxima* geração de liderança aumenta ainda mais o ímpeto do volante. Para usar uma analogia, pense em escrever a Constituição dos Estados Unidos como um ato consumado de fazer a hora, de modo que a nação iniciante possa durar além da coragem e da genialidade daqueles que venceram a Guerra da Independência. Da mesma forma, lançar uma startup é como vencer a Guerra da Independência, mas construir uma empresa que pode durar é como escrever a Constituição. (Leituras recomendadas: *Feitas para Durar,* Capítulo 2; *Great by Choice,* Capítulo 6 — conteúdo em inglês.)

Preserve a Essência/Fomente o Progresso (Conquiste o Próximo GOAA)

Se você cumprir todos os princípios anteriores, provavelmente terá uma empresa bem-sucedida e duradoura. Mas existe um padrão ainda mais alto: construir uma instituição que seja icônica e visionária. Nossa pesquisa revelou uma dualidade subjacente incorporada por empresas, organizações e instituições que se tornaram visionárias e sustentaram sua grandeza. Essas empresas demonstram uma aplicação particularmente poderosa da filosofia do E: preservar a essência E fomentar o progresso. Pense em um símbolo yin-yang usado na filosofia taoísta. Por um lado, você tem que "preservar a essência". Por outro, é necessário "fomentar o progresso". Para preservar a essência, as organizações visionárias têm um conjunto de valores e objetivos essenciais atemporais (razão de ser) que permanecem constantes ao longo do tempo. Para fomentar o progresso, elas têm um impulso implacável para o progresso — mudança, melhoria, inovação e renovação. Grandes organizações duradouras entendem a diferença entre seus valores essenciais (que quase nunca mudam) e suas estratégias operacionais e práticas culturais (que se adaptam infinitamente a um mundo em mudança). A fim de fazer para durar, você precisa fazer para mudar.

Nossa pesquisa também mostrou que empresas altamente visionárias costumam empregar GOAAs para fomentar o progresso. Seu propósito central é a estrela-guia, sempre lá fora no horizonte e constantemente puxando você para frente. Seu GOAA, por outro lado, é a grande montanha que você escala em dado momento, um grande objetivo audacioso e arriscado que você pode algum dia alcançar. Enquanto estiver naquela montanha, seu foco e energia vão para aquela subida específica. Mas, assim que chega ao topo, você coloca a mira novamente na estrela-guia (seu propósito) e escolhe outra montanha para escalar (outro GOAA). E, claro, ao longo de toda a aventura, você permanece fiel aos seus valores essenciais. (Leituras recomendadas: *Feitas para Durar,* Capítulos 4, 5 e 10; *De Bom a Excelente,* Capítulo 9; *BE 2.0,* "Visão".)

MULTIPLICADOR 10X — RETORNO SOBRE A SORTE

Por fim, há uma entrada que amplifica todos os outros princípios da estrutura: o conceito do retorno sobre a sorte. Ao longo de toda a nossa pesquisa, uma pergunta me atormentava: qual é o papel da sorte? Nossa pesquisa mostrou que as grandes empresas geralmente não tinham mais sorte do que as de comparação — elas não obtinham mais sorte, menos azar, maiores picos de sorte ou melhores momentos de sorte. Em vez disso, elas obtinham um maior *retorno* sobre a sorte, aproveitando mais a sorte do que as outras. A questão crítica não é: "Você terá sorte?" Mas: "O que você fará com a sorte que tiver?" Se você obtiver um alto retorno em um evento de boa sorte, isso pode adicionar um grande impulso ao volante. Mas, se estiver mal preparado para absorver um evento de má sorte e não conseguir um alto retorno de sua má sorte, isso pode desestabilizar ou paralisar o volante. Cerca de 50% da grande liderança depende do que você faz com o inesperado.

O que Move as Grandes Empresas

O MAPA

Desenvolvido por Jim Collins

ENTRADAS				SAÍDAS
ESTÁGIO 1 PESSOAL DISCIPLINADO	**ESTÁGIO 2** PENSAMENTO DISCIPLINADO	**ESTÁGIO 3** AÇÃO DISCIPLINADA	**ESTÁGIO 4** FAZER PARA DURAR	
CULTIVE **O NÍVEL 5 DE LIDERANÇA**	ABRACE A **FILOSOSIA DO E**	CRIE MOTIVAÇÃO CONTROLANDO **O VOLANTE**	PRATIQUE **A PRODUTIVIDADE PARANOICA** (EVITE OS **5 ESTÁGIOS DO DECLÍNIO**)	
PRIMEIRO QUEM, DEPOIS O QUÊ (Coloque as Pessoas Certas a Bordo)	CONFRONTE OS FATOS BRUTAIS (VIVA O **PARADOXO DE STOCKDALE**)	CONQUISTE AVANÇOS COM A **MARCHA DAS 20 MILHAS**	**FAÇA A HORA** EM VEZ DE MARCAR O TEMPO	
	ESCLAREÇA O **CONCEITO DO PORCO-ESPINHO**	RENOVE E ESTENDA POR MEIO DE **CINCO BALAS SIMPLES, DEPOIS, POR BALAS DE CANHÃO**	**PRESERVE A ESSÊNCIA/ FOMENTE O PROGRESSO** (CONQUISTE O PRÓXIMO **GOAA**)	
AMPLIFICADO EM **10X PELO MULTIPLICADOR** Obtém um Alto **Retorno da Sorte**				

De todos os princípios do Mapa, o retorno sobre a sorte é talvez o meu favorito. Depois de entender que a sorte pode ser definida com precisão como um evento discreto, você verá os eventos de sorte em todos os lugares. (Novamente, para revisar do capítulo anterior, um "evento de sorte" passa por três testes: Primeiro, *você não o causou*; segundo, *tem uma consequência significativa*, boa ou má; e terceiro, tem um *elemento surpresa*, pelo menos algum aspecto do evento é imprevisível antes de ele acontecer.) Qualquer estrutura que não levasse em conta eventos imprevisíveis e imprevistos seria incompleta, e eu não poderia estar intelectualmente satisfeito até que lutássemos com a questão da sorte. O conceito de retorno sobre a sorte é responsável pelo fato inegável de que a sorte acontece (muito), mas capta a verdade essencial de que sorte em si não pode causar a grandeza. O azar catastrófico pode matar uma empresa potencialmente excelente, mas a boa sorte não pode tornar uma empresa excelente. A sorte não constrói grandes empresas que duram; pessoas o fazem. (Leituras recomendadas: *Great by Choice*, Capítulo 7 — conteúdo em inglês —; *BE 2.0*, Capítulo 5, *A sorte favorece o persistente*.)

AS SAÍDAS DE GRANDEZA

Os princípios descritos anteriormente são as *entradas* para a construção de uma grande organização. Mas quais são as *saídas* que definem uma grande organização? Quais são os critérios de grandeza? Existem três testes: (1) resultados superiores, (2) impacto inigualável e (3) grande duração.

O que Move as Grandes Empresas

O MAPA

Desenvolvido por Jim Collins

ENTRADAS				SAÍDAS
ESTÁGIO 1 PESSOAL DISCIPLINADO	**ESTÁGIO 2** PENSAMENTO DISCIPLINADO	**ESTÁGIO 3** AÇÃO DISCIPLINADA	**ESTÁGIO 4** FAZER PARA DURAR	
CULTIVE **O NÍVEL 5 DE LIDERANÇA**	ABRACE A **FILOSOSIA DO E**	CRIE MOTIVAÇÃO CONTROLANDO **O VOLANTE**	PRATIQUE **A PRODUTIVIDADE PARANOICA** (EVITE OS **5 ESTÁGIOS DO DECLÍNIO**)	RESULTADOS SUPERIORES
PRIMEIRO QUEM, DEPOIS O QUÊ (Coloque as Pessoas Certas a Bordo)	**CONFRONTE OS FATOS BRUTAIS** (VIVA O **PARADOXO DE STOCKDALE**)	CONQUISTE AVANÇOS COM A MARCHA **DAS 20 MILHAS**	**FAÇA A HORA** EM VEZ DE MARCAR O TEMPO	IMPACTO INIGUALÁVEL
	ESCLAREÇA O **CONCEITO DO PORCO-ESPINHO**	RENOVE E ESTENDA POR MEIO DE **CINCO BALAS SIMPLES, DEPOIS, POR BALAS DE CANHÃO**	**PRESERVE A ESSÊNCIA/ FOMENTE O PROGRESSO** (CONQUISTE O PRÓXIMO **GOAA**)	GRANDE DURAÇÃO
AMPLIFICADO EM **10X PELO MULTIPLICADOR** Obtém um Alto **Retorno da Sorte**				

Resultados Superiores

Nos negócios, o desempenho é definido pelos resultados financeiros — retorno sobre o capital investido — e pelo cumprimento do objetivo corporativo. Nos setores sociais, o desempenho é definido pelos resultados e pela eficiência no cumprimento da missão social. Mas, se você está operando em negócios ou nos setores sociais, deve alcançar resultados de alto nível. Para usar uma analogia: uma equipe esportiva deve ganhar campeonatos; se não encontrar uma maneira de ganhar no jogo escolhido, não pode ser considerada realmente grande.

Impacto Inigualável

Uma empresa verdadeiramente grande dá uma contribuição tão única para as comunidades que atinge e faz seu trabalho com uma excelência tão absoluta que, se desaparecesse, deixaria um buraco que não poderia ser facilmente preenchido por nenhuma outra instituição do planeta. Se sua empresa acabasse, quem sentiria falta dela e por quê? Isso não exige ser grande; pense em um restaurante local pequeno, mas fabuloso, que faria muita falta se desaparecesse. Grande não é igual a inigualável, e inigualável não é igual a grande.

Grande Duração

Uma organização verdadeiramente grande prospera por um longo período de tempo, além de qualquer grande ideia, oportunidade de mercado, ciclo de tecnologia ou programa bem financiado. Quando vencida pelos contratempos, ela encontra uma maneira de se recuperar com mais força do que antes. Uma grande empresa transcende a dependência de qualquer líder extraordinário; se a sua organização não pode ser excelente sem você, então ela ainda não é realmente grande.

DEPOIS DO MAPA — O QUE VEM A SEGUIR?

Ao longo de nossa pesquisa, estudamos os dois lados de uma moeda. De um lado, estudamos empresas que se tornaram grandes e sustentaram sua grandeza por décadas. Por outro, estudamos empresas que não conseguiram se tornar grandes ou que perderam a grandeza. O Mapa foi feito com base nos dois lados da moeda. Aprendemos que, embora o caminho para construir uma grande empresa seja estreito, há muitas maneiras de sucumbir ao declínio catastrófico e ao fracasso.

A *Fortune* me pediu para escrever um ensaio principal para sua edição da *Fortune 500* de 2008. Ao me preparar para escrevê-lo, pedi aos editores da *Fortune* que me ajudassem a reunir alguns dados básicos. Aqui estão alguns fatos preocupantes. Das 500 empresas que constavam na primeira lista em 1955, menos de 15% estava na lista em 2008. (A lista de 1955 incluía apenas empresas industriais, enquanto a lista de 2008 também incluía empresas de serviços.) Quase 2 mil empresas haviam aparecido na lista desde seu início, e a maioria já havia desaparecido, incluindo muitas que já foram célebres. Muitas das 2 mil simplesmente renderam sua independência ao longo do caminho, enquanto outras morreram imediatamente. Mas, seja por rendição ou morte, o fato brutal é que a maioria não sobreviveu como uma grande empresa.

Contudo, também há uma história de esperança para contar. As empresas *podem* sustentar a grandeza por décadas, mesmo que apenas algumas o façam.

Isso significa que você nunca chega ao "fim" do Mapa. Nunca termina a jornada. Não acaba a necessidade de ter pessoas disciplinadas que se engajam em pensamentos disciplinados e tomam ações disciplinadas. Você nunca termina de renovar a empresa para que ela possa durar. Você nunca termina de se preparar para o azar e capitalizar a boa sorte, obtendo um retorno maior para a sorte do que os outros. A grandeza é um processo inerentemente dinâmico, não um ponto-final.

O Mapa não garante um ótimo resultado. Mas aqueles que aderem a seus princípios — e que o fazem com uma alegre intensidade — têm melhores chances de construir uma grande empresa que pode durar do que aqueles que não o fazem. Ao longo do caminho, talvez mais como um subproduto do que como uma meta, eles podem encontrar a felicidade diária que vem de fazer um trabalho significativo com pessoas de quem realmente gostam e que respeitam profundamente. E é difícil ter uma vida melhor do que essa.

Capítulo 7

ESTRATÉGIA

A estratégia é fácil, mas as táticas — as decisões diárias e mensais necessárias para gerenciar um negócio — são difíceis.

ARTHUR ROCK

"Estratégia." A palavra soa pesada, acadêmica, científica, sisuda.

Para ser um estrategista, essa palavra substancial implica, precisaríamos da inteligência de um matemático puro e das habilidades de um mestre do xadrez. Consultores de estratégia de alto custo gostariam que acreditássemos que apenas 5% dos melhores desempenhos acadêmicos de escolas de pós-graduação de alto nível são virtuosos no pensamento estratégico. Somos levados a imaginar especialistas atenciosos em teoria econômica observando o mundo em altos escritórios no 45º andar de um prédio alto e aplicando os misteriosos rigores das ciências da decisão para inventar estratégias que deslumbram o mundo com seu brilho.

Bom, estivemos no 45º andar e podemos garantir que todas essas imagens de estratégia são falsas.

Não que a estratégia não seja importante. Ela é muito importante. E não que os consultores de estratégia sejam inúteis. Sua objetividade pode ser útil.

Mas a estratégia não é difícil. O estabelecimento de uma estratégia também não é um exercício complicado ou puramente científico.

O objetivo deste capítulo é desmistificar o tópico da estratégia e fornecer um roteiro direto para definir uma. Também abordaremos quatro questões estratégicas principais comumente enfrentadas por empresas de pequeno e de médio porte:

- Com que rapidez crescer.
- Foco versus diversificação.
- Se deve abrir o capital.
- Seja para liderar um mercado ou seguir.

Visão Geral da Estratégia

Estratégia é simplesmente a metodologia básica que você pretende aplicar para cumprir a missão atual da sua empresa. "É assim que cumpriremos a nossa missão." Isso, em poucas palavras, é estratégia. Não há mistério nisso. Não é um conceito difícil.

Uma boa estratégia *não* reside em um plano denso e pomposo, que expõe todas as ações da empresa ao enésimo grau e requer seis meses de esforço de uma equipe de planejamento estratégico. Os negócios, como a vida, não podem ser totalmente planejados. Nem devem ser. Existem muitas incertezas e oportunidades inesperadas. Em vez disso, é melhor simplesmente ter uma metodologia clara, cuidadosa e descomplicada para cumprir sua missão — uma metodologia que abra espaço para iniciativas individuais, oportunidades, condições de mudança, experimentação e inovação.

Quatro Princípios Básicos para Definir uma Estratégia Eficaz

Existem quatro princípios básicos a serem considerados ao definir a estratégia da empresa:

1. A estratégia deve derivar diretamente da sua visão. Lembre-se de que é impossível definir uma estratégia a menos que você tenha uma ideia muito clara do que quer fazer. Visão primeiro, estratégia *depois*!
2. A estratégia deve aproveitar os pontos fortes e as capacidades exclusivas de sua empresa. Faça o que você faz bem.
3. A estratégia precisa ser realista. E, portanto, deve levar em consideração as restrições internas e os fatores externos. Enfrente a realidade, *mesmo que seja desagradável*.
4. A estratégia deve ser definida pela participação de quem a fará acontecer.

O Processo

Definir a estratégia envolve as seguintes etapas básicas:

Primeiro, *reveja a visão* da empresa. Se ainda não a esclareceu, faça-o. Em particular, certifique-se de que a missão atual é clara. Como você deve se lembrar do Capítulo 4, sua missão (que é o terceiro componente da visão, depois dos valores essenciais, das crenças básicas e do propósito) é análoga à montanha específica que você escalará.

Em seguida, *faça uma avaliação interna* das capacidades da empresa. Isso é análogo a examinar as capacidades e os recursos da equipe de expedição.

Terceiro, *faça uma avaliação externa* do ambiente, dos mercados, dos concorrentes e das tendências. Isso é análogo a estudar fotos da montanha, examinar boletins meteorológicos, avaliar novas tendências em tecnologia que podem ajudá-lo em sua ascensão e prestar atenção aos concorrentes que buscam chegar ao cume antes de você.

Por fim, levando em consideração as avaliações internas e externas, *tome decisões críticas* sobre o que você pretende fazer para cumprir sua missão atual. Isso é análogo a mapear a rota que você seguirá pela encosta da montanha.

Divida as decisões estratégicas em cada um dos componentes-chave do negócio. As seguintes categorias funcionam bem:

- Produtos (ou serviços) — inclui estratégias de linha de produto e de manufatura (ou de entrega de serviço).
- Clientes (ou segmentos de mercado) — inclui quem são os clientes a que você está atendendo e a forma como pretende alcançá-los.
- Fluxo de caixa (estratégia financeira).
- Pessoal e organização.
- Infraestrutura.

Avaliação Interna

Existem três componentes de uma boa avaliação interna:

- Pontos fortes e fracos.
- Recursos.
- Inovações e novas ideias.

Diagrama de Visão, Estratégia e Táticas

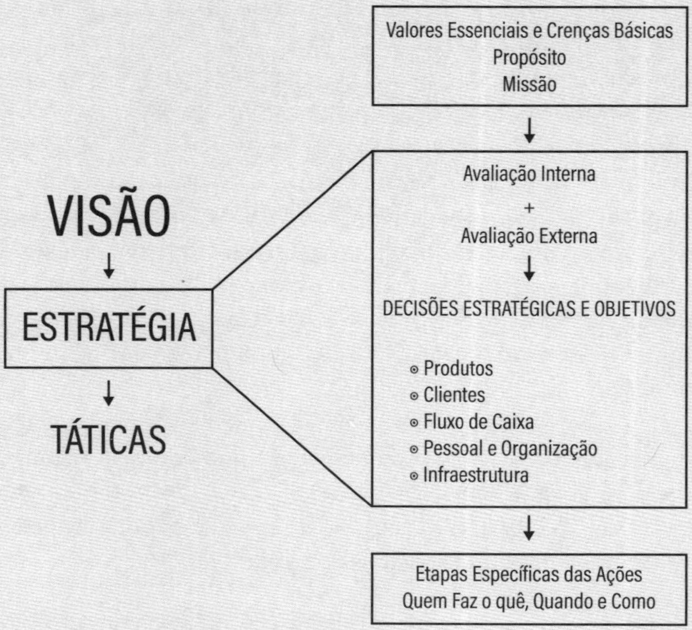

Figura 7.1

PONTOS FORTES E FRACOS

A primeira coisa que você precisa é uma avaliação clara daquilo em que sua empresa é realmente boa e de seus pontos cegos. Lembre-se de que a estratégia deve aproveitar seus pontos fortes.

Para obter uma leitura objetiva de seus pontos fortes e fracos, sugerimos pedir a uma seleção de funcionários e gerentes que listem os três principais pontos fortes e os três principais pontos fracos da empresa. Para garantir a franqueza, é útil que seja anônimo.

Também é importante obter opiniões externas sobre essa questão. Pergunte a conselheiros, investidores e membros do conselho de confiança quais eles consideram seus pontos fortes e fracos. Você pode até pedir a opinião de alguns clientes-chave (o que tem o benefício adicional de desenvolver um relacionamento mais próximo com eles).

Uma pergunta particularmente útil é: "Em que somos melhores do que qualquer outra pessoa e quais são nossas capacidades exclusivas que nos dão uma vantagem competitiva?" A literatura de gestão estratégica atribui uma expressão substancial a essa noção ("competência distintiva"), mas a ideia é muito simples; e importante. Simplificando, empresas inteligentes se limitam a fazer coisas que podem fazer melhor do que as outras.

Por que um atleta de resistência deve tentar competir nos 100 metros rasos? Por que um jogador de futebol americano deveria tentar se tornar um campeão de patinação no gelo? Por que uma empresa orientada para a engenharia deveria tentar competir principalmente em habilidades de marketing? Por que uma empresa excelente em produtos sofisticados e bem projetados deve tentar competir no segmento de commodities de baixo preço de um mercado? Por que o Walmart tentaria competir diretamente com a Nordstrom?

Isso não significa que você não deva tentar erradicar as fraquezas incapacitantes. Qualquer grande empresa trabalha constantemente nos seus pontos fracos, sempre buscando melhorias, e sua estratégia básica deve aproveitar seus pontos fortes. Faça o que você faz bem.

RECURSOS

Em seguida, você precisa obter uma imagem clara de seus recursos. As categorias específicas de recursos a serem considerados podem incluir: fluxo de caixa, acesso a capital externo, materiais escassos, capacidade de produção e pessoas.

INOVAÇÕES E NOVAS IDEIAS

Uma empresa pode moldar seu mercado pela inovação tanto quanto um mercado pode moldar uma empresa por suas demandas. No entanto, a inovação é um dos aspectos mais negligenciados do estabelecimento de estratégias.

Certifique-se de que sua empresa é responsiva à sua própria produção criativa interna. Examine quais inovações e novas ideias estão surgindo no desenvolvimento de produtos, na pesquisa, no design e no marketing. Liste todas as inovações possíveis que podem vir a ser concretizadas. Obtenha estimativas sobre a rapidez com que a inovação pode se tornar comercializável, o nível de recursos necessários para concluir seu desenvolvimento e o nível de marketing necessário.

A última coisa que você quer é eliminar novas ideias e inovações apenas porque não foram planejadas. Na verdade, a maioria das grandes ideias não é planejada, e, se você lançar apenas produtos planejados com cinco anos de antecedência, é improvável que faça produtos inovadores.

A inovação é uma parte tão importante da grandeza corporativa que dedicamos todo o Capítulo 8 a ela. Além disso, a inovação pode ter um efeito drástico nas suas opções estratégicas.

O desenvolvimento do tanque, por exemplo, não fazia parte da estratégia de guerra dos Aliados no início da Primeira Guerra Mundial. No entanto, sua invenção alterou a estratégia dos Aliados no fim da guerra. Os generais não disseram: "Nossa estratégia exige um tanque. Construa um para nós." Não, o tanque foi inventado por um técnico do Departamento de Guerra britânico e apresentado aos generais, que, então, disseram: "Ei, devemos mudar nossa estratégia para usar essa coisa."

O mesmo fenômeno ocorre em empresas, por exemplo: a entrada da HP no mercado de calculadoras de bolso, a estratégia de produto "sock-racer" da Nike, a entrada da Intel no ramo de placas complementares de computador e centenas de estratégias de produto desenvolvidas pela 3M. A inovação deve ser capaz de influenciar a estratégia tanto quanto sua estratégia deve estimular a inovação. A inovação e a estratégia de uma grande empresa estão intimamente ligadas.

Avaliação Externa

Existem sete componentes de uma boa avaliação externa:

- Tendências do setor/mercado.
- Tendências da tecnologia.
- Avaliação do concorrente.
- Ambiente social e regulatório.
- Macroeconomia e demografia.
- Ameaças e oportunidades internacionais.
- Ameaças e oportunidades gerais.

TENDÊNCIAS DO SETOR/MERCADO

Faça um rápido levantamento do seu setor:

- Como seus mercados são segmentados e em quais segmentos você compete?
- Aproximadamente, qual é o tamanho dos segmentos de mercado para sua linha de produtos atual e para os produtos futuros planejados?
- Os segmentos de mercado para seus produtos (serviços) estão crescendo, estáveis ou encolhendo? Quão rápido? Por quê?
- Quais são as tendências dominantes em seu setor? Quais são as forças subjacentes a elas?
- *Mais importante ainda*, o que seus clientes estão dizendo sobre suas necessidades em evolução? O que eles estão dizendo sobre como sua empresa

está atendendo às necessidades deles? Como as demandas dos clientes estão mudando? A contribuição direta de seus clientes é uma parte essencial da definição da estratégia. Obtenha informações diretamente deles com regularidade. Eles podem dizer o que está acontecendo em seu mercado porque eles *são* o mercado. Eles também podem informá-lo sobre seus concorrentes. É aconselhável pesquisar seus clientes pelo menos uma vez por ano como parte da definição da estratégia.

- Em que estágio de evolução está o seu setor? O que isso significa em termos de como o setor pode mudar nos próximos cinco anos? Use o próximo diagrama, "Estágios da Evolução do Setor", como pano de fundo para essa análise. (Várias versões deste gráfico são comuns na literatura de gestão estratégica e marketing. Uma versão mais detalhada está em *Estratégia Competitiva*, de Michael Porter.)

Observação: os estágios da análise de evolução do setor podem ser uma ferramenta extremamente útil, mas não presuma que todos os setores evoluem da mesma maneira. Veja a nota no fim deste capítulo: "Advertências para a Análise da Evolução do Setor."

TENDÊNCIAS DA TECNOLOGIA

Todos os setores, mesmo os de "baixa tecnologia", têm um componente de tecnologia em sua evolução, em produtos ou em processos. Cada setor é de alguma forma afetado pelas mudanças na tecnologia. Por exemplo, o setor bancário, que historicamente não é conhecido como de "alta tecnologia", foi drasticamente alterado pela tecnologia da informática. No processamento de bastidores, o uso eficaz de computadores tornou-se uma vantagem estratégica fundamental para aqueles que dominavam seu uso rapidamente. No atendimento a clientes, a adoção de caixas eletrônicos tornou-se uma parte essencial dos serviços bancários.

Examine as tendências de tecnologia em seu próprio setor e pergunte-se como você pode usá-las da melhor forma. A questão não é se as tendências de tecnologia afetarão seu setor, mas *como*.

AVALIAÇÃO DO CONCORRENTE

Nunca subestime sua concorrência. Um dos maiores erros em mapear uma estratégia é desconhecer a concorrência ou, pior, desprezá-la.

- Quem são seus concorrentes atuais?
- Quem são seus concorrentes em potencial?

Estágios da Evolução do Setor

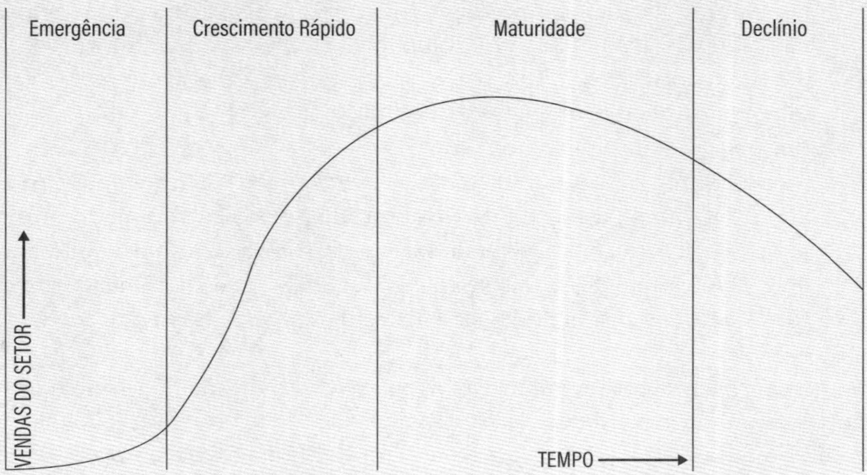

Emergência	Crescimento Rápido	Maturidade	Declínio
Early adopters das inovações incipientes como consumidores críticos Clientes insensíveis ao preço Altos preços Altas margens Altos custos de marketing; necessidade de "educar" as pessoas Canais especializados de distribuição Lançamentos rápidos de produtos; altos custos Novos concorrentes ganhando rápido fatias de mercado Poucos concorrentes Muitos designs de produtos; ausência de padrões	Early adopters influenciam amplamente grupos mais conservadores de consumidores (seguem o líder) Altos preços justos e margens muito altas. Altos custos de marketing, mas baixos como porcentagem de vendas Abertura dos canais de distribuição em massa Guerras de participação de mercado entre pioneiros e novos seguidores: os novos seguidores tendem a solapar os pioneiros Muitos concorrentes Marketing como uma importante habilidade Rápidos aprimoramentos de produtos	Mercado de massa Preços em queda Baixas margens Expansão das linhas de produtos Propaganda e serviço se tornam mais importantes Movimentação continuada rumo aos canais de distribuição em massa Canais de distribuição se equiparam aos números de linhas transportadas Lançamentos lentos de produtos; declínio dos custos unitários Agentes dominantes estabelecidos A concorrência se agita Menos diferenciação de produtos; menos mudanças nas padronizações de produtos	Clientes sofisticados Preços e margens baixos ou em decadência Sobrecarregamento do setor Regresso a canais especializados Regresso a lançamentos curtos de produtos; altos custos Redução da concorrência Estagnação de produto Pode ser o momento ideal para revigorar o setor com uma inovação drástica

Figura 7.2

- Quais são seus pontos fortes e fracos?
- O que você prevê como seus movimentos futuros no mercado? Quais são as *suas* visões e estratégias?
- Como seus pontos fortes, fracos e linha de produtos se comparam aos da concorrência? Quais são as vulnerabilidades dela? Quais são as suas?
- Você tem uma posição clara e diferenciada em relação à dos seus concorrentes? Qual é?

Obter informações do concorrente é bastante fácil. Faça parte da lista de mala direta para obter os comunicados à imprensa, publicações e materiais promocionais do seu concorrente. Participe de feiras de negócios. Ouça sua equipe de vendas. Ouça seus fornecedores. Ouça os clientes. Ouça os funcionários técnicos que se mantêm atualizados sobre os desenvolvimentos tecnológicos. Leia artigos de jornais comerciais e de negócios sobre seu setor e/ou sobre os dos seus concorrentes. Leia a seção de negócios dos jornais das cidades nas quais os seus concorrentes estão localizados.

Tenha cuidado ao obter informações sobre os seus concorrentes. Sob pressão, as pessoas podem ser facilmente tentadas a se apresentarem incorretamente para obter informações sobre a concorrência no seu nome. Isso geralmente acontece com consultores externos que se passam por "alunos fazendo um projeto acadêmico no setor" ou que ligam para um concorrente dizendo que estão "fazendo uma auditoria interna". Não obstante, há dois problemas. Primeiro, isso é antiético. Segundo, pode deixá-lo vulnerável a ações judiciais.

Por exemplo, no início dos anos 1980, uma importante empresa de consultoria em estratégia e um de seus clientes foram processados — com sucesso — quando um jovem pesquisador ligou para as operações de manufatura de um concorrente, fingiu ser um membro do departamento financeiro do concorrente e solicitou informações de custo proprietárias.

AMBIENTE SOCIAL E REGULATÓRIO

Todas as empresas existem como partes integrantes da sociedade em geral e são afetadas por poderosas forças sociais, regulatórias e políticas. Mantenha-se informado sobre essas forças e avalie como elas afetam a sua empresa. A antecipação astuta de movimentos governamentais ou de decisões de órgãos reguladores cria oportunidades tremendas. Por outro lado, ignorar esses aspectos é desastroso.

MACROECONOMIA E DEMOGRAFIA

Examine o clima macroeconômico geral e o impacto que a economia como um todo pode ter na sua empresa.

Preste uma atenção especial às tendências demográficas. Setores inteiros podem ser drasticamente afetados por mudanças demográficas. Por exemplo, o "baby boom" dos Estados Unidos (um aumento gigantesco na taxa de natalidade de 1945 a 1960) continuará a ter um impacto profundo em uma ampla gama de setores até pelo menos o ano 2020. Essa é apenas uma das muitas forças demográficas existentes.

Para empresas que fazem negócios nos Estados Unidos, assinar a revista *American Demographics* é muito útil. Também sugerimos examinar anualmente o *Statistical Abstract of The United States* para obter uma visão macro das tendências demográficas; ambos têm conteúdo em inglês.

AMEAÇAS E OPORTUNIDADES INTERNACIONAIS

Considere o fator internacional em seu pensamento estratégico, mesmo que atualmente você não venda em mercados estrangeiros. A estratégia internacional é relevante para todas as empresas; não importa o seu tamanho, provavelmente haverá forças o puxando para a arena internacional. Pequenas empresas com bons produtos são frequentemente abordadas por potenciais distribuidores, varejistas, revendedores e clientes estrangeiros.

Em um estudo interessante e surpreendente, David Birch analisou os dados de 34 mil exportadores e descobriu que essas empresas que têm entre 50 e 500 funcionários tinham *mais* probabilidade de ser exportadoras do que empresas maiores.

Ao definir a estratégia, presuma que a participação na arena internacional é uma possibilidade viável e, além disso, que as oportunidades internacionais se apresentarão de forma inesperada. No contexto da sua visão, pode não fazer sentido aproveitar essas oportunidades, mas mesmo assim você deve tornar o viés internacional uma parte explícita de sua estratégia, mesmo que decida permanecer no mercado nacional.

Mesmo se você decidir não competir em outros países, é provável que pelo menos um de seus principais concorrentes seja estrangeiro. Os dias de mercados puramente domésticos se foram, e a análise dos concorrentes deve incluir um olhar atento sobre o cenário internacional.

AMEAÇAS E OPORTUNIDADES GERAIS

Ao se preparar para uma sessão de estratégia, peça a um grupo selecionado de funcionários, gerentes e estranhos objetivos para listar as três principais oportunidades externas e as três principais ameaças externas que a empresa enfrenta. Essa é uma maneira rápida e eficiente de aproveitar as percepções de uma variedade de pessoas como entrada para sua avaliação externa.

Em todo o processo de avaliação interna e externa, é absolutamente fundamental que você faça o possível para ver a realidade — para ver as coisas como realmente são, e não como você gostaria que fossem.

Na verdade, uma das coisas que caracterizam as grandes empresas é a disposição de seus líderes e gestores de buscar incansavelmente a verdade, independentemente de ela ser boa ou ruim. No entanto, observamos que é muito comum as empresas se comportarem de maneira oposta.

Um de nós (Jim) trabalhou no início de sua carreira para um gerente que ficou horrorizado com a ideia de contar a seus superiores sobre os problemas com um produto que seria lançado em breve. "A alta administração não quer ouvir más notícias", aconselhou o gerente. "Basta dizer o que eles querem ouvir, e eles ficarão felizes. Se você lhes disser a realidade, será visto como alguém que tem uma atitude negativa."

O risco dessa abordagem, claro, é que a realidade tem uma maneira engraçada de se revelar. Você não pode escondê-la sob o tapete para sempre e, se tentar, geralmente ela volta para acertá-lo. No caso mencionado, as defasagens do produto tornaram-se evidentes, mas apenas depois dele estar no mercado. Se a empresa tivesse enfrentado os problemas diretamente e os corrigido antes de ir ao mercado, uma catástrofe multimilionária poderia ter sido evitada. (A propósito, Jim decidiu ir contra o conselho de seu gerente e levantou a questão com a alta administração. Ele descobriu que seu gerente estava certo: eles não queriam ouvir a realidade e seguiram em frente com um produto condenado.)

Não se tratou, infelizmente, de um acidente isolado. A maioria de nós está familiarizada com situações em que as pessoas não desejam ou têm medo de apresentar verdades desagradáveis. Em muitos casos, quem pode culpá-las? A regra tácita em muitas empresas é: não queremos ver nada negativo, mesmo que seja a verdade; gostamos de nossos óculos cor-de-rosa.

Ignorar fatos, explicar problemas e recusar-se a ver o mundo como ele realmente é não muda a realidade. Isso apenas convida à catástrofe.

Para ilustrar esse ponto, gostamos de usar um exemplo vívido da história mundial: a década que antecedeu a Segunda Guerra Mundial. Na década de 1930, oficiais britânicos, norte-americanos e franceses foram confrontados com uma série esmagadora de fatos desagradáveis: a Alemanha construiu armas militares em violação do Tratado de Versalhes, as forças alemãs entraram na Renânia, Hitler ordenou o recrutamento militar, a Alemanha devorou a Áustria e a Tchecoslováquia.

Ainda assim, surpreendentemente, esses fatos não foram levados em consideração. Hitler planejava uma grande guerra, mas as autoridades aliadas não queriam ver essa verdade desagradável (para não mencionar politicamente impopular). Portanto, elas se comportaram como se os fatos não existissem.

Em seu livro, *The Gathering Storm* [Tempestade em Formação, em tradução livre], Winston Churchill descreveu como Neville Chamberlain, primeiro-ministro da Grã-Bretanha de 1937 a 1940, estava se iludindo:

> Sua esperança ferrenha era entrar para a história como o grande pacificador, e, para isso, ele estava preparado para lutar constantemente contra os fatos. Implorei ao governo que colocasse essas verdades brutais em sua cabeça. Se tivéssemos respondido aos fatos à medida que se tornaram evidentes, a guerra poderia ter sido evitada sem perda de sangue.

Mas essas "verdades brutais" não foram assimiladas até que fosse tarde demais e uma guerra devastadora engolfasse a Europa.

Essa lição da história mundial se aplica à definição de estratégia dos negócios? Pode apostar que sim. Liderando uma nação ou administrando uma empresa, a lição é a mesma: ignore a realidade e ela voltará e lhe dará um tapa na cara. É muito importante evitar que isso aconteça na sua empresa.

Há uma série de atitudes que você pode tomar para evitar se proteger da realidade.

Primeiro, cerque-se de pessoas que falam como as coisas são. Por mais estranho que pareça, não é uma tarefa fácil. Por um lado, a maioria das pessoas sabe que dizer a verdade é algo politicamente perigoso, e muitas, como o gerente mencionado, têm pavor de consequências políticas.

Você precisa de pelo menos algumas pessoas ao seu redor que não tenham medo de você e que não se preocupem com politicagens. É aqui que pessoas de fora, imparciais e objetivas (consultores e diretores), têm um valor inestimável. Você também precisa de pessoas honestas — pessoas que sejam tão honestas e diretas que seja quase desconfortável tê-las por perto. Você não tem que gostar delas. Só precisa ouvi-las.

Churchill, por exemplo, tinha uma opinião tão arraigada sobre isso que criou um departamento à parte cuja única responsabilidade era descobrir e apresentar a verdade nua e crua sobre questões urgentes. Os líderes de grandes empresas nunca hesitam em recompensar o que Thomas J. Watson Jr. chamou de "indivíduos astutos, ásperos, incômodos e quase desagradáveis, que veem e falam sobre as coisas como realmente são".

Segundo, mantenha contato pessoal com o que está acontecendo. Não confie apenas em relatórios de status ou revisões trimestrais e em outros métodos de relatórios formais para obter informações. Use os produtos da sua empresa. Ouça diretamente os funcionários de todos os níveis. Fale com os clientes. Leia relatórios de consumidores sobre seus produtos. Responda pessoalmente às reclamações dos clientes. Em suma, faça o que puder para se manter em contato com a realidade.

Terceiro, nunca puna as pessoas por dizerem a verdade. Todos nós conhecemos a história de como Pedro, o Grande, respondeu ao mensageiro que lhe levou a notícia da derrota: ele o executou.

Nenhum de nós gosta de ver a realidade quando ela é desagradável ou decepcionante; todos nós somos culpados, pelo menos até certo ponto, de querer usar óculos cor-de-rosa. Isso não é desculpa para punir aqueles que nos dizem a verdade, e deve-se resistir vigorosamente à tendência de fazê-lo. Se as pessoas levantarem um problema ou uma questão desagradável, não as castigue nem as trate como se tivessem uma atitude ruim. Agradeça a elas.

A questão aqui não é que sua empresa deva tolerar dores de cabeça, ceticismo e desespero. Nenhum de nós tem tempo para esse tipo de bobagem. A questão é que decisões estratégicas eficazes só podem ser tomadas se você não estiver protegido da realidade, não importa o quão desagradável ela seja.

VISÃO DE JIM EM 2020

A Essência da Estratégia

Nos anos que se seguiram à edição original de *Beyond Entrepreneurship*, continuei refletindo sobre estratégia. Baseando-me na nossa pesquisa sobre o que impulsiona grandes empresas, trabalhando com organizações em nosso laboratório de gestão em Boulder e aprendendo com grandes líderes militares e pensadores, descobri que o pensamento estratégico sólido (após ter clareza de visão) se resume a ter respostas perspicazes e empiricamente validadas a três questões essenciais:

1. Em que fazer nossas grandes apostas?
2. Como nos proteger?
3. Como estender nossas vitórias?

EM QUE FAZER NOSSAS GRANDES APOSTAS?

Os fundamentos intelectuais da estratégia têm suas raízes nos grandes pensadores militares da história. Em particular, Carl von Clausewitz influenciou profundamente todo o campo do pensamento estratégico com seu trabalho *Da Guerra*. Clausewitz cristalizou a tese de convergir a força no centro de gravidade de um conflito (onde as vitórias teriam o maior impacto no sucesso militar e na realização do propósito nacional). "Não existe lei de estratégia mais elevada e mais simples *do que a de manter as forças concentradas*", escreveu Clausewitz. (Nota: se você estiver interessado em uma visão geral inteligente da história da estratégia militar, incluindo o trabalho de Clausewitz, recomendo os ensaios do professor aposentado de West Point Dr. Michael Hennelly, que refletiu muito sobre a tradução dos princípios estratégicos para o mundo dos negócios.)

É claro que devemos ter cuidado ao fazer uma analogia geral entre a estratégia militar e os negócios. Nas Forças Armadas, você desenvolve uma estratégia para destruir um inimigo e forçá-lo a render-se dentro do contexto de um objetivo nacional/político claro. Já nos negócios, você desenvolve uma estratégia para conquistar clientes criando algo de valor e tornando suas vidas melhores dentro do contexto de uma visão corporativa clara. Dito isso, essa ideia central — concentração de força, brilhantemente direcionada para as melhores oportunidades de obter resultados desproporcionais — correlaciona-se diretamente com resultados estratégicos superiores.

Todas as grandes empresas que estudamos fizeram algumas grandes apostas excepcionalmente boas e altamente concentradas em pontos essenciais de suas histórias. A Nucor apostou alto em mini-mills para a fabricação de aço, criando uma inflexão de uma empresa quase falida com uma mistura de negócios não relacionados a uma das empresas siderúrgicas mais lucrativas dos EUA. A Microsoft apostou alto no Windows, impulsionando sua ascensão de uma pequena startup de linguagens de computador a uma das empresas de software mais bem-sucedidas do mundo. Walt Disney apostou alto em filmes de animação, depois apostou alto novamente na Disneylândia como a inflexão primária de uma pequena empresa de filmes de animação em uma grande empresa de entretenimento. A Kroger apostou alto nas superlojas, enquanto seu principal rival, A&P, começou um longo declínio para a irrelevância e a morte quando optou por renunciar a uma grande aposta semelhante. A Apple fez uma série de grandes apostas ao longo de sua história, do Apple II e do Macintosh ao iPhone e ao iPad. A Amgen testou um monte de ideias usando tecnologia de DNA recombinante no início de sua história, e depois apostou alto na EPO (eritropoietina) para condições de células sanguíneas baixas; a droga revolucionária catapultou a Amgen para uma das primeiras grandes empresas de biotecnologia. A Southwest Airlines apostou alto que unir um modelo operacional simples e de baixo custo com uma cultura empresarial amorosa daria a liberdade de voar a pessoas que raramente voavam; com base nessa aposta, a Southwest Airlines deixou de ser uma startup com pouco dinheiro e três aeronaves para se tornar a companhia aérea mais lucrativa dos Estados Unidos.

Claro, você precisa de *boas* grandes apostas. As grandes apostas *erradas* podem prejudicar ou mesmo paralisar uma empresa de muito sucesso. Então, o que diferencia uma boa grande aposta de uma ruim? *Validação empírica.* É disso que trata o princípio "disparar balas simples, depois, balas de canhão", de *Great by Choice* (descrito no Capítulo *O Mapa*).

Quando Robert Noyce e Gordon Moore pediram demissão da Fairchild Semiconductor para lançar a startup de chips de semicondutores Intel, ela era uma das mais de dez novas empresas de semicondutores fundadas quase na mesma época em um incipiente Vale do Silício. Eles não tinham um produto específico, mas haviam validado empiricamente a "Lei de Moore". Moore calculou que o número de componentes por circuito integrado que poderiam ser produzidos a um custo mínimo dobrava aproximadamente a cada ano. Eles decidiram apostar sua nova empresa nos avanços inevitáveis que viriam dessa progressão geométrica.

Em seguida, Noyce e Moore tiveram que fazer uma aposta em uma linha de produtos específica. Mas em qual? Eles dividiram sua pólvora limitada em três balas para dispará-las em três maneiras diferentes de projetar chips de memória. Como Leslie Berlin detalha em seu bem pesquisado livro *The Man Behind the Microchip* [O Homem por Trás do Microchip, em tradução livre], eles não sabiam qual caminho mereceria a grande aposta, então tiveram que explorar todos os três. A equipe liderada por Andy Grove e Les Vadasz buscou chips de memória construídos com uma técnica MOS (óxido de metal-silício). Seu segundo chip baseado nessa tecnologia, o 1103, deu à Intel uma inovação: a primeira memória semicondutora que poderia competir em preço com as memórias centrais tradicionais. Em seguida, a então minúscula empresa decidiu apostar alto, disparando uma bala de canhão no 1103 e na linha subsequente de chips de memória. O 1103 tornou-se o chip de memória mais vendido do mundo, e a família de chips subsequente forneceu a base para que a Intel deixasse de ser uma startup e se tornasse uma empresa de sucesso. Se a Intel não tivesse disparado várias balas para descobrir qual caminho funcionaria, ela poderia ter feito uma aposta ruim. Felizmente, os fundadores da Intel tiveram disciplina para testar e avaliar antes de fazer essa grande aposta.

Qualquer estratégia verdadeiramente bem-sucedida envolve fazer grandes apostas cuidadosamente calibradas. Você precisa de validação empírica de que a grande aposta se encaixa naquilo por que você é apaixonado, naquilo em que você pode ser o melhor e no que move seu motor econômico (seu conceito do porco-espinho). A melhor maneira de ter certeza de que algo funcionará em grande escala é testá-lo primeiro em pequena escala. Dispare balas simples e, depois, balas de canhão.

COMO NOS PROTEGER?

O padrão dominante da história não é a estabilidade, mas a instabilidade; o padrão dominante dos negócios não é a perpetuação dos governantes, mas o triunfo dos insurgentes; o padrão dominante do capitalismo não é o equilíbrio, mas o que Joseph Schumpeter descreveu como o "vendaval perene de destruição criativa". Em um mundo turbulento e perigoso, cheio de ameaças e disrupções, você precisa se proteger — identificar e proteger-se de vulnerabilidades que, se expostas ou exploradas, podem paralisá-lo ou até aniquilá-lo.

Em maio de 1940, no início da Segunda Guerra Mundial, Winston Churchill enfrentou uma decisão estratégica crítica. Enquanto as divisões Panzer nazistas rugiam pelo interior da França apoiadas pelos bombardeiros de mergulho da Luftwaffe, os britânicos se posicionaram para ajudar a conter o ataque. Em 14 de maio, os exércitos alemães haviam rompido as linhas francesas, e oficiais franceses imploravam aos britânicos para enviarem mais esquadrões de caças da Força Aérea Britânica para a batalha a fim de salvar a França. Os britânicos haviam resolvido fazer todo o possível para ajudar a França a repelir os invasores nazistas, mas, ao mesmo tempo, Churchill precisava se preparar para a possibilidade muito real de que Hitler derrotaria a França e depois voltaria sua fúria louca contra a Inglaterra. Churchill e seu Gabinete de Guerra consideraram uma questão estratégica crucial: quantos aviões de combate seriam necessários para defender a Ilha caso a França caísse? A resposta: vinte e cinco esquadrões.

"Meus colegas e eu estávamos decididos a correr todos os riscos pelo bem da batalha até aquele limite [os 25 esquadrões] — e esses riscos eram muito grandes —, mas não ir além disso, não importava quais fossem as consequências", escreveu Churchill. A França caiu, e Hitler voltou suas atenções para invadir a Ilha, o que se baseava em ganhar o domínio do ar. O Reichsmarschall Goering estava confiante de que sua Luftwaffe venceria a batalha aérea da Grã-Bretanha e bombardearia os britânicos até a submissão. Mas os 25 esquadrões provaram ser suficientes. Os pilotos britânicos prevaleceram; Hitler arquivou seus planos de invasão; e a Inglaterra se manteve desafiadora.

Tudo mudou em 7 de dezembro de 1941, com o ataque a Pearl Harbor, que sacudiu os Estados Unidos de sua postura isolacionista para a luta. Churchill escreveu mais tarde sobre o momento em que soube do ataque: "Voltamos então para o corredor e tentamos ajustar nossos pensamentos ao supremo evento mundial que havia ocorrido, que era de natureza tão surpreendente que até mesmo aqueles que estavam perto do centro suspiraram… a Inglaterra viveria; a Grã-Bretanha viveria; a Comunidade das Nações e o Império viveriam. Quanto tempo a guerra duraria ou de que maneira terminaria ninguém sabia dizer, nem me importava naquele momento. Mais uma vez, em nossa longa história na Ilha, deveríamos emergir — por mais feridos ou mutilados que estivéssemos — seguros e vitoriosos. Não podíamos ser eliminados. Nossa história não teria fim. Poderíamos até mesmo ter que morrer como indivíduos."

Mas o que teria acontecido sem os 25 esquadrões?

Você tem que manter sua causa viva por tempo suficiente para que os eventos se desenrolem. Se sua empresa for morta ou eliminada do jogo, não importa se a sorte mudar mais tarde. Isso significa conhecer e ter seus amortecedores e reservas — seus vinte e cinco esquadrões — preparados para absorver contratempos, ataques, azar e até mesmo seus próprios erros crassos, de modo que você tenha a opção de persistir. *Quais são os seus 25 esquadrões?*

Em nossa pesquisa para *Great by Choice*, Morten Hansen e eu analisamos sistematicamente por que algumas startups se tornam dez vezes mais vencedoras em setores altamente turbulentos, caóticos e instáveis, e outras, não. Uma de nossas principais descobertas foi a de que os vencedores exercem quantidades prodigiosas de produtividade paranoica. Nossa pesquisa mostrou que eles carregavam um índice de caixa para ativos muito mais alto do que as empresas menos bem-sucedidas o faziam como um hábito disciplinado desde o início de seu desenvolvimento. (Pense em um balanço patrimonial conservador como um elemento dos 25 esquadrões.) Eles se preocupavam obsessivamente com eventos inesperados que poderiam destruí-los e criavam amortecedores para que pudessem sobreviver a choques externos. Eles também evitavam riscos não calibrados que poderiam deixá-los expostos a calamidades.

Novos setores, especialmente aqueles impulsionados por tecnologias emergentes, muitas vezes passam por uma fase de explosão cambriana, com dezenas ou centenas de novas empresas surgindo. Mas muitas dessas primeiras empresas desaparecem à medida que o setor se recupera. Algumas delas morrem de imediato, porque administram mal o dinheiro disponível durante os tempos difíceis e não conseguem preservar seus 25 esquadrões. Se você emergir da explosão cambriana e alcançar o sucesso, precisa se tornar ainda mais paranoico. Seu próprio sucesso pode envolvê-lo em um casulo de conforto que o isola de mudanças perigosas que surgem com "pés de gato" (nas palavras de Andy Grove).

Durante anos, fiquei intrigado com a questão de por que algumas empresas não conseguem se adaptar com rapidez suficiente ao que Clayton Christensen chamou de "inovação disruptiva", enquanto outras, sim. Refletindo sobre os casos da nossa pesquisa, concluí que a resposta primária é realmente muito simples — *uma falha em aplicar a produtividade paranoica, não apenas em curto prazo, mas também em um período de mais de 15 anos.* Quando as equipes executivas visitam meu laboratório de gestão em Boulder, muitas vezes lhes faço as seguintes perguntas:

1. Quais mudanças significativas no seu mundo (tanto dentro de sua empresa quanto no ambiente externo) você está altamente confiante de que acontecerão daqui a 15 anos?
2. Quais dessas mudanças representam uma ameaça significativa ou existencial para a sua empresa?
3. O que você precisa começar a fazer *agora — com urgência —* para marchar à frente dessas mudanças?

Morten Hansen e eu aprendemos uma lição essencial com a nossa pesquisa: é o que você faz *antes* de a tempestade vir que determina como você se sairá quando ela chegar. Aqueles que abraçam totalmente a produtividade paranoica não esperam até serem pegos no alto de uma montanha em uma tempestade violenta para garantir tanques extras de oxigênio. Muito melhor ser uma aberração neurótica paranoica, preparando-se e marchando à frente de choques disruptivos em potencial que podem nunca vir, do que ser esmagado por choques disruptivos porque você falhou em exercer a produtividade paranoica nos tempos bons e nos ruins.

É difícil ver a diferença entre a grandeza e a mediocridade em tempos bons, quando quase todos estão prosperando. Mas, quando chegam os tempos turbulentos, a diferença se torna gritante; as empresas que exerceram a produtividade paranoica com bastante antecedência superarão as fraquezas e as mediocridades. E, mesmo que os mal preparados sobrevivam ao choque perturbador, eles provavelmente nunca fecharão a lacuna. Os que eram fortes e bem preparados antes da tempestade continuam avançando, sem nunca olharem para trás.

COMO ESTENDER NOSSAS VITÓRIAS?

Na Batalha de Gettysburg, em julho de 1863, o general confederado Robert E. Lee não conseguiu derrotar as forças da União. Ao final da batalha de três dias, Lee havia perdido um terço de seu exército, pelo menos 23 mil mortos, feridos ou capturados. Ele também perdeu líderes de comando em proporções comparáveis, incluindo mais de dez dos seus generais. As perspectivas de sucesso dos confederados na Guerra Civil dependiam diretamente do sucesso ou do fracasso do Exército de Lee na Virgínia do Norte, que, por sua vez, dependia diretamente do gênio de liderança do próprio Lee. Como o professor Gary Gallagher, da Universidade da Virgínia, ensina em seus cursos da Empresa de Ensino Robert E. Lee e Seu Alto Comando e A Guerra Civil Americana, se Lee caísse, a Confederação também cairia.

Mas o que o Exército da União fez depois de sua vitória em Gettysburg, quando teve uma oportunidade perfeita para talvez esmagar o Exército da

Virgínia do Norte de uma vez por todas? Permitiu que Lee escapasse pelo rio Potomac.

Após a fuga de Lee, Lincoln derramou sua angústia em uma carta que nunca enviou ao general George Gordon Meade, que liderou as forças da União em Gettysburg. "Mais uma vez, meu caro general", lamentou Lincoln. "Não acredito que você aprecie a magnitude do infortúnio envolvendo a fuga de Lee. Ele estava ao seu alcance, e ter se aproximado dele, em conexão com nossos outros sucessos tardios, teria encerrado a guerra. Do jeito que está, a guerra será prolongada indefinidamente... sua oportunidade de ouro se foi, e estou incomensuravelmente angustiado por causa disso." A vasta carnificina da guerra continuou por quase mais dois anos antes de Lee se render ao general Ulysses S. Grant, em Appomattox, em abril de 1865.

Clausewitz insistiu em seguir agressivamente depois de concentrar a força no ponto decisivo. Qualquer estratégia que não explique como explorar a vitória é incompleta, inadequada. "O que permanece verdadeiro sob todas as condições imagináveis", escreveu ele, "é que nenhuma vitória será efetiva sem perseguição; e, por mais breve que seja a exploração da vitória, ela sempre deve ir além de um acompanhamento imediato".

Nos anos desde a edição original de *Beyond Entrepreneurship*, meus colegas de pesquisa e eu estudamos sistematicamente alguns dos episódios mais impressionantes de várias décadas de sucesso empresarial de toda a história corporativa. Examinamos todos os principais passos estratégicos dados na ascensão de pequenas a grandes empresas como 3M, Amgen, Apple, Ford, IBM, Intel, Kroger, Marriott, Merck, Microsoft, Nucor, Progressive Insurance, Southwest Airlines, Stryker, Walmart, Walt Disney e outras. E continuei meu trabalho, aprendendo com máquinas de crescimento sustentado como Amazon e Vanguard. (Mais uma vez, como um lembrete, embora as empresas que estudamos tenham se tornado corporações gigantescas, nossos estudos de pesquisa remontam à época em que eram empreendimentos minúsculos e empreendedores. Nosso trabalho não se concentra nas grandes empresas; mas muito mais no que empresas ainda não excelentes fazem para se tornarem excelentes.) Nossos estudos destacam que os resultados mais significativos não decorrem de apenas aproveitar um momento, mas de tirar o máximo proveito de grandes apostas bem-sucedidas.

Tirar o máximo proveito das vitórias é o princípio do volante (veja no Capítulo *O Mapa* uma breve descrição do conceito de volante). Passei a ver o efeito volante como um dos princípios estratégicos mais importantes resultantes de todas as nossas pesquisas sobre por que algumas empresas se tornam excelentes, por que algumas não conseguem se tornar excelentes e por que outras perdem a grandeza. As grandes vencedoras são aquelas que fazem um volante passar de 10 voltas a 1 bilhão de voltas em vez de girar 10 voltas e recomeçar com um novo volante, fazê-lo dar 10 voltas, apenas para desviar energia para outro novo volante, depois para outro, e para outro. Por outro lado, descobrimos que um dos erros estratégicos mais caros é não tirar o máximo proveito das vitórias, não perceber plenamente o efeito volante.

Girar o volante não significa fazer a mesma coisa, repetir sem pensar o que você já fez. Significa explorar, expandir, estender. Significa evoluir e criar. Não significa a Microsoft em seus primeiros dias aderir ao Windows 1 ou 2; significa criar o Windows 3, Windows 95, Windows 98, Windows XP, Windows 7, Windows 8, Windows 10 e além. Isso não significa que a Apple repete a primeira geração do iPhone indefinidamente; significa uma evolução e recriação implacável e ininterrupta da linha do iPhone. Isso não significa que a Southwest Airlines permaneça no Texas, com a mesma aeronave velha e cansada em seu loop triangular original de Dallas-San Antonio-Houston; significa atualizar constantemente para as versões mais avançadas do 737, movendo-se em círculos concêntricos por todo o país, conquistando mercado após mercado. Não significa que a Amazon startup vende apenas livros online; significa evoluir e expandir o mercado de comércio eletrônico da Amazon e seus sistemas de entrega de suporte para se tornar uma das lojas mais onipresentes e expansivas de toda a história da humanidade.

Em *Como as Gigantes Caem*, estudamos empresas outrora grandes que acarretaram a sua própria autodestruição sem sentido. Nessa pesquisa, descobrimos que ser seduzido pela "próxima grande aposta" — e, portanto, negligenciar ou abandonar o volante — é extremamente perigoso. Desrespeitar o potencial restante em seu volante principal (ou, pior, negligenciá-lo por tédio enquanto volta sua atenção para a próxima grande aposta na crença pretensiosa de que seu sucesso continuará quase automaticamente) é arrogância. E, embora você deva criar novas extensões robustas para seu volante (e, com tempo suficiente, você pode até mesmo criar volantes inteiramente novos), certifique-se de continuar criando impulso com suas estratégias vencedoras. Nunca se esqueça, a próxima grande aposta é muito provavelmente a Grande Aposta que você já tem. Aproveite ao máximo suas vitórias. Continue girando o volante.

NUNCA ESQUEÇA: VISÃO PRIMEIRO

Os três elementos da estratégia descritos (fazer grandes apostas, proteger-se e estender as vitórias) devem orientar seu pensamento estratégico. Mas, nunca esqueça, uma estratégia sólida é impossível sem uma visão clara. Estratégias confusas fluem de uma visão confusa; estratégias claras fluem de uma visão clara. Se você deseja ter uma boa estratégia, primeiro precisa entender com uma clareza penetrante o que quer alcançar. Uma boa estratégia determina como você alcançará seu GOAA, guiado por seu propósito e consistente com os seus valores. Visão, *depois* estratégia, *depois* tática.

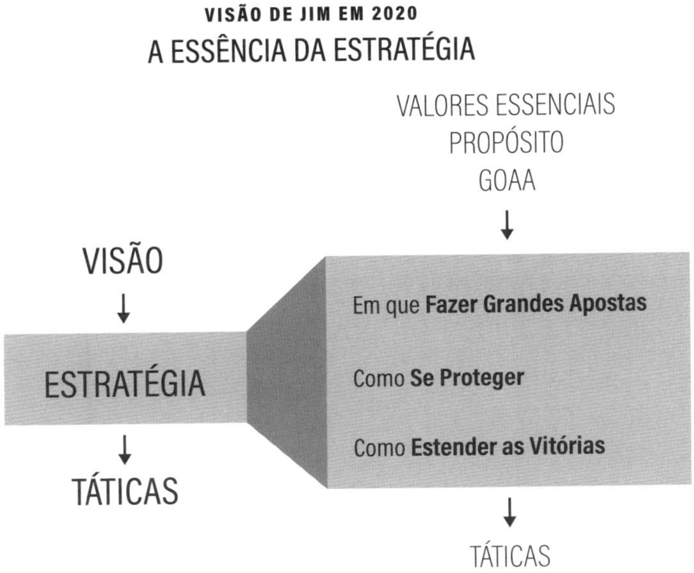

Pense novamente no seu GOAA como uma grande montanha a ser escalada. Depois de esclarecer seus valores essenciais e seu propósito, você define um GOAA, inclui as pessoas certas na equipe e determina uma estratégia. Em seguida, divide a escalada em acampamentos básicos, que são alvos de três a cinco anos que o levam montanha acima. Em seguida, define suas prioridades para o ano seguinte, os imperativos estratégicos que deve cumprir ao longo do caminho para o próximo acampamento-base. Depois de atingir o acampamento-base, você ajusta e esclarece seu segundo acampamento-base, então repete novamente para seu terceiro acampamento-base, e assim por diante, até chegar ao GOAA. Então define um novo GOAA. Repita o processo outra vez e mais uma, para sempre.

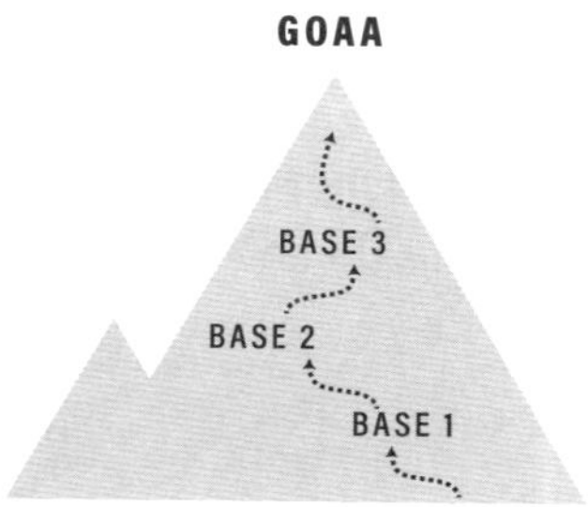

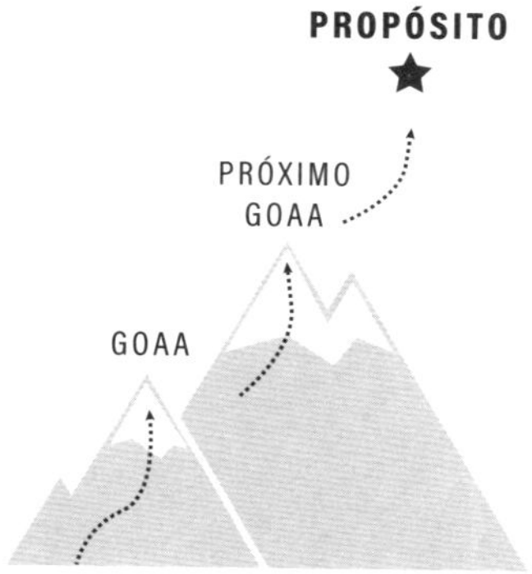

Tomando Decisões Estratégicas

Lembre-se da imagem de um banco de três pernas equilibrado; cada perna deve ser forte o bastante para que o banco fique estável. Para tomar decisões estratégicas sólidas, você precisa de *cada* uma das três pernas: visão, avaliação interna e avaliação externa. Depois de fazer cada uma delas, a decisão estratégica será, na maioria dos casos, bastante óbvia. (Veja o diagrama.)

Certifique-se de prestar tanta atenção ao bom senso, ao julgamento experiente e à intuição quanto à análise obstinada. Não complique demais a estratégia. Mantenha-a simples e direta.

No papel, a estratégia básica deve caber em não mais do que três páginas digitadas. Isso pode ser chocante para quem pensa em planos estratégicos como documentos volumosos e extensos. Mas lembre-se de que ninguém lê documentos volumosos e extensos. Em vez disso, pense em criar um guia estratégico que pessoas de todos os níveis possam absorver facilmente. Planos táticos ou de implementação específicos podem ter mais de três páginas, mas a estratégia básica deve ser curta, clara e elegante. (Na verdade, você deve ser capaz de captar a essência da estratégia em algumas frases bem formuladas.)

Uma abordagem útil é pegar as cinco categorias principais de um negócio — produtos (ou serviços), clientes (segmentos de mercado), fluxo de caixa, pessoas e organização e infraestrutura — e mapear os elementos-chave de sua estratégia em cada um deles. Um exemplo do resultado dessa formulação de estratégia está incluído no fim deste capítulo.

E quanto a todas as caixas, bolhas, grades e matrizes que conotam o planejamento estratégico? Algumas dessas ferramentas podem ser úteis, mas lembre-se de que a maioria delas foi desenvolvida para uso em grandes empresas com vários negócios. Em geral, elas não são tão relevantes para empresas de pequeno e de médio porte. Os melhores estrategistas de pequenas empresas não usam matrizes complicadas ou caixas-bolha. Em vez disso, eles tendem a usar o bom e velho pensamento conciso.

A Estratégia Contínua de Vários Anos e as Prioridades Estratégicas Anuais

Raramente é útil definir uma estratégia de mais de cinco anos. Algumas empresas não ultrapassam três anos. Sugerimos ter uma estratégia de três a cinco anos, revisada anualmente. Pense na estratégia como algo dinâmico, em vez de estático — como algo que muda e evolui conforme sua situação interna e o ambiente externo mudam.

Também é essencial definir as cinco principais prioridades estratégicas para o próximo ano, alocando uma pessoa específica como responsável para cada uma delas.

As Três Pernas da Estratégia

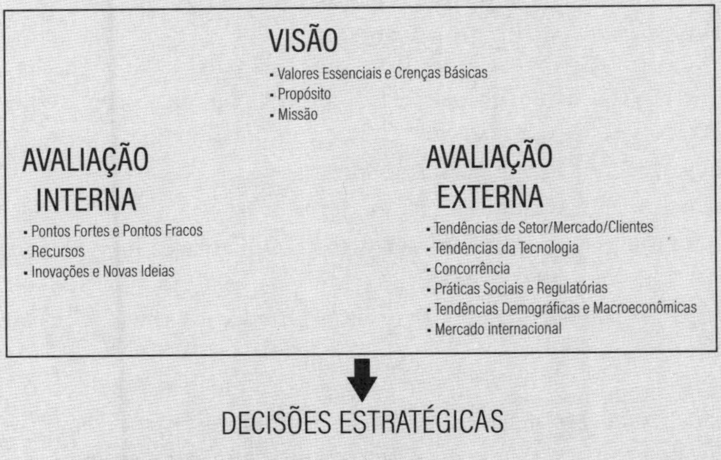

Figura 7.3

Tente não ter mais do que cinco prioridades estratégicas para o ano. Se tudo é uma prioridade, então você não tem prioridades. Mesmo as melhores empresas só podem se concentrar apenas em algumas questões-chave por vez. (O exemplo dado no fim deste capítulo também mostra essa formulação de prioridade estratégica.)

A Reunião Anual de Estratégia

Um dos métodos mais eficazes para definir e revisar a estratégia é agendar uma reunião estratégica fora da empresa uma vez por ano. Os participantes devem incluir pessoas-chave de cada área da companhia. O tamanho ideal do grupo é algo entre cinco e dez pessoas. Vinte deve ser o máximo absoluto, embora o encorajemos fortemente a manter o tamanho abaixo de dez.

Algumas empresas acham útil contratar um consultor/facilitador externo para trabalhar com o grupo durante a reunião externa. Outras empresas preferem manter o processo inteiramente interno.

Antes da reunião, cada participante deve ser solicitado a se preparar respondendo a algumas perguntas. Essas perguntas devem ser distribuídas aos participantes pelo menos uma semana antes da reunião. O conteúdo das questões deve variar de ano para ano e de empresa para empresa, mas deve estar relacionado com a avaliação interna e com a externa.

Para estimular as pessoas a irem bem preparadas para a reunião, sugerimos pedir a cada uma que elabore uma apresentação de 10 a 20 minutos sobre um tópico específico. Poucas coisas chamam mais a atenção das pessoas do que saber que precisam fazer uma apresentação pública. Certos indivíduos podem assumir tarefas de preparação específicas, como tendências do setor/mercado, tendências da tecnologia, inovações e análise da concorrência.

Sugerimos a seguinte programação:

- Rever a visão (valores essenciais e crenças básicas, propósito e missão). Certificar-se de que a visão é clara e compartilhada.
- Em grupo, fazer uma avaliação interna.
- Em grupo, fazer uma avaliação externa.
- Como um grupo, decidir/revisar a estratégia básica para alcançar a missão atual.
- Como grupo, decidir sobre as cinco principais prioridades estratégicas para o próximo ano.

Alguém deve ter a responsabilidade de resumir por escrito os resultados da reunião. Esse resumo pode ser usado como "guia" estratégico e deve ser distribuído a todas as pessoas-chave, consultado constantemente e usado na definição de metas e de marcos individuais (o que é abordado no Capítulo 9).

Quatro Principais Problemas Estratégicos Comuns Enfrentados pelas Empresas de Pequeno e de Médio Porte

As seguintes quatro questões estratégicas principais são comumente enfrentadas por empresas de pequeno e de médio porte:

- Com que rapidez crescer.
- Foco versus diversificação.
- Se deve abrir o capital.
- Se deve liderar um mercado ou segui-lo.

Com que Rapidez Crescer

Em uma entrevista, Bill Hewlett e Dave Packard, da HP, foram questionados sobre qual conselho dariam às pessoas que constroem empresas. Hewlett respondeu:

> Não cresça muito rápido. Você precisa crescer devagar o suficiente para desenvolver um bom gerenciamento. Os capitalistas de risco costumam empurrar essas empresas jovens rápido demais. Mas, se você pressionar demais, perderá seus valores.

O crescimento é uma das decisões estratégicas mais controversas e menos compreendidas. Observe que dissemos decisão. O quão rápido você deseja crescer deve ser uma decisão estratégica explícita.

O crescimento não é *de fato* bom (ou ruim), e o crescimento rápido não deve ser visto automaticamente como um objetivo desejável. Isso pode soar como uma heresia para aqueles que acreditam que um bom gerente deve se esforçar para crescer o máximo possível. No entanto, a decisão de crescer rapidamente não deve ser uma conclusão precipitada e, certamente, pode haver razões para *não* fazê-lo.

A questão do crescimento deve, como acontece com todas as decisões-chave, estar ligada à visão da empresa. Você ainda quer *ser* uma grande empresa? Você quer as desvantagens que o crescimento rápido traz?

Existem desvantagens no crescimento? Sim.

Por um lado, o crescimento rápido pode criar uma situação perigosa de fluxo de caixa. Um padrão comum é que uma empresa desembolsa dinheiro para comprar materiais e mão de obra antecipando o rápido aumento das vendas. Em seguida, ela transforma esses materiais em produtos e vendas, mas, como você sabe, o dinheiro só entra meses após as compras iniciais. Se a empresa não atinge suas previsões, o caixa fica preso no estoque. O dinheiro é como sangue ou oxigênio; sem ele, você morre. E o crescimento consome dinheiro. É por isso que *quase metade de todas as falências ocorre após um ano de recorde de vendas.*

Existem muitas outras desvantagens para o crescimento rápido, incluindo as seguintes:

- O crescimento rápido pode ocultar ineficiências grosseiras que não aparecem até que o crescimento se desacelere.
- O crescimento rápido estende a infraestrutura de uma empresa, muitas vezes além do ponto de ruptura.
- Uma estratégia de crescimento rápido pode pressionar sua equipe de vendas a se comprometer com preços que reduzem severamente suas margens.
- O custo humano é enorme. O estresse e a pressão sobre as pessoas durante uma fase de crescimento rápido podem ser extremos.
- O crescimento rápido leva ao aumento da complexidade organizacional e à redução das comunicações.
- As grandes empresas tendem a ser menos divertidas, e o crescimento rápido só faz isso acontecer mais cedo.
- O crescimento rápido pode diluir rapidamente a cultura da sua empresa, dificultando o desenvolvimento da gestão e o reforço dos seus valores.

A SÍNDROME DOS CORPOS QUENTES

Essa diluição da cultura ocorre em grande parte pelo que chamamos de síndrome dos corpos quentes. Vimos empresas em um frenesi de crescimento relaxarem seus padrões de contratação: "Não me importo com quem você contrata. Pelo amor de Deus, apenas me dê um corpo quente. Eu preciso de pessoas!"

Corpos quentes não necessariamente mantêm seus valores. E eles podem não corresponder aos seus padrões de excelência. O crescimento rápido pressiona você para que seja muito menos criterioso com quem contratar; e a contratação é um ponto no qual é necessário ser extremamente cuidadoso.

O crescimento rápido pode — e muitas vezes é isso o que acontece — evoluir para uma mentalidade de crescimento pelo crescimento, o que pode, então, minar a solidez da empresa. Por exemplo, a Osborne Computer precificou seus computadores abaixo do custo em um esforço para continuar seu crescimento vertiginoso. Claro, qualquer um pode vender notas de dólares por 80 centavos — por um tempo. E Osborne fez isso, até o momento em que foi à falência.

EXEMPLO DE CASO: LIGHTCRAFT

Bill estava intimamente envolvido com uma situação clássica em que pressionar por muito crescimento era uma decisão estratégica muito ruim.

A Lightcraft, fornecedora líder de luminárias, competia em design, serviço e gerenciamento interno excelente (especialmente, gerenciamento de estoque).

A Lightcraft teve um desempenho muito bom enquanto buscava uma estratégia de crescimento moderado (com taxa de crescimento anual de 10% a 15%). Durante esse tempo, a empresa tinha margens de lucro muito superiores à média do setor e era conhecida em todo o setor como uma empresa excepcional, com uma reputação de excelência tática consistente.

Em seguida, a empresa foi vendida para a Nu-Tone. Os novos proprietários decidiram seguir uma estratégia de crescimento rápido — 50% no primeiro ano, o que exigia habilidades de gestão totalmente diferentes do que o crescimento moderado. Isso pressionou a empresa. A receita no ano anterior havia sido de US$6 milhões. A Nu-Tone forçou US$9 milhões no ano seguinte. Bill conta melhor a história:

> A força de vendas da Nu-Tone, que substituiu os representantes de vendas da Lightcraft, começou a dar descontos que afetaram profundamente as nossas margens. Havíamos construído uma nova instalação grande para lidar com o aumento de volume. O edifício, por meio de um conjunto infeliz de circunstâncias, desenvolveu defeitos estruturais que fizeram pedaços de concreto caírem do teto. Nosso estoque saiu do controle — não podíamos gerenciá-lo tão bem como antes e tínhamos muito dinheiro investido nele. No ritmo que estávamos indo, simplesmente não podíamos fornecer o mesmo nível de serviço ao cliente. Toda a nossa infraestrutura foi pressionada ao limite e começamos a perder a vantagem que nos tornava tão excelentes.

A Lightcraft cresceu para US$7,2 milhões naquele ano — o que teria sido alto para os padrões anteriores, mas muito aquém dos US$9 milhões projetados. Além disso, como os produtos tinham ciclos de vida curtos, o excesso de estoque construído para US$9 milhões tinha a possibilidade de se tornar obsoleto. O resultado foi uma severa deterioração da lucratividade. A Lightcraft lentamente perdeu sua reputação e posição no mercado.

Há uma desvantagem adicional no crescimento rápido que merece uma atenção especial: o crescimento rápido tende a criar arrogância — uma sensação de invulnerabilidade — que pode levar ao desastre. Tanto a história corporativa quanto a mundial são salpicadas com exemplos de organizações cuja confiança cresceu a proporções perigosas, alimentada por uma série de sucessos ininterruptos ou por uma rápida expansão, apenas para cair na catástrofe. Na história mundial, exemplos notáveis incluem o Exército francês de 1812 (sob o comando de Napoleão) e o Terceiro Reich, em 1941 (sob o comando de Hitler).

O cenário corporativo está igualmente repleto de exemplos de empresas cujo rápido crescimento as levou a acreditar que eram imparáveis, apenas para terem essa crença despedaçada. Osborne, Miniscribe, Televideo, Visicorp, Trilogy e Magnuson Computer são empresas que caíram ou faliram logo após um período de sucesso estonteante. Em cada um desses casos, uma sensação de invulnerabilidade levou a decisões erradas; a arrogância contribuiu para o desastre.

O crescimento se autoalimenta; você pode ter uma ótima linha de produtos em um mercado em crescimento e ser puxado para um crescimento rápido. E, uma vez que o padrão de crescimento começa, pode ser muito difícil desacelerar. A imagem correspondente mostra como o crescimento se autoalimenta.

A Espiral de Crescimento Rápido e as Suas Armadilhas

ANO DE RÁPIDO CRESCIMENTO

↓

AUMENTO DA CONFIANÇA

↓

OUTRO ANO DE RÁPIDO CRESCIMENTO

↓

AUMENTO AINDA MAIOR DA CONFIANÇA

↓

CONSTRUIR INFRAESTRUTURA, CONTRATAR PESSOAL E REFORÇAR O ESTOQUE ESPERANDO UM CRESCIMENTO VINDOURO AINDA MAIOR

↓

PRECISAR CONTINUAR CRESCENDO RAPIDAMENTE PARA COBRIR NOVOS CUSTOS

↓

CONTINUAR SE PREPARANDO PARA UMA ESPIRAL DE RÁPIDO CRESCIMENTO

↓

A INFRAESTRUTURA DA EMPRESA SE DESGASTA, O PESSOAL SE ESGOTA, OS SERVIÇOS DECLINAM, SURGEM PROBLEMAS NA QUALIDADE DOS PRODUTOS, O ESTOQUE SAI DE CONTROLE, A FORÇA DE VENDAS OFERECE DESCONTOS DESPROPORCIONAIS, OS NOVOS PRODUTOS ENCALHAM NOS MERCADOS

↓

ACABAR TENDO UM ANO DE CRESCIMENTO LENTO

↓

GRANDE ESTAGNAÇÃO DO FLUXO DE CAIXA, RESULTANDO EM UMA DOLOROSA E SEVERA RESTRIÇÃO BANCÁRIA E ATÉ NA FALÊNCIA

Figura 7.4

RETARDAR O CRESCIMENTO FUNCIONA?

Você provavelmente está se perguntando se uma estratégia de crescimento lento funciona. Claro, existem desvantagens significativas no crescimento rápido, mas uma empresa não precisa crescer rapidamente para se manter saudável, empolgante e vibrante? Como um gerente sênior de um programa de educação executiva argumentou: "Uma empresa é como um tubarão; tem que continuar nadando ou morre. Você cresce ou morre."

"Por que você diz isso?", perguntamos.

"Porque você tem que dar às pessoas espaço para elas progredirem. Se você não estiver crescendo rápido, terá rotatividade. As pessoas precisam de oportunidades para crescer, e simplesmente não haverá oportunidades para novos desafios. Sem um crescimento rápido, uma empresa não é um lugar atraente para se trabalhar. Você também fica limitado no que pode oferecer aos seus clientes. Além disso, quem investiria em tal empreendimento?"

Ele tem razão. O crescimento rápido abre espaço para avanços, e admitimos que tem sua dose de empolgação.

No entanto, existem empresas com ótimas pessoas, baixa rotatividade (pessoas felizes), clientes satisfeitos, desempenho financeiro superior e uma estratégia de crescimento lento.

EXEMPLO DE CASO: UNIVERSITY NATIONAL BANK AND TRUST

Carl Schmitt, fundador e presidente da University National Bank and Trust Company, construiu sua empresa com base em uma estratégia explícita de crescimento lento. Fundando-a em 1980, Schmitt acreditava que uma empresa de crescimento lento pode fornecer serviços e qualidade superiores ao cliente.

Durante a década de 1980, quando a maioria dos bancos crescia em um ritmo frenético, Schmitt guiava seu banco por um caminho metódico de crescimento lento, construindo gradualmente uma reputação de serviço superior. No fim da década de 1980, seu banco apresentava um retorno sobre os ativos 45% superior ao retorno médio de outros bancos dos Estados Unidos, um índice de reserva de 1,3% (muito saudável) e praticamente nenhum empréstimo inadimplente. De acordo com George Parker, membro do conselho do University National Bank:

> O retorno sobre o patrimônio líquido no banco de Carl excede em muito o que os acionistas poderiam esperar receber investindo em outros

> bancos. O crescimento lento do banco permitiu que ele acertasse os detalhes e gerasse um desempenho financeiro superior.
>
> O segredo para a estratégia de crescimento lento da UNB está em sua capacidade de atrair e reter boas pessoas. Durante uma entrevista de 1991 conosco, Schmitt disse:
>
>> Você sabe qual é a média de rotatividade de caixa da maioria dos bancos? 50%. Você sabe o que tivemos no ano passado? 0%. Não perdemos um único caixa. E mantivemos quase todos os nossos melhores talentos profissionais. As pessoas ficam muito tempo conosco e continuam motivadas.
>
> Como a UNB atraiu e reteve boas pessoas sem um crescimento rápido? Ela oferecia liberdade e diversão. Ela contratava "refugiados" que haviam se exaurido em ambientes de alto crescimento e que sabiam em primeira mão os custos do crescimento. Schmitt fez da UNB um lugar divertido para se trabalhar. Ele permitia que todos os funcionários — até mesmo os caixas — tivessem uma ampla gama de autonomia para a tomada de decisões. Como disse a revista *Inc.*, Schmitt definiu "...limites para o crescimento, garantindo que seus funcionários se sentissem livres para a tomada de decisões do dia a dia".

Em contraste com a University National Bank, no entanto, há casos em que uma estratégia de crescimento rápido é a única que funcionaria. Se sua missão é se tornar o agente dominante em um mercado em rápida expansão, não seria sensato permitir que outros concorrentes avançassem muito durante a fase de rápido crescimento do mercado. Por exemplo, a Compaq e a Apple não tiveram escolha a não ser adotar uma estratégia de crescimento rápido no crescente mercado de computadores pessoais; nenhuma outra estratégia teria sido viável.

Então, onde tudo isso nos deixa na questão do crescimento? Nossa mensagem principal é que a taxa de crescimento deve fazer parte do processo de formulação de sua estratégia e que os prós e contras de várias taxas de crescimento devem ser cuidadosamente considerados. Em geral, as empresas mais saudáveis crescem, mas a taxas que lhes permitem colocar em prática as peças de grandeza ao longo do caminho. A pergunta não deveria ser: "Como podemos crescer mais rápido?" Não, a pergunta deveria ser: "Qual taxa de crescimento é mais consistente com a nossa visão?"

VISÃO DE JIM EM 2020

Se Você Não Pode Controlar os Preços, Deve Controlar os Custos

Existe uma grande diferença entre ter um grande negócio e construir uma grande *empresa*. (Por "negócios", quero dizer os produtos e os serviços que você oferece e o setor em que opera.) Podemos encontrar muitos exemplos de empresas medíocres ou falidas em grandes setores. E, inversamente, há um número considerável de casos realmente excelentes em que os líderes construíram grandes empresas em setores não tão grandes, como Southwest Airlines e Nucor (na produção de aço). Claro, a melhor combinação é construir uma grande empresa que também seja um ótimo negócio.

Como saber se você tem um negócio realmente bom? Warren Buffett tem a melhor resposta: *você não precisa fazer um encontro de oração para aumentar os preços.*

E se você estiver comprometido com um negócio em que não tem poder de precificação e ainda quiser construir uma grande empresa? Então, há um imperativo estratégico: *se você não pode controlar os preços, deve controlar os custos.* É por isso que os líderes da Southwest Airlines e da Nucor não fundamentaram suas estratégias em serem de "preço baixo", mas de *baixo custo.*

Foco versus Diversificação

Uma das estratégias mais eficazes para uma empresa de pequeno e de médio porte é focar um determinado mercado ou linha de produtos e, dentro dessa área de foco, ser significativamente melhor do que a concorrência. Uma estratégia focada garante que seus recursos limitados se concentrem para criar a vantagem máxima. Isso não se aplica apenas a recursos financeiros, mas também a um recurso muito mais valioso: tempo e energia de gerenciamento.

Larry Ansin, ex-CEO da muito bem-sucedida Joan Fabrics Corporation de Lowell, Massachusetts, contou-nos sobre sua decisão de se concentrar:

> Se você diversificar em 5 negócios, como éramos antes, os negócios que representam apenas 3% de suas vendas vão consumir 20% de seu tempo, energia e atenção. Simplesmente não vale a pena. Tenha foco. Faça o que você faz melhor do que ninguém. E os resultados provavelmente serão muito positivos, como o foram para nós, uma vez que decidimos concentrar todos os nossos esforços em um único ramo de negócios.

O foco evita que você seja apenas mais um jogador "na disputa". Também esses jogadores tendem a cair no pior lugar estratégico possível: pequenos demais para aproveitar as economias de escala de custos, mas não diferenciados o suficiente para justificar preços mais altos do que os da concorrência. Ficar preso no meio é mortal.

Claro, existem problemas com uma estratégia focada. Existe um limite inerente ao crescimento, dependendo do tamanho do seu mercado-alvo. Há também o problema da ciclicidade — ser vulnerável aos altos e baixos de qualquer mercado. Além disso, uma estratégia focada fornece menos latitude para ser oportunista.

No entanto, raramente vimos empresas sofrerem por estarem muito focadas, ao passo que vimos algumas empresas fracassarem porque não estavam focadas o suficiente.

EXEMPLO DE CASO: GFP, INC.

A GFP foi fundada por Clem Atkins, em meados da década de 1970, para levar ao mercado seus designs exclusivos de relógios. Seus relógios foram bem recebidos por um segmento específico de clientes: aqueles que queriam relógios altamente funcionais que também fossem vistos como obras de arte.

A GFP cresceu para cerca de US$3 milhões, momento em que Atkins decidiu diversificar em acessórios para bicicletas. "Eu estava interessado em andar de bicicleta e pensei que minhas habilidades de engenharia e de design poderiam produzir alguns produtos novos e inovadores excelentes", explicou Atkins.

E, de fato, os novos produtos de bicicletas venderam bem, embora Atkins tenha notado que as vendas de seus relógios estavam começando a cair. "Mais uma razão para diversificar", proclamou. Atkins então se interessou pelo mercado emergente de computadores pessoais e decidiu produzir acessórios para usuários de computadores pessoais (telas especiais, porta-teclados e outros produtos).

Esse processo de diversificação continuou — uma estação de esqui, produtos de jardinagem, fabricação de papel reciclado — até que a empresa começou a perder dinheiro a taxas alarmantes. As vendas cresceram para US$5 milhões e depois caíram vertiginosamente.

Cada um dos mercados da GFP era, em si, bastante atraente. No entanto, era demais para o GFP se espalhar por tantas linhas de negócios. A empresa nunca se recuperou e acabou falindo.

Isso significa que uma empresa nunca deve diversificar? Não. Quase todas as empresas acabam diversificando. A questão é quando e quanto.

DIVERSIFICAÇÃO EM FASES

As empresas que buscam o que chamamos de diversificação em fases tendem a ser muito bem-sucedidas nessa tarefa. A diversificação em fases é uma estratégia pela qual você se concentra em uma linha de negócios até atingir seus objetivos naquele mercado, então (e somente então) passa para uma segunda arena. Os próximos diagramas (Figura 7.5) ilustram esse conceito.

O ELO ENTRE VISÃO E FOCO

Sua visão deve desempenhar um papel na determinação do quão focado você está.

Por exemplo, a Celtrix Laboratories, que, você lembrará, tem o propósito de "melhorar a qualidade de vida por meio de uma terapêutica humana inovadora", produz apenas produtos inovadores e terapêuticos humanos. A Joan Fabrics estabeleceu a missão: "Tornar-se o principal agente do setor de tecidos para estofados." Para cumprir essa missão, Joan abandonou inteiramente todas as linhas de negócios não relacionadas. Para se tornar o principal agente do setor de tecidos para estofados, o CEO Larry Ansin acreditava que deveria se concentrar nessa única linha de negócios.

A fim de se tornar "a empresa mais respeitada e admirada do setor mundial do ciclismo até o ano 2000", a Giro Sport Design fez um esforço concentrado para permanecer focada nesse objetivo. De acordo com o presidente Bill Hannemann:

> Nossa declaração de visão, e em particular a parte da missão dela, nos ajuda a permanecer focados durante a decisão estratégica. Cada nova ideia de produto é posta à prova: isso nos ajudará a nos tornar a empresa mais respeitada e admirada no setor mundial de *bicicletas* até o ano 2000? Também a comparamos ao nosso propósito: é inovador, de alta qualidade e, inquestionavelmente, o melhor? Se não passar nos testes impostos pela nossa visão, não o fazemos. Ponto-final.

DIVERSIFICAÇÃO EM FASES

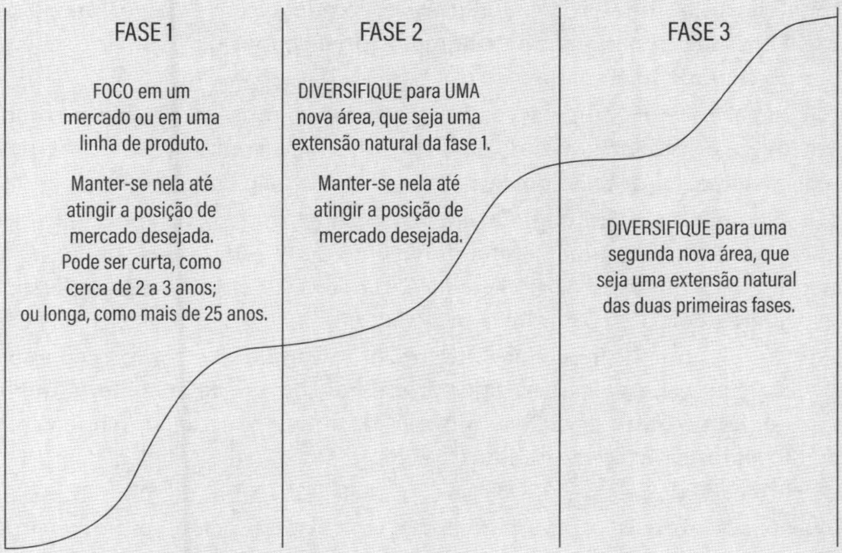

EXEMPLO DE FASES DE DIVERSIFICAÇÃO

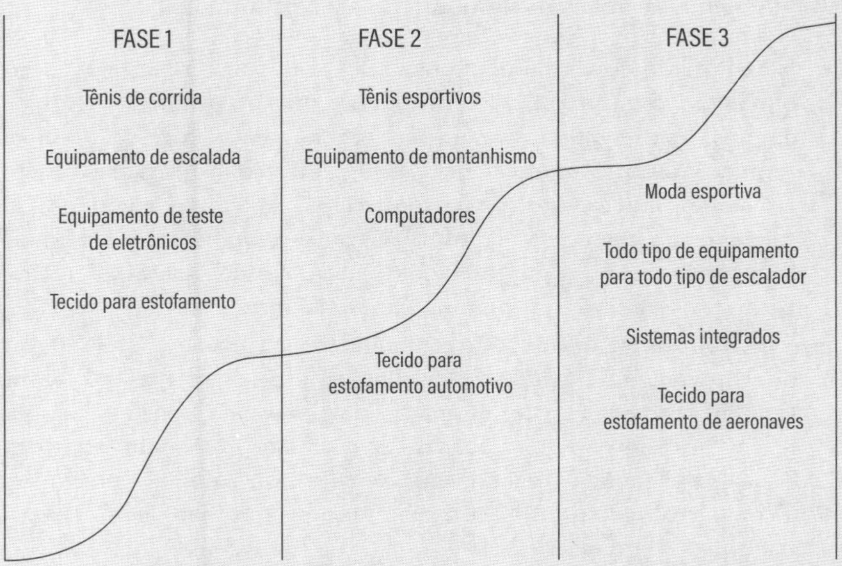

Figura 7.5

Abrir o Capital

A maioria das empresas de destaque acaba atingindo um estágio em que abrir o capital (levantar dinheiro vendendo ações ao público em geral) é uma possibilidade. Para muitos, o glamour e a liquidez (uma chance de "ganhar dinheiro") de abrir o capital são atraentes.

No entanto, é um equívoco comum pensar que, uma vez que uma empresa atinge um determinado tamanho ou idade, uma oferta pública é sempre o próximo passo natural. Você não precisa abrir o capital. Não é algo predeterminado.

Por exemplo, a Cargill, sediada em Minnesota, fundada na época da Guerra Civil Americana, teve uma receita anual de US$42 bilhões em 1990 (o que a colocaria em nono lugar na lista de 1990 da Forbes Sales 500 de empresas de capital aberto) como uma empresa privada.

Antes de entrar no reino das empresas de capital aberto, recomendamos que você pense estrategicamente nos prós e nos contras de uma oferta pública. Talvez nenhuma outra decisão estratégica, uma vez executada, tenha um impacto tão significativo ou duradouro na empresa.

Abrir o capital pode ser um passo estratégico útil para trabalhar em prol da sua visão, pois fornece capital para expansão e investimento em novos produtos. Também fornece liquidez para os acionistas e pode ajudar a resolver alguns problemas difíceis de imposto sobre a propriedade que ocorrem com a morte de um dos principais acionistas.

Mas existem desvantagens significativas em abrir o capital:

- É uma perda de tempo de gestão, antes e depois da oferta. Nos meses que antecedem uma IPO (oferta pública inicial), os altos executivos da empresa geralmente ficam sobrecarregados com o processo. Promoções, reuniões "gerais", escrever prospectos, lidar com a imprensa e outras atividades podem se tornar o uso principal do tempo de gestão — e geralmente é o que ocorre. Após a IPO, deve-se dedicar um tempo ao relacionamento com a comunidade financeira, à preparação de relatórios trimestrais e anuais e à comunicação com a imprensa.
- É caro. Taxas legais, taxas de contabilidade, custos de impressão e taxas de arquivamento custarão cerca de meio milhão de dólares logo de início. Os honorários da escritura (uma porcentagem que é paga ao banqueiro de investimento que leva suas ações ao mercado) podem ser enormes; 7% da receita total é uma porcentagem comum. Você deve presumir que a conta total para um IPO será bem mais de 1 milhão de dólares para a maioria das empresas.

- Você estará gerenciando em um aquário. Você tem que divulgar informações financeiras e salariais. Cada movimento que faz é examinado por analistas de investimentos. Os concorrentes podem observar melhor o que você está fazendo.
- Você se sentirá pressionado para administrar em curto prazo. Todas as empresas de capital aberto sofrem pressão da comunidade financeira para manter os ganhos trimestrais os mais altos possíveis. Há um desincentivo embutido para assumir perdas de curto prazo em prol da saúde de longo prazo.
- Você pode perder o controle da empresa. Se mais de 50% das ações com direito a voto estiverem nas mãos de terceiros, a empresa pode ser comprada por qualquer pessoa que tenha recursos para adquiri-las.
- Pode haver um conflito de propósito corporativo. Os acionistas públicos veem suas participações acionárias principalmente como um investimento financeiro. Desde que as ações vão bem, eles realmente não se importam com o que a empresa está fazendo. Portanto, se seu objetivo não for estritamente maximizar a riqueza dos acionistas, você pode entrar em desacordo com eles. Os acionistas públicos geralmente não aceitam uma visão; eles compram a perspectiva de um ganho de capital.

EXEMPLO DE CASO: TENSOR CORPORATION

A Tensor Corporation foi fundada em 1960 por Jay Monroe, um homem altamente criativo e intenso, cujo objetivo principal era ter um veículo para levar suas ideias ao mercado e se divertir. Ele tinha uma visão para a empresa em que tomaria decisões de produto tanto com base em considerações estéticas quanto com base em critérios de retorno de investimento de curto prazo. Ele achava que a empresa deveria ser capaz de fabricar produtos que poderiam não gerar os melhores resultados financeiros em curto prazo, mas que, no fim das contas, seriam contribuições melhores e mais interessantes para o mercado.

Ele tomou uma decisão fatídica: abriu o capital da empresa e ficou com menos de 50% das ações. As motivações dos acionistas públicos (retorno sobre o investimento de curto prazo) entraram em conflito direto com a visão de Monroe. E ele acabou tendo que enfrentar a perda da empresa para um invasor corporativo ou a mudança de visão — uma perda de qualquer maneira.

Em contraste com o caso da Tensor, a L.L.Bean tomou a decisão de permanecer sendo uma empresa privada. Uma grande parte da decisão de permanecer privada foi o desejo de manter os padrões excepcionalmente altos de atendimento ao cliente da Bean, mesmo que esses padrões às vezes afetassem a lucratividade em curto prazo. Em 1989, manter-se privado valeu a pena quando Bean decidiu tirar US$2 milhões do resultado final em um programa de melhoria do serviço de atendimento ao cliente.

Comentando sobre a decisão, o presidente Leon Gorman disse em uma entrevista ao *Wall Street Journal*: "É bom não sermos uma empresa de capital aberto. Não precisamos nos preocupar com os ganhos."

Relacionada à decisão da IPO, está a decisão estratégica dos investidores externos. Certos tipos de investidores, como a maioria dos capitalistas de risco, pensam principalmente em termos de seu valor de "caixa". Se você decidir buscar capital de risco — ou capital de outros investidores cuja motivação principal é sacar dentro de alguns anos —, esteja ciente de que está simultaneamente tomando a decisão estratégica de abrir o capital ou vender.

Na maioria das empresas apoiadas por capital de risco, abrir o capital (ou tornar-se adquirido) é algo já *presumido*, a questão é apenas *quando*. Portanto, se abrir o capital pelos motivos descritos não se encaixa em sua visão para a empresa, então você provavelmente não deve buscar capital de risco ou outros investimentos voltados para o "caixa".

Liderar um Mercado ou Segui-lo

Em geral, enormes benefícios são atribuídos aos inovadores de mercado — pioneiros ou visionários. No entanto, a vantagem do pioneiro não é de forma alguma uma garantia de grandeza, e, de fato, pode haver custos para ser o inovador do mercado.

As evidências mostram que os pioneiros geralmente adquirem uma vantagem de mercado:

Participação Média de Mercado *
Pioneiros, Early Adopters e Seguidores Tardios

	Bens de Consumo	*Bens industriais*
Pioneiros	29%	29%
Early adopters	17%	21%
Seguidores tardios	12%	15%

* Com base em uma amostra de 1.853 empresas. Analisado por WT Robinson e C. Fornell, *Journal of Marketing Research*, agosto de 1985.

Isso não conta toda a história. Existem muitos exemplos de pioneiros perdendo sua vantagem, geralmente devido a um concorrente apresentar um produto melhor, realizar um marketing melhor ou ambos. De fato, os early adopters costumam seguir o mesmo caminho de um pioneiro, tirando vantagem do fato de que o mercado já foi preparado e educado. Os exemplos a seguir, e muitos mais, estão no texto, em inglês, *Stanford Business School Research Paper #10084*, "To Pioneer or Follow?: Strategy of Entry Order" ["Ser Pioneiro ou Seguir?: Estratégia da Ordem de Entrada", em tradução livre], escrito por Marvin B. Lieberman e David B. Montgomery.

- A Bomar lançou as primeiras calculadoras portáteis e estimulou o mercado com uma ampla publicidade na TV. E então foi solapada pela Texas Instruments e pela Hewlett-Packard.
- A Visicorp, inventora do software de planilha Visicalc, que molda o mercado, ficou na corda bamba quando um Lotus 1-2-3 bem comercializado e amplamente superior foi lançado.
- A Docutel, pioneira do caixa eletrônico, perdeu sua posição de mercado quando os concorrentes lançaram caixas eletrônicos com recursos não oferecidos pela empresa.
- A Osborne Computer, pioneira no mercado de computadores portáteis, foi arrasada quando os concorrentes lançaram produtos superiores, aos quais não conseguiu reagir à altura.
- A Ford foi destronada da posição número um em automóveis na década de 1920 porque não se ajustou com rapidez suficiente aos carros melhores e mais diferenciados oferecidos pela então batalhadora General Motors Corporation. A Ford nunca mais se tornou a número um do setor automobilístico.
- A British Air apresentou o primeiro jato comercial, mas foi superada pelo design superior da Boeing no 707. A Boeing domina o mercado de aeronaves comerciais desde então.

Onde isso nos leva em relação a uma estratégia pioneira de mercado versus uma estratégia seguidora de mercado? É claro que existem vantagens em ser líder de mercado. Você pode prender clientes. Você pode construir uma participação de mercado inicial e obter um nome comercial dominante. Você pode baixar a curva de aprendizado. Às vezes, é possível obter proteção de patente. Você pode se beneficiar de altas margens e usar o fluxo de caixa resultante para financiar o desenvolvimento e o marketing de produtos.

Mas — e isso é fundamental — adotar uma estratégia pioneira de mercado não é, por si só, suficiente. Ser o primeiro não o protegerá para sempre; você também deve *executar* bem.

Claro, a posição ideal — e aquela perseguida por muitas grandes empresas — é se esforçar para ser *o primeiro* e *o melhor*. Se você for o primeiro e depois trabalhar constantemente para melhorar seu produto, marketing e serviço, estará em uma posição muito forte.

Isso nos leva diretamente às duas partes principais para alcançar a grandeza corporativa: inovação e excelência tática.

O que você *não* deve fazer com a estratégia é investir todo o seu tempo tentando planejar e não o suficiente para inovar ou executar. O pensamento estratégico claro é essencial para estar no caminho certo, mas, como Will Rogers disse: "Mesmo se você estiver no caminho certo, será atropelado se ficar sentado lá."

Nenhuma empresa pode ser perfeitamente planejada. Sim, deve haver uma visão geral clara e um guia estratégico básico para atingi-la. É impossível planejar rigidamente cada ação até o enésimo detalhe, e fazer isso seria uma perda de tempo absurda. Deve haver algum nível de caos criativo em uma grande empresa. Mais importante, uma empresa não pode ficar parada. As pessoas nela têm que agir, mover-se, fazer, testar, falhar, testar novamente, lutar, empurrar, embaralhar, inovar e executar os detalhes.

Retornando ao tema central deste livro, não há um fator exclusivo que torne uma empresa excelente. Não é apenas estratégia. Não é apenas estilo de liderança. Não é apenas visão. Não é apenas inovação. Não é apenas excelência tática. É tudo isso; e tudo isso é feito de forma consistente por anos.

As páginas a seguir contêm um exemplo de formulação de estratégia para uma pequena empresa. Esse exemplo ilustra o fluxo da visão, avaliação interna e avaliação externa para a estratégia e um conjunto de prioridades estratégicas. A página final deste capítulo fornece algumas advertências sobre os estágios da análise da evolução do setor.

Exemplo de Formulação de Estratégia

HARDROCK PRODUCTS, INC.

VISÃO CORPORATIVA

Valores Essenciais e Crenças Básicas

Valorizamos o alto desempenho por si só.

Acreditamos em dar o melhor, maximizando o potencial.

Valorizamos estar em ambientes agradáveis.

Queremos apenas participar de mercados nos quais possamos nos destacar; se não podemos ser o número um ou o número dois, não queremos nem entrar.

Valorizamos o trabalho árduo.

Valorizamos a diversão e o tempo livre para se distrair.

Propósito

Ajudar os desportistas que praticam atividades físicas ao ar livre a realizarem todo o seu potencial atlético e ser um veículo para ganharmos a vida em um desporto que amamos.

Missão Atual

Tornar-nos o principal fornecedor mundial de equipamentos de escalada em 1997.

AVALIAÇÃO INTERNA

Pontos Fortes

Tecnologia de ponta e habilidades de design de hardware.
Habilidade para criar produtos "essenciais" com vários spin-offs.
Capacidade de gerar muitas novas ideias e inovações.
Conhecimento íntimo do mundo da escalada.
Reputação de confiabilidade, qualidade e serviço.
Conhecimento sobre como criar ótimos catálogos.

Pontos Fracos

Sem habilidades financeiras ou de controle.
A coordenação do projeto à produção e ao mercado é muito ruim.
A comunicação multifuncional é muito ruim.
O treinamento dos funcionários é ruim.
Ótimos produtos, mas altos custos de fabricação.

Recursos

Um forte balanço patrimonial.
Sem dívidas; capacidade de pedir empréstimo, se necessário.
Filosofia de manter o controle próximo; sem investidores externos.

Inovações

Novas tecnologias de aparafusamento inventadas.
Nova tecnologia de camming.
Wildcat (nome de código).

AVALIAÇÃO EXTERNA

Tendências do Setor

O mercado está se aproximando da maturidade, com um crescimento de 15% ao ano.
O tamanho é de cerca de 50 mil alpinistas nos EUA; e 500 mil em todo o mundo.
O mercado é segmentado em esporte, tradicional e grande escalada.
O segmento de escalada esportiva está crescendo mais rápido.
Forças motrizes do crescimento:

- Novas tecnologias tornando a escalada mais segura.
- Competições de escalada e televisão.
- Crises de meia-idade dos baby boomers.

Tendências da Tecnologia

Dispositivos de câmera.
Dispositivos de aparafusamento.
Matérias-primas mais leves e mais fortes.

Concorrência

Fragmentada; nenhum concorrente dominante.
Aumento da competição da Europa.
Competidor direto primário: Black Diamond.

Ambiente Social e Regulatório

Os serviços do parque restringem o aparafusamento devido ao efeito na rocha.
Os próximos padrões de segurança ISCC são esperados para 1993.
Explosão de custo de seguro de responsabilidade civil do produto.

Macroeconomia e Demografia

Mais tempo de lazer.
Os baby boomers atingem a meia-idade e buscam novos desafios.

Mercado Internacional

Crescimento do mercado na Alemanha, França, Itália e Austrália

Três principais oportunidades:

1. Escalada esportiva.
2. Mercados internacionais.
3. Competições de escalada.

Três principais ameaças:

1. Não atende aos padrões ISCC.
2. Concorrentes internacionais.
3. Custos de responsabilidade do produto.

ESTRATÉGIA 1991-1993

Visão Geral

Para cumprir a nossa missão de nos tornarmos o maior fornecedor de equipamentos para escalada em rocha no mundo, buscaremos uma estratégia de foco em equipamentos para escalada em rocha, com ênfase na expansão do segmento de escalada esportiva. Competiremos em inovação, design, qualidade e serviço superiores.

Produtos

Faremos apenas equipamentos para escalada em rocha. Enquanto não cumprirmos nossa missão, não faremos produtos para outros esportes, nem entraremos no mercado de "bens leves".

Competiremos em tecnologia, qualidade e serviço superiores, não em preço. Colocaremos o preço na extremidade superior do mercado.

Desenvolveremos agrupamentos de produtos "essenciais" que possam ser facilmente adaptados a necessidades específicas. Isso manterá nossos custos de estoque baixos e nossa qualidade alta.

Aproveitaremos as tendências de escalada esportiva e a escalada de velocidade. Portanto, concentraremos nossos esforços de desenvolvimento de produtos nesses mercados em expansão.

Faremos todos os nossos produtos em conformidade com os padrões de segurança ISCC propostos, colocando-nos em uma posição excelente, uma vez que os padrões de segurança sejam aprovados.

Faremos uma "engenharia excessiva" em nossos produtos para a segurança, a fim de nos proteger contra ações judiciais de responsabilidade do produto.

Vamos nos concentrar na inovação e apresentar dois novos produtos por ano. Capitalizaremos as tendências em tecnologia de aparafusamento e camming.

Lançamentos de Produtos:

1991: Broca de parafuso ultraleve, clipes rápidos.

1992: Hardcam, El Cap Pins.

1993: Unidade Power Cam, Wildcat (nome de código).

Clientes

Nós nos posicionaremos, em relação à nossa concorrência, como o fornecedor de produtos de desempenho superior para o alpinista sério.

Distribuiremos nossos produtos principalmente por meio de nossas próprias operações de pedidos pelo correio e por meio de lojas de varejo especializadas.

Alcançaremos os escaladores por meio de nosso próprio catálogo, publicidade em revistas especializadas de escalada, endossos de atletas e patrocínio de competições de escalada.

Buscaremos o máximo de "publicidade gratuita" possível, fazendo com que os escaladores mais renomados usem nosso equipamento.

Buscaremos desenvolver clientes fiéis por meio de um excelente atendimento ao cliente; resposta de 24 horas nos pedidos; tornaremos o processo de encomenda agradável.

Apresentaremos nossos produtos em pelo menos três mercados internacionais nos próximos três anos:

1991: França.

1992: Alemanha.

1993: Itália e Austrália.

Fluxo de Caixa

Financiaremos o negócio principalmente por meio de operações. Portanto, definiremos o preço de nossos produtos para fornecer pelo menos 50% de margem bruta.

Manteremos o relacionamento bancário e providenciaremos linhas de crédito (caso seja necessário); mas vamos pedir emprestado o mínimo possível.

Vamos crescer a uma taxa controlada; máximo de 15% ao ano.

Vendas	***Margem Bruta***	***Lucro Líquido***
1991: 4,5 milhões	55%	10%
1992: 5,1 milhões	50%	8%
1993: 5,8 milhões	50%	10%

Pessoal e Organização

Instalaremos um controlador financeiro experiente.

Estabeleceremos equipes de design-produção-marketing responsáveis por todo novo produto; eliminaremos os problemas de design para produção e marketing que tivemos no passado.

Continuaremos a formar nossa equipe de engenharia e design.

Continuaremos contratando pessoas que amam estar ao ar livre.

Construiremos nossa força de representantes em lojas de varejo especializadas.

Montaremos uma divisão internacional.

Desenvolveremos um programa de treinamento de funcionários.

Infraestrutura

Vamos localizar e mudar para novas instalações mais propícias à comunicação multifuncional. Compraremos nossas instalações, em vez de as alugar. Vamos nos localizar perto das montanhas.

PRIORIDADES ESTRATÉGICAS PARA 1991

1. Obter a broca de parafuso ultraleve e os quick clips lançados no mercado a tempo para a temporada de verão. (Responsável principal: Joe.)

2. Estabelecer uma posição segura na Europa; inscrever dois alpinistas europeus superestrelas para contratos de patrocínio (um homem e uma mulher); configurar pedidos por correspondência e contratar representantes na França; criar um catálogo francês. (Responsável principal: Beth.)

3. Localizar e contratar um contador experiente. (Responsável principal: Bill.)

4. Implementar equipes de produtos de design para fabricação e marketing. (Responsável principal: Sue.)

5. Localizar/adquirir novas instalações; estar pronto para a mudança em 1992. (Responsável principal: Bob.)

Advertências para a Análise da Evolução do Setor

Os comentários a seguir sobre os estágios da análise da evolução do setor vêm de nossas próprias observações e do livro *Estratégia Competitiva*, de Michael Porter (1980, Free Press).

Os estágios de evolução do setor (emergência, crescimento rápido, maturidade, declínio) são provavelmente o padrão de evolução mais comum, mas não necessariamente ocorrem em todos os setores.

Porter oferece quatro pontos para ter em mente ao usar o conceito:

1. A duração dos estágios varia amplamente de setor para setor, e muitas vezes não é fácil determinar em qual estágio o setor se encontra.
2. O crescimento do setor nem sempre segue o padrão em forma de S. Os setores podem pular a maturidade, passando direto para o declínio. Alguns setores parecem pular completamente a fase de emergência.
3. As empresas podem *influenciar* a forma da curva de crescimento por meio da inovação e do reposicionamento de produtos. Se uma empresa considera os estágios de evolução dados, isso se torna uma profecia indesejável que se autorrealiza.
4. A natureza da competição associada a cada estágio de evolução é diferente para diferentes setores. Determinados setores permanecem concentrados. Alguns começam fragmentados e se consolidam. Outros permanecem fragmentados.

A essas quatro advertências, adicionaríamos uma quinta. Acreditamos que muitos setores são compostos por várias curvas S. Ou seja, por causa das inovações de produto, um único setor pode progredir através de múltiplas curvas em forma de S à medida que as inovações são introduzidas e movidas do surgimento para a aceitação e para o declínio. Observação: isso é conhecido como *ciclo de adoção-inovação*. O ciclo de adoção-inovação é bem descrito no livro inovador de Everett M. Roger, *Diffusion of Innovations* (1983, Free Press) [Difusão das Inovações, em tradução livre]. *Diffusion of Innovations* é, em nossa opinião, uma leitura obrigatória para os interessados na forma como as inovações são adotadas por uma população.

Em suma, os estágios de análise do setor são uma ferramenta muito útil, mas devem ser usados com cuidado, e não levados cegamente como um evangelho.

Capítulo 8

INOVAÇÃO

Portanto, todo o progresso depende do homem que não é razoável.

GEORGE BERNARD SHAW,
MAN AND SUPERMAN

Boas ideias não faltam.

Na verdade, o maior problema em construir uma organização inovadora não é estimular a criatividade; o problema é nutrir a criatividade que abunda ao redor e fazer com que ela seja posta em prática e transformada em inovações. (Pense em uma inovação como uma ideia concluída — uma ideia que foi implementada.)

É exatamente disso que trata este capítulo. Para ser uma grande empresa duradoura, acreditamos que é necessária a capacidade de inovar constantemente — ter um fluxo constante de novas ideias, algumas das quais totalmente implementadas. Dizemos que algumas são implementadas (em vez de todas) porque uma grande empresa sempre terá mais ideias boas do que pode financiar.

A maioria das empresas começa com um fundador criativo. O desafio, no entanto, é se tornar uma empresa inovadora, em vez de uma empresa dependente de um fundador inovador.

Identificamos seis elementos básicos do que é necessário para ser uma empresa inovadora:

1. Receptividade a ideias de todas as fontes.
2. "Ser" o cliente.

3. Experimentação e erros.
4. Pessoas criativas.
5. Autonomia e descentralização.
6. Recompensas.

Nós o guiaremos através de cada um desses seis elementos, com exemplos e sugestões específicos, e concluiremos com algumas técnicas gerenciais para estimular a criatividade e a inovação.

Elemento 1 da Inovação Corporativa: Receptividade a Ideias de Todas as Fontes

Empresas altamente inovadoras não geram necessariamente mais ideias do que suas contrapartes menos inovadoras (boas ideias são abundantes em todas as empresas). Mas empresas altamente inovadoras são mais receptivas a ideias — e não apenas a suas próprias ideias, mas a ideias de todas as fontes. Além disso, elas agem a respeito das ideias. Não que uma empresa inovadora execute todas as ideias, mas é muito mais provável que ela aja rapidamente com base em uma ideia parcialmente pronta do que gaste incontáveis horas deliberando sobre todos os motivos que a tornariam improdutiva.

Infelizmente, porém, a maioria de nós foi treinada para fazer exatamente o oposto; somos bem treinados na crítica, tendo aprendido que a maneira de mostrar o quanto somos inteligentes é citando todos os motivos que tornam algo uma ideia estúpida ou fadada ao fracasso.

Percebemos que muitos novos MBAs são adeptos de encontrar todas as falhas em uma ideia de negócio, mas têm muito menos prática em encontrar maneiras de fazê-la funcionar. Muitas vezes, ficamos diante de uma pessoa satisfeita que acabou de fazer um trabalho maravilhoso de demolir a ideia de um novo produto durante uma discussão. Então perguntamos: "Sim, sabemos que é uma ideia imperfeita. Mas nenhuma ideia é perfeita. Agora, como você pretende tornar esta ideia bem-sucedida, apesar das falhas?" Algumas pessoas aceitam o desafio brilhantemente quando percebem que o objetivo não é mais mostrar como são brilhantes abrindo buracos nas ideias. Mas, infelizmente, outras, não. Elas foram treinadas muito bem no espírito da crítica e, para construir uma grande empresa, terão que superar esse treinamento negativo.

Não nos entenda mal. Não queremos dizer que toda ideia é ótima ou que toda ideia de um novo produto terá muito sucesso. Na verdade, algumas ideias acabarão fracassando. E, como descreveremos mais adiante, essas falhas podem render dividendos consideráveis em longo prazo.

É essencial ter em mente que muitas grandes ideias foram inicialmente consideradas estúpidas. O Formulário 8-1 (a seguir) apresenta uma lista de criações historicamente significativas que foram consideradas pelos chamados especialistas (preferimos chamá-los de "desmancha-prazeres") de ideias idiotas.

Recomendamos que você distribua essa lista para todos da sua empresa. Coloque uma cópia na sua própria parede ou acima da sua mesa. Mantenha-a à sua frente — e peça aos outros que façam o mesmo. É um lembrete útil sobre a importância de ser receptivo a ideias.

O primeiro elemento para tornar sua empresa criativa e inovadora é buscar ideias de todas as fontes e, o mais importante, criar um clima de receptividade a novas ideias. Vamos enfatizar de novo: *não faltam boas ideias; falta apenas receptividade a elas.*

Ideias de Fora

Não pense que as únicas ideias que valem a pena saem de dentro da sua empresa. Algumas das empresas mais criativas dependem amplamente de ideias geradas fora de suas paredes.

FORMULÁRIO 8-1

Os Desmancha-prazeres da História

"Este 'telefone' tem muitas defasagens para ser considerado um meio de comunicação. O dispositivo não tem valor para nós." Memorando interno da Western Union em resposta ao telefone de Bell, em 1876.

"O conceito é interessante e bem estruturado; mas, para ser mais que mediana, a ideia precisa ser viável." Um professor de administração da Universidade de Yale em resposta ao artigo de Fred Smith propondo um serviço confiável e rápido de entrega. Smith fundou a Federal Express Corporation.

"Não lhes dizemos como treinar, então não nos digam como fazer sapatos." Um grande fabricante de calçados esportivos para Bill Bowerman, inventor do sapato "waffle" e cofundador da Nike, Inc.

"Falamos com a Atari: 'Ei, nós temos essa coisa incrível, até mesmo construída com algumas de suas peças, o que acham de nos financiar? Ou nós lhes daremos os direitos. Só queremos fazer. Não precisam nos pagar, vamos trabalhar para vocês.' E eles disseram: 'Nada feito.' Então falamos com a Hewlett-Packard, e eles disseram: 'Não precisamos de você. Você ainda nem terminou a faculdade.'" Steve Jobs falando sobre as tentativas de fazer com que a Atari e a HP se interessassem por seu computador pessoal e pelo de Wozniak. Jobs e Wozniak fundaram a Apple Computer Company.

"'Vocês deveriam fazer uma franquia', eu disse a eles. 'Serei sua cobaia.' Bom, eles ignoraram completamente! Não entenderam a filosofia... Quando eles nos rejeitaram, isso deixou Bud e eu por conta própria." Sam Walton descrevendo seus esforços para fazer com que a rede Ben Franklin se interessasse por seu conceito de varejo de descontos em 1962. Walton acabou fundando o Walmart.

"Quem diabos quer ouvir atores falando?"; H.M. Warner, Warner Brothers, em 1927.

"Não gostamos do som deles, e essa guitarra está em declínio." Decca Recording Company rejeitando os Beatles, em 1962.

Em 1984, John Henry Patterson foi ridicularizado por seus parceiros de negócios por pagar US$6.500 pelos direitos da caixa registradora — um produto com potencial "limitado", se tivesse. Patterson acabou fundando a National Cash Register (NCR) Corporation.

"O que é toda essa bobagem de computador que você está tentando trazer para a medicina? Não tenho nenhuma confiança em computadores e não quero absolutamente nada com eles." Um professor de medicina na Inglaterra para Dr. John Alfred Powell, sobre o tomógrafo.

"Perfurar para obter óleo? Quer dizer perfurar o solo para tentar encontrar petróleo? Você é louco." Diversos perfuradores experientes que Edwin L. Drake tentou alistar em seu projeto de perfuração de petróleo, em 1859. Mais tarde, ele se tornou o primeiro homem a achar petróleo.

"Esse é um bom esporte. Mas, para os militares, o avião é inútil." Ferdinand Foch, comandante-chefe das forças aliadas na frente ocidental, Primeira Guerra Mundial.

"A televisão nunca alcançará popularidade; acontece em uma sala semiescura e exige atenção contínua." O professor de Harvard Chester L. Dawes, em 1940.

A Apple Computer não criou as ideias básicas por trás do Macintosh; essas ideias já existiam há anos, desenvolvidas primeiro em projetos de pesquisa de defesa e, depois, na Xerox. Um grupo de executivos da Apple assistiu a uma demonstração de tecnologia de mouse e ícone na Xerox (que era uma investidora da Apple) e levou as ideias básicas para a Apple.

O restaurante McDonald's original foi criado pelos irmãos McDonald em San Bernardino, Califórnia. Ray Kroc, que fundou a empresa que transformou o conceito dos irmãos McDonald em uma rede, simplesmente reconheceu o potencial do que já havia sido criado.

A T/Maker Company não criou o protótipo original do *Personal Publisher* (o primeiro pacote de editoração eletrônica a chegar ao mercado); foi um programador externo que o iniciou por conta própria.

A Johnson & Johnson não criou o Tylenol (um analgésico revolucionário sem aspirina); o produto veio da McNeil Laboratories, que foi adquirida pela J&J. A Procter & Gamble não inventou o Oxydol ou o Lava Soap; obteve-os adquirindo a William Waltke Soap Company. A 3M Company não inventou seu primeiro produto de referência (a lixa impermeável Wetordry, lançada no mercado no início dos anos 1920); Francis Oakie, um jovem fabricante de tintas da Filadélfia, criou a inovação e vendeu os direitos para a 3M.

Lute para evitar a síndrome NIH (*If it's Not Invented Here*, ou seja, se não foi inventado aqui, não serve). Com uma mente aberta, procure constantemente ideias fora da sua empresa. Deixe o mundo inteiro fazer parte do seu laboratório de P&D. Faça com que as milhares de grandes ideias que circulam pelo mundo permeiem facilmente a membrana externa da sua empresa.

Aqui estão algumas atividades específicas que você pode considerar:

- Faça com que seja responsabilidade de todos serem receptivos às novas ideias enviadas para a empresa por estranhos. Faça com que seja responsabilidade de uma pessoa específica responder às ideias apresentadas por indivíduos externos. É verdade que muitas ideias não cabem em sua missão ou serão inviáveis, mas lembre-se de que Chester Carlson foi vetado pelas mais de 20 empresas às quais ofereceu sua tecnologia de cópia; frustrado, ele fundou a Xerox.
- Providencie uma troca de funcionários com uma empresa admirada de outro setor, na qual um de seus funcionários passe algumas semanas naquela empresa e um deles passe um tempo na sua. Esse cruzamento estimula sacadas maravilhosas.
- Contrate designers externos. Alguns dos designs mais criativos vêm de designers externos (o design externo do computador Macintosh, por exemplo). Designers externos obtêm ideias trabalhando com diferentes categorias de produtos e diferentes problemas em uma gama de clientes e, portanto, podem levar sugestões valiosas e estimulantes. (O mesmo princípio também se aplica a outros tipos de consultores externos.)
- Incentive as pessoas a ingressarem em grupos técnicos, industriais, comerciais ou em outros, nos quais terão contato com pessoas e ideias inte-

ressantes. Ofereça-se para pagar suas taxas de adesão. Junte-se a alguns grupos você mesmo.

- Permita que as pessoas viajem para eventos ou passem um tempo mundo afora expondo-se a novas ideias. A Nike, por exemplo, aloca uma parte de seu orçamento de design apenas para viagens sem restrições. Ela deseja que seus designers saiam do escritório e vejam as coisas, apenas para gerar novas ideias.
- Pague por assinaturas de periódicos e de publicações que possam conferir novos insights, ideias, tecnologias e resultados de pesquisa interessantes. Da mesma forma, inicie uma biblioteca e permita que os funcionários comprem livros, os leiam e os coloquem nela.
- Convide pessoas com ideias de ponta para darem palestras ou seminários. Incentive estranhos a comparecer e participar de discussões e debates animados.
- Pague a alguns funcionários selecionados para que participem de programas educacionais, seminários e eventos patrocinados por universidades; peça às pessoas que apresentem a outras da empresa (talvez em uma reunião de equipe) "as ideias mais intrigantes" que encontraram no evento.
- Incentive as pessoas a lerem materiais de não ficção não relacionados ao seu trabalho e a compartilharem as percepções obtidas. Bob Waterman, coautor de *In Search of Excellence* [Em Busca da Excelência, em tradução livre], disse-nos que obtém muitas ideias por meio de uma lista de leitura "eclética", que vai da arquitetura à história mundial. Na verdade, a pesquisa sobre criatividade mostra que contribuidores criativos significativos têm vastos interesses, uma amplitude de perspectiva e uma necessidade de novidade e de diversidade. *A inovação geralmente surge da associação de ideias até então não conectadas e da sua fusão.*
- Facilite para os clientes alimentarem você com milhares (e nós queremos dizer milhares, mesmo) de ideias. Nos postos de atendimento, faça uso de uma caixa de sugestões de clientes. Siga o exemplo da Stew Leonard's Dairy (um estabelecimento familiar com uma única unidade que fatura US$100 milhões em receitas anuais, localizado em Norwalk, Connecticut). Stew Leonard's recebe uma média de 100 comentários e sugestões *por dia* em sua caixa de sugestões. Para estimular ainda mais as ideias do cliente, cada sugestão é seguida de um agradecimento em até 24 horas.

Ideias de Dentro

É claro que boas ideias não vêm apenas de fora; muitas das melhores ideias e inovações surgem de dentro. Uma organização é uma incubadora natural de grandes ideias e inovações.

Agora mesmo — no exato momento em que você está lendo este capítulo — há muitas ideias criativas, algumas delas muito boas, correndo pela sua empresa. Assim como sua empresa deve ser receptiva a ideias de fora, também deve ser receptiva a ideias de dentro, de colaboradores de todos os níveis e cargos. As ideias podem surgir dos postos avançados mais distantes, como ocorreu com o Big Mac e com o Egg McMuffin (inventado por franquias), ou das profundezas da experimentação científica, como os Post-it Notes da 3M (criados por um único pesquisador brincando com produtos químicos que descobriu, quase por acaso, o adesivo exclusivo que viabilizou o produto).

Lembra-se da caixa de sugestões de clientes? Bem, você também deve buscar formas de os funcionários darem sugestões sobre processos internos. O Walmart tem uma política chamada *LTC* (da sigla em inglês, *Low Threshold for Change*, limites vastos para mudanças). Os gerentes de loja buscam regularmente ideias para melhorias e inovações com as pessoas que trabalham nas lojas e, às vezes, recebem bônus pelas sugestões particularmente boas.

Como líder de sua empresa, *você* também deve ser uma importante fonte de inovação. Na verdade, notamos um número significativo de inovações de novos produtos originadas no topo de certas organizações.

- Na Giro Sport Design, muitos novos produtos são fruto da imaginação do fundador Jim Gentes e de sua equipe de design. Em uma reunião de planejamento, Gentes apresentou mais de 30 possibilidades de novos produtos para a consideração da empresa.
- O presidente honorário da Sony, Masaru Ibuka, criou o Sony Walkman.
- Em seus primeiros dias, inúmeras inovações da L.L.Bean surgiram diretamente do próprio L.L.

A questão aqui *não* é que fundadores e CEOs sejam necessariamente mais criativos do que as outras pessoas, mas que seu incentivo a uma ideia reduz (ou elimina completamente) a resistência a ela. Será que o Walkman da Sony, que foi considerado por aqueles nas divisões de fita e gravação uma ideia maluca, teria sobrevivido se não tivesse se originado do presidente honorário, Ibuka? Talvez; mas, certamente, teria sido menos provável.

Isso nos leva de volta ao ponto central desta seção; o principal desafio que você enfrenta não é aumentar a criatividade em si, mas tornar sua empresa receptiva à grande quantidade de criatividade que já existe. A questão não é construir uma empresa que dependa de você para inovar, mas trabalhar constantemente para uma organização que seja receptiva a novas ideias *como se elas tivessem partido de você.*

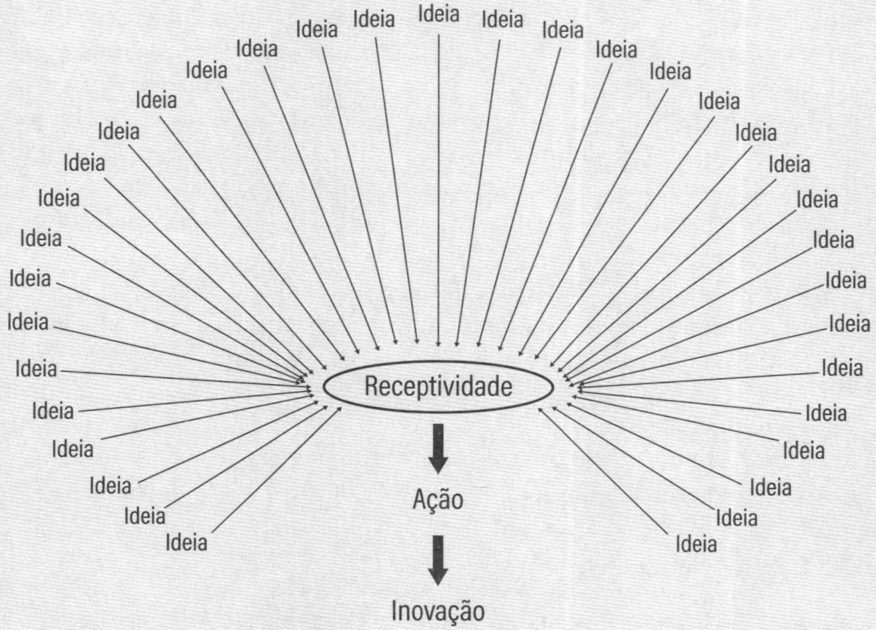

Figura 8.1

Impulso de Ideias ou Atração de Mercado?

Antes de passar para a próxima seção, precisamos abordar um paradoxo incômodo.

Por um lado, o dogma clássico das escolas de negócios afirma que você deve sempre definir uma necessidade de mercado primeiro (por meio de pesquisa de mercado e de outros métodos de análise de preferências de benefícios do cliente, sensibilidades de preço etc.) e, em seguida, desenvolver inovações que atendam a ela (atração de mercado ou, como às vezes é chamada, foco de mercado). Esse dogma parece sensato. Afinal, uma empresa deve criar produtos ou serviços que atendam às necessidades reais dos clientes. Que melhor maneira de garantir isso do que definir essas necessidades e, em seguida, direcionar seus esforços de inovação para satisfazê-las?

No entanto, por outro lado, muitas inovações bem-sucedidas no mercado não se originaram da atração do mercado, nem foram desenvolvidas por meio de técnicas clássicas de pesquisa de mercado. Na verdade, *muitos produtos inovadores nem existiriam se as empresas que os criaram tivessem contado apenas com uma abordagem de atração de mercado para a inovação.*

- O aparelho de fax é uma invenção norte-americana; no entanto, até 1990, nenhum aparelho de fax vendido no mercado era de fabricação norte-americana. Por quê? Porque, de acordo com Peter Drucker, a pesquisa de mercado convenceu os norte-americanos de que não havia demanda pelo equipamento.
- O experimento que resultou no adesivo exclusivo por trás dos Post-it Notes da 3M não foi impulsionado por uma demanda de mercado predefinida. Spencer Silver (o cientista) não começou com a ideia de que havia um mercado para seu adesivo exclusivo. Pelo contrário, o adesivo era *uma solução à procura de um problema.* Por mais de cinco anos, Silver fez uma peregrinação pela 3M, perguntando às pessoas se elas conseguiam pensar em algum uso para o adesivo. De acordo com Silver:

> Tivemos que lutar para conseguir [financiamento para] uma patente, porque não havia nenhum produto comercial imediatamente aparente... É uma daquelas coisas para a qual você olha e diz: "Isso tem que ser útil de alguma forma." [...] Às vezes eu ficava com raiva, porque essas coisas são obviamente únicas. Eu disse a mim mesmo: "Por que você não consegue pensar em um produto?"
>
> Além disso, uma vez que o produto Post-it foi concebido, ele falhou em um teste de pesquisa de mercado em quatro cidades! Foi só depois de um período intenso de distribuição gratuita — deixando as pessoas viciadas nos pequenos blocos de notas — que ele finalmente pegou.

- Quando Fred Smith concebeu a ideia da Federal Express (entrega rápida em todo o país), a UPS, o Emery Air Freight e o United States Postal Service já haviam pensado nela antes. Eles a rejeitaram porque não perceberam nenhuma necessidade de mercado; nenhum cliente jamais a *havia solicitado.*
- Debbie Fields, ao lançar sua rede de lojas de biscoitos (Mrs. Fields Cookies), foi avisada de que sua engenhosa habilidade de produzir biscoitos quentes, macios e saborosos falharia; relatórios de pesquisa de

mercado afirmavam que as pessoas gostavam de biscoitos *crocantes*, não de biscoitos macios. Seu conceito de loja estava, de acordo com os especialistas em pesquisa de mercado, fadado ao fracasso.

- Quando David Sarnoff tentou levantar dinheiro para investir no mercado de rádio, na década de 1920, foi rejeitado várias vezes, porque não havia demanda de mercado para o serviço de envio de mensagens para ninguém em particular. Foi só *depois* que o produto foi lançado no mercado que as pessoas começaram a reconhecer seu valor; ao disponibilizar o rádio, Sarnoff criou um mercado para seu uso.
- A Windham Hill Record Company foi informada por distribuidores e especialistas do mercado fonográfico de que não havia demanda de mercado para um álbum solo de piano. Não havia absolutamente nenhuma indicação do mercado de que tal conceito pudesse ser bem-sucedido. Mesmo assim, a empresa lançou o inovador álbum solo de piano de George Winston, que vendeu mais de 500 mil cópias.
- O primeiro forno de micro-ondas foi construído em 1946, com base na tecnologia de radar importada da Grã-Bretanha para os Estados Unidos. Não havia demanda de mercado para um forno de micro-ondas. Na verdade, de acordo com Jack Kammerer, vice-presidente sênior de marketing da Amana, que apresentou o micro-ondas:

> Se esse projeto tivesse sido dado a uma empresa altamente estruturada, que fosse gastar um ano e milhares de dólares em pesquisa de mercado, ela provavelmente o teria jogado na lixeira e nunca o teria realizado. Alguns indivíduos tiveram a sensação de que aquele era o produto certo na hora certa.

Além disso, certas empresas altamente inovadoras têm certeza de que fomentam conscientemente uma abordagem de impulso de ideias para a inovação de novos produtos. Akio Morita, da Sony, escreveu:

> Procuramos conduzir o público a novos produtos, em vez de perguntar o que ele quer. Em vez de fazer muita pesquisa de mercado, refinamos nosso produto e tentamos criar um mercado para ele, educando o público.

Essa noção de liderar um mercado — de *criar* um mercado — é essencial para inovações revolucionárias. Com inovações drásticas, os clientes muitas vezes não dirão o que querem (porque não sabem o que é possível) até que você mostre o que eles podem ter — como foi o caso do Post-it da 3M, do rádio e do aparelho de fax.

É muito importante perceber isso, do contrário, sua empresa pode ignorar oportunidades incríveis. Como o experiente especialista em design francês Jean Pierre Vitrac disse: "Os consumidores, quando confrontados com algo novo e original, podem ser tentados por ele, contradizendo todos os critérios até então aplicados."

Em um estudo de 16 descobertas comerciais, P. Ranganath Nayak e John M. Ketteringham concluíram, em seu notável livro *Breakthroughs*: "É totalmente errado dizer que a maior parte das inovações comerciais bem-sucedidas resultam da 'atração do mercado' em vez do 'impulso da tecnologia." Em nenhum dos 16 casos, a pesquisa de mercado clássica desempenhou um papel importante no estímulo à ideia original por trás da descoberta. De acordo com Nayak e Ketteringham, a motivação original veio da curiosidade ou do impulso da resolução de problemas de um único inventor:

> Certamente, a busca por um mercado muitas vezes seguiu rapidamente na esteira do impulso do solucionador de problemas. Em alguns casos, foi um fenômeno paralelo. *Mas não encontramos nenhuma instância do mercado exigindo um avanço antes que o inventor o tivesse encontrado à espreita nas profundezas da sua semiconsciência.*

Espere um minuto! Certamente, há espaço para a entrada de produtos no mercado. Não queremos jogar toda a disciplina de pesquisa de mercado pela janela, queremos? Que tal ficar perto do cliente — ouvir a opinião do consumidor sobre os produtos? E as grandes empresas de marketing ao consumidor, como a Procter & Gamble, que atribuem muito de seu sucesso à capacidade de identificar as necessidades dos consumidores e desenvolver produtos para atendê-las?

E quanto a empresas como a Tensor Corporation, cuja Tensor Lamp perdeu sua posição no mercado porque o inventor Jay Monroe se recusou a ouvir a opinião dos clientes? E a Visicorp, que não respondeu com rapidez suficiente às solicitações dos clientes por recursos mais poderosos em seu pacote de planilha Visicalc mais vendido e foi subsequentemente destruída pela novata Lotus Development Corporation? Que tal a Ford ter sido superada pela GM no fim dos anos 1920 porque Henry Ford fez ouvido de mercador para os clientes que clamavam por mais estilos e cores, reagindo com um: "Eles podem ter a cor que quiserem, desde que seja preto"?

Para resolver esse dilema, devemos primeiro eliminar a desordem e esclarecer a questão.

A questão não é se as inovações devem atender a uma necessidade humana genuína (para ter sucesso comercial, é melhor que atendam a uma necessidade). A questão é: antes de tudo, como a inovação deve ser gerada? O que a sua empresa *deve fazer* para garantir um fluxo contínuo de inovações, incluindo alguns avanços, que atendam às necessidades humanas genuínas?

Abordaremos essa questão ao longo deste capítulo. Mas o primeiro passo é reconhecer que você precisa tanto do impulso das ideias quanto do impulso do mercado na sua empresa. O clássico dogma de atração de mercado das escolas de negócios não deve ser adorado de forma estúpida. No entanto, ao mesmo tempo, certamente há um lugar para as informações do mercado, pois ignorar as informações dos clientes pode levar a oportunidades perdidas ou até a um desastre. Pense nas descobertas originais como provenientes principalmente (embora não exclusivamente) do impulso de ideias e das inovações incrementais subsequentes derivadas das contribuições dos clientes. A quantidade total de inovação é maior usando ambas as abordagens, em vez de depender exclusivamente de uma.

Rejeite os extremistas. Rejeite aqueles que dizem: "Sempre pergunte ao mercado o que ele quer primeiro." Lembre-se de que só porque os clientes não estão pedindo a inovação não significa necessariamente que não ficarão entusiasmados quando ela for oferecida a eles. Também rejeite os extremistas do outro lado do espectro que dizem: "Somos tão bons que não precisamos prestar atenção ao mercado; sempre sabemos o que é melhor." Seja receptivo a ideias de todas as fontes, não importa quais sejam.

Há uma resposta adicional para o paradoxo: o que parece ser puramente um impulso de ideias, costuma ser exatamente o oposto. Mesmo que o inventor não tenha feito uma análise geral do mercado, muitas vezes ele está o mais próximo possível do cliente: ele é o cliente! Isso nos leva ao nosso segundo principal elemento para tornar a sua empresa altamente inovadora.

Elemento 2 da Inovação Corporativa: "Ser" o Cliente

No fim, fazemos roupas para nos satisfazer. Nós as usamos.

CATÁLOGO DA PATAGONIA, 1989

Uma das melhores maneiras de tornar sua empresa inovadora e mantê-la inovadora é fazer com que as pessoas inventem soluções para seus próprios problemas ou necessidades. Em outras palavras, seja seu próprio cliente e se satisfaça. Se isso não for possível — se você está em um negócio em que não pode ser seu próprio cliente — então descubra uma maneira de vivenciar o mundo como o cliente o vivencia.

Resolva Seus Próprios Problemas e Atenda às Suas Necessidades

A ideia é simples: se alguém da sua empresa cria uma inovação para resolver seu próprio problema ou satisfazer seu próprio desejo, provavelmente outras pessoas no mundo se beneficiariam da sua invenção.

Voltando ao nosso exemplo da T/Maker e do produto *Personal Publisher*, a inovação foi estimulada pela necessidade pessoal da presidente e CEO, Heidi Roizen, de criar um convite para uma festa em seu computador. Ela preferia usar um IBM PC (porque estava acostumada a ele), mas a falta de um software gráfico IBM a forçou a usar um Macintosh. "Pena que não é possível fazer algo orientado graficamente em um IBM PC", refletiu ela. Dessa experiência pessoal, surgiu o projeto *Personal Publisher*, que gerou o primeiro pacote de editoração eletrônica a ser oferecido no IBM PC.

Jim Gentes, da Giro, não surge com as suas grandes ideias sentando-se em um escritório e olhando pela janela, mas saindo de bicicleta na hora do almoço e batendo contra o vento. "A bicicleta, na estrada, é o meu melhor laboratório. Estou sempre tentando descobrir maneiras de ir mais rápido com menos esforço", diz Gentes.

Até o próprio computador pessoal original foi inventado para atender a uma necessidade pessoal. Quando questionado sobre como ele e Steve Wozniak tiveram a ideia do computador pessoal, Steve Jobs respondeu:

> Como a maioria das grandes ideias, veio de algo bem na nossa frente. Projetamos aquele computador porque não podíamos comprar um; queríamos aprender sobre computadores. Portanto, éramos o mercado inicial. Nosso mercado secundário eram todos os nossos amigos. Gradualmente, à medida que o número de pessoas para as quais ele era interessante aumentava, ficávamos cada vez mais entusiasmados. Não nos sentamos em uma cadeira e pensamos: "Meu Deus, as pesquisas dizem que daqui a 10 anos todo mundo usará computadores pessoais." Mas não foi bem assim. Foi mais um processo gradual.

Em 1920, o Band-Aid foi inventado por Earle Dickson, um funcionário da incipiente empresa Johnson & Johnson, cuja esposa estava constantemente se cortando na cozinha. Os acidentes aconteciam com tanta frequência que ele finalmente decidiu fazer um curativo pronto para usar que ela pudesse aplicar em si mesma. Estendendo uma longa tira de esparadrapo, ele colocou pequenos pedaços de gaze sobre ela em intervalos e, para evitar que o adesivo grudasse, ele o cobriu com um pedaço de crinolina de algodão. Dickinson mencionou sua invenção para colegas de trabalho e, assim, gerou um dos produtos comerciais de maior sucesso da história.

O Fator Revelação

Pense nisso como o fator revelação; ao resolver o seu próprio problema, outras pessoas que têm o mesmo problema (mas que não seriam facilmente identificadas por meio de técnicas clássicas de pesquisa de mercado) saem da toca.

O fator revelação foi originalmente articulado pela equipe por trás da invenção do Tagamet, um dos medicamentos controlados de maior sucesso da história. (Tagamet é um medicamento que cura úlceras sem cirurgia e mudou para sempre a forma como as pessoas lidam com elas.) Thomas Collins, o chefe da iniciativa do Tagamet, nos Estados Unidos, descreveu:

> Na minha faixa etária, lembro-me de todos os tipos de pessoas com úlceras. Mas elas não estavam sob tratamento ativo. Elas faziam tudo o que tinham que fazer. Então, do meu ponto de vista, eu sempre disse, acho que ninguém sabe qual é o tamanho desse mercado. Esse é o fator revelação. Eles são todos meus amigos. Tive uma visão de pacientes se revelando.

Heidi Roizen, Jim Gentes, Steve Jobs e Earle Dickson também experimentaram o fator revelação. Na verdade, foi isso o que a HP quis dizer com a sua famosa síndrome do próximo banco.

Aqui estão algumas coisas específicas que você pode fazer para estimular as pessoas da sua empresa a serem o cliente e a replicarem o fator revelação:

- Contrate clientes. A Nike, por exemplo, tem muitos atletas como funcionários. Visitamos a Nike durante uma sessão de desenvolvimento de produto e encontramos o gerente de marketing Tom Hartge — um corredor ávido — trabalhando com a equipe de design para criar calçados que ele usaria para correr. A Nike contrata atletas de elite como consultores de teste de produtos que devem testá-los nas mais severas circunstâncias e apresentar um relatório com ideias e problemas.
- Permita que os funcionários reservem um tempo para testar produtos ou serviços em campo. Na L.L.Bean, por exemplo, qualquer executivo pode obter uma semana extra de férias para fazer testes de produtos, mesmo que isso signifique uma viagem de pesca com mosca no Alasca, uma ida para Ontário para o início da temporada de patos e gansos, ou uma verificação das enormes botas de caça Danner Yukon para o clima frio da Colúmbia Britânica.
- Distribua um "diário de ideias pessoais" em branco anual para todos os funcionários e incentive-os a fazer anotações nele sobre problemas e ideias que enfrentam pessoalmente no seu trabalho e na vida pessoal.

- Comunique o fator revelação escrevendo histórias específicas na revista ou no boletim informativo de funcionários sobre como indivíduos ou equipes inventaram produtos de sucesso atendendo às suas próprias necessidades. As pessoas aprendem por meio de histórias. Faça da teoria do fator revelação parte da mitologia da empresa.

E se você estiver em um negócio que fabrica produtos ou fornece serviços que você e seus funcionários não usam extensivamente? O fator revelação também pode funcionar? Sim, mas o processo é diferente.

Simule Ser o Cliente

Se o seu negócio é tal que você não pode ser um cliente de seus próprios produtos, simule uma maneira de o ser. Existem duas abordagens básicas.

Uma é resolver determinado problema ou atender à necessidade específica de um cliente — não de um *grupo* de clientes, mas de *um único cliente*. A ideia aqui é a mesma da anterior: se você inventar uma solução para o problema de um único cliente, é provável que haja outros clientes potenciais escondidos que também se interessariam pela inovação.

Por exemplo, o talco para bebês foi inventado em 1890, quando um médico escreveu a Fred Kilmer, da Johnson & Johnson Laboratories, que um de seus pacientes se queixava de irritação na pele com o uso de um emplastro medicamentoso. Para resolver o problema, Kilmer enviou ao cliente um pequeno recipiente de talco italiano. A J&J decidiu então incluir o talco em seus artigos fabricados a partir do gesso. Logo depois disso, centenas de clientes se revelaram, pedindo mais talco, e assim nasceu o talco para bebês da Johnson.

Uma segunda abordagem é chegar tão perto do cliente que você sente o mesmo que ele. Não trabalhe apenas para saber quem são seus clientes; mas para conhecê-los. O segredo não é reunir resmas de planilhas de dados de mercado, que são então analisadas, classificadas e interpretadas. Não, o segredo é observar diretamente a experiência do cliente no campo, em tempo real. É muito melhor estar de fato lá quando o cliente está lutando com um certo problema, ou tentando usar um de seus produtos ou serviços, do que pedir a ele para relembrar mais tarde a experiência. Chamamos isso de abordagem "tocar e sentir".

EXEMPLO DE CASO DE TOCAR E SENTIR: PRODUTOS MÉDICOS DA BALLARD

A Ballard Medical Products, com vendas de cerca de US$10 milhões em 1987, definiu uma estratégia para desenvolver e dominar nichos que as grandes empresas negligenciaram, por meio da inovação prolífica de novos produtos.

A primeira premissa da Ballard, conforme descrito em um artigo da revista *Inc.*, é que os próprios clientes são parte integrante do processo de inovação do produto. A segunda premissa é a de que os vendedores — pessoas que lidam diretamente com os clientes — também fazem parte do processo. Espera-se que os vendedores vão ao local e interajam diretamente com o cliente enquanto ele realiza suas atividades. Um vendedor da Ballard descreveu:

> Você não pode simplesmente perguntar ao diretor de fisioterapia ou à enfermeira-chefe se há problemas. Você tem que ver por si mesmo [...] e perguntar às enfermeiras se *elas* têm problemas.

A terceira premissa da Ballard é que P&D deve responder às ideias de produtos dos vendedores. Em um caso, o vice-presidente de vendas propôs sua própria ideia de produto, ajudou a projetá-la e trabalhou com P&D para colocá-la em prática. Todo o ciclo de inovação do produto — do conceito à entrega — durou apenas alguns meses.

Essa abordagem de tocar e sentir em tempo real a entrada do cliente é praticada pelos melhores inovadores de produto. Outro passo que você pode dar é rotacionar o pessoal de P&D em funções reais de vendas por um período de tempo ou, no mínimo, mandá-los para o campo para interagir diretamente com os clientes. (Aliás, achamos que é uma boa ideia para você, como líder da empresa, passar parte do *seu* tempo percebendo diretamente os problemas dos seus clientes.)

Nike, Herman Miller, Bang e Olufson, BMW, Olivetti e Patagonia esperam que seus designers tenham um contato pessoal próximo com os usuários finais de seus produtos. Como diz o gerente de design da Olivetti, Paulo Viti:

> Claro, essa é uma forma um tanto não científica de marketing, mas muitas vezes faz com que o insight e a intuição dos designers funcionem muito melhor do que relatórios enfadonhos por escrito.

Mas isso é realmente não científico? Certamente, parece ser. Mas, pense por um minuto: qual é a essência de ser científico? O que os cientistas fazem? Eles apenas leem enfadonhos relatórios elaborados por outras pessoas? Não. Eles descobrem maneiras de tocar e sentir o mundo, para que possam fazer observações precisas sobre ele. Eles saem e olham as coisas por si próprios.

E experimentam.

Elemento 3 da Inovação Corporativa: Experimentação e Erros

O importante é a experimentação. Planejo ter sucesso apenas de 10% a 20% das vezes. Testo muitas coisas diferentes, e, por pura sorte, algumas delas funcionam.

VINOD KHOSLA, COFUNDADOR DA SUN MICROSYSTEMS

Agora, esperamos que você esteja inspirado para ser receptivo a novas ideias de todas as fontes, para ter tanto impulso de ideias quanto atração de mercado e ser o cliente. No entanto, provavelmente há uma pergunta incômoda: como saber se uma ideia é boa? Todos os exemplos que demos são simplesmente exemplos de sorte? E quanto a todos os impulsos de ideias e soluções para um único cliente que não criaram um fator marcante? Você pode eliminar todos os riscos e determinar se uma ideia é boa antes de colocá-la em prática?

Infelizmente, a natureza da inovação é que ela é repleta de aspectos desconhecidos. A melhor maneira de descobrir se algo é uma boa ideia é experimentando, testando. Isso, é claro, leva a erros — ideias que não são boas —, mas faz parte do processo. A inovação requer experimentação e erros. Você não pode ter um sem o outro.

Thomas Edison persistiu por mais de 9 mil iterações antes de inventar a lâmpada. Por fim, um de seus associados perguntou: "Por que você insiste nessa tolice? Você falhou mais de 9 mil vezes." Edison olhou para ele incrédulo e disse: "Eu não falhei nem uma única vez; em 9 mil vezes eu aprendi o que não funciona." A filosofia de experimentação, erros e correção de Edison é o coração da inovação.

Gostamos da vinheta de John Cleese (cofundador da Video Arts) de "Gordon the Guided Missile" ["Gordon, o Míssil Guiado", em tradução livre], que capta essa ideia de forma bastante vívida:

> Gordon, o míssil guiado, sai em busca de seu alvo. Ele imediatamente envia sinais para descobrir se está a caminho de atingi-lo. E os sinais voltam: "Não, você não está no curso. Portanto, mude — ligeiramente para a esquerda."
>
> Gordon muda de curso e, então, rapazinho racional que é, envia outro sinal. "Estou no curso agora?" E, de volta, vem a resposta: "Não. Mas, se você ajustar seu curso atual um pouco mais para a esquerda, ficará." O míssil ajusta seu curso novamente e envia outro pedido de informações. De volta, vem a resposta: "Não, Gordon, você ainda está entendendo errado. Agora você deve descer um pouco para a direita."

> E o míssil guiado, sua racionalidade e persistência uma lição para todos nós, continua cometendo erros e continua ouvindo feedback e corrigindo seu comportamento à luz dele, até explodir o Inimigo Sórdido.
>
> Então aplaudimos o míssil por sua habilidade. E se algum crítico disser: "Bem, certamente ele cometeu muitos erros no caminho", e nós respondermos: "Sim, mas isso não importa, não é? No fim das contas, ele chegou." Todos os seus erros eram pequenos, no sentido de que podiam ser corrigidos imediatamente. E, como resultado de muitas centenas de erros cometidos, o míssil acabou conseguindo evitar o único erro que realmente teria importância — errar o alvo.

Às vezes, o processo de inovação impulsionado por erros acontece quase que por acaso. Por exemplo, o couro de sapato "enrugado" de estilo macio da Reebok, que alimentou a demanda por seus calçados de ginástica na década de 1980, não foi planejado. Veio de um erro de produção.

Na verdade, muitas inovações têm como fonte alguma forma de ação pura — testar algo, experimentar, apenas para ver se funcionará. Voltando ao exemplo do Post-it da 3M, Spencer Silver descreveu a gênese do adesivo:

> O segredo do adesivo Post-it era fazer o experimento. Se eu tivesse me sentado e pensado nele, não o teria feito. Se eu tivesse revirado os livros seriamente e examinado a literatura, teria parado. A literatura está repleta de exemplos que dizem o que você não pode fazer.
>
> Pessoas como eu ficam entusiasmadas em procurar novas propriedades em materiais. Acho muito satisfatório perturbar ligeiramente a estrutura e ver o que acontece. Tenho dificuldade em convencer as pessoas a fazerem isso. Minha experiência mostra que as pessoas relutam em testar, em experimentar — apenas para ver o que vai acontecer.

A ideia de usar o micro-ondas para cozinhar surgiu por meio de uma experiência simples. Les Vandt, um engenheiro que trabalhava com tecnologia de micro-ondas, comprou um pouco de pipoca e segurou-a na frente de um tubo de energia de micro-ondas. Outro engenheiro comentou sobre o experimento:

> Ela [a pipoca] começou a pular descontroladamente. Não envolveu a diretoria e todo esse tipo de coisa; apenas Les Vandt e o saco de pipoca.

Um dos nossos exemplos favoritos de inovação por meio de experimentação vem de uma pequena empresa da Califórnia, Powerfood, Inc. A Powerfood inventou uma barra de energia revolucionária que os atletas — corredores, escaladores, ciclistas, nadadores etc. — podiam comer imediatamente antes ou mesmo *durante* o exercício para aumentar seus níveis de energia sem perturbar seus estômagos. Os atletas sofreram durante anos com a regra: "Não coma pelo menos três horas antes de treinar." Mas, com as Powerbars, esse problema desapareceu, o que mudou a vida de milhares de atletas em todo o mundo.

A invenção da Powerbar ilustra muitas das ideias apresentadas até agora. A ideia partiu de Brian Maxwell, um maratonista olímpico que sofria cronicamente de fadiga durante as corridas por falta de energia (ser o cliente, resolver seu próprio problema). Maxwell fundou a Powerfood porque as grandes empresas abordadas com a ideia diziam: "É impossível fazer tal barra, e o mercado para tal barra é muito pequeno, mesmo se pudéssemos fazê-la. Não estamos interessados." (Observe novamente a importância da receptividade às ideias de todas as fontes.) E, por fim, a solução do produto surgiu a partir da experimentação massiva, conforme descrito por Maxwell:

> Vejo Jennifer, Bill e eu em nossa cozinha de Berkeley, cheia de sacos de pó branco e garrafas de líquidos acastanhados. Uma balança domina a mesa da sala de jantar, e, à primeira vista, os visitantes concluem que somos os chefões de algum império das drogas ilegais. Então, eles notam as assadeiras e formas de torta, forradas com papel-manteiga e numeradas, espalhadas em todas as superfícies planas. Uma inspeção mais detalhada revela manchas pegajosas de massa de cor estranha em cada um de nós. Os visitantes não escapam sem provar pelo menos quatro ou cinco e registrar seus comentários em fichas. Aqueles que se exercitam regularmente saem com um saquinho de amostras embrulhadas em celofane para "experimentar antes do próximo treino".

Essas imagens de Maxwell e seus amigos preparando centenas de amostras experimentais, Vandt explodindo pipoca em todos os tubos de micro-ondas, Silver misturando produtos químicos no laboratório e as 9 mil lâmpadas de Edison são essenciais para se ter em mente ao pensar em como manter sua empresa inovadora.

Descobrimos até, com nosso próprio ensino, que nossas melhores inovações surgem da experimentação em sala de aula. Nós simplesmente experimentamos coisas o tempo todo. Alguns dos experimentos funcionam e se tornam partes permanentes de nosso curso. Outros falham e são descartados imediatamente após a primeira tentativa. Criamos uma série de inovações de ensino porque estamos dispostos a jogar as coisas contra a parede e ver o que gruda. Você tem que estar disposto a fazer isso, mesmo que signifique cair de cara no chão periodicamente (e já caímos de cara no chão várias vezes).

Apenas Faça

Descobrimos que a simples frase "Just Do It" [apenas faça] é extremamente útil em nossos esforços para permanecermos criativos e tentamos repassá-la às empresas. Em uma empresa, pegamos uma pilha inteira de adesivos, blocos de notas e chaveiros "Just Do It", e os distribuímos para todos os setores. As pessoas precisam de lembretes de que não há problema em "Just Do It" — agir sem 15 níveis de aprovação. Na verdade, sempre tentamos mostrar às pessoas que é muito mais fácil pedir perdão do que permissão. Apenas faça.

Não o Torne Grande Antes de Precisar

A experimentação bem-sucedida requer finais fáceis. Ou seja, você tem que estar disposto a testar muitas coisas diferentes, manter aquelas que funcionam e causar uma morte rápida e indolor àquelas que não funcionam.

Mantenha os projetos pequenos pelo maior tempo possível, tornando mais fácil dizer: "Bem, *isso* não funcionou. Vamos testar outra coisa." Se um projeto se tornar muito grande rápido demais, ele começará a lutar por sua própria vida, mesmo que seja mais sensato encerrar o experimento e começar um novo: "Ei, designamos 17 pessoas e passamos um ano nessa coisa. *Não podemos* acabar com isso."

Por exemplo, a Novellus Systems, uma pequena empresa de equipamentos semicondutores, supera consistentemente os concorrentes de 10 vezes seu tamanho usando essa abordagem "menos é mais" para o desenvolvimento de novos produtos. A empresa usa três ou quatro engenheiros principais no estágio inicial do projeto do produto e adiciona pessoas apenas quando fica claro que ele funcionará.

O Papel das Falhas do Produto

Até onde você deve experimentar? Você deve levar tudo para o mercado? É aceitável fazer experimentos em laboratório, mas e quanto ao processo de colocar os produtos no mercado, que é muito mais caro se o experimento falhar?

Esse é um dilema difícil, pois, se você nunca lança um produto a menos que tenha 100% de certeza racional de que ele será um sucesso, então você nunca colocará um produto inovador no mercado (e comerá a poeira daqueles que o fazem). Por outro lado, é claro, as falhas de produtos custam dinheiro, tempo, prestígio e podem prejudicar a confiança. Existem duas respostas básicas para esse dilema.

Primeiro, às vezes você pode fazer pequenos experimentos de teste de mercado antes de fazer um lançamento completo do produto. Divulgue em uma determinada área geográfica e veja como funciona. Ou teste completamente o produto com um subconjunto dos seus clientes e aprenda com suas reações. A ideia aqui é continuar o processo de muitos pequenos experimentos, erros, aprendizado e correção — assim como nosso amigo Gordon, o míssil guiado, que se autocorrige por meio de milhares de "erros", mas acaba atingindo o Inimigo Sórdido.

Segundo, as empresas altamente inovadoras não têm medo de falhas de produtos. Não que gostem de falhas de produtos, mas estão dispostas a arriscar falhas de mercado e aprender com elas.

Por exemplo, os dois primeiros produtos subsequentes ao Apple II (o Apple III e o Lisa) foram fracassos horríveis. Mas a Apple aplicou todas as informações aprendidas com essas falhas para criar o Macintosh, incrivelmente bem-sucedido. Henry Ford lançou vários produtos — incluindo algumas falhas notáveis, como seu Modelo B original —, levando ao famoso Modelo T. Ford aprendeu com cada lançamento (e falha) de produto ao projetar o revolucionário Modelo T. A Motorola teve vários produtos com os quais aprendeu: o rádio Modelo 55 (1933), o primeiro rádio de carro com botão de pressão (1937), um aquecedor a gasolina (1947), sua primeira TV em cores (1957) — todas essas foram falhas de produto para a Motorola.

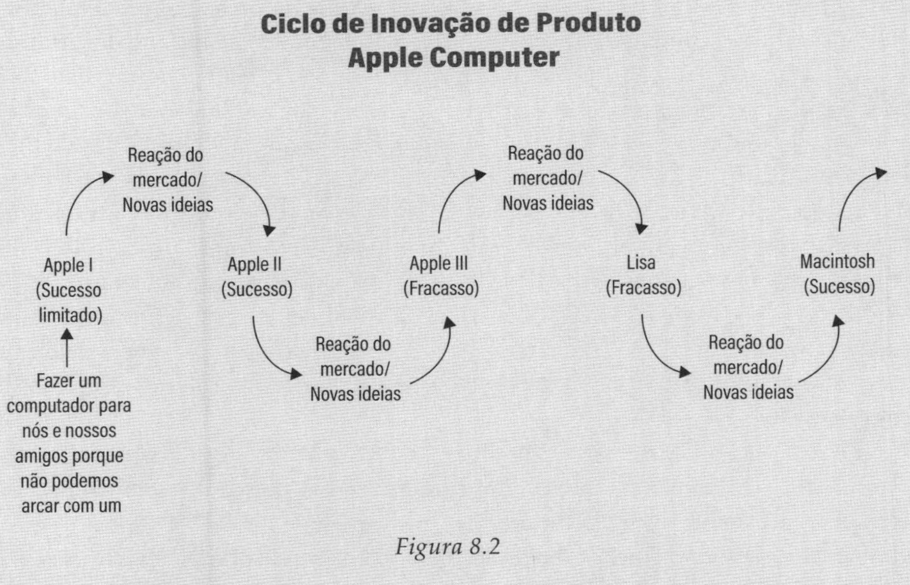

Figura 8.2

Ciclo de Inovação Revolucionária

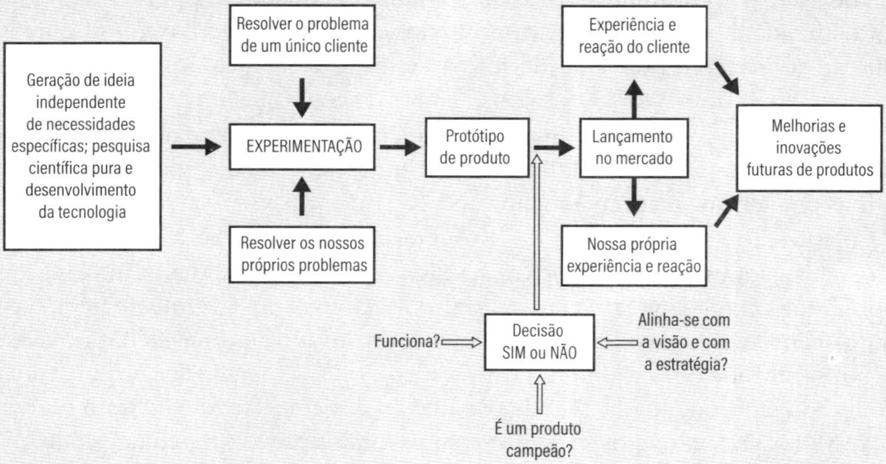

Figura 8.3

Ok, você diz, mas essas são as *grandes* empresas; elas podem se dar ao luxo de ter algumas falhas de produto. E se você for uma empresa menor? Bom ponto; mas olhe novamente. Em cada um dos casos citados, as falhas do produto ocorreram no início da história da empresa, quando ela estava muito mais vulnerável. Na verdade, uma das razões pelas quais elas passaram dos primeiros estágios para um lugar de grandeza é, em parte, porque tiveram falhas de produto no início.

O objetivo é ter vários ciclos de produto — colocar produtos no mercado, aprender rapidamente em que eles ficam aquém e continuar a inovar e a melhorar com base nas informações do mercado. (Observação: isso também se aplica a novos serviços.) Os japoneses, menos conhecidos por inovações do que os norte-americanos, dominaram o processo de melhoria incremental, o que contribuiu significativamente para seu domínio em certos setores, como no de automóveis.

Os diagramas mostram como funciona o ciclo de ruptura/inovação incremental e como ele se desenrolou nos primeiros dias da Apple Computer. Observação: devido à turbulência gerencial na Apple desde 1985, nos perguntamos se deveríamos incluir exemplos dela neste livro. A Apple exibiu três dos quatro elementos de grandeza (desempenho, impacto e reputação), mas não acreditamos no quarto (longevidade). Ela será uma grande empresa no ano de 2040? Dado o fato de que entre 1984 — o ano em que o Macintosh foi lançado — e 1991 não houve grandes inovações revolucionárias e dada a liderança desanimadora da alta administração da Apple (que foi criticada pela alta remuneração de executivos nos anos que antecederam as demissões, no início da década de 1990), estamos preocupados com as perspectivas de grandeza da Apple em longo prazo. No entanto, acreditamos que o impacto fenomenal alcançado pela empresa no mundo desde o fim dos anos 1970 até meados dos anos 1980 torna atraente usar um punhado de exemplos de seu início de história. Você notará que cada um dos exemplos da Apple neste livro é anterior a 1985.

Erros Bons e Erros Ruins

Você deve ser tolerante com todos os erros? Todos os erros são bons?

Um bom erro vem de um esforço honesto para tentar algo combinado com uma tentativa diligente de executá-lo bem. Um erro grave é aquele em que uma ideia falha principalmente por causa de um esforço desleixado, desatento ou indiferente. Dizer "erros são valiosos" não deve ser interpretado como "não temos que tentar fazer o nosso melhor". Uma coisa é colocar o produto errado no mercado, outra é fazer um trabalho desleixado ao colocá-lo no mercado.

Os piores erros, entretanto, são aqueles que se repetem continuamente. É a lição aprendida com um erro que o torna valioso, não o erro em si.

A Imagem da Pipoca

Gostamos de pensar que uma empresa inovadora tem uma *imagem da pipoca*. Pense em sua organização como o pipoqueiro e no milho não estourado como sementes de boas ideias. Uma organização inovadora tem a mesma sensação de estourar pipoca — muitas boas ideias colocadas em um ambiente propício, "pipocando" em experimentos em todos os lugares. Da próxima vez que você for ao cinema, observe a pipoca em ação e mantenha a imagem em mente.

Durante uma visita às principais instalações da Patagonia (onde ficam o design, a produção, a pesquisa, o marketing e as finanças), nos sentimos como se estivéssemos no meio de pipocas estourando. O nível de atividade — pessoas se movendo, experimentando coisas, conversando, caminhando, projetando, desenhando, escrevendo, encontrando-se, tomando decisões — era fenomenal. Não havia calmaria após o almoço. Não havia reuniões enfadonhas e tediosas. Não havia pessoas frustradas sentadas à espera de aprovação para agir. Não havia relógios, muito menos alguém para observá-los. As pessoas se moviam tão rapidamente às 16h30 quanto às 8h. As pessoas lidavam com tudo com a seguinte abordagem: "Vamos fazer isso logo, porque tenho um projeto no qual estou trabalhando e quero voltar para ele..."

Outra maneira é reservar alguns fundos, que não estejam comprometidos, para ideias geradas internamente. Reserve uma certa quantia a cada ano como financiamento de risco interno para ser aproveitada por pessoas de dentro da empresa que desejem desenvolver uma ideia. Alguém — ou um grupo — serviria como capitalista de risco interno e tomaria decisões sobre quais projetos financiar.

Deixe a Persistência Vencer

Um colega nosso perguntou a Andy Grove, CEO da Intel Corporation, como sua empresa escolhe entre o grande número de novas ideias de produtos geradas por seus engenheiros empreendedores. Grove respondeu: "Nunca pedimos a ninguém para calar a boca, mas que apresentem argumentos melhores. As pessoas devem ser persistentes."

A frase: "As pessoas devem ser persistentes" é perfeita. Ela capta a noção de um ambiente de estilo "darwiniano", ou de livre mercado, no qual as ideias nunca são aniquiladas de uma vez, contudo as mais aptas sobrevivem.

Em uma instância na Intel, um grupo de gerentes intermediários queria desenvolver placas adicionais para computadores pessoais, mas a ideia inicialmente não foi incluída na estratégia de produtos da Intel. Os gerentes de nível médio receberam financiamento do programa de empreendimentos corporativos internos da Intel e transformaram os conselhos em um negócio separado.

Uma Empresa de Experimentadores e de Consertadores

Para permanecer inovador, você precisa ter pessoas de todos os níveis fazendo muitos experimentos, ajustes e ações — criando o efeito pipoca. Como você faz isso? Como pode criar o ambiente no qual isso acontece? Existem três respostas básicas, que discutiremos agora em detalhes:

- Empregar pessoas criativas.
- Deixá-las agir do jeito delas!
- Recompensá-las por serem inovadoras.

Elemento 4 da Inovação Corporativa: Pessoas Criativas

Para permanecer inovadora, uma empresa deve ter pessoas criativas.

Mas, espere! Antes de parar de ler porque você acha que isso é tão óbvio que nem vale a pena continuar, por favor, fique. Este ponto não é tão óbvio quanto parece à primeira vista.

Na verdade, a maior parte da literatura sobre inovação corporativa tem se concentrado principal ou exclusivamente em soluções *estruturais*. Embora concordemos que existem componentes estruturais para permanecer inovador (discutidos na próxima seção), a inovação surge porque as pessoas estão sendo criativas dentro dessas estruturas.

Infelizmente, existe uma crença comum de que as pessoas criativas pertencem a um subconjunto especial e único da raça humana e que a criatividade é uma característica que pertence *apenas* a esse subconjunto. Em outras palavras, a crença comum diz que existem pessoas criativas e pessoas não criativas, e pessoas não criativas estão condenadas para sempre a permanecerem não criativas.

Besteira.

Todas as pessoas têm a capacidade de ser criativas. Não existe uma pessoa inerentemente não criativa; a criatividade é uma capacidade que reside dentro de cada um de nós. Não existe uma raça especial de pessoa de alguma forma ordenada por Deus com o dom da criatividade. Nem é verdade que a maioria de nós nasceu sem essa bênção.

O primeiro passo para que as pessoas de todos os níveis sejam inovadoras é acreditar em sua capacidade criativa inerente. Afinal, como você pode esperar que as pessoas inovem se você fundamentalmente não acredita que elas podem?

Ajude as Pessoas a Desenvolverem Suas Habilidades Criativas

O segundo passo é ajudar as pessoas a desenvolverem sua criatividade pessoal. Considere as seguintes etapas:

- Oferecer treinamento educacional no processo criativo. Sessões de treinamento e seminários sobre criatividade pessoal são muito eficazes para fazer as pessoas perceberem que são criativas e como podem ser ainda mais. Algumas das empresas mais inovadoras, como a Nike, fazem um uso extensivo desse tipo de treinamento.

  Antes de um seminário de criatividade na Nike, perguntamos: "Por que vocês querem que lhes ensinemos sobre inovação? Parece estranho; ensinar a Nike sobre criatividade é um pouco como ensinar Jessie Owens sobre atletismo." O diretor de treinamento da Nike, Pete Schmidt, respondeu:

  > A inovação é o aspecto mais importante desta empresa e devemos preservá-la enquanto crescemos. À medida que trazemos mais e mais pessoas, queremos que entendam a importância da

inovação e queremos apoiá-la ajudando-as a serem mais criativas. Não podemos assumir que as pessoas terão aproveitado todos os seus talentos criativos; temos que continuar incentivando-as nessa direção.

- Oferecer materiais educacionais sobre o processo criativo. Quando as pessoas forem contratadas, dê a elas um livro sobre criatividade pessoal. Adquira e divulgue materiais de leitura sobre criatividade; você pode até considerar selecionar um livro por ano para a empresa comprar para cada pessoa e lhe dar de presente. Algumas leituras que recomendamos sobre o processo criativo são:
  - *Criatividade nos Negócios*, de Michael Ray e Rochelle Myers.
  - *Conceptual Blockbusting*, de James Adams.
  - *The Art of the Problem*, de Russell Ackoff.
  - *O Pensamento Lateral*, de Edward de Bono.
  - *A Whack on the Side of the Head*, de Richard Von Oech.
- Escreva seu próprio "Manifesto da Inovação". Desenvolva suas próprias ideias sobre inovação corporativa. Baseie-se nas ideias deste livro, em suas próprias experiências e nas de outros autores. Crie uma declaração de inovação de uma página que todos os funcionários recebam. Pode ser uma lista simples com alguns pontos-chave, como:
  1. Nunca devemos dizer: "Esta ideia é estúpida."
  2. Devemos experimentar primeiro e avaliar depois.
  3. Devemos pegar mil ideias de nossos clientes.
  4. Devemos produzir 25% de nossas receitas em qualquer ano a partir de novos produtos lançados nos últimos 5 anos.
  5. Devemos ouvir qualquer pessoa que tenha uma ideia.
  6. Nunca faremos um produto "eu também"; cada produto que fazemos deve ser inovador de alguma forma.
  7. etc.

  Escreva sua própria lista. É divertido. E útil.

Contrate e Incentive Pessoas Incomuns

Procure pessoas que tenham feito coisas criativas. Procure pessoas que fizeram atividades diferentes e interessantes — que começaram pequenos negócios enquanto estavam na faculdade, que tiveram um conjunto diversificado de experiências, que mostraram iniciativa ao longo da vida, que não se encaixam exatamente em nenhum molde predefinido.

O CASO DO CURRÍCULO MISH-MASH

Bill Wraith inventou alguns títulos financeiros altamente inovadores, incluindo a *opção de emissão dupla*, que envolvia a solução de um problema financeiro de longa data que tinha sido considerado insolúvel pela maioria dos especialistas em finanças. Quem, você pergunta, é Bill Wraith? Basta dizer que ele é um designer financeiro muito criativo.

A parte fascinante dessa história é como Wraith teve a oportunidade de criar essas inovações. Seu currículo parecia uma coleção completamente caótica de itens; ele foi designer, gerente de marketing e vendedor, e saltou de circuitos integrados para computadores pessoais e estações de trabalho de engenharia — tudo antes dos 30 anos. Wraith diz: "Os recrutadores olhavam para o meu currículo e pensavam: 'Que bagunça. Nada aqui se encaixa com nada. Você está apenas pulando de galho em galho sem um foco coerente." Mas Wraith tinha um traço comum em seu trabalho: ele tinha um talento especial para encontrar soluções criativas para problemas difíceis.

Então ele foi contratado por um banco de investimento. O banco percebeu que Bill era muito inteligente e criativo, então simplesmente o contratou e lhe designou a solução de problemas difíceis.

Você não só precisa contratar alguns "desajustados" criativos, como precisa tolerar comportamentos, às vezes, bizarros. Algumas das pessoas mais criativas simplesmente não se encaixam nos moldes bem-comportados típicos. Frequentemente, são rebeldes, irritantes e um tanto fora de controle.

Jim trabalhou na McKinsey & Company no início da sua carreira. A McKinsey é uma organização muito conservadora, cheia de pessoas sérias dentro de ternos. No entanto, ao mesmo tempo, a McKinsey produziu consistentemente algumas contribuições inovadoras significativas — incluindo o livro *In Search of Excellence*. Jim conta a história do seu encontro com o coautor, Tom Peters, no escritório:

> Seu escritório, que ficava do outro lado do corredor, era caótico e coberto com todos os tipos de chapéus engraçados: capacetes de bombeiro, capacetes da Primeira Guerra Mundial, bonés de beisebol etc. O lugar não parecia um escritório da McKinsey. Então, no meio de um dia normal de trabalho, um redemoinho passou por meu escritório em shorts largos, tênis rasgados e uma camiseta que tinha uma inscrição do tipo: "Nem fale comigo, porque estou pouco me..." Era Tom, correndo para seu escritório para pegar alguns papéis.

Obviamente, Peters nunca se encaixou inteiramente nos moldes da McKinsey. No entanto, a empresa o tolerou, deixando-o correr solto enquanto ele e Bob Waterman terminavam o livro.

Vinod Khosla, cofundador da Sun Microsystems, falou sobre a tentativa de manter a Sun inovadora:

> Você tem que equilibrar os excêntricos com a organização. Tem que estar disposto a tolerar algumas pessoas incomuns, porque algumas das pessoas mais criativas são muito incomuns. Certa vez, um engenheiro veio trabalhar com uma roupa que parecia um vestido — como um vestido para gestante, algo que era bem largo e parecia confortável. E, por falar nisso, isso não é atípico. A questão é que essas pessoas tinham a capacidade de criar coisas de que precisávamos para competir no mercado.

Todas as inovações criativas surgem de pessoas estranhas? Não, claro que não. Na verdade, algumas das pessoas mais criativas que conhecemos são bastante conservadoras. No entanto, para ter uma empresa inovadora, também é aconselhável tolerar alguns malucos indisciplinados. Como Max De Pree, da Herman Miller, afirma: "Se você deseja que as melhores coisas aconteçam na vida corporativa, deve encontrar maneiras de ser receptivo às pessoas incomuns."

Conforme sua empresa cresce, esteja ciente de que o tipo de pessoa atraída por ela tende a mudar — haverá mais tipos que se preocupam com a estabilidade e menos inovadores. Combata essa tendência, sempre contratando alguns lobos selvagens.

Contrate Talentos Diversos, mas Não Valores Divergentes

A amplitude e a diversidade geram uma visão criativa. Pessoas com experiências e origens diferentes trabalhando no mesmo problema geralmente produzirão respostas mais criativas — e geralmente melhores — do que pessoas com experiências semelhantes. Recomendamos que você contrate um grupo eclético de pessoas.

Na Giro Sport Design, o presidente Bill Hannemann tem sido inflexível sobre a construção da equipe de gerenciamento sênior com uma incrível diversidade de origens — um ex-professor, um ex-executivo de publicidade, um ex-reitor acadêmico, um ex-gerente de design de videogame, um ex-designer da Xerox. No entanto, ao mesmo tempo, a Giro teve o cuidado de selecionar uma faixa muito estreita de valores essenciais.

Siga o exemplo da Giro; busque a diversidade na sua empresa. Porém, mantenha os valores essenciais restritos.

Tamanho/Padrão de Evolução da Inovação

Pequena Empresa

↓

Atrair Inovadores

↓

Sucesso e Crescimento

↓

Crescer

↓

Atrair Pessoas com Aversão ao Risco
e Consciência de Estabilidade

↓

Instalar uma Disfunção Burocrática

↓

Pessoas Altamente Inovadoras Pedem Demissão

↓

A Inovação Se Reduz

Figura 8.4

[←————————————————→]

DIVERSIDADE DE CONTEXTOS

[←——————→]

DIVERSIDADE DE VALORES ESSENCIAIS

Contrate Pessoas que Não Sabem Muito

Daniel Boorstin, em seu marcante trabalho *Os Descobridores* (uma história detalhada da descoberta e da invenção humana), observou que muitas contribuições significativas surgiram porque as pessoas eram ingênuas. Ao descrever as descobertas de eletricidade de Ben Franklin, por exemplo, Boorstin explicou:

> Na verdade, sua realização (de Franklin) ilustrou o triunfo da ingenuidade sobre o aprendizado. [...] Seu estado de espírito amador e não acadêmico era sua maior vantagem; como muitos outros norte-americanos descobridores, ele viu mais porque sabia muito menos sobre o que deveria ver.

A mesma coisa acontece nos negócios. Quando as pessoas se formam no contexto da sabedoria convencional, elas são perigosas. Para ser inovador nos negócios é preciso estar disposto a tentar algo porque você não sabe que isso vai contra a sabedoria convencional. Como Debi Colman, vice-presidente de sistemas de informação e tecnologia da Apple, afirma: "O maior obstáculo à criatividade e inovação que encontrei nos negócios é a sabedoria convencional."

Voltando ao nosso exemplo de Bill Wraith (currículo do Sr. Mish-Mash), ele resolveu o problema insolúvel de precificação de opções de dupla emissão, propositalmente, não aprendendo o que outras pessoas tinham feito. Seu chefe disse: "Temos alguns especialistas acadêmicos com quem você pode conversar, além de ser possível obter qualquer periódico ou publicação que queira para trabalhar no problema."

"Não, obrigado", disse Wraith. "Prefiro olhar para o problema de forma totalmente ingênua. Tenho medo de que ver os becos sem saída em que eles entraram apenas atrapalhe meu caminho."

Então Wraith foi para um quarto escuro por alguns dias e apenas pensou sobre o problema por conta própria. Ele chegou a uma solução inovadora ao enquadrar o problema de uma forma nunca antes concebida. "Se eu conhecesse a forma tradicional de enquadrar o problema, nunca o teria resolvido", disse Wraith.

A questão aqui não é que todas as pessoas que você contrata devam ser ingênuas ou não saber nada sobre o seu setor. Conhecimento e experiência são valiosos. Mas também podem ser um risco. O objetivo é ter um equilíbrio entre especialistas experientes *e* mentes limpas ingênuas. Só porque alguém não vem do seu setor ou é recém-formado (ou nem mesmo foi para a faculdade) não é motivo para rejeitá-lo.

Contratar Designers

O talento em design é um dos recursos criativos mais subutilizados no setor. Por talento em design queremos dizer aqueles que são treinados e talentosos na arte do design. Existem duas categorias básicas de design relevantes para a maioria das empresas: design gráfico e design de produto. Os designers são treinados para serem altamente criativos e, o mais importante, para aplicar essa criatividade a problemas práticos.

Pense por um minuto em ótimos produtos: carros BMW, computadores Macintosh, toca-discos Bang and Olufson, móveis Herman Miller. Observe que o design é uma variável crítica na diferenciação desses produtos — eles têm elegância, beleza e função extraordinárias.

O design pode ser um fator de diferenciação crucial, mesmo em setores triviais. Por exemplo, a Joan Fabrics Corporation atribui muito de seu sucesso em dominar o mercado de estofados de móveis à qualidade de seus designs. De acordo com o ex-CEO Larry Ansin:

> Não subestime a importância do estilo — que conquistamos por meio de um excelente talento em design. Há uma tendência de pensar que o design não é importante em negócios tradicionais e antigos. Não é verdade. Tivemos sucesso em grande parte *devido* ao nosso talento em design.

Contrate designers. Contrate designers gráficos para ajudar com logotipos, materiais de marketing, catálogos, embalagens e assim por diante. Contrate designers de produtos para se envolverem integralmente no processo de desenvolvimento do produto, não simplesmente como um complemento para tornar o produto "bonito", mas desde as primeiras concepções de seu ciclo de desenvolvimento.

Algumas empresas, como Braun, Giro Sport Design, Patagonia e Joan Fabrics, contratam designers como funcionários. Enquanto outras (Herman Miller, Olivetti, Bang e Olufson e Yamaha, para citar algumas) fazem um uso extensivo de consultores de design externos e firmas de design. Seja qual for o caminho que você escolher, recomendamos que "pense em design" em todos os aspectos do seu negócio, desde o desenvolvimento de produtos até o marketing. Um bom design deve permear sua empresa — edifícios, processos, estruturas, produtos, todo o conjunto da obra.

Elemento 5 da Inovação Corporativa: Autonomia e Descentralização

Liberdade, ineficiência e prosperidade não raramente são encontradas juntas.

SAMUEL ELIOT MORISON

Em 1998, KC Jones, então treinador do Boston Celtics, mencionou a um entrevistador da CBS Sports: "Dou aos jogadores muita liberdade na quadra, para que possam usar sua imaginação e criatividade."

"Isso não causa problemas?", perguntou o entrevistador.

"Não", respondeu Jones. "Estivemos no campeonato em quatro dos últimos cinco anos e vencemos duas vezes."

A abordagem de Jones para o treinamento ilustra uma verdade central sobre a criatividade: ela *requer* autonomia.

Confiança, Respeito e Coragem

A Stanford Business School tem a reputação de ser uma das instituições educacionais mais inovadoras do mundo. Tivemos a oportunidade de experimentar em primeira mão como ela funciona, o que é mostrado na descrição de Jim de seu primeiro ano em Stanford:

> Eu tinha 30 anos, sem nenhum histórico de ensino acadêmico. O reitor Roberts me ofereceu a oportunidade de lecionar e disse simplesmente: "Informe-nos sobre os horários que você deseja. Boa sorte." Essa foi toda a orientação que tive. Ninguém me perguntou o que eu faria em sala de aula. Ninguém me deu instruções específicas. Ninguém nem olhou para o meu plano de aula. Tive rédea solta para fazer praticamente o que quisesse. Claro, eu tinha colegas experientes para consultar e já havia alguns materiais do curso desenvolvidos. Mas fui basicamente deixado sozinho para fazer isso.

Dois anos depois, em um almoço que celebrava uma menção honrosa por sua atuação como professor, Jim disse ao reitor Roberts: "Você correu um grande risco comigo. Por que fez isso?"

"É assim que fazemos as coisas por aqui", respondeu Roberts. "Não vi isso como um risco, mas mais como uma oportunidade. Veja, ao deixá-lo completamente livre, acreditávamos que você faria seu melhor trabalho e produziria coisas boas. Claro, nem sempre funciona assim com todo mundo, mas a inovação e o desempenho que geralmente obtemos com essa abordagem valem a pena."

Dado o quão pouco Jim sabia sobre o que estava fazendo, não concordamos totalmente que a proposta era isenta de riscos. Mas Roberts demonstrou o elemento-chave: confiança e coragem. Ele estava disposto a se arriscar e acreditava que Jim estava à altura da situação.

A mensagem básica é contratar boas pessoas, criar o ambiente para que trabalhem e sair do caminho delas.

Foi essa magia que Tracy Kidder captou em seu livro maravilhoso, *A Alma da Nova Máquina*, no qual ele descreveu as motivações da equipe de design por trás do nascimento de um novo computador:

> [...] eles faziam o trabalho tanto com espírito incomum quanto por motivos que, em um ambiente amplamente comercial, pareciam incrivelmente puros. [...] Mais de duas dúzias de pessoas trabalhavam nisso horas extras, sem qualquer esperança real de obterem recompensas materiais, por mais de um ano e meio; e, depois, a maioria delas ficava feliz. Isso aconteceu porque West e os outros gerentes lhes deram liberdade suficiente para inventar, ao mesmo tempo que os guiavam para o sucesso.

Essa necessidade de liberdade e autonomia é bem reconhecida por empresas que permanecem inovadoras. A Herman Miller permite que seus designers trabalhem longe das instalações centrais, em qualquer ambiente que considerem favorável ao trabalho. A Merck & Company, uma das firmas farmacêuticas mais inovadoras, contrata os melhores cientistas que pode encontrar, permite que *eles* selecionem alvos para pesquisa básica (não de marketing ou corporativo) e sai do caminho deles.

Isso se aplica a todos os níveis do empreendimento humano, desde um time de basquete de cinco pessoas até sociedades inteiras. Na verdade, a liberdade de ação — o espaço para experimentar — é o principal fator por trás da força relativa das economias ocidentais em comparação com suas contrapartes centralizadas do bloco oriental. Em seu livro, *A História da Riqueza do Ocidente*, Nathan Rosenberg e L.E. Birdzell mostram que a fonte subjacente do avanço econômico do Ocidente é o grande número de inovações que surgem por meio da experimentação autônoma. Essa experimentação, por sua vez, ocorre porque as pessoas *podem* agir, porque existem poucas restrições que as impedem de testar algo. Imagine como seria a economia dos Estados Unidos se cada nova empresa tivesse que obter a aprovação formal do governo a partir de um ministério de controle comercial central. (Na verdade, não precisamos imaginar; basta olhar para a economia soviética.)

No entanto, a tendência da organização humana é se mover na direção oposta — buscar controle e ordem, para minimizar surpresas inesperadas. Para permanecer inovando, essa tendência deve ser combatida, e deve-se resistir a ela com uma vigilância esmagadora.

O desejo opressor de trocar vida e alma por esterilidade e ordem é como uma videira persistente, constantemente subindo pelos lados de uma organização e envolvendo-se em seus membros até que não possa mais se mover com rapidez e agilidade. Por fim, se não for controlada, a videira se enrolará na garganta da organização, apertará seu controle e estrangulará o espírito de vida da empresa.

Na verdade, uma das grandes ironias da evolução corporativa é que quase todas as novas empresas começam como entidades altamente inovadoras. No entanto, muitas dessas mesmas empresas perdem suas capacidades inovadoras à medida que crescem e envelhecem — o espírito que foi responsável pelo desenvolvimento inicial torna-se enredado pela videira distorcida e sufocante da burocracia e dos esforços centralizados de controle.

NÃO PERMITA QUE ISSO ACONTEÇA COM A SUA EMPRESA!

Mas como? O que pode ser feito para evitar que isso aconteça à medida que a empresa cresce?

Descentralização: Cortando o Diamante

A solução básica é a descentralização, ou, como a chamamos, cortar o diamante. Essa é a solução básica buscada por empresas que conseguiram manter viva uma centelha de inovação ao mesmo tempo em que se tornaram muito maiores, como a Johnson & Johnson e a 3M.

A ideia é simples: ao dividir constantemente a empresa em pequenos pedaços semiautônomos, você pode se tornar maior no geral, mas ainda assim reter muitas das vantagens de ser pequeno. As pessoas dentro de cada pequena subunidade podem então ter um senso de propriedade pessoal, responsabilidade, autonomia e domínio que simula o de um negócio empreendedor dentro do guarda-chuva corporativo geral.

George Hatsopoulus, CEO da Thermo Electron Corporation, descreveu em uma entrevista à revista *Inc.* como isso pode funcionar:

> É preciso encontrar uma nova estrutura para a indústria norte-americana que combine as vantagens das pequenas empresas com o apoio das grandes empresas. Minha resposta pessoal é ter um monte de pequenas empresas em uma família, o que lhes dá apoio financeiro e de gestão e orientação estratégica. Mas, ao mesmo tempo, agem como se fossem empresas independentes. No momento [em 1988, com US$400 milhões em receitas], temos 17 unidades de negócios.

A Raychem é outra empresa que conseguiu se manter altamente inovadora cortando constantemente o diamante. À medida que crescia, a empresa se subdividia, "para mantê-la como uma série de pequenos grupos"; de acordo com o fundador, Paul Cook:

> Se você vai ter centenas de produtos sendo desenvolvidos [...] isso exige um tipo de empresa bastante flexível e desestruturada, em comparação com uma rigidamente controlada. Somos uma empresa com a qual é *muito* difícil de competir.

Quando Descentralizar

Quando uma empresa deve se descentralizar? Você deve sempre buscar ir nessa direção — dando às pessoas autonomia e espaço para iniciar e agir. Uma boa regra prática é: ao alcançar algo entre 100 e 200 pessoas, está na hora de pensar seriamente em cortar o diamante.

Fazendo a Descentralização Funcionar

Não temos espaço aqui para cobrir em detalhes todos os aspectos de uma estrutura descentralizada. No entanto, existem alguns princípios para fazer uma estrutura descentralizada funcionar:

- Elo com a visão. Se a sua visão (valores, propósito e missão) for clara, as pessoas ou os grupos que operam de forma autônoma podem se autorregular em relação à visão geral compartilhada. Eles avistarão a mesma estrela-guia, mas estarão em veículos separados indo em direção a ela. *A visão compartilhada é o elo crucial para fazer a descentralização funcionar.*
- Superar a falta de controle centralizado com maior comunicação e coordenação informal. As pessoas precisam saber o que outras subunidades descentralizadas estão fazendo para que possam agir em conjunto com elas. Na Patagonia, por exemplo, os diretores de linha de produtos se reúnem pelo menos uma vez por mês para se coordenarem. Outra maneira de obter maior comunicação e coordenação sem o fardo do aumento da disfunção burocrática é usar comunicações eletrônicas — e-mail, correio de voz, redes de computadores, teleconferência etc.
- Facilitar a transferência de conhecimento valioso entre as subunidades. Organize seminários internos nos quais os membros das diferentes subunidades compartilhem ideias, apresentem artigos e aprendam com as experiências uns dos outros. Conceda prêmios de prestígio para aqueles que contribuírem com uma ideia, invenção ou outra assistência útil significativa para outra subunidade.
- Ter um sistema aberto. Pessoas que operam de forma autônoma podem tomar boas decisões somente se tiverem boas informações. Uma das melhores maneiras de fazer isso é disponibilizando muitas informações para as pessoas — até mesmo informações tradicionalmente confidenciais. Na NeXT, por exemplo, qualquer funcionário pode obter acesso a qualquer informação — até mesmo os níveis salariais das pessoas e informações financeiras internas. Embora você possa não se sentir confortável indo a esse extremo, recomendamos que siga nessa direção. Mais uma vez, compare sociedades centralizadas e secretas como a União

Soviética (e quão terrivelmente ineficientes elas são) com sistemas abertos como os Estados Unidos. O mesmo princípio se aplica às empresas.

- Evite estruturas matriciais. Na tentativa de ter o melhor dos dois mundos, algumas empresas cometem o erro de criar organizações matriciais. Não faça isso. As estruturas matriciais removem o fogo da propriedade pessoal, para não mencionar a responsabilidade.

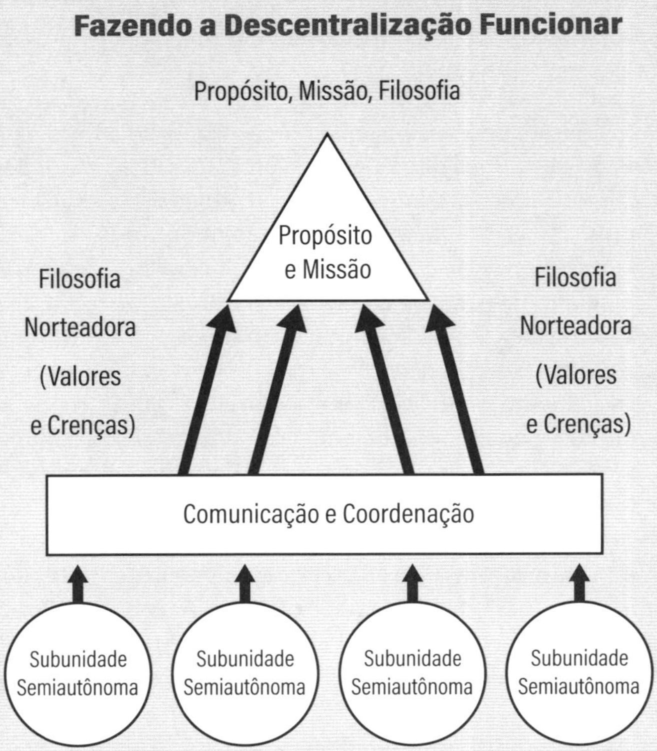

Figura 8.5

Você pode estar se perguntando: "E quanto à duplicação de esforços que pode ocorrer em um ambiente descentralizado? Você não precisa de controle centralizado para garantir que não haja muita sobreposição, o que seria um desperdício de recursos?"

Boa pergunta. Mas pense novamente na economia centralizada de estilo soviético versus a economia descentralizada baseada no mercado. À primeira vista, uma economia baseada no mercado pareceria menos desejável. Afinal, não é ineficiente ter 36 empresas de computadores separadas, todas participando do mesmo setor, cada uma com suas próprias despesas gerais, esforço de marketing e esforço de desenvolvimento de produto? Não seria mais interessante ter uma empresa nacional de informática e centralizar todas essas funções? Bem, é claro, todos nós sabemos que seria menos desejável. Há uma imensa duplicação de esforços em um setor com 36 empresas, mas ainda assim gera mais riqueza econômica e inovação do que se houvesse apenas uma.

Não estamos necessariamente sugerindo que você coloque todas as suas divisões umas contra as outras em um *laissez-faire* livre para todos (embora tanto a IBM quanto a P&G tenham tomado decisões conscientes durante sua evolução para promover uma competição interna animada entre seus grupos). Pedimos que repensem a noção de que a descentralização, repleta de duplicação de esforços, é menos eficiente do que a alternativa.

Isso nos leva a uma verdade central sobre as organizações: *elas são intrinsecamente confusas*. Não existem panaceias, nem estruturas que resolvam todos os problemas. Qualquer tentativa de eliminar completamente a bagunça está fadada ao fracasso. Sim, existem ineficiências dispendiosas na descentralização, mas o fogo da propriedade pessoal — de ser nosso próprio pequeno negócio — eleva a motivação humana e estimula a inovação de maneiras poderosas, mesmo que um tanto caóticas.

"A democracia com certeza é um sistema caótico e ineficiente", observou Harry S. Truman, "mas é melhor do que qualquer outra coisa ao redor".

Esse é exatamente o caso da descentralização e da autonomia; parecem incontroláveis e ineficientes. E, de certa forma, são. Existe repetição de esforço. Pode ser confuso para os clientes. Há dificuldade em compartilhar tecnologia. Parece difícil de manejar. No entanto, como a liberdade e a democracia, são melhores do que a alternativa. Bem melhores.

Se você deseja que o raio da inovação o atinja repetidas vezes, tem que conviver com as ineficiências. Você tem que fazer uma escolha filosófica básica de que as ineficiências e a desordem valem os benefícios.

É impossível ter uma organização com todo o ardor e zelo da descentralização e a total eficiência do controle centralizado. Escolha a descentralização, implemente-a totalmente e viva com suas dificuldades o melhor que puder. Se tentar ficar no meio do caminho, será como ter uma mudança de país de dirigir no lado direito da estrada para dirigir no lado esquerdo, mas implementando isso apenas em parte.

Elemento 6 da Inovação Corporativa: Recompensas

Um dia, ouvíamos pacientemente o CEO de uma empresa de desenvolvimento de software de médio porte lamentando não conseguir que seu pessoal fosse mais inovador e empreendedor. "Quero que eles apresentem novas ideias de produtos e novos negócios e tomem a iniciativa de fazer isso acontecer. Mas eles passam todo o tempo gerenciando suas divisões, sem tempo para desenvolver coisas novas."

"Como eles são recompensados?", perguntamos.

"Salário-base, mais um bônus baseado nas receitas anuais da sua divisão", respondeu ele.

"Trabalhar em algo novo prejudicaria suas receitas anuais atuais?", perguntamos.

"Sim, prejudicaria", confessou ele. Demorou um segundo para que a incoerência fosse percebida.

Em outra situação, uma empresa de eletrônicos pediu que examinássemos por que muitos de seus engenheiros e cientistas mais talentosos partiam para outras empresas. Entrevistamos os melhores que partiram e recebemos comentários como este:

> O único caminho de crescimento que via para a minha carreira era passar para a gestão. Mas não quero ser gerente! Estou muito feliz como designer, fazendo contribuições criativas. É o que faço de melhor e é o que adoro fazer. Disseram-me que a única maneira de passar para um novo nível de remuneração (e, devo acrescentar, de prestígio correspondente) era aceitar um emprego de gerência. Então, vim para esta startup, onde sou generosamente recompensado quando minhas contribuições são bem-sucedidas no mercado e me sinto um herói.

Esses dois exemplos ilustram um ponto simples: sua estrutura de recompensa deve reconhecer explicitamente a importância da contribuição criativa.

Não queremos sugerir que as pessoas que são criativas sejam motivadas apenas por dinheiro, poder ou prestígio. Na verdade, muitas vezes elas são motivadas pelo desejo de ter um trabalho interessante, pelo desafio de haver um problema difícil a ser resolvido, pela alegria de contribuir ou pela satisfação de encontrar algo novo. No entanto, a inovação deve ser explicitamente recompensada. Todas as pessoas, não importa quão puras sejam suas motivações, são influenciadas pelos sistemas de recompensa das suas organizações. As recompensas são importantes. E, se você deseja permanecer inovador, precisa recompensar a inovação.

Algumas coisas específicas que você pode considerar:

- Transforme colaboradores criativos em heróis por meio de prêmios, de homenagens e de reconhecimento. Estabeleça prêmios de prestígio por contribuições criativas extraordinárias — ideias técnicas ou de novos negócios. Quando possível, dê prêmios a *equipes*, não só a indivíduos. Considere ter um novo produto ou prêmio de negócio *e* um prêmio de inovação de processo interno. Escreva artigos no boletim informativo ou revista da empresa sobre pessoas que fizeram algo criativo. Tenha até um prêmio de "grande tentativa" para reconhecer pessoas por fracassos heroicos e úteis, bem como pelos sucessos.
- Estabeleça metas de inovação mensuráveis e faça avaliações com base nelas. Uma das melhores formas de fazer isso é estabelecendo a meta de que uma certa porcentagem das receitas (25% é um bom número) em qualquer ano — tanto para a empresa quanto para qualquer divisão — deve surgir de novos produtos ou de serviços lançados nos cinco anos anteriores.
- Tenha um plano de carreira separado para colaboradores criativos que não desejam ingressar na gestão. Torne esse plano de carreira tão potencialmente lucrativo quanto os cargos da alta gerência. Por que o vice-presidente de finanças deve receber de três a quatro vezes a remuneração do principal designer criativo? Isso não faz sentido para nós, mas é exatamente o que a maioria das empresas faz. Em contraste, um dos principais designers da Herman Miller recebeu US$100 mil por ano durante 10 anos; outros designers da Herman Miller enriqueciam com os royalties. Os designers são heróis dentro da cultura da Herman Miller e têm o mesmo prestígio e respeito que qualquer vice-presidente corporativo.
- Compense as pessoas por contribuições criativas valiosas e específicas. Se alguém tiver uma ideia inovadora sobre como reduzir os custos de produção e essa ideia for adotada, por que não lhe dar um bônus por essa contribuição? Se uma equipe inventa um novo produto valioso, por que não a recompensar especificamente por essa invenção? Talvez pague royalties ou permita que eles participem dos lucros de uma inovação.
- Deixe as pessoas jogarem "pinball". Certas pessoas criativas são motivadas mais do que qualquer outra coisa pelo desejo de continuar seu trabalho, pela chance de fazer coisas interessantes e desafiadoras. Quando um indivíduo ou equipe faz uma contribuição criativa, uma das melhores recompensas é a oportunidade de voltar sua atenção para algo novo, empolgante e importante. Em *A Alma da Nova Máquina*, Kidder diz que Tom West se refere a isso como "jogar pinball":

"Você ganha um jogo e pode jogar outro. Você ganha com esta máquina, consegue construir a próxima." O Pinball era o que contava. [...] "Eu vou fazer isso, eu quero fazer isso. Reconheço desde o início que será um trabalho difícil. Terei que trabalhar muito e, se fizermos um bom trabalho, faremos de novo."

O mais importante a perceber é que as pessoas verdadeiramente criativas não são motivadas principalmente pela oportunidade de descansar e pegar leve. Essa é a última coisa que elas querem no mundo. Elas querem a chance de criar, inovar, assumir novos desafios, aprender e ser valorizadas por seu trabalho.

Não Apenas Produtos, mas Processos

Passamos a maior parte deste capítulo falando sobre a inovação de novos produtos e serviços, mas também queremos enfatizar a importância da criatividade em todos os aspectos de um negócio — marketing, produção, organização, tarefas.

O marketing criativo também é importante para o sucesso de uma empresa. Com a miríade de produtos e o imenso ruído do mercado, você precisa inventar maneiras de driblar o sistema de triagem do cliente e deixar uma impressão nítida na sua mente. Isso é particularmente verdadeiro para empresas de pequeno e de médio porte que não têm recursos para competir dólar por dólar de publicidade com grandes gigantes. Chamamos isso de *marketing de guerrilha* — maneiras de causar um grande impacto com poucos recursos.

A Patagonia evitou o gasto de grandes orçamentos de publicidade criando um catálogo espetacular e completo com fotos de aventuras autênticas e textos fascinantes. Durante anos, o catálogo era tão bonito que as pessoas ansiavam por lê-lo. A Patagonia também estabeleceu relações estreitas com fotógrafos de revistas que influenciam o que as pessoas usam para as sessões de fotos. Você não pode colocar um anúncio na capa da revista *Outside*, não importa qual seja o seu orçamento, mas inúmeras vezes aventureiros apareceram na capa vestindo roupas da Patagonia. A Patagonia gasta apenas cerca de 30% das vendas com publicidade impressa.

Bob Moog, CEO da University Games, aumenta a conscientização sobre seus produtos de jogos ao apresentar um game show de rádio em que o público liga para jogar no ar. As pessoas se divertem, lembram de Moog e compram jogos.

Mesmo que você tenha um orçamento grande para marketing, lembre-se de que a criatividade ainda é mais importante do que o volume.

Lembre-se do lançamento do computador Macintosh. Aqueles que estavam assistindo ao Super Bowl em 25 de janeiro de 1984, nunca se esquecerão de ver a imagem surrealista, misteriosa e acinzentada de centenas de pessoas passivas com rostos vazios ouvindo o "Big Brother" zumbir sem parar. O famoso comercial de "1984" saiu de nossas telas de TV e chamou a nossa atenção. Os alegres fãs de futebol ficaram em silêncio, atraídos incontrolavelmente pelo espetáculo que se desenrolava em suas salas de estar e bares. O comercial foi exibido apenas uma vez, mas deixou uma impressão inesquecível. Alguém se lembra de algum outro comercial veiculado naquele dia?

Produtos Inovadores + Marketing Criativo = Mágica

Não para por aí. Mesmo em áreas supostamente pouco criativas, como finanças, há uma tremenda margem para a criatividade (e queremos dizer criatividade legal). Por exemplo, a empresa de sorvetes Ben & Jerry's contornou os aborrecimentos tradicionais de ofertas públicas completas, fazendo sua própria oferta de estilo pessoal. Eles evitaram os caros subscritores de Wall Street, oferecendo ações por meio do slogan "Saiba o que está acontecendo" (impresso nas tampas de suas caixas de sorvete, junto com um número 800). Gente local (principalmente clientes) abocanhou a oferta.

A inovação é igualmente importante na fabricação e nas operações do dia a dia. Há um exemplo maravilhoso de criatividade aplicada às operações da Federal Express. A certa altura, os pacotes estavam se amontoando em seu centro de classificação principal, em Memphis, e nenhum sistema de controle resolveu o problema. Então, alguém notou que os trabalhadores de meio período estavam desacelerando o sistema para que pudessem trabalhar (e receber por) mais horas.

Agora, pense por um momento; o que você faria?

A resposta óbvia seria definir padrões de velocidade e fazê-los serem cumpridos com sistemas elaborados de mensuração e recompensa. A Federal Express, porém, fez algo mais simples e criativo: apenas deu aos trabalhadores uma garantia financeira mínima diária e anunciou que aqueles que terminassem antes poderiam sair mais cedo. Em 45 dias, os problemas foram totalmente resolvidos.

Os elementos básicos da criatividade organizacional descritos ao longo deste capítulo — receptividade a ideias de todas as fontes, "ser" o cliente, experimentação e erros, pessoas criativas, autonomia, descentralização e recompensas — aplicam-se a todas as áreas de negócios. Utilize-os. Eduque a todos sobre eles. Estimule a inovação em todos os lugares. Boas ideias não faltam.

Oito Técnicas de Gestão para Estimular a Criatividade

Passamos a maior parte deste capítulo descrevendo as características das empresas que permanecem inovadoras. Gostaríamos agora de discutir atitudes que cada gestor pode tomar para fomentar a criatividade:

1. *Incentive, não critique.* Lembre-se de que não faltam ideias boas e viáveis, mas que existe uma enorme falta de receptividade a elas. Não seja um daqueles "desmancha-prazeres" que vetaram o rádio, o telefone, a Federal Express, o computador pessoal e os tênis Nike por os considerarem "ideias idiotas".

   William McKnight, o homem que mais do que ninguém moldou as capacidades de inovação da 3M em seus primeiros dias, vivia pela máxima: "Incentive, não critique." O próprio McKnight abria o precedente de ouvir qualquer pessoa que tivesse uma ideia. Quando um de seus jovens inventores tinha uma "ideia maluca", McKnight a ouvia e geralmente respondia dizendo: "Parece interessante. Experimente. Comece a trabalhar nisso, e rápido."

   Não destrua uma ideia apontando todas as suas falhas e todos os seus defeitos antes que ela seja testada. O mundo está cheio de críticos — críticos que nunca estimulam nada realmente grande. Não seja um deles.

2. *Não julgue.* Pessoas duramente críticas destroem a criatividade e a iniciativa. O medo de ser criticado e de se sentir e parecer estúpido é o maior impedimento para as pessoas experimentarem, iniciarem, tentarem coisas novas. O problema não é que as pessoas não sejam inerentemente criativas, é que elas têm *medo* de o ser — medo de serem ridicularizadas, atacadas ou, de alguma forma, psicologicamente abusadas. É o medo enraizado que todos carregamos de ver o professor de matemática da sétima série nos tornar um exemplo na frente de nossos colegas.

   A palavra-chave, novamente, é *respeito*. Mostre respeito pela psique das pessoas. Não as faça se sentirem estúpidas ou inúteis. Se alguém cometer um erro honesto, não ataque a pessoa, foque o evento (estude as habilidades interpessoais, no Capítulo 3).

   A maneira como você lida com erros e falhas influencia muito a criatividade das pessoas. Sempre se pergunte: "Como eu gostaria de ser tratado se tivesse cometido esse erro ou fracassado? Como agir para aprender e, ao mesmo tempo, manter minha vontade de tentar?"

3. *Ajude as pessoas tímidas.* Algumas boas ideias nunca vão a lugar nenhum porque as pessoas que as têm são muito tímidas para falar delas. Na verdade, algumas das melhores ideias vêm de pessoas caladas. Pessoas

quietas tendem a ser excelentes observadores e pensadores; como gatos, são vigilantes e minuciosos, e muitas vezes intensamente curiosos. No entanto, também costumam ter medo de expressar suas ideias.

Descobrimos que alguns dos comentários mais perspicazes vêm dos alunos mais calados. Quando alunos reticentes se sentem seguros para compartilhar seus pontos de vista, surgem algumas ideias formidáveis. Não é incomum que um aluno quieto finalmente levante a mão e fale com um leve estremecimento e, ao mesmo tempo, entregue uma sacada impressionante. Outros alunos ficam pensando: "Uau, de onde veio isso?"

Para aproveitar esse aspecto — e facilitar que as pessoas tímidas contribuam —, você pode precisar fazer mais do que simplesmente incentivá-las. Algo tão simples como uma caixa de sugestões, ou deixar claro que qualquer pessoa pode enviar uma ideia por escrito (anonimamente, se quiser), funciona. Quando você tiver uma boa ideia, compartilhe-a com todos, talvez dizendo em uma reunião de equipe: "Vi uma ideia ótima na caixa de sugestões que gostaria de compartilhar com todos."

4. *Fomente a curiosidade.* A curiosidade implacável, o puro desejo de saber as coisas, de testá-las, de ver se algo vai funcionar, estimula a criatividade. As pessoas mais criativas fazem muitas perguntas; é como se nunca tivessem superado aquele desejo infantil ingênuo de perguntar o porquê de tudo. Crie um ambiente no qual se possam fazer perguntas. Faça perguntas você mesmo — não perguntas críticas (novamente, não seja desmancha-prazeres), mas perguntas abertas e investigativas. Uma de nossas favoritas é: "O que você aprendeu com essa experiência?"

   Regis McKenna, cuja empresa formulou as campanhas de marketing altamente criativas de empresas como Apple e Intel, acredita que uma organização criativa é uma organização questionadora: "Tento fazer meu pessoal escrever pelo menos duas páginas de perguntas antes de ir a qualquer reunião. Você raramente passa da primeira página. Você descobre que aquelas perguntas levam a outras."

   Nunca responda a uma pergunta dizendo: "Essa pergunta é estúpida." Não mostre desdém por uma pergunta. Responda abertamente: "Essa é uma boa pergunta" ou "Que bom que você perguntou isso" ou "Hmmm, isso é intrigante, o que você acha?" Em nenhuma circunstância faça as pessoas se sentirem estúpidas por fazer perguntas.

5. *Crie necessidade.* Os seres humanos têm uma capacidade incrível de inovar para sair de situações aparentemente impossíveis. "Necessidade", como diz o clichê, "é a mãe da invenção". Mas, clichê ou não, é verdade.

De fato, muitas grandes ideias surgiram precisamente porque uma empresa não tinha os recursos para fazer o que idealmente gostaria.

EXEMPLO DE CASO: GIRO SPORT DESIGN

Em 1985, Jim Gentes, fundador da Giro Sport Design, sabia que havia inventado um capacete de bicicleta que poderia revolucionar o setor. Era extremamente leve (apenas 210 gramas), mas passou em todos os padrões de segurança. O capacete, feito de espuma de poliestireno expandido, não tinha concha de plástico rígido.

No entanto, Gentes foi confrontado com um problema. Sem um invólucro decorativo, o produto era feio — algo como andar de bicicleta com um cooler de isopor na cabeça. Por outro lado, com uma casca rígida padrão, o produto perderia a vantagem do baixo peso. Gentes chegou a uma solução: uma cobertura de plástico extremamente fino e muito leve.

Uma ótima solução, certo? Sim e não. Havia um problema remanescente: custava quase US$100 mil em ferramentas fazer as cápsulas finas e leves — uma quantia muito além do que a então pequena empresa poderia pagar. Gentes resolveu o problema criando gorros coloridos de tecido LYCRA que se ajustavam perfeitamente ao capacete. As capas poderiam ser retiradas, lavadas e até trocadas por outras de cor diferente. Os pilotos que se preocupam com a moda podiam, assim, combinar a cobertura do capacete de LYCRA com suas roupas, e as equipes podiam obter coberturas personalizadas para exibir o emblema da equipe e os nomes dos patrocinadores.

O capacete foi um tremendo sucesso e realmente revolucionou o setor, algo devido, em grande parte, aos revestimentos de LYCRA. De acordo com Gentes:

> A cobertura de LYCRA foi uma ótima ideia. Colaborou muito com o produto e chamou a atenção de todos. E a ironia é que, se tivéssemos dinheiro para as ferramentas, talvez nunca tivéssemos inventado a solução da cobertura de LYCRA.

Os capacetes de LYCRA da Giro foram tão bem-sucedidos que a empresa conseguiu financiar o desenvolvimento da tecnologia de cobertura fina e lançá-la no mercado três anos depois.

Você pode replicar a experiência da Giro de várias maneiras. Em alguns casos, pode limitar os recursos conscientemente. Na verdade, acreditamos na execução enxuta mesmo quando os recursos estão disponíveis. Percebemos que as empresas do Vale do Silício que levantaram muito dinheiro de capital de risco tendem a perder o fogo inovador necessário para a grandeza. A Gavilan Computers, por exemplo, levantou milhões em financiamento de risco, mas não conseguiu persistir por tempo suficiente para encontrar uma maneira de vencer.

Definir alvos rígidos, quase impossíveis, também cria necessidade. Por exemplo, quando a Motorola era uma empresa pequena passando por dificuldades, o fundador, Paul Galvin, forçava a invenção estabelecendo metas ridículas. Certa vez, ele disse a seu pessoal para projetar um produto com US$30 de custo. Disseram que era impossível. Ele respondeu que tinha certeza de que eles dariam um jeito — e que *precisavam* encontrar formas de fazê-lo. Dez dias depois, seu filho, Bob (que estava trabalhando no projeto), timidamente, relatou que eles haviam conseguido.

6. *Dê espaço.* Certos indivíduos altamente criativos precisam de um tempo sozinhos para pensar melhor, um tempo longe, um tempo para pensar em silêncio. Phil Knight, fundador da Nike, acredita que as pessoas obtêm suas melhores ideias fora do escritório, na praia ou correndo, o que é uma das razões pelas quais a Nike tem um campus amplo, com pistas de corrida, quadras de tênis, quadras de basquete, salas de musculação e estúdios de aeróbica. A Herman Miller permite que seus designers escolham o local para a criatividade — e alguns optam por fazer grande parte de seu trabalho em casa ou em outro lugar fora da empresa.

Deixe as pessoas terem alguns dias de trabalho "em casa". Deixe que fiquem em uma sala silenciosa e trabalhem sem serem perturbadas por um período. Siga o exemplo de Claude Rosenberg, fundador da Rosenberg Capital Management, que montou duas salas silenciosas no escritório "...que continuo tentando fazer com que as pessoas usem, porque acredito que seus momentos mais criativos não virão em sua ocupação normal, sentadas à sua mesa". Rosenberg tem um corolário dessa crença: *exija* férias. "Acontece que acho que as férias deveriam ser uma verdadeira pausa no trabalho — fico muito chateado com meus parceiros quando eles saem de férias e ligam para o escritório. Se você limpar sua mente, provavelmente será muito mais criativo."

Na Patagonia, o grupo responsável pela padronização (parte do departamento de design) tem uma pequena placa afixada perto de sua área:

POR FAVOR, OBSERVE O HORÁRIO DE SILÊNCIO. Fechado das 8h às 12h.

7. *Promova a solução coletiva de problemas.* "Horário de silêncio" não é tudo na Patagonia. Além de permitir que as pessoas tenham um processo criativo tranquilo e solitário e tempo para pensar, é essencial captar a criatividade de várias mentes debatendo. Brainstorming e outras atividades em grupo produzem ideias extraordinárias.

   As escrivaninhas da Patagonia ficam amontoadas em grandes fossos abertos no estilo bullpen (chamados de "Bangladesk"). Espera-se que as pessoas trabalhem em estreita colaboração umas com outras — tanto de forma espontânea quanto programada — para apresentarem novas ideias e soluções para os problemas.

   Descobrimos em nosso próprio trabalho, tanto nos negócios quanto na academia, que as respostas mais criativas vêm de uma combinação de evitar picuinhas *e* discutir ideias em sessões de grupo. Essa combinação é particularmente útil para gerar ideias criativas.

   Uma advertência: *o grupo não pode ter desmancha-prazeres*. Sessões de criatividade em grupo só funcionam se não houver membros criticando as ideias até as aniquilar. Mesmo uma única pessoa que critica ideias prematuramente destruirá qualquer chance de um grupo ser criativo. Livre-se dos críticos!

8. *Exija a diversão.* "Para mim, o mais importante é se divertir", explica Ted Nierenberg, fundador da Dansk International Designs. "Se você não está se divertindo no que faz, abandone a área e busque outra."

   Estamos falando sério sobre diversão. A diversão leva à criatividade. Pergunte às pessoas: "Você está se divertindo?" Questione-se, defina o prazer como uma exigência absoluta do trabalho; se não houver alegria, haverá pouca criatividade. Você já percebeu que algumas das pessoas mais criativas são muito parecidas com crianças? Gostam de brincar e, para elas, trabalhar é brincar.

   Isso não impede o trabalho árduo. A criatividade é um trabalho árduo, mas também deve ser divertido.

Fé no Processo Criativo

Demos a você uma visão abrangente da inovação corporativa, mas há mais um elemento: fé no processo criativo.

Ninguém sabe exatamente como funciona o processo criativo. Muitas vezes, é um processo doloroso, repleto de incertezas. As sacadas criativas surgem em lampejos imprevisíveis, geralmente após longos períodos de trabalho árduo, frustração e incubação de ideias. Não podemos dizer: "Amanhã às 10h terei uma ótima ideia." Bom, podemos dizer tudo o que quisermos, mas provavelmente isso não acontecerá. Não é assim que funciona. O lampejo da inspiração geralmente nos pega de surpresa, atingindo-nos enquanto estamos no chuveiro, na rodovia, trabalhando no jardim, suando na academia, caminhando nas colinas, jogando golfe, lendo um livro, acordando ou em qualquer outro cenário.

O aspecto insano sobre a criatividade é que, dadas as condições ideais (explicadas neste capítulo), ela certamente surgirá; podemos não saber como, quando ou de que forma, mas ela *surgirá*.

Manter uma empresa inovadora requer esse salto de fé — fé em que todos têm a capacidade de ser criativos, fé em que existem muitas boas ideias, fé no fator revelação, fé na experimentação e fé em dar às pessoas a liberdade de agir. O homem é por natureza inventor, descobridor e explorador; somos dotados de uma forte necessidade de criar e de uma capacidade proporcional de fazê-lo.

É emocionante criar coisas novas. Sentimos euforia com cada novo "Eureka!" Ao inventar novos produtos ou maneiras melhores de fazer as coisas, sentimos uma dose do que Colombo deve ter sentido quando descobriu o Novo Mundo; ou Galileu, quando inventou o telescópio.

Na verdade, a inovação não apenas mantém uma empresa saudável e próspera, mas também satisfaz o impulso humano básico de criar e, ao mesmo tempo, move a humanidade. O que poderia ser mais satisfatório?

VISÃO DE JIM EM 2020

Criatividade É a Parte Fácil

Lembre-se de quando tinha 5 ou 6 anos. Você brincava fazendo coisas criativas — talvez desenhando, inventando jogos, construindo coisas no quintal ou fazendo outras atividades imaginativas? Quando faço essa pergunta a grupos de pessoas, quase todos na sala levantam a mão. Quando somos crianças, naturalmente fazemos coisas criativas. Essa é a natureza do ser humano. Dizer "Seja criativo" é como dizer "Certifique-se de respirar". Se você está vivo, você é criativo.

Agora, faça a si mesmo uma segunda pergunta: quando tinha 5 ou 6 anos, você era implacavelmente autodisciplinado? Quando faço essa segunda pergunta, poucas mãos se erguem. A criatividade é natural, abundante, intrínseca, infinitamente renovável, codificada; mas a disciplina, não. O verdadeiro desafio não é ser criativo, mas como se tornar autodisciplinado e, ao mesmo tempo, manter vibrante toda a força da sua criatividade natural.

Além disso, a inovação por si só confere uma vantagem competitiva limitada. Como Gerard Tellis e Peter Golder demonstraram, em seu livro *Ação e Visão*, os inovadores pioneiros em uma nova arena de negócios quase nunca (menos de 10% do tempo) se tornam os grandes vencedores. Da mesma forma, em todos os nossos rigorosos estudos de pares combinados, não encontramos nenhuma correlação sistemática entre atingir os níveis mais altos de desempenho corporativo duradouro e ser o primeiro no jogo.

Quanto mais estudo grandes empresas, mais concluo que a principal força dos negócios norte-americanos não é apenas sua robusta capacidade de inovar. Em vez disso, a verdadeira força norte-americana é a capacidade de expandir a inovação. Embora ser o primeiro confira uma vantagem inicial, construir uma empresa bem administrada, que pode inovar repetidamente e executar em escala, é uma vantagem muito mais significativa e sustentável.

Muitos empreendedores optam pelo trabalho criativo porque ele é profundamente gratificante, da mesma forma que um escritor deve escrever, um pintor deve pintar, um compositor deve compor, um escultor deve esculpir. Mas transformar sua empresa em uma grande empresa duradoura requer canalizar suas energias não apenas para as coisas criativas e divertidas, mas também para construir uma organização disciplinada que pode replicar e dimensionar suas inovações e entregá-las com uma excelência tática consistente. Em longo prazo, o melhor bate o primeiro.

Capítulo 9

EXCELÊNCIA TÁTICA

Deus está nos detalhes.

LUDWIG MIES VAN DER ROHE

Pense por um momento em construir uma grande empresa como uma atividade análoga a criar uma nova rota de escalada pela face do El Capitan. Todos os elementos discutidos até agora são necessários: clareza de objetivos (visão compartilhada), capacidade de manter a equipe em movimento (estilo de liderança), um plano de ataque (estratégia) e soluções criativas para uma miríade de desafios ao longo do caminho (inovação). No entanto, há outro elemento crucial: fazer a escalada. Se você não ajustar os pequenos detalhes (como dar os nós corretamente) ou prestar atenção nas mãos e nos pés, pode acabar morto. O mesmo se aplica às empresas.

Pense em outra analogia. Construir uma grande empresa é semelhante a escrever um grande romance — você precisa de uma concepção geral (visão), de um enredo (estratégia) e de ideias criativas para movê-lo. Você também deve se dedicar a cada frase, criando o livro palavra por palavra, linha por linha, página por página. Certa vez, perguntaram a Hemingway por que ele reescreveu a última página de *Adeus às Armas* 39 vezes. Ele respondeu simplesmente: "Buscando as palavras certas."

Essa noção de prestar atenção à execução tática real de sua visão e estratégia, de "amarrar os nós da maneira certa", ou de "acertar as palavras", é crucial para a grandeza corporativa. Você pode ter o líder mais inspirador, a visão mais profunda, uma estratégia brilhante e mil ótimas ideias, mas, se não executar bem, nunca será ótimo. Pense no mergulhador olímpico Greg Louganis realizando uma série consistente de belos mergulhos, e é para isso que você deve trabalhar. Ou pense em Hemingway e em suas 39 revisões.

Na verdade, muitos negócios excelentes tiveram sucesso principalmente devido à excelente execução. Uma pesquisa da revista *Inc.* sobre sua *Inc.* 500 (empresas privadas de crescimento mais rápido) mostrou que 88% dos CEOs atribuíam o sucesso da sua empresa principalmente a uma *execução* extraordinária de uma ideia, contra apenas 12% que atribuíam o sucesso principalmente à própria ideia.

Jim Gentes, fundador da Giro Sport Design, gosta de salientar que acredita em visão e em criatividade, mas que acredita com igual fervor em "acertar nos capacetes". Ele gosta de dizer: "Ei, eu não sou tão especial. Tive uma ideia e a executei muito bem."

Bill Hannemann, que foi contratado por Gentes para ser presidente e diretor de operações da Giro, explicou que esse compromisso com a excelência tática o convenceu a correr o risco de ingressar na Giro quando ela era uma empresa minúscula e não comprovada com um único produto:

> O produto da Giro foi o primeiro do seu tipo no mercado. Mas você sempre tem que perguntar: "O que vale ser o primeiro?" Se você não estiver comprometido com a excelência tática, sua vantagem de ser o primeiro desaparecerá. Isso foi o que me impressionou em Jim; ele nunca economizava na execução das suas ideias.

Pense na Compaq Computer Corporation, uma das três maiores fabricantes de computadores pessoais (junto com a IBM e a Apple). O surpreendente é que a Compaq é uma fabricante de *clones* (ela copia a arquitetura da IBM); tem sucesso porque executou a estratégia compatível com a IBM melhor até do que a própria IBM. (A propósito, a Compaq não tem um preço inferior ao da IBM, apenas torna os mesmos produtos muito melhores.) É interessante notar que, em 1990, a Compaq teve o maior lucro bruto por funcionário no setor de computadores, com US$62.579, em comparação com os US$53.608 da Apple e com os US$26.955 da IBM.

Pense no Walmart. Sam Walton não inventou o varejo de descontos; na verdade, havia muitas outras empresas tentando fazer a mesma coisa no início dos anos 1960, quando o Walmart começou. Como Vance Trimble disse em sua análise histórica do Walmart:

> O ingrediente principal acabou sendo a execução magistral da ideia por Sam. [...] Outros varejistas estavam tentando fazer exatamente o que ele estava fazendo. Só que ele fez melhor.

Por outro lado, há o exemplo de uma rede de restaurantes da Costa Oeste com um conceito maravilhoso: comida mexicana rápida que também faz bem (com baixo teor de gordura e ingredientes saudáveis). Ficamos empolgados com isso (adoramos comida mexicana, mas não gostamos de comer muita gordura e estamos sempre com pouco tempo). Mas, infelizmente, não comemos mais lá.

Por que não? Por causa de detalhes. Os caixas tinham problemas com o sistema de pedidos computadorizado, criando longas filas. Recebíamos exatamente o que tínhamos pedido em cerca de 50% das vezes. A comida era quente e apimentada às vezes, e fria e sem gosto em outras. Se por acaso você estivesse comendo perto da hora de fechar, eles colocavam as cadeiras nas mesas e olhavam feio para você pela demora. Quando escrevemos este capítulo, uma das duas lojas da nossa área havia fechado e a outra estava com o movimento muito menor do que quando foi inaugurada.

Resumindo:

Grande Conceito + Má Execução = Aniquilação

Ok, talvez isso seja um pouco forte. Mas o melhor que se pode esperar é a mediocridade desoladora.

VISÃO DE JIM EM 2020

Prazos: Liberdade em uma Estrutura

Certa vez, eu estava com um projeto de construção em andamento, liderado por um empreiteiro que faz um trabalho primoroso. Mas encontramos um problema: o projeto se arrastou durante os meses de verão, a época exata em que deveria estar se movendo muito mais rápido (para levar em conta as inevitáveis desacelerações que o inverno acarretaria).

Então, eu disse ao empreiteiro: "Precisamos definir um prazo. Por que você não pensa nisso por uma semana e volta na sexta-feira com um prazo que pode cumprir? E depois conversamos."

Ele voltou na sexta-feira com a proposta: "Que tal 31 de outubro?"

"É um prazo inaceitável", respondi.

"Mas é um prazo extremamente agressivo", rebateu ele. "Quer dizer, vamos ter que revisar todos os marcos para conseguir."

"Não, você não entende o que quero dizer", eu disse. "O prazo é *muito* agressivo. Nós dois sabemos que quase não há chance de terminar em 31 de outubro, o que o torna totalmente inútil como prazo." Deixe-me esmiuçar a ideia. "Por que você não reconsidera e cria um prazo com o qual você pode de fato se comprometer a cumprir, com o trabalho perfeitamente concluído, não importa o que aconteça em termos de clima e de imprevistos?"

Ele então propôs: "Ok, que tal no próximo dia 31 de março?"

"A que horas em 31 de março?", perguntei.

"Você quer uma hora exata?"

"Sim. Do contrário, como saberemos com certeza que você conseguiu?"

"Ok, que tal 31 de março às 17h?"

"Parece muito melhor", eu disse, sabendo que mesmo 31 de março ainda seria desafiador (mas factível). "Então, você pode se comprometer 100% com esse prazo?"

"Sim"', respondeu ele. "Sem problemas."

O projeto prosseguiu e, em um dia claro de 21°C de setembro, percebi que a equipe havia feito pouco até as 15h.

Então, saí e perguntei ao empreiteiro: "Como está indo o prazo? Você sabe, a qualquer dia o tempo vai mudar."

"Estamos trabalhando para cumprir o seu prazo", disse ele.

"Não, o prazo não é *meu*", respondi, então pausei. "É *seu*."

O ritmo se acelerou. E a equipe cumpriu o prazo, às 16h45 do dia 31 de março, com apenas 15 minutos de sobra.

Prazos estimulam o progresso. Mas só se virarem *compromissos*. Cumprir um prazo significa atingir o objetivo com um trabalho de alto nível, absolutamente concluído, dentro do prazo, sem arestas. Se estabelecer prazos que todos sabem que não serão atingidos, você sequer tem um prazo.

Em uma cultura de disciplina, existem apenas duas maneiras aceitáveis de perder um prazo. Primeiro, a pessoa com quem você se comprometeu o muda, sem você pedir (absolvição explícita, não solicitada). Ou, segundo, você fica realmente incapacitado por algo que aconteceu com você ou com seus entes queridos (doença, acidente, tragédia), e seria desumano mantê-lo.

Estabelecer prazos é uma arte. Alguns líderes preferem simplesmente os impor, enquanto outros preferem pedir uma proposta. Uso as duas abordagens, dependendo da circunstância, mas meu padrão é solicitar uma proposta de prazo e, em seguida, chegar a uma data realista com tolerância zero para atrasos (como fiz com o empreiteiro). Mas, de qualquer maneira, o segredo é garantir que as pessoas não tenham ambiguidades sobre seus prazos, que se comprometam em cumpri-los e que você tenha uma cultura em que perder prazos simplesmente não seja uma opção. E isso, por sua vez, significa que você precisa de pessoas que tenham disciplina para se *recusarem* a se comprometer com prazos que não podem cumprir. Se o atraso de prazos se tornar uma rotina, os prazos fazem mais mal do que bem. Mas, se você tiver pessoas certas encarando seus prazos como compromissos sérios, poderá dar a elas uma liberdade tremenda para se autogerenciarem.

Uma cultura de disciplina em sua melhor forma diz respeito *à liberdade em uma estrutura* de valores e de responsabilidades. Não se trata de disciplinar as pessoas; trata-se de encontrar pessoas *auto*disciplinadas que sempre cumpram seus compromissos. Não se trata de esperar uma obediência irracional às regras ou uma submissão à hierarquia, mas de ter as pessoas certas que anseiem por amplas oportunidades para fazerem seu melhor trabalho.

Nunca se esqueça de uma lição importante da nossa pesquisa sobre o que impulsiona as grandes empresas. Todas as empresas têm uma cultura, mas poucas têm uma cultura de disciplina e menos ainda constroem uma cultura de disciplina *ao mesmo tempo* que sustentam uma ética de empreendedorismo. Quando você mistura essas duas forças complementares — uma cultura de disciplina e uma ética de empreendedorismo —, obtém uma alquimia mágica de desempenho superior e resultados sustentáveis. Essa é a filosofia do E, que escapa a muitas empresas empreendedoras à medida que elas crescem. Os prazos podem ser um mecanismo poderoso para alcançar o E: Cultivar uma rara combinação de liberdade *e* estrutura, e de criatividade *e* disciplina, que são marcas distintivas da verdadeira grandeza. Use prazos para atingir o E… ou nem os use.

Da Visão e da Estratégia às Táticas

Depois de estabelecer sua visão e sua estratégia, é necessário traduzi-las em uma execução tática sólida.

A primeira etapa é garantir que todas as pessoas críticas tenham sempre uma cópia da visão, da estratégia e das prioridades estratégicas do ano em curso. Essas cópias devem ser levadas a todas as reuniões de equipe. Elas devem ser consultadas constantemente.

Bill Hannemann, da Giro, mantém uma cópia das prioridades estratégicas o tempo todo com ele. Nenhuma reunião de equipe acontece sem que ele se refira a elas. "Sempre busco certificar-me de que as nossas prioridades estão constantemente sendo trabalhadas de alguma forma específica", diz ele.

Gestão de Marcos

Mais importante, cada prioridade estratégica deve ser dividida em partes "do tamanho de um gole" — marcos. Lembre-se da analogia de escalar a face do El Capitan. Você não pensa em todos os 3.500 pés de rocha de uma vez; você divide a escalada em seções gerenciáveis de 30m (chamadas de arremessos).

Concentrar-se em um passo de cada vez o leva a subir todos os 3.500 pés da pedra.

Cada marco deve ter uma pessoa responsável por sua realização e — ISTO É EXTREMAMENTE IMPORTANTE — uma data de conclusão específica.

Datas e marcos, no entanto, não devem ser impostos unilateralmente. As pessoas sempre ficam mais comprometidas com objetivos e cronogramas que podem definir. Sugerimos um processo em que os indivíduos e seu gerente desenvolvam o marco juntos e, sempre que possível, o indivíduo escolha a data para a conclusão (uma que funcione para o gerente, é claro). Em seguida, sugerimos que o indivíduo (não o gerente) coloque no papel o marco e a data acordados. Esse processo de "escrever" cria um comprometimento psicológico significativo.

Na verdade, a transferência de ampla visão e estratégia para marcos específicos designados a pessoas específicas que se comprometeram com datas específicas é crucial para que as tarefas sejam realizadas.

VISÃO

↓

ESTRATÉGIA

↓

PRIORIDADES
ESTRATÉGICAS
ANUAIS

↓

MARCOS ESPECÍFICOS
DATAS ESPECÍFICAS
PESSOAL ESPECÍFICO

Figura 9.1

Claro, fazer as coisas não é suficiente; as coisas têm que ser bem-feitas. E, para ser uma grande empresa, elas têm que ser bem-feitas de forma *consistente,* buscando-se a melhoria contínua. Isso requer a formação do ambiente certo.

VISÃO DE JIM EM 2020

Mindset SMaC

"SMaC" é a essência da excelência tática consistente. SMaC (pronuncia-se "smack" mesmo, com um som forte de "k" no final. *SmmaacK!*) significa "Singular, Metódico e, ah, Consistente".

Você pode usar SMaC como uma forma de descrever uma pessoa muito disciplinada: "Melissa é muito SMaC."

Você pode usar SMaC como um verbo: "Vamos SMaCar este projeto."

Você pode usar SMaC como adjetivo: "Vamos construir um sistema SMaC."

Você pode usar SMaC como substantivo: "SMaC salva vidas." (Na verdade, temos esta frase [*SMaC saves lives*] pintada na parede da nossa sede, em Boulder, em um local onde todos podem vê-la, como um lembrete constante: seja SMaC!)

Mas SMaC é muito mais do que uma palavra cativante e útil. SMaC é um *mindset*. É uma maneira de pensar, de agir, de aguçar a inteligência e de agir em meio ao caos, de focar os detalhes certos e ajustá-los.

Um ex-membro da minha equipe de pesquisa, que serviu no Corpo de Fuzileiros Navais dos Estados Unidos, uma vez compartilhou a história de um mecânico de helicóptero do Corpo de Fuzileiros Navais que ilustra perfeitamente a essência do mindset SMaC. Imagine um mecânico de helicóptero em uma zona de guerra. Um helicóptero está com problemas no motor e não decola. Morteiros estão explodindo nas proximidades. As balas estão estourando, estalando, zunindo e uivando. Em meio ao caos, ao barulho, à fumaça, aos gritos e à confusão, o mecânico abre o compartimento do motor, trabalha rapidamente, resolve o problema e desce. Mais balas, mais morteiros, mais barulho, mais medo. Mas, antes que o mecânico dê ao piloto um sinal de positivo, ele metodicamente posiciona todas as suas ferramentas no chão e as conta, cada uma delas, certificando-se de que no corpo a corpo e na ansiedade, ele inadvertidamente não deixou uma ferramenta no motor, o que derrubaria o helicóptero. SMaC!

Quando Joanne e eu tivemos a oportunidade de observar uma cirurgia de coração de peito aberto, na Cleveland Clinic, testemunhamos um processo que exalava SMaC. Sistemas de backup. Listas de verificação. Protocolos de comunicação. E o instrumentador contando cada um dos dispositivos cirúrgicos, assim como o mecânico do helicóptero. SMaC salva vidas.

Na escalada em rocha, muitos acidentes incapacitantes ou letais, e incidentes perto disso, acontecem devido à falta de SMaC. Aos 19 anos, quase me matei durante a descida do El Capitan devido à falta de SMaC. Erro nº 1 do SMaC: meu parceiro e eu não pesquisamos a fundo a localização da sequência de rapel (onde você desce deslizando cordas com um dispositivo de fricção) na rota de descida de East Ledges e, portanto, começamos nosso rapel no lugar errado. Erro nº 2 do SMaC: não levamos faróis para uma longa subida e começamos a descida no escuro. Erro nº 3 do SMaC: não dei nó na ponta da corda como medida de segurança para evitar que eu chegasse ao final dela se não houvesse âncora. Erro nº 4 do SMaC: não levei um dispositivo para subir mecanicamente de volta pela corda se eu ficasse preso em uma seção vazia da parede. Então, desci a corda de rapel no escuro. Cerca de seis metros antes de chegar ao fim dela, tive uma percepção horrível: não havia âncoras. Eu estava no meio de uma parede vazia e, se rompesse a ponta da corda, despencaria centenas de metros para a morte. Felizmente, eu tinha força residual suficiente para escalar, mão após mão, de volta pela corda até a saliência, sabendo que, se eu me soltasse, me espatifaria. Estremecemos na saliência pelo resto da noite até o amanhecer, quando encontramos a rota correta de descida, à luz do dia. Se eu tivesse morrido, não teria sido um acidente aleatório, mas um evento inteiramente devido à minha falta de SMaC.

Ser verdadeiramente SMaC envolve quatro elementos básicos:

1. Processos e mecanismos específicos e replicáveis que criam uma enorme consistência.
2. Verificar e cruzar sistemas para evitar erros catastróficos.
3. Pensamento rigoroso para considerar uma ampla gama de contingências e de backups.
4. Evolução contínua do SMaC com base na compreensão do porquê dos seus processos.

Esse último — compreender o *porquê* para que você possa atualizar e alterar o *quê* — é o elemento crucial que distingue um mindset SMaC avançado de meros procedimentos e políticas burocráticas. Se as pessoas da sua empresa começarem a dizer aos novos membros: "É assim que fazemos as coisas", em vez de dizer: "É por isso que fazemos as coisas dessa maneira", sua empresa se degenerará de uma cultura de disciplina em uma disfunção burocrática. Se a adesão estúpida a procedimentos corroer o verdadeiro mindset SMaC, sua empresa falhará, do mesmo jeito que falharia se não tivesse SMaC.

No meu trabalho e ensino com os militares norte-americanos, aprendi sobre o poder das APA, ou "avaliações pós-ação". A ideia é reservar um tempo após cada missão para discutir, revisar e aprender com o que aconteceu. O que funcionou? O que aprendemos que pode ser aplicado em missões futuras? O que não funcionou? Para o que estávamos despreparados? E então integre o aprendizado das APA diretamente à preparação para o que vem a seguir. Aplicadas de forma sistemática, as APA tornam-se parte do regime de treinamento, parte do desenvolvimento e refinamento contínuo das receitas SMaC que funcionam melhor.

Adotamos o modelo APA no projeto de *De Bom a Excelente*. Não fechávamos um compromisso ou o concluíamos até que tivéssemos uma APA de equipe, captado os aprendizados e integrado quaisquer ajustes em nossas receitas SMaC. Cada hora gasta em uma APA disciplinada compensa em dez horas economizadas no caminho, ao mesmo tempo que contribui diretamente para a excelência tática consistente que esperamos do nosso sistema. Com o tempo, simplifiquei nosso processo de APA em três questões principais:

> Pergunta 1 da APA: que novo aprendizado replicável ganhamos com o que deu certo?
>
> Pergunta 2 da APA: que novo aprendizado replicável ganhamos com o que deu errado?
>
> Pergunta 3 da APA: com base nas perguntas 1 e 2, que mudanças podemos fazer em nossa receita SMaC para melhorar sistematicamente nossa excelência tática consistente?

Você pode pensar nisso como um ciclo repetitivo: alimente os aprendizados das APA em preparações e treinamentos sistemáticos; tome novas atitudes; retenha as disciplinas SMaC à medida que as executar; conduza as APA para aprendizagem e melhoria; então volte para o começo do ciclo. Em seguida, repita várias vezes, para sempre, como um hábito no centro da sua cultura de disciplina.

Criando um Ambiente no qual as Pessoas Alcançam uma Excelência Tática Consistente

A maior parte das causas da baixa qualidade e da baixa produtividade pertencem ao sistema [criado pela administração] e, portanto, estão além do poder da força de trabalho.

W. EDWARDS DEMING

Encontramos um pequeno artigo maravilhoso de A. Richard Barber no *Wall Street Journal* sobre como L.L.Bean renovou as esperanças do autor. No texto, ele escreveu sobre como os funcionários da Bean realizaram esforços heroicos para reformar um par de Feather Weight Lounger Boots de 30 anos que a Bean não comercializava mais e para o qual não havia um processo-padrão de reforma.

Barber descreveu como cada funcionário da Bean assumiu uma responsabilidade pessoal por sua situação, dando-lhe seus primeiros nomes (Maggie, Ann e Steve) e tornando-se pessoalmente responsáveis: "Meu nome é Steve Graham, do ramal 4445, para você saber com quem falar." Ele escreveu sobre os tons "claros, nítidos e não cansados do mundo" de suas vozes, e como eles se desculparam genuinamente sobre atrasos inesperados. "Foi reconfortante saber", escreveu Barber, "que tantas pessoas se importavam [com as botas dele]".

Barber concluiu o artigo:

> Daqui a 30 anos, espero estar falando com Maggie, Steve e Ann. Eles me deram um ânimo maravilhoso. Neste aniversário do nosso feliz encontro, desejo-lhes um feriado tão feliz quanto o que me deram no ano passado.

O artigo de Barber levanta a questão: as pessoas que trabalham na L.L.Bean são diferentes das outras? Existe algo incomum em Freeport, Maine?

Pensamos que não. A L.L.Bean não tem acesso especial a pessoas dedicadas e conscienciosas — pelo menos não mais do que a sua empresa. Não, Bean simplesmente criou um ambiente no qual as pessoas executam bem.

Isso nos leva a um princípio central da excelência tática: se seu pessoal não está executando bem, a culpa não é dele.

É sua.

Os líderes de grandes empresas acreditam na capacidade das pessoas comuns de ter um desempenho extraordinariamente bom. Eles sabem que existem pouquíssimas pessoas preguiçosas e indiferentes e que, dado o ambiente certo, a maioria das pessoas terá um desempenho excepcional. O mau desempenho é geralmente o resultado de decisões de contratação ruins, treinamento ruim, falta de expectativas claras, liderança ruim, valorização inadequada, design de trabalho ruim ou alguma outra falha da empresa, não do funcionário.

Existem cinco condições básicas para as pessoas executarem bem:

1. *As pessoas executam bem se souberem o que precisam fazer.* Como as pessoas podem se sair bem se não têm uma ideia clara do que significa "executar bem" — se não têm metas, padrões de referência e expectativas claros?
2. *As pessoas executam bem se tiverem as habilidades certas para o trabalho.* As habilidades certas decorrem de talentos, temperamento e treinamento adequados.
3. *As pessoas executam bem se receberem liberdade e apoio.* Ninguém faz um bom trabalho com pessoas o olhando por cima do ombro; quando as pessoas são tratadas como crianças, elas se rebaixam a essas expectativas. Além

disso, as pessoas precisam de ferramentas e suporte para fazer bem o seu trabalho. Para usar um exemplo extremo, imagine como seria difícil para os funcionários da Federal Express fazerem entregas no prazo sem caminhões confiáveis.

4. *As pessoas executam bem se tiverem seus esforços reconhecidos.* Todas as pessoas desejam que seus esforços sejam reconhecidos. Escolhemos o termo reconhecido em vez de recompensado porque capta com mais precisão que aqueles que apresentam um desempenho excelente valorizam o respeito e o reconhecimento tanto quanto o dinheiro e, muitas vezes, até mais.
5. *As pessoas executam bem se virem a importância do seu trabalho.*

Essa última condição é tão importante que vamos expandi-la.

Enquanto esperávamos um voo saindo do Aeroporto de São Francisco, paramos para engraxar os sapatos. Percebemos que o engraxate prestou muita atenção em deixar nossos sapatos perfeitos e inspecionou todos os ângulos para garantir a qualidade do acabamento.

"Você está com pressa?", perguntou ele. "Eu gostaria de esperar uns minutos extras para tirar essa marca de desgaste e dar uma camada extra em seus sapatos." Tínhamos muito tempo, então concordamos.

Enquanto se dedicava à sua tarefa, ele falava sobre o seu trabalho. "É muito importante engraxar os sapatos das pessoas", disse ele. "Meus clientes viajam para reuniões importantes. A última coisa de que eles precisam é que seus sapatos tenham uma aparência ruim. Quando eles forem para as reuniões, quero que seus sapatos tenham uma aparência maravilhosa. Às vezes, são os detalhes — como sapatos mal engraxados — que fazem as pessoas ficarem mal."

E aí está a essência da excelência tática: pessoas que se preocupam com seu trabalho, *porque veem a sua importância.*

Um exemplo poderoso disso é a experiência de um fabricante de peças de avião durante a Segunda Guerra Mundial. A empresa, de acordo com Peter Drucker (a quem devemos o exemplo), enfrentava problemas terríveis com a sua força de trabalho — ausências, greves, lentidão e negligências.

E agora, o que podemos fazer? Pressionar mais as pessoas? Não. Demitir as maçãs podres? Não. Aumentar os salários? Não. Nada disso resolve o problema básico.

A importância do seu trabalho nunca foi mostrada aos trabalhadores! Eles nunca tinham visto um bombardeiro pronto, muito menos onde a peça que faziam se encaixava, ou o quão importante essa parte era para o desempenho do bombardeiro, ou o quão importante era o bombardeiro para os esforços de guerra. Assim, a empresa levou um bombardeiro pronto para as instalações da fábrica, com membros da tripulação que lhes disseram como os bombardeiros eram importantes para o esforço de guerra e como a peça era importante para os bombardeiros. E, de acordo com Drucker: "O moral baixo e a inquietação desapareceram de vez."

Há um aspecto interessante do exemplo anterior: a presença dos membros da tripulação. Os trabalhadores não eram mais responsáveis apenas por uma peça de um bombardeiro, mas por pessoas específicas — por George, John e Sam —, cujas vidas dependeriam do desempenho do bombardeiro. O mesmo se aplica ao engraxate do aeroporto; ele tem um senso de responsabilidade pessoal e direto com cada cliente.

As pessoas veem a importância do seu trabalho — e, portanto, tendem a se comprometer em fazê-lo bem — quando sabem que outros dependem delas.

John Gardner, ex-secretário de saúde, educação e bem-estar, e fundador da Common Cause, contou-nos de um estudo fascinante sobre heroísmo em que esteve envolvido. O estudo questionava: o que motiva as pessoas a adotar um comportamento heroico? A resposta esmagadora não foi glória, nem país, nem patriotismo, nem nada parecido. Era principalmente a crença de uma pessoa de que os parceiros dependiam dela e de que ela não podia decepcioná-los.

Se você conseguir criar uma atmosfera em que as pessoas sejam dependentes umas das outras — em que elas pensem: "Não posso decepcionar essas pessoas" —, obterá um desempenho extraordinário.

Você já se perguntou como a Federal Express conseguiu crescer rápido e, ao mesmo tempo, cumprir tão bem a promessa de "absolutamente, positivamente da noite para o dia"? Os fundadores da Federal fizeram isso criando uma organização na qual as pessoas dependem umas das outras. (Como um comentário à parte, achamos que a Federal Express é um bom exemplo de sucesso devido principalmente à qualidade da execução, em vez do brilho da ideia. O conceito de entrega rápida em todo o país não era nada novo; outras empresas pensaram nisso. Fazer isso — e fazê-lo bem — era o desafio.)

O fundador Fred Smith foi fortemente influenciado por suas experiências na Guerra do Vietnã, onde foi comandante de companhia e aviador de reconhecimento. Lá, ele observou que a "pessoa média" faria coisas extraordinárias quando os companheiros de pelotão dependessem dela. Ele queria construir uma empresa que se baseasse nessa verdade básica.

Em uma entrevista, Smith disse a Bill Moyers:

> A Federal Express é cria do Vietnã. Não acho que teria feito algo assim [sem essa experiência]. As pessoas aproveitam a ocasião se você lhes dá

> uma chance. Dê às pessoas o desafio, e elas desenvolverão a inteligência básica e a perspectiva para resolvê-lo.

Art Bass, um dos primeiros diretores de operações da Federal Express, explicou o etos da empresa:

> Reunimos pessoas que estavam orgulhosas do que estavam fazendo, pessoas que tiveram poucas oportunidades em suas vidas para se orgulhar de alguma coisa. Quer você estivesse em um caminhão, avião ou no hub, você estava sozinho, mas todos dependiam de você. Você tinha que se sair bem.

A afirmação "você tinha que se sair bem" é perfeita. Ela capta a essência do que você deseja criar, pessoas dependendo de outras.

Foi exatamente assim que L.L.Bean aqueceu a alma de Richard Barber. Maggie, Steve e Ann, da Bean, acreditavam que precisavam ajudar Richard. Richard não era um consumidor; não era o número do pedido 3365; não era aquele cara com o maldito problema da bota. Ele era Richard, e ele queria — precisava — suas botas firmes, *e eles não podiam decepcioná-lo.*

Você, como líder da empresa, tem a responsabilidade de garantir que todas as pessoas façam algo importante e que cada uma delas saiba *por que* é importante.

VISÃO DE JIM EM 2020

Expectativas

Imagine o Aeroporto Internacional de Denver quando chega uma tempestade gigantesca de uma tarde de verão. O controle de tráfego aéreo interrompe todo o tráfego. Agora, considere dois aviões diferentes na pista, o Avião A e o Avião B.

Avião A: "Pessoal, aqui é o capitão. Fomos retidos pelo controle de tráfego aéreo por causa do tempo. Eles dizem que partiremos em 30 minutos." Você se acomoda em seu assento. Meia hora. Você ainda está na pista. Passam-se 35 minutos. Depois 40. O piloto volta a falar. "Bom, parece que vamos demorar um pouco mais. Com sorte, entraremos em rota em 10 ou 15 minutos." Só mais 10 minutos. Depois, mais 15. Então, finalmente, aos 65 minutos, você ouve os motores aumentarem e sente a guinada da aeronave para rugir pela pista.

Avião B: "Pessoal, aqui é o capitão. Fomos retidos pelo controle de tráfego aéreo por causa do tempo. Eles dizem que partiremos em 30 minutos. Mas aqui é Denver, e ao longo dos anos descobri que às vezes essas tempestades demoram. Pode haver cisalhamento do vento e queremos estar seguros. Portanto, preparem-se para uma longa espera. Acredito que entraremos em rota em cerca de 80 ou 90 minutos." Todos lamentam. Então, as pessoas começam a se acomodar, cochilar, assistir a filmes, fazer ligações, enviar e-mails, ler livros. O relógio bate. Então, aos 65 minutos, o capitão volta: "Bom, pessoal, parece que o tempo está melhorando mais rápido do que esperávamos e vamos seguir nosso caminho." Você ouve os motores aumentarem e sente a guinada da aeronave para rugir pela pista.

O Avião A e o Avião B decolaram aos 65 minutos. Mas qual avião tem passageiros mais felizes?

O Elo com a Visão

Conforme descrito, uma das funções principais da visão corporativa é conferir sentido, sendo uma fonte de motivação para um esforço humano extraordinário. Uma visão clara e convincente é essencial para que as pessoas percebam a importância do seu trabalho. Se você ainda não leu o Capítulo 4, *Visão,* leia-o. Se você ainda não definiu uma visão, faça-o.

Além disso, lembre-se de que um dos componentes de uma boa visão é um conjunto de valores essenciais e de crenças básicas, um conjunto de princípios e de preceitos norteadores. Esse conjunto subjacente de valores essenciais desempenha um papel fundamental na orientação do comportamento e dos padrões diários das pessoas. Na verdade, existe uma ligação direta entre os valores e a execução tática. Por exemplo, se um dos seus valores essenciais é "tratar os clientes como seres humanos", e se isso for bem incutido em sua organização (como o é na L.L.Bean), as pessoas tratarão os clientes como seres humanos.

A Mentalidade de Melhoria Contínua

A excelência tática não é um destino; é um caminho. É o caminho da melhoria contínua.

Pense por um momento no milagre japonês. "Fabricado no Japão" significava "de má qualidade". Não mais. Os japoneses estabeleceram uma reputação mundial de qualidade. Eles são mestres em excelência tática consistente. O que aconteceu? Como os japoneses fizeram essa transformação extraordinária?

Parte da resposta está na influência do Dr. W. Edwards Deming, que educou a administração japonesa com técnicas de controle de qualidade. (A influência de Deming sobre os japoneses foi tão grande que ele foi condecorado com a Segunda Ordem Japonesa do Tesouro Sagrado — o primeiro norte-americano a receber tal honra. O famoso Prêmio Deming, um prêmio prestigioso e muito procurado pelo controle de qualidade total, leva o nome de Deming.) O princípio central do trabalho de Deming, apresentado em seu livro *Saia da Crise*, é o aprimoramento constante.

A melhoria não é um esforço único. A ideia é avaliar em que ponto você está hoje, o que você pode fazer melhor, definir um plano para melhorar, implementá-lo, reavaliar e repetir o processo. Indefinidamente.

O jogo é nunca ficar parado, nunca ser bom o suficiente. O que passa por excelente este ano será medíocre em comparação com o que você fará daqui a cinco anos, que deve ser medíocre em comparação com dez anos a partir de agora, e assim por diante. Para sempre! Não há fim. Não há ponto de parada. Não há "está feito".

VISÃO DE JIM EM 2020

GOAAs Táticos

Um dos melhores métodos para alcançar um ótimo desempenho é criar "GOAAs táticos" a nível de unidade. Eles dividem o GOAA geral da empresa em objetivos menores, que se tornam GOAAs a nível de unidade.

Estávamos procurando uma forma de fomentar o progresso na execução dos compromissos do evento do projeto The Good to Great. Ao longo dos anos, descobrimos que precisávamos estar com a maior parte da logística do evento encaminhada três semanas antes dos eventos. Então, criamos o mecanismo "T menos 3", um briefing completo e revisão de lançamento que aconteceria no máximo três semanas antes da data do evento. Isso nos obrigaria a avançar na preparação e a ter tempo para fazer ajustes antes do evento. Percebemos que às vezes ficávamos um pouco aquém de "T menos 3" — atingindo o briefing em 20, 16 ou mesmo 14 dias antes. Sempre haveria fatores atenuantes, como cronogramas de viagens ou desafios para obter informações de pessoas fora de nosso sistema. Ainda assim, nossos melhores resultados táticos vieram quando aderimos à disciplina "T menos 3".

Então, nossa equipe surgiu com um GOAA tático: atingir 100 acertos consecutivos de sucesso "T menos 3", sem uma única falha. Chamamos isso de GOAA 100–0 (100 sucessos consecutivos, com 0 falhas). Em seguida, colocamos o GOAA de 100–0 no quadro branco para que todos o vissem, junto com a contagem consecutiva vigente. A palavra-chave é consecutiva; se o perdêssemos pelo menos uma vez, o contador seria zerado e começaríamos tudo de novo. Cada vez que completávamos um "T menos 3", havia um momento de celebração de alteração da contagem (por exemplo, 31–0 mudou para 32–0). Todos sabiam que, se errássemos uma vez, mesmo por apenas um dia, o contador voltaria para 0–0. Quem quer que fosse a pessoa responsável por um "T menos 3" específico sentia a pressão cada vez maior: "Não posso ser o único a falhar e a definir o contador de volta para 0-0." Mas todos em nosso sistema também se uniram para contribuir e ajudar, para garantir que nunca errássemos. Esse GOAA tático obrigava as pessoas a marcharem à frente, para construir reservas de tempo, para minimizar todas as chances de erro. E também aumentou a parceria da equipe enquanto caminhávamos.

Em 22 de março de 2018, às 15h03, nossa equipe se reuniu na sala de conferências para apagar o 99–0 do quadro branco e substituí-lo por 100–0. Cem vezes seguidas, sem uma única falha. E, no momento em que este livro foi escrito, mais de dois anos depois, mantínhamos nosso recorde perfeito. Bater "T menos 3" tornou-se um hábito disciplinado.

Um Processo de Seis Partes

Criar um ambiente onde as pessoas atinjam excelência tática consistente envolve um processo interminável de seis partes.

- Contratação.
- Adaptação à cultura.
- Treinamento.
- Estabelecimento de objetivos.
- Avaliação.
- Reconhecimento.

Criando um Ambiente para Excelência Tática, um Processo de Seis Partes

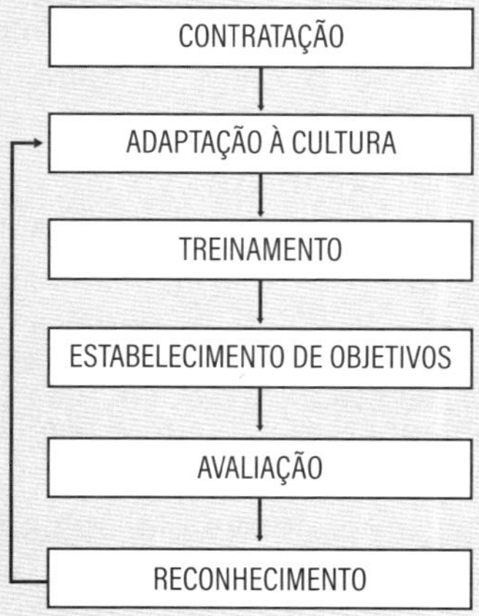

Figura 9.2

1. Contratação

Tudo começa com as decisões de contratação. Pessoas boas atraem pessoas boas, que, por sua vez, atraem mais pessoas boas, e assim por diante. A contratação de pessoas boas requer um investimento substancial de tempo. Vimos várias empresas se meterem em problemas porque não investiram adequadamente no processo de contratação.

É mais caro "descontratar" uma escolha ruim (e então encontrar uma nova pessoa) do que encontrar e contratar uma pessoa boa.

O que é uma boa escolha? Bom não deve ser definido em termos de educação, de habilidades ou de experiência anterior específica (embora isso certamente influencie na escolha). A avaliação *primária* do que é bom deve ser: "Essa pessoa se alinha com os nossos valores? Essa pessoa está disposta a acreditar no que somos? É provável que essa pessoa viva com nossos preceitos?" Como Kristine McDivitt, da Patagonia, disse:

> Contratei muitas pessoas que não tinham credenciais tradicionais e funcionou muito bem. Também contratei pessoas com credenciais incríveis que não se saíram tão bem. Procuro principalmente um ajuste de valores — especialmente o amor ao ar livre — e uma atitude sobre fazer um bom trabalho. Somos fanáticos pela qualidade do que fazemos e queremos um fanatismo igual nas pessoas que contratamos.

A Giro Sport faz uma triagem rigorosa para encontrar pessoas que se preocupam com qualidade e inovação, e que têm uma sólida ética de trabalho. A Home Depot procura pessoas que consertem suas próprias coisas e que gostem de ajudar os outros. A Williams-Sonoma, fornecedora de utensílios de cozinha, procura pessoas que tenham interesse em culinária requintada. Nossos amigos do Freeport da L.L.Bean procuram pessoas que usem os produtos Bean e que exibam uma atitude positiva em relação aos outros: "Procuramos pessoas que gostem de ajudar os outros."

Encontrar bons ajustes requer avaliar um grande número de candidatos e gastar muito tempo antes de tomar uma decisão de contratação. A Stew Leonard's Dairy, por exemplo, contrata apenas uma pessoa entre cada 25 candidatos. (Aproximadamente metade dos funcionários da empresa tem um parente que também trabalha para a empresa — um reforço adicional da seleção de valores.) A Marriott, que dá uma grande ênfase em encontrar pessoas adequadas, entrevistou 40 mil pessoas para 1.200 empregos em um hotel recém-construído.

Os candidatos nunca devem ser contratados apenas com uma entrevista; eles devem ser entrevistados por pelo menos duas pessoas antes que uma oferta lhes seja feita.

Verifique as referências. ISSO É IMPORTANTE. Se tivéssemos que escolher um ponto no qual as empresas sempre vacilam no processo de contratação, é que elas não verificam as referências. Verifique as referências de ex-chefes, subordinados, colegas e outras pessoas. Um funcionário nunca deve ser contratado sem pelo menos duas verificações de referências terem sido feitas, e recomendamos cinco ou mais.

Por fim, evite contratar pessoas externas para cargos seniores; contrate de dentro, sempre que possível. Existem duas razões para isso. Primeiro, contratar pessoas de fora abala o moral: "Por que devo trabalhar pesado se eles vão trazer pessoas de fora para os altos cargos? Nunca terei chances de ser promovido." Segundo, as pessoas precisam se adaptar à cultura da empresa, e isso é mais fácil se elas entrarem em níveis inferiores e forem subindo de cargo.

2. Adaptação à Cultura

Mesmo que você tome boas decisões de contratação, as pessoas precisam se adaptar à cultura da organização. Com isso queremos dizer incutir e reforçar a visão, em particular os valores essenciais. Você não pode simplesmente presumir que as pessoas entendam completamente os preceitos da sua organização quando entram pela porta. Você precisa educá-las. E precisa educá-las desde *cedo.*

Na verdade, a adaptação à cultura deve começar no processo de contratação. Dê aos candidatos materiais que descrevam sua filosofia; peça aos representantes da empresa que falem sobre a visão durante as entrevistas de emprego.

No início da sua carreira, ao fazer uma entrevista para um emprego na Russell Reynolds Associates, Jim foi levado de avião da Califórnia para Nova York para se encontrar com o fundador, Russ Reynolds. Toda a entrevista foi centrada na filosofia pessoal dele e na da empresa. Reynolds mandou Jim embora com um pacote de documentos confidenciais para entender melhor a filosofia da empresa. Nenhum novo profissional é contratado sem uma "reunião de filosofia" pessoal com Reynolds ou com outro executivo sênior da empresa.

Os novos contratados devem receber mais informações sobre os valores da empresa logo após o início do trabalho. Algumas etapas específicas a serem consideradas são estas:

- Dê um "kit de apresentação" de materiais escritos a cada novo contratado e deixe claro que ele deve lê-lo. Obviamente, isso deve incluir sua declaração de visão, com uma ênfase especial aos valores essenciais. Anne

Bakar, da Telecare Corporation, por exemplo, dá cópias dos valores da empresa a todos os novos contratados.

John Mackey, fundador e CEO da Whole Foods Market, uma rede de supermercados de alimentos saudáveis com sede em Austin, escreveu o "Whole Foods General Information Handbook", que conta a história e os valores da empresa. Ele aconselha as pessoas sobre como progredir em suas carreiras e o que esperar de colegas de trabalho e de supervisores. Em algumas lojas, os novos contratados recebem testes para mostrar que entenderam a filosofia.

- Escreva! Escreva! Escreva! Nunca subestime o poder da palavra escrita. Poucos líderes empresariais fazem um bom uso da ferramenta humana mais poderosa — a escrita. Repita. As pessoas lerão o que você escreve, porque você é o líder, e serão influenciadas por isso. Pense em como os Estados Unidos seriam mais fracos se a Constituição nunca tivesse sido escrita.

  É uma boa ideia escrever pessoalmente algumas vezes por ano uma carta ou artigo que contenha um toque da filosofia da empresa. Ele pode ser distribuído individualmente (para todos os funcionários, não para um grupo exclusivo) ou impresso no boletim informativo ou revista do funcionário. Leon Gorman, CEO da L.L.Bean, por exemplo, faz um uso extensivo do "Bean Scene".

  Use a escrita como uma forma de reforçar constantemente a importância do trabalho das pessoas. Conte histórias sobre como as pessoas ajudaram a outras que dependiam delas. Dê exemplos de como um funcionário específico fez a diferença na vida de um cliente. Nunca perca a oportunidade de aumentar o senso de propósito nobre que as pessoas em todos os níveis podem (e têm o direito de) sentir a respeito do seu trabalho.
- Escreva uma história da empresa que todo novo funcionário receberá ao ingressar. A história deve traçar as raízes da empresa, suas fases de evolução e a origem dos seus valores. Marvin Bower, cofundador e arquiteto da McKinsey & Company, escreveu um livro maravilhoso, *Perspective on McKinsey* [Perspectiva sobre a McKinsey, em tradução livre], que tem capítulos como:

  "Os Anos de Formação do Propósito"
  "Os Primeiros Anos da Empresa"
  "Construindo uma Empresa Nacional Distinta"
  "Profissionalismo: A Força Secreta da Empresa"
  "Desenvolvendo Nossa Filosofia e Nosso Sistema de Gestão"

Três pontos muito importantes sobre livros como esses são:

1. Você (se for fundador, presidente ou CEO) deve escrevê-lo. As palavras devem sair diretamente de você, não do departamento de RP ou de um redator externo. Faça com que cada novo funcionário sinta que você está se comunicando pessoalmente com ele por meio das páginas do seu livro. O livro de Bower é um excelente exemplo disso.
2. Escreva para os funcionários, não para o mundo exterior. Escreva-o como uma conexão muito pessoal entre você e os seus funcionários. O livro de Bower, por exemplo, contém a seguinte inscrição: "Escrito em sigilo e impresso apenas para o pessoal da McKinsey & Company, Inc."
3. Não espere muito. Se a sua empresa é jovem, você deve estar se perguntando se essa história faz sentido. Concordamos que é estranho escrever a história de algo que tem apenas um ano. No entanto, quando a empresa completar cinco anos, você deverá ter esboçado uma breve história corporativa. Ela não precisa ser rígida; pode ser reproduzida no centro de cópias. Você pode atualizá-la e revisá-la facilmente à medida que a empresa crescer.

- Dê uma palestra sobre a filosofia da empresa para todos os novos funcionários. Se possível, faça-o pessoalmente, em grupos ou individualmente. Se não for possível (por causa de restrições geográficas ou se sua empresa for muito grande), use vídeo.

  Indicamos o exemplo de Jim Miller, presidente da Miller Business Systems, um provedor de serviços de escritório com mais de 300 funcionários. Miller faz uma reunião particular com cada novo funcionário, durante a qual ele descreve a filosofia da empresa e dá ao funcionário uma garrafa de líquido verde com o rótulo "entusiasmo" e um espelho com a inscrição "Eu acredito em mim mesmo". Em 1987, a Miller Business Systems ganhou o Prêmio de Excelência da revista *Office Products Dealer* pelo atendimento ao cliente.
- Use um programa do amigo. Atribua cada nova contratação a um amigo que o leve sob sua proteção e pessoalmente eduque e modele os valores, além de ensinar-lhe habilidades específicas.
- Envie novos funcionários para seminários de treinamento que inspirem valores, além de ensinar habilidades específicas. Um dos segredos para o sucesso da adaptação à cultura de milhares de pessoas pela IBM é que seus programas de treinamento sempre enfatizaram os valores e as crenças da IBM, mais do que as técnicas gerenciais.

3. Treinamento

Embora os programas de treinamento devam ter uma boa dose de adaptação à cultura, as pessoas também precisam de treinamento de habilidades específicas. Afinal, elas não podem fazer um bom trabalho a menos que saibam como fazê-lo.

Treine pessoas de todos os níveis, não apenas gestores. Lembre-se de que o treinamento não é um privilégio; é uma tremenda vantagem comercial. Retornando aos nossos amigos da Freeport, os novos funcionários da linha de frente da L.L.Bean recebem uma semana inteira de treinamento sobre o sistema computadorizado de pedidos por telefone, habilidades de telefone e conhecimento do produto. O uso de nomes pessoais ("este é Steve") não acontece aleatoriamente; as pessoas são ensinadas a fazer isso.

Outro exemplo de treinamento de linha de frente vem da Parisan, uma rede de varejo que ostenta o dobro do volume de vendas nacional médio por metro quadrado. A Parisan atribui esse sucesso em grande parte ao fato de que os funcionários da linha de frente recebem 45 horas de treinamento antes de serem autorizados a lidar com os clientes, além de um curso de atualização de 12 horas após 90 dias.

Você pode usar uma variedade de métodos de treinamento:

- Você pode usar materiais escritos, como o "Guia prático" da Russell Reynolds Associates, um manual de padrões e táticas para o processo de busca de executivos.
- Você pode usar vídeo e áudio. A Domino's Pizza, por exemplo, tinha um videocassete em cada loja, no qual os funcionários assistiam a programas de treinamento em vídeo.
- Você pode usar programas de aprendizagem, nos quais funcionários experientes e bem-sucedidos educam novas pessoas. Isso é usado na Dansk Designs e na lendária Goldman Sachs.
- Você pode usar cursos de treinamento externos para ensinar habilidades específicas. Na Stew Leonard's Dairy, por exemplo, alguns funcionários da linha de frente são enviados para programas Dale Carnegie de US$600. A Home Depot oferece aulas de habilidades de "faz-tudo" toda semana. Muitas das melhores empresas de alta tecnologia aproveitam o treinamento tecnológico avançado oferecido pelas universidades.
- Você pode desenvolver seus próprios cursos. A Nike tem um programa de treinamento interno completo, com sessões de vários dias para gestores. A McKinsey começou um extenso treinamento em consultoria na década de 1940, quando era uma empresa minúscula.

- Você pode até criar sua própria "universidade". Há a famosa Universidade do Hambúrguer McDonald's. A Lenscrafters tem três "campi" para sua escola de treinamento em gestão, conhecida como Precision Lenscrafters University. A Apple tem um grupo chamado de Apple University. Essas universidades criam programas educacionais com a participação de funcionários da empresa.

Mas, faça o que fizer, não espere muito. Muitas empresas menores reclamam que não têm recursos para fazer treinamentos. Perguntamos a elas: como vocês esperam se tornar uma grande empresa sem fazer isso?

4. Estabelecimento de Objetivos

"Como você faz seus corredores irem tão rápido?", perguntou um treinador de atletismo da segunda divisão à treinadora de atletismo do campeonato.

"Eles trabalham pesado", respondeu ela.

"Os meus também", disse o treinador da segunda divisão. "Eu os faço correrem o tempo todo. E digo a eles que quero que corram rápido. Fico lá fora gritando e forçando cada prática."

"Eu não", disse a treinadora do campeonato. "Eu nunca grito com os meus atletas. Nem mesmo digo a eles para correrem rápido."

"O que você faz?", perguntou o incrédulo treinador da segunda divisão.

"É simples. Sento-me com cada atleta no início da temporada e converso sobre suas ambições, o que acho que ele é capaz de atingir, os objetivos da equipe e como acho que ele pode ajudá-la melhor. Em seguida, desenvolvemos juntos seus objetivos para a temporada e dou conselhos para ajudá-los a os alcançarem."

"Eu também", disse o treinador da segunda divisão.

"Você faz isso? Dê-me um exemplo específico."

"Bem, você sabe, só quero que eles corram rápido. Quero que eles ganhem."

"Ah, entendo", disse a treinadora do campeonato. "Talvez seja melhor definir as metas com mais precisão. Por exemplo, Jane ali correu 1.600m em 5min28 na competição estadual. Seu objetivo para a temporada — que ela desenvolveu com a minha ajuda — era 5min30. Eu não tive que gritar, pressioná-la ou qualquer coisa do tipo. Os 5min30 a puxavam para a frente todos os dias."

Pare. Pense por um minuto. Todos os funcionários da sua empresa têm objetivos específicos? Eles assumiram a responsabilidade por criá-los? Acreditam que esses objetivos são alcançáveis? Eles querem alcançá-los? Eles dividiram esses objetivos em objetivos trimestrais, tarefas semanais e atividades diárias?

Os objetivos se alinham à visão e à estratégia da empresa? Eles correspondem às ambições pessoais que seus funcionários têm na vida?

Em caso afirmativo, você pode passar para o ponto número 5.

Suspeitamos, entretanto, que você não tenha saltado para o ponto 5. A maioria dos líderes, se forem honestos consigo mesmos, não conseguirá responder sim a todas as perguntas anteriores. No entanto, deveriam ser capazes.

O estabelecimento de objetivos é uma das partes mais negligenciadas da execução tática. É um trabalho árduo tanto para o funcionário quanto para seu gestor. Leva tempo, reflexão, discussão e negociação. Contudo, por outro lado, uma vez que os objetivos sejam claros, você pode dar muito mais liberdade às pessoas; você não precisa olhar por cima dos ombros e "guiar" as suas atividades.

Se os objetivos forem bem definidos, o processo de revisão anual tradicional não será muito mais que um processo de "revisão". O funcionário deve ser capaz de ver por si mesmo se atingiu seus objetivos — bati 5min30 ou não? Ele não deveria precisar que seu gestor lhe dissesse isso.

Isso significa que as análises anuais de desempenho são supérfluas? Não exatamente. Em vez da tradicional revisão do tipo "foi assim que você fez", o tempo deve ser gasto no estabelecimento de objetivos. O feedback ("Você se saiu bem naquele projeto" ou "Você poderia ter feito melhor; vamos descobrir como melhorar para as próximas vezes") deve ser contínuo e permanecer ao longo do ano. O objetivo principal de uma revisão bem elaborada, por outro lado, é *definir os objetivos do ano seguinte.*

A maioria dos processos de revisão é ineficaz. Ou estão vinculados especificamente a aumentos, o que tende a suprimir o estabelecimento de objetivos e de avaliações sérias, ou são vistos como uma trivialidade administrativa.

Jogue fora o processo de revisão anual tradicional e substitua-o por um processo de definição e de revisão de metas. Considere fazer isso trimestralmente. Sim, trimestralmente.

Don Lyle, um excelente gestor que observamos em várias situações e que foi o arquiteto de uma recuperação particularmente difícil na DEI Corporation, usa esse processo trimestral de definição de objetivos. Ele começa com a visão e com a estratégia de longo prazo da empresa e as divide em um conjunto de objetivos anuais. Em seguida, trabalha com seu pessoal para dividir esses objetivos em seus objetivos anuais pessoais. Depois, pede que cada um faça uma lista de quatro ou cinco objetivos para cada trimestre. Eles os discutem, negociam e chegam a um acordo, que ambos assinam.

No fim de cada trimestre, Lyle se senta novamente com cada pessoa para fazer uma avaliação mútua sobre o desempenho em relação aos objetivos e para atualizar os objetivos para o trimestre seguinte. Ele espera que cada pessoa da sua equipe faça um processo semelhante com seus subordinados, e assim por diante. De acordo com Lyle:

> Esse processo garante que não deixemos o urgente se sobrepor ao importante. Isso nos mantém focados nas prioridades. E dá às pessoas uma noção concreta de como estão se saindo, o que lhes dá um método objetivo e consistente de saber. É muito poderoso.
>
> Os objetivos devem ser específicos. Por exemplo:
>
> "Abrir 35 novas contas de clientes até 31 de julho."
>
> "Colocar nosso escritório da Europa em funcionamento até 30 de novembro."
>
> "Ter os novos ferrolhos prontos para fabricação até 31 de dezembro."
>
> "Criar um novo processo de lançamento de produto até 1º de agosto."
>
> "Escrever três artigos para publicação até 31 de dezembro."

Idealmente, o processo deve fundir a visão pessoal do indivíduo e a da empresa e, em seguida, desdobrar-se em metas trimestrais, tarefas semanais e atividades diárias.

Visão Pessoal ⟶ **Objetivos Pessoais Anuais** ⟵ **Visão Corporativa**

Objetivos Trimestrais

Atividades Semanais

O que farei hoje?

Reconhecemos que a vida é caótica e imprevisível. É improvável manter um processo perfeitamente linear da visão e da estratégia corporativa para os objetivos anuais individuais, para os trimestrais, para as tarefas semanais e para as atividades diárias. No entanto, essa não é uma razão para evitar o estabelecimento de objetivos personalizados. Existem muitas coisas que podem afetar aquela corredora que objetiva fazer 1.600m em 5min30. Mas definir 5min30 como objetivo não deixa de ser um passo valioso.

Em um estudo clássico sobre motivação, o professor Frederick Herzberg descobriu que o fator número um que contribuía para a extrema satisfação no trabalho era a realização pessoal (o número dois era o reconhecimento). As pessoas querem alcançar objetivos. Elas querem estabelecer objetivos e alcançá-los. Aproveite essa fonte natural de motivação.

5. Avaliação

Suponhamos que você seja um treinador de atletismo e que seu objetivo seja levar a equipe a um novo patamar de desempenho. Além disso, suponha que tenhamos retirado seu cronômetro e fechado o trajeto em 400m.

O que você faria? Provavelmente, pegaria o carro, marcaria os metros na rua e compraria um cronômetro.

Assim como um treinador de corrida precisa definir "rapidez" e avaliar a velocidade, uma empresa precisa *definir* excelência tática, *avaliá-la* e *relatar* os resultados.

A L.L.Bean avalia a porcentagem de remessas perfeitas (99,89% em 1987). Todos os embaladores (não apenas os gestores) recebem atualizações diárias sobre a porcentagem de pedidos corretos. A Bean tem uma bateria de avaliações cuidadosamente monitorada, variando desde o tempo de espera do cliente até o número de defeitos.

A razão para o registro extraordinário da Bean não é que ela tenha um padrão ou cotas. Em vez disso, o segredo está no fato de que a Bean avalia o seu desempenho, identifica as barreiras para um desempenho perfeito e busca constantemente melhorar.

E a Bean não está sozinha em seu fetiche por avaliação.

Quando a Marriott era uma pequena empresa, o seu fundador, J. Willard Marriott, iniciou uma tradição de benchmarking e avaliação da sua execução tática. (O próprio Marriott lia e classificava os resultados dos cartões de comentários dos clientes.) Essa tradição continua até hoje, a ponto de ser difícil ficar em um Marriott sem ser inundado por oportunidades de preencher formulários de classificação, que são então coletados, agrupados, dissecados e remontados em algo chamado GSI, ou Índice de Serviço ao Hóspede. O GSI de um determinado local é analisado, rastreado e publicado no site para que todos os funcionários possam ver. E, o mais importante, o GSI é usado como base para o benchmarking e como um guia para a melhoria contínua.

Como a Bean e a Marriott, as grandes empresas têm tradição em definir e avaliar a excelência tática. Jim Miller, da Miller Business Systems, rastreia e publica o desempenho da empresa em relação ao seu padrão de concluir 95% dos pedidos dos clientes em 24 horas. Em 1936, W.R. Hotchkiss, fundador da Deluxe Corporation (que imprime cerca de metade de todos os cheques usados nos Estados Unidos), estabeleceu a meta de melhoria contínua para zero defeitos de impressão e prazo de dois dias. Claro, Deluxe avalia, rastreia, publica os resultados, identifica defasagens e busca constantemente a melhoria rumo à perfeição.

Você já comeu em um restaurante Bob Evans? A rede de cafeterias, fundada na década de 1940, desenvolveu uma reputação de excelência tática, culminando em várias classificações de primeiro lugar em pesquisas do setor por serviço, qualidade e valor.

Bob Evans estabelece padrões rígidos para si mesmo. O cliente deve receber água e um agradável "Olá" dentro de até 60 segundos após ter se sentado. A comida quente deve chegar dentro de 10 minutos após o pedido. As mesas devem estar prontas para o próximo cliente em 5 minutos. Nenhum cliente deve esperar por uma mesa por mais de 15 minutos, mesmo nos horários de maior movimento. E, você adivinhou, Bob Evans se avalia constantemente em relação a esses padrões e monitora seu desempenho. (Os exemplos de Miller Business Systems, Bob Evans e Deluxe são descritos no livro *The Service Edge* [O Limite do Serviço, em tradução livre], de Ron Zemke e Dick Schaaf, que apresenta 101 estudos de caso de empresas que alcançam a excelência tática em serviços.)

As pessoas prestam atenção ao que é avaliado. Por que as pessoas gostam de praticar esportes? Porque é uma das poucas áreas da vida em que você pode ver objetivamente como está indo e pode controlar objetivamente as melhorias.

Faça uma experiência com você mesmo. Identifique uma tarefa doméstica que você detesta fazer — tirar o lixo, cortar a grama ou lavar a louça. Avalie-se no próximo dia de trabalho. Suponha que você leve 14 minutos para levar o lixo para fora. Agora, estabeleça uma referência — digamos, 10 minutos com zero erros. Avalie a si mesmo e acompanhe o seu desempenho. Provavelmente, duas coisas acontecerão. Primeiro, você descobrirá uma maneira de ficar cada vez melhor. Segundo, ficará mais divertido, como um jogo.

O mesmo se aplica à execução tática. Descubra uma maneira de definir a excelência tática, avaliá-la, rastreá-la, publicá-la, aprender com ela e usá-la como uma forma de melhorar constantemente. Faça com que seja divertido. Faça disso o grande jogo dos negócios.

A ligação entre avaliação e melhoria contínua está em "O Ciclo de Shewhart para a Melhoria Contínua" (veja a Figura 9-3), originalmente articulado por Walter A. Shewhart. O Ciclo de Shewhart é usado extensivamente pelos japoneses em sua busca pela excelência tática consistente. É uma estrutura útil para a melhoria de qualquer processo.

O Ciclo de Shewhart para a Melhoria Contínua

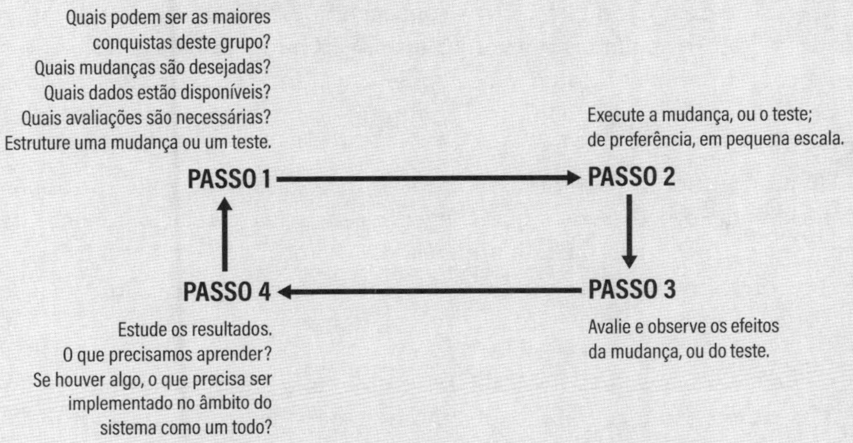

Figura 9.3

6. Reconhecimento

Estimulados pelas esperanças renovadas de Richard Barber (veja o artigo citado no início deste capítulo), telefonamos para a L.L.Bean para fazer um pedido — e uma pergunta.

"Bem-vindo à L.L.Bean, aqui é Terri."

Depois de fazermos o nosso pedido e de termos uma conversa amigável com Terri sobre a chegada da primavera (era início de março), perguntamos: "O que faz com que vocês, o pessoal da Bean, tomem tanto cuidado com um cliente? Por que você, Terri, dedica-se tanto ao seu trabalho?"

A princípio, a pergunta pareceu estranha; poderíamos muito bem ter perguntado: "Por que você respira?" Mas ele respondeu com a alegria característica:

> Tudo começa com o nosso presidente. Dele em diante, só sei que sou reconhecido. Eles não consideram que sempre estarei aqui disponível. São as pequenas coisas — o suco e os biscoitos durante a correria do Natal, os tapinhas nas costas, os agradecimentos, as visitas do presidente. Consegui esse emprego por meio de anúncios de emprego, como acontece com qualquer outro. Mas aqui não é qualquer outro emprego. Eles realmente se preocupam com o que sinto. Eu sei que sou importante.

Se você quer mediocridade, não dê valor às pessoas, não mostre nenhuma apreciação por elas e trate-as como peças.

Mas, se deseja excelência tática consistente, certifique-se de que as pessoas se sintam respeitadas e reconhecidas. Não há nada de misterioso nisso. Não é conceitualmente difícil. Não requer um doutorado para descobrir isso. Reconhecimento simples, honesto e genuíno — o que poderia ser mais óbvio e mais direto?

Uma pergunta importante: se chamássemos alguns de seus funcionários aleatoriamente e pedíssemos que conversassem sobre o relacionamento deles com a sua empresa, eles dariam uma resposta como a de Terri, da L.L.Bean?

O reconhecimento deve vir em todas as três formas básicas: informal, prêmios e valorização, e financeiro.

- *Reconhecimento informal.* Os líderes de toda a empresa devem praticar a participação e as habilidades interpessoais descritas no capítulo sobre estilo de liderança. Lembre-se de que você dá o exemplo; eles serão influenciados pelo seu estilo.

  O reconhecimento informal deve ser contínuo e oportuno. Deve-se mostrar às pessoas que elas são reconhecidas ao longo do ano, não apenas na época de revisão ou na cerimônia anual de premiação. Você espera até o dia dos namorados ou um aniversário para mostrar a seu ente querido que ele é especial? Você diz a seus filhos que eles são incríveis apenas uma vez por ano? Claro que não. E, assim como uma família saudável, um relacionamento saudável com o funcionário é construído com base no mesmo respeito e reconhecimento, dia após dia.
- *Reconhecimento por meio de prêmios e valorização.* Nunca subestime o poder de prêmios e outros reconhecimentos não financeiros. Lembre-se de que o estudo de Herzberg mostrou o reconhecimento como o segundo fator mais importante que leva à extrema satisfação no trabalho (atrás das realizações). Além disso, que melhor maneira de destacar a importância do trabalho de alguém do que o reconhecer publicamente ou lhe dar um prêmio?

  Estabeleça prêmios para o heroísmo do atendimento ao cliente, qualidade do produto, sucesso de vendas ou outras categorias que você considere importantes para ser uma grande empresa.

  Você pode criar prêmios raros e de alto prestígio, como o prêmio "Golden Falcon", da Federal Express, concedido por realizações drásticas ou heroicas. Apenas um punhado de pessoas em qualquer ano recebe um Golden Falcon, que vem com um telefonema pessoal do Diretor de

Operações. Combinado com isso, você também pode criar prêmios mais frequentes. A Federal Express tem o "Bravo Zulu", dado a centenas de funcionários todos os anos pelo trabalho bem executado.

Conceda distintivos especiais e bem desenhados ou outros distintivos de honra visíveis. Por exemplo, na Lenscrafters, se um cliente elogia o serviço da empresa em uma carta e menciona o funcionário pelo nome, o funcionário recebe um distintivo especial de lapela. Se por acaso você assistir a um jogo de futebol do estado de Ohio, observe como os jogadores têm "buckeyes" altamente visíveis para boas jogadas em seus capacetes.

Também encorajamos você a valorizar publicamente as pessoas. Escreva sobre elas no boletim informativo ou na revista da empresa. Comente sobre elas em reuniões de equipe ou em reuniões da empresa. Procure oportunidades de dizer: "Essa pessoa fez algo excelente. O trabalho dela é importante."

- *Reconhecimento financeiro.* Use recompensas financeiras como uma forma de reforçar ainda mais seu reconhecimento pelos esforços de alguém.

  Viabilize para gestores de todos os níveis concederem pequenos bônus ou outros prêmios financeiros ao longo do ano. "Ao longo do ano" é uma parte crucial disso. As pessoas geralmente esperam receber um aumento ou um bônus anualmente. Assim, o tradicional "aumento de salário" anual faz pouco nesse sentido, se é que o faz. Na verdade, muitas vezes pode enviar exatamente a mensagem oposta se as pessoas receberem menos do que esperam.

  Suponha que uma funcionária dedicada esteja vasculhando sua correspondência e encontre uma nota:

  > "Sabemos a tremenda pressão sobre sua família durante a correria do Natal, quando você teve que trabalhar muitas horas extras. Agradecemos seus esforços. Leve seu marido e filhos para um jantar agradável em um restaurante de sua escolha e nos mande a conta. Bravo Zulu."

  Ou suponha que um jovem engenheiro pegue seu telefone e ouça a voz do presidente da empresa:

  > "Só quero que saiba que você fez um ótimo trabalho eliminando os bugs desse software a tempo para a feira. Isso melhorou a imagem do nosso produto. Aloquei 100 opções de ações na sua conta. Continue com o bom trabalho.

  Ou suponha que um vendedor que definiu e excedeu metas significativas seja informado:

> "Parabéns. Você definiu objetivos elevados e os alcançou. Tenho a honra de informar que você conquistou um lugar no clube dos 'Pacesetters'. Você receberá seus próprios cartões de visita personalizados 'Pacesetter'; você e um convidado passarão uma noite na cidade à nossa custa; e, para o próximo ano, o desconto de mercadorias aumentará de 20% para 33%."

O impacto financeiro dessas ações é mínimo, mas o impacto psicológico é enorme. Por quê? Porque essas pessoas estão recebendo uma atenção específica que mostra o reconhecimento pessoal por um trabalho bem-feito. As recompensas financeiras dizem: *você* fez um bom trabalho; *você* é reconhecido; o *seu* trabalho é importante.

Tecnologia e Sistemas de Informação

Nós nos concentramos principalmente no lado humano e na motivação para atingir a excelência tática. E isso é adequado, já que as pessoas acabam realizando o trabalho. Mas gostaríamos de fazer uma breve digressão em um componente adicional para atingir a excelência tática: o uso de tecnologia e de sistemas de informação.

Temos a tendência de pensar em computadores, sistemas de informação e resmas de dados como algo frio, impessoal e antitético ao lado humano e caloroso da empresa, que enfatizamos neste livro. Isso não é verdade. A tecnologia da informação é uma ferramenta poderosa que deve ser usada.

Empresas de destaque, como o Walmart, com seus avançados estandes de check-out e vastos bancos de dados, estão constantemente em busca de maneiras de alavancar a tecnologia e de usar sistemas de informação. A L.L.Bean faz um amplo uso de sistemas tecnológicos para melhor atender a seus clientes. De acordo com o vice-presidente sênior de operações da Bean: "Não vejo como podemos colocar muita tecnologia lá fora." Tanto a Bean quanto o Walmart são empresas de "pessoas", embora sejam grandes usuários de tecnologia da informação. Tecnologia e pessoas se encaixam perfeitamente, assim como um cronômetro é uma ajuda poderosa para um treinador de corrida.

Um Fluxo Oportuno de Dados

Da próxima vez que você pegar um voo, dê uma olhada na cabine e observe todos os mostradores, telas e leituras digitais. A tripulação de voo depende muito desses instrumentos, monitorando-os constantemente enquanto guia a aeronave com segurança até seu destino.

Mantenha essa imagem em mente enquanto dirige sua empresa. Assim como a tripulação de voo, você deseja um fluxo constante de informações oportunas. Em que altitude estamos voando? Qual é a nossa velocidade? Quanto combustível temos? Nossos motores estão funcionando bem? Estamos dentro do cronograma? Há turbulência à frente?

Em uma empresa de pequeno a médio porte, você deve ter um corpo de informações semelhante. E precisa ter isso rápido. Você não quer ficar sem combustível e, mais tarde (depois da queda), obter um relatório atrasado de que está prestes a ficar sem combustível. Além disso, ele deve ser bem resumido e facilmente acessível. Mais uma vez, lembre-se da leitura digital simples em uma cabine.

Os cinco tipos de informações mais importantes a serem rastreados são:

- Fluxo de caixa, tanto o vigente quanto o projetado. O dinheiro é como o combustível do avião; você precisa antecipar uma escassez de combustível muito antes de o visor do painel piscar: "AVISO! Você está quase sem combustível." Relacionadas ao fluxo de caixa, estão as informações de contas a pagar e a receber, com seus respectivos vencimentos. Muitas empresas enfrentam sérios problemas de caixa porque administram mal suas contas a pagar e a receber durante um período de rápido crescimento.
- Informações contábeis financeiras (balanço patrimonial e demonstração de resultados) e índices financeiros. É particularmente útil ter declarações comparativas (esse período em comparação com o anterior, em comparação com o ano passado). Uma lista de índices úteis é fornecida a seguir.
- Informações de custo. Muitas empresas cometem o erro de continuar com linhas de produtos não lucrativas porque não têm ideia de que estão perdendo dinheiro com elas. Implemente sistemas para determinar custos e lucratividade por linha de produto (ou linha de serviço). Conheça seus custos.
- Informações de vendas. Acompanhe as tendências de vendas em cada categoria de produto ou serviço, que possam ser classificadas ou analisadas ao longo de dimensões relevantes para a sua empresa (demografia, faixas de preço, canais de distribuição etc.).
- Dados do cliente. Os clientes são uma das suas melhores fontes de informação; eles lhe dirão o que há de bom e de ruim em seus produtos, como você se compara à concorrência, por que compram seus produtos, quais sugestões têm de melhorias e novos produtos, para que usam seus produtos e praticamente qualquer outra coisa que você perguntar. Eles

até lhe dirão quem são, o que fazem, quanto ganham e onde moram. Mais importante, avisarão quando você estiver perdendo as principais tendências ou necessidades do mercado.

Existem muitas maneiras de obter informações do cliente de forma sistemática, consistente, oportuna e contínua, como:

- Cartões de resposta do cliente. Faça com que os clientes enviem cartões de resposta de garantia perguntando sobre eles, o que compraram e por quê. Use-os para manter um controle contínuo de quem está comprando seus produtos ou serviços e por quê.
- Relatórios de atendimento ao cliente. Se sua empresa tiver representantes de atendimento ao cliente, em campo ou por telefone, institua um método pelo qual os comentários feitos pelos clientes sejam classificados, rastreados e compartilhados por toda a empresa. Cada vez que um cliente liga para solicitar atendimento, você pode obter informações.
- Pesquisas com clientes. Se você sabe quem são seus clientes, pode voltar a eles e lhes fazer perguntas. As pessoas adoram dizer o que pensam de seu produto ou serviço e adoram compartilhar suas ideias, sugestões e frustrações. Faça pesquisas regulares com os clientes e acompanhe o seu desempenho aos olhos deles. O cliente é o elo mais importante no processo de produção — em última análise, a satisfação do cliente é o que realmente importa.
- Grupos focais. Um grupo focal é uma técnica simples em que você reúne um grupo de clientes e os faz responder a perguntas e reagir a produtos. Essa pode ser uma rica fonte de informações.

Índices de Análise Financeira

Use esses índices para monitorar a saúde financeira da sua empresa. Acompanhe as proporções ao longo do tempo, de olho nas tendências negativas. Também é útil comparar seus índices com os índices médios do seu setor.

retorno sobre os ativos: lucro líquido/total de ativos

avaliação rápida de quão eficientemente a empresa usa seus ativos.

retorno sobre as vendas: lucro líquido/vendas líquidas

avaliação rápida da lucratividade do total das operações

retorno sobre o patrimônio líquido: lucro líquido/patrimônio líquido

avaliação rápida do retorno sobre o investimento do acionista

margem bruta: lucro bruto/vendas líquidas

indica a lucratividade central das linhas de produtos

capital de giro: ativo circulante menos passivo circulante

indica a liquidez básica da empresa

relação corrente: ativo circulante/passivo circulante

indica a liquidez básica da empresa

razão de teste ácido: (ativo circulante menos estoque)/passivo circulante

a remoção do estoque dá uma imagem mais clara da liquidez

dívida em capital: (passivo circulante + dívida de longo prazo)/patrimônio líquido

indica quanto a empresa depende de dívida versus capital para financiamento

período de cobrança de contas a receber: (média de contas a receber no ano x 365)/ crédito anual de vendas

indica quantos dias leva para a empresa receber contas a receber

período de contas a pagar: (média de contas a pagar x 365)/compras de materiais

indica quantos dias leva para uma empresa saldar suas contas a pagar

relação de giro de estoque: CPV/estoque médio para o ano

indica quantas vezes a empresa gira seu estoque

Formulário 9-1

Sistemas de informação são um assunto gigantesco — grande demais para que possamos tratá-lo adequadamente aqui. Nosso objetivo não é mergulhar na miríade de detalhes sobre esses sistemas, apenas destacar sua importância. Você provavelmente já tem tecnologia e sistemas de informação, e talvez muito bons. Portanto, o deixamos com duas questões a considerar:

1. Você está usando a tecnologia na medida do possível? Vivemos em uma era tecnológica de rápido avanço, e as empresas que não buscam constantemente maneiras de usar a tecnologia a seu favor serão deixadas para trás em relação àquelas que o fazem.
2. A informação é *útil*? Não deixe que os "especialistas em informação" determinem como suas informações são tratadas. Na verdade, o problema em muitas empresas não é a falta de informação, mas o modo inadequado como são tratadas. Continue trabalhando nisso até que as informações cheguem a você de forma útil e de fácil digestão.

Confiança

Você notará que não dedicamos espaço neste capítulo para o "controle" — maneiras de garantir que as pessoas façam as coisas certas, de evitar que os funcionários tirem proveito da sua empresa. Isso porque "controle" não funciona.

Lembra-se do "microgerenciador" terrivelmente destrutivo descrito no capítulo sobre estilo de liderança e como ele devastava o moral das pessoas? (Veja a seção "Participação", no capítulo citado.) Nem você nem sua empresa podem se dar ao luxo de microgerenciar se você quiser atingir a excelência tática consistente.

As pessoas precisam de liberdade para agir. Pessoas motivadas, treinadas e bem adaptadas à cultura não precisam ser "controladas". Os adultos não precisam ser tratados como crianças. As pessoas tendem a não fazer seu melhor trabalho com alguém olhando por cima de seus ombros.

As pessoas da sua empresa — *todas* as pessoas — têm autoridade (ou seja, sem a aprovação de ninguém) para tomar decisões que custam dinheiro? Elas deveriam.

Opa! Apostamos que isso chamou a sua atenção. Será que estamos falando sério?

Sim. É muito sério. Obviamente, não queremos dizer que todas as pessoas devem ter autoridade para comprometer a empresa com contratos de milhões de dólares, ou que os funcionários da linha de frente devam ser capazes de autorizar a compra de um novo prédio. Mas as pessoas devem ter um amplo poder discricionário para assumir a responsabilidade de garantir que algo seja feito rapidamente e da maneira certa.

Custou dinheiro à L.L.Bean, em tempo e trabalho, consertar as botas de 30 anos de Richard Barber. Os funcionários da Bean não precisavam obter aprovação para fazer todos os back-flips; eles simplesmente os faziam. Ninguém se sentava e calculava a análise de custo versus o benefício de passar todo aquele tempo reformando suas botas.

Pense nisso por um minuto. Suponha que você precise solicitar a aprovação do seu banqueiro para todas as suas despesas — toda vez que quiser comprar um computador pessoal ou instalar um telefone. Você sabe administrar bem a empresa? A empresa ficaria presa em um atoleiro de papelada e aprovação, em vez de atingir a excelência tática consistente.

O mesmo princípio se aplica diretamente à linha. Certo, alguém na linha de frente não deveria ter a mesma autoridade de gastos que você, mas o princípio é o mesmo. Esta frase simples deve se aplicar a todos os níveis da sua organização: "Eu confio em você para dar o seu melhor em prol de fazer a coisa certa."

Padrões Rigorosos

A confiança é apenas um lado da moeda. O outro lado são os padrões rigorosos.

Existem duas partes nisso: padrões de valores e padrões de desempenho.

Os padrões de valores são os mais rígidos. Se alguém desconsidera os valores essenciais da sua empresa, deve ser convidado a sair. No início, você pode ver se a pessoa simplesmente não entende os valores. No entanto, se ela entende e depois desconsidera qualquer um de seus princípios sagrados, então ela não faz parte da empresa. É impossível incutir um conjunto de valores em uma instituição se sua liderança se recusar a eliminar as pessoas que não aderem a eles.

Thomas J. Watson, da IBM, tinha um princípio simples: se um funcionário fizer algo antiético, ele deve ser demitido — não importa o quão valiosa essa pessoa seja para a empresa. Ponto. Nenhum "se", "mas" ou "talvez". Sem penalidade. Sem segunda chance. Fora. Fim.

Os padrões de desempenho devem ser menos rígidos, mas, mesmo assim, muito altos. Os bons executores perdem o respeito pelas empresas que toleram um desempenho ruim. Não há nada inconsistente entre ter um sentimento de "família" unida e eliminar os maus desempenhos. Bill Hannemann, presidente da Giro Sport Design, descreveu como isso funciona na Giro:

> Nós não medimos esforços para construir um ambiente familiar por aqui. Mas também esperamos um desempenho excepcional. Damos nos-

so melhor para oferecer segurança no emprego, mas isso não significa manter por perto pessoas que não têm um bom desempenho.

Lembre-se, entretanto, de que pode haver muitas causas para o desempenho insatisfatório. A pessoa pode não ter sido devidamente treinada. A pessoa pode não ter recebido uma orientação clara sobre o que é esperado. A pessoa pode estar em um cargo que não se encaixa em seus pontos fortes, mas pode se dar bem em outro (o que pode até significar uma transição suave para uma posição fora da empresa). Explore essas possibilidades primeiro.

Infelizmente, porém, existem algumas pessoas que simplesmente não se importam — e talvez nunca se importem — em fazer um bom trabalho. Existem algumas pessoas que perderão consistentemente seus marcos, metas e objetivos. Existem algumas pessoas que tirarão proveito pessoal de cada situação. Existem algumas pessoas nas quais o lado negro vence. Sua empresa deve eliminar rigorosamente essas pessoas. Você pode fazer isso com compaixão (lembre-se, foi seu erro contratá-las), mas isso deve ser feito.

Felizmente, essas pessoas são raras. E não baseamos essa afirmação apenas em uma fé pessoal na natureza humana. Uma variedade de estudos sobre a motivação do trabalhador chega à mesma conclusão:

- Um estudo de 1980 da Gallup, feito pela Câmara de Comércio dos Estados Unidos, concluiu que 88% de todos os trabalhadores norte-americanos acreditam que é importante trabalhar pesado e fazer o melhor no trabalho. O estudo da Gallup também concluiu que uma ética defasada de trabalho não foi responsável pelos declínios na produtividade nos Estados Unidos.
- Um estudo conduzido pela Connecticut Mutual Insurance Company descobriu que 76% de todos os norte-americanos frequentemente sentem uma sensação de dedicação ao seu trabalho.
- Um estudo da Public Agenda Foundation pediu a um amplo grupo de trabalhadores norte-americanos que escolhesse uma das quatro descrições a seguir de como eles veem o trabalho:

    1. O trabalho é simplesmente uma transação comercial; quanto mais faço, mais recebo.
    2. O trabalho é uma das necessidades desagradáveis da vida; eu não o faria se não precisasse.
    3. Acho meu trabalho interessante, mas não permitiria que ele interferisse no resto da minha vida.

4. Tenho uma necessidade interna de fazer o melhor trabalho que posso, independentemente do pagamento.

Oitenta por cento escolheu "Tenho uma necessidade interna de fazer o melhor trabalho que posso, independentemente do pagamento" como a primeira ou a segunda melhor descrição de sua atitude em relação ao trabalho, e a maioria (52%) a escolheu como primeira. Apenas 20% escolheu as opções um ou dois como segunda opção.

A maioria das pessoas (embora nem todas) deseja fazer um bom trabalho. Elas querem fazer parte de algo de que possam se orgulhar. Querem desafios e uma oportunidade de mostrar do que são capazes. Elas estarão à altura quando outras pessoas dependerem delas. Elas farão um trabalho extraordinário quando forem respeitadas.

VISÃO DE JIM EM 2020

Torne as Pessoas OPURs

Uma integrante da nossa equipe do projeto The Good to Great estava se preparando para as férias e veio até mim com um plano detalhado de como tudo relacionado a seu posto seria tratado com perfeição. Ela fizera um plano para concluir tudo o que pudesse ser feito com antecedência, um plano para o que poderia ser feito imediatamente após seu retorno, perfeita e solidamente no prazo. Ela elaborara um plano com um colega que cuidaria de qualquer coisa que não pudesse ser resolvida antes ou depois da sua viagem.

"Esse é um plano detalhado — muito bem!", eu a elogiei.

"Entendo que sou a OPUR", disse ela. "Eu não tenho um emprego, tenho *responsabilidades*."

Agora, aqui está a diferença: ela trabalha em tempo parcial em um horário flexível e é paga por hora. Ainda assim, ela tem a mentalidade — o senso de propriedade — de um agente A em uma posição profissional em tempo integral. Ela compreendeu totalmente a ideia de ser uma "OPUR".

OPUR (pronuncia-se OH-purr) significa *O Principal e Último Responsável*. Para cada tarefa ou objetivo crítico, deve haver um OPUR bem definido. Quando você pergunta: "Quem é o OPUR disso?", deve haver uma resposta clara e inequívoca de alguém: "Sou eu."

O segredo para manter uma cultura OPUR é que cada indivíduo precisa ter uma mentalidade OPUR e tarefas OPUR claras. Mas, da mesma forma, para que a ideia do OPUR funcione da melhor maneira possível, também é necessário ter uma cultura na qual as pessoas se apresentem de boa vontade para "limpar os caminhos" dos vizinhos.

A analogia de limpar os caminhos funciona assim: imagine que você possui uma casa em uma cidade na qual neva no inverno e você é o responsável por limpar os caminhos após uma tempestade de neve. Não importa se você está de férias, você — como o proprietário — é o OPUR para a limpeza da sua calçada. Você não pode dizer à cidade, se sua calçada continuar gelada: "Bom, eu estava de férias." Se você mora em um bairro no qual as pessoas entendem o que é ser um *bom vizinho*, pode pedir a uma delas para fazer suas tarefas quando você estiver fora. E você faz o mesmo por elas.

Quando você combina a ética do OPUR com uma política de boa vizinhança — aceite a total responsabilidade *e* limpe os caminhos dos outros —, pode ter um alto desempenho individual/unitário e coesão geral do grupo. Isso cria uma combinação mágica de um ambiente de alto desempenho que é excelente para trabalhar.

O "Segredo" Derradeiro — Respeito

Não há nada de misterioso em construir uma grande empresa. Os construtores de empresas notáveis que tivemos o privilégio de observar pessoalmente, muitos dos quais usamos como exemplos ao longo deste livro, não são sobre-humanos. Eles não são mais inteligentes do que os outros. Nem pertencem a uma raça rara de empreendedores carismáticos.

Muitos deles ficam perplexos com a pergunta: "Qual é o segredo do seu sucesso?" "Segredo? Não há segredo", é a resposta mais comum. Eles se referem ao básico abordado neste livro: ter uma visão, tomar boas decisões estratégicas, ser inovador e — eles sempre enfatizam isso — executar bem.

Se não há nenhum segredo, por que apenas uma fração das empresas se torna extraordinária? Nada disso é um mistério de outro mundo. Não requer conceitos difíceis de entender. Estamos nos esquecendo de alguma coisa?

Em seguida, ouvimos atentamente o que Fred Smith disse em sua entrevista com Bill Moyers:

> A maioria das pessoas que dirigem empresas [...] despreza quem trabalha no chão de fábrica. Elas têm um desprezo pela pessoa média, mesmo que essa pessoa gere zilhões de dólares para elas.

Então, o tema por trás de quase tudo o que observamos vem à tona: respeito.

Sempre ficamos comovidos com a história de Jaime Escalante, o professor de Ensino Médio de Los Angeles que inspirou o filme *O Preço do Desafio*. Ele pegou um grupo de alunos do Ensino Médio de uma vizinhança étnica pobre e ensinou-lhes cálculo avançado de nível universitário. Seus alunos passaram consistentemente no exame de cálculo de colocação avançada com uma taxa mais elevada do que os alunos de quase todas as escolas do país.

Por que Escalante teve sucesso quando a maioria das pessoas pensava que seus alunos não tinham chance de passar em algo como o exame de cálculo de colocação avançada? Durante uma palestra em Stanford, ele mencionou duas palavras simples: amor e respeito. Ele amava seus alunos e os respeitava. Ele os respeitava o suficiente para exigir mais deles do que qualquer outra pessoa pensava ser possível.

Aí está o segredo, se houver. Grandes empresas são construídas sobre uma base de respeito. Elas respeitam seus clientes, elas se respeitam, elas respeitam seus relacionamentos. Mais importante, elas respeitam seu pessoal — pessoas de todos os níveis e de todas as origens.

Eles respeitam seu pessoal e, portanto, confiam nele. Eles respeitam seu pessoal e, portanto, são abertos e honestos com ele. Eles respeitam seu pessoal e, portanto, dão-lhe liberdade para agir e para tomar decisões. Eles respeitam seu pessoal e, portanto, acreditam em sua criatividade, inteligência e capacidade de resolver problemas inerentes.

Eles respeitam seu pessoal e, portanto, *esperam* dele um alto desempenho. Eles estabelecem padrões elevados e desafios rígidos porque acreditam que seu pessoal pode atender a eles e enfrentá-los. Em última análise, os funcionários em empresas de destaque alcançam uma excelência tática consistente porque alguém acredita que eles *podem*.

A partir desse respeito, cresce uma empresa que é respeitada — uma empresa que atinge o status de modelo e causa um impacto positivo no mundo, não apenas por meio de seus produtos, serviços e empregos, mas também como um guia para outras empresas seguirem.

Você também pode construir uma empresa que representa algo, que define um padrão, não só de desempenho, mas também de valores. Você também pode construir uma organização que supere os conflitos e mostre, por meio de seu sucesso, que a grandeza e a decência humana fundamental e o respeito andam de mãos dadas. Você também pode construir uma empresa para a qual possa olhar para trás no fim de sua vida e dizer: "Estou orgulhoso do que estou deixando para trás e me respeito pela maneira como fiz isso. Minha vida foi bem aproveitada."

AGRADECIMENTOS

ESCREVER UM LIVRO NÃO É um trabalho solitário nem mesmo um esforço de duas pessoas. Embora seja verdade que este livro não existiria sem nós, também é verdade que não existiria em sua forma atual sem a ajuda de muitas outras pessoas.

Somos gratos a Paul Feyen e a John Willig por verem o potencial deste livro muito antes de qualquer um dos capítulos ser escrito. John, nosso editor, confiou em nós para escrevermos com ousada convicção. Ele nos deu uma visão útil e orientação em momentos decisivos durante a redação do manuscrito.

Lee Ann Snedeker, nossa assistente de pesquisa e redatora de casos, merece o crédito pelo título. Sua assistência criativa e críticas atenciosas nos primeiros rascunhos foram imensamente úteis.

Nossas sempre alegres assistentes, Karen Stock e Ellen Kitamura, foram fundamentais durante muitas fases do projeto. Joan Patton — também conhecida como "Central de Controle de Qualidade" — fez um excelente trabalho de revisão, e revisão, e revisão de várias versões do texto durante a sua produção.

Janet Brockett usou seu extraordinário talento criativo e interpessoal no desenvolvimento da capa e dos ícones de nosso livro. Foi uma alegria trabalhar com ela.

Tiramos o chapéu para Sybil Grace e para o restante da equipe da Prentice-Hall, que orientou o manuscrito com profissionalismo e cuidado durante a produção, preparando-o para o mercado.

Temos uma dívida intelectual com o trabalho de P. Ranganath Nayak e de John M. Ketteringham, e com seu livro, *Breakthroughs!*, por terem sido uma rica fonte de material de apoio sobre o desenvolvimento dos Post-it da 3M, o forno de micro-ondas, Tagamet, Federal Express e o CT Scanner, que usamos como exemplos no capítulo sobre inovação.

Também somos gratos a Michael Ray e a Rochelle Myers; em primeiro lugar, por serem professores excelentes e, em segundo, por nos permitirem citar extensivamente o livro *Creativity in Business* e as transcrições dos visitantes das aulas.

Agradecemos a permissão para fazer citações que nos foi dada por uma ampla gama de indivíduos e empresas: Bob Miller, da MIPS Computer; Bill Hannemann e Jim Gentes, da Giro Sport Design; Larry Ansin, da Joan Fabrics; Kristine McDivitt, da Patagonia; H. Irving Grousbeck, da Continental Cablevision; Doug Stone, anteriormente da Personal CAD Systems; Jim Swanson, da Ramtek; Anne Bakar, da Telecare; Bruce Pharriss, do Celtrix Laboratories; David Kennedy, da Kennedy-Jenks; Joe Bolin, da Schlage Lock Company; Vinod Khosla, cofundador da Sun Microsystems; Pete Schmidt, da Nike; Claude Rosenberg, da Rosenberg Capital Management; Debi Coleman, da Apple Computer; Mike Kaul, da Advanced Decision Systems; Bob Bright, anteriormente da America's Marathon; e Don Lyle, da Tandem Computers.

Somos particularmente gratos a Bill Hewlett, da Hewlett-Packard Company, que gentilmente concedeu uma entrevista sobre os primeiros dias da Hewlett-Packard a Jim Collins e a Jerry Porras, e a Steve Jobs, da NeXT Computer, por visitar nossa turma e compartilhar as suas sacadas conosco e com os nossos alunos. Esses dois indivíduos moldaram significativamente o nosso pensamento e conquistaram o nosso respeito.

Tivemos a sorte de contar com muitos leitores atenciosos e dedicados de nossos rascunhos, que avaliaram criticamente nosso trabalho e forneceram comentários úteis, incentivos, críticas e sugestões. Eles incluem: Art Armstrong, Susan Bandura, Chris Buja, Roger Davisson, Shelly Floyd, Arthur Graham, Irv Grousbeck, Greg Hadley, Bill Hannemann, David Harman, Jim Hutchinson, Chris Jackson, Dirk Long, Bob Miller, Bruce Pharriss, Heidi Roizen e Richard Wishner.

Por fim, talvez o maior agradecimento vá para as centenas de executivos e alunos brilhantes, talentosos, curiosos e inspiradores que fizeram nossos cursos na Escola de Negócios de Stanford. Eles moldaram nosso pensamento tanto quanto — senão mais do que — moldamos o deles. A todas essas pessoas que nos consideram um alto padrão e que têm o sonho de construir uma grande empresa duradoura, o nosso muito obrigado.

J.C.
W.L.

AGRADECIMENTOS DE *BE 2.0*

QUATRO PESSOAS DERAM INÍCIO ao projeto que criou *BE 2.0*. Joanne Ernst, minha esposa e parceira de vida há 40 anos, foi a primeira pessoa a dar voz à ideia. Joanne sempre sentiu que *Beyond Entrepreneurship* poderia ser útil para um número maior de leitores; ela também achava que uma nova edição seria ideal para fazer uma homenagem substancial a Bill Lazier. Inspirado pela ideia de Joanne, procurei a viúva de Bill, Dorothy, para obter sua bênção para uma nova edição; Dorothy respondeu com entusiasmo e sem hesitação. Com Joanne e Dorothy me incentivando a considerar seriamente a realização deste projeto, abordei Adrian Zackheim e Nigel Wilcockson, da Penguin Random House (que detinha os direitos de publicação do *Beyond Entrepreneurship* original), com a ideia do *BE 2.0*. Trabalhei com esses dois profissionais excepcionais do mercado editorial em alguns dos meus outros livros, e eles imediatamente apoiaram o projeto. Sou profundamente grato pela insistência calorosa e persistente de Joanne, Dorothy, Adrian e Nigel para continuar avançando a fim de terminar o projeto.

Os membros da minha equipe do projeto The Good to Great LLC fizeram contribuições significativas para esse esforço. Kate DesCombes (também conhecida como OPUR Chaos) marchou as 20 milhas como minha assistente de pesquisa sênior no empurrão final para obter o texto certo e preciso. Amy Hodgkinson, Sam McMeley, Brandon Reed, Dave Sheanin e Torrey Udall trabalharam nos primeiros rascunhos do livro, conduzindo pesquisas de fundo, sintetizando o feedback do leitor, fazendo checagem de fatos e fornecendo um feedback útil. Kate Harris conduziu a verificação dos fatos e ajudou na pesquisa sobre liderança que orientou as ideias do novo texto. Alexis Bentley e Judi Dunckley revisaram o texto, verificaram as informações e ajudaram a gerenciar a logística do processo de leitura crítica.

Deborah Knox provou mais uma vez por que tenho tanta sorte de ter sua edição detalhada e cuidadosa; trabalhei com Deborah como minha editora pessoal de confiança em cinco projetos de publicação até agora, e ela torna as palavras cada vez melhores. Janet Brockett contribuiu com seu gênio do design, sempre criativo e distinto. Meu agente, Peter Ginsberg, que trabalha comigo há quase 30 anos, trouxe sua abordagem criativa e de mente aberta para criar parcerias de publicação que melhor atendam à causa do trabalho. Kimberly Meilun, da Penguin Random House, habilmente me guiou pelo processo do manuscrito final ao livro concluído.

Um grupo de leitores contribuiu com todo o conceito do *BE 2.0*, a partir comentários críticos sobre os primeiros rascunhos de trabalho. Gostaria de agradecer a Liat Aaronson, Troy Allen, Kelsy Ausland, Karen Beattie, Joelle

Brock, Tyson Broyles, Tiffanie Burkhalter, Bo Burlingham, Dane Burneson, Dan Burton of Health Catalyst, Christopher Chandler, Shalendra Chhabra (Shalen), Karen Clark Cole, Terrence Cummings (Grande!), Jeff Damir (Stanford GSB 1993) e Lynette Damir of SwaddleDesigns, Steven M. Dastoor, Marty Davidson, Laurel Delaney, David R. Duncan, Soren Eilertsen, Jim Ellis, Andrew Feiler, Jeff Garrison, Randall T. Gerber, Brett Gilliland, Eric Hagen, Brad Halley, Sebastian Huelswitt, Sally A. Hughes of Columbus, Jacob Jaber, Tal Johnson, Kim Jordan, Noha Kikhia, Betina Koski, Lynn M. Krogh, Dana Ladzinski, Dan Markovitz, Clate Mask, Mike Moelter, Anne-Worley Moelter (SFVG), Nick Padlo, Troy E. Porras, Bart Reed, Damien Rizzello, Cynthia Scherr, Greg Schott, William F. Shuster, Adam Stack, Tom Stewart (diretor executivo do National Center para o mercado intermediário), Mark Stoleson, Michael Strickland, Bob Swier, M egan Tamte, Mark Toro, William L. Treciak, Elizabeth Zackheim e Nathaniel (Natty) Zola.

Também gostaria de agradecer a alguns dos líderes de Nível 5 que contribuíram generosamente com suas próprias histórias e que dedicaram um tempo para revisar as seções do texto sobre eles para fins de precisão: General Lloyd Austin III, Anne Bakar, Tommy Caldwell, Tenente Coronel Michael S. Erwin, Wendy Kopp, Jorge Paulo Lemann e Peter Salvati, da DPR Construction. Também gostaria de agradecer ao falecido Steve Jobs por tudo o que ele me ensinou com seu exemplo e com as nossas conversas ao longo dos anos.

Eu gostaria de terminar onde comecei, com Joanne. Ao longo das décadas da minha luta para deixar os conceitos claros e as palavras certas, ela tem sido meu apoio mais duradouro e minha parceira intelectual de maior confiança. Sua mistura de crença inabalável e crítica incisiva é o ingrediente número um do molho secreto da minha escrita. Escrever não é digitar; escrever é pensar. Quando minha escrita carece de clareza, geralmente é porque meu pensamento carece de clareza. A leitura fácil torna a escrita difícil. Joanne entende tudo isso e me incentiva a revisar e a reescrever, revisar e reescrever repetidas vezes. Mais de uma vez, compartilhei um rascunho "final" muito disputado de um capítulo, apenas para vê-la voltar e dizer: "Ainda não é isso. Sei que você pode fazer melhor." E, então, deixa-me com páginas de comentários pensativos sobre o que deve ser consertado, salpicados com uma carinha sorridente ocasional nas margens quando algo dá certo. Se existe uma prova de amor mais verdadeira para alguém que escreve, não sei qual é.

NOTA SOBRE O PREFÁCIO ORIGINAL DE *BEYOND ENTREPRENEURSHIP*

DADO QUE *BE 2.0* TEM uma estrutura significativamente diferente da edição original de *Beyond Entrepreneurship*, achei que o prefácio original poderia confundir o leitor se permanecesse no início do livro. Também reconheço que alguns leitores podem estar curiosos sobre como Bill e eu apresentamos a edição original. Decidi, portanto, incluir o prefácio original por uma questão de completude, mas colocá-lo no fim do livro.

PREFÁCIO

QUANDO CONHECEMOS Jim Gentes, ele dormia com o seu estoque.

Ao lançar uma nova empresa em seu apartamento apertado e abafado de um quarto em San Jose, ele transformou seu quarto em um depósito de produtos acabados. Sua garagem, repleta de peças e equipamentos, contava com quatro jovens trabalhando freneticamente em uma temperatura de 40°C para construir capacetes para bicicletas. Quando Gentes precisou de mais espaço, deu um capacete a um vizinho em troca do uso da garagem dele, passando de uma garagem única para uma dupla. Felizmente, seus vizinhos nunca reclamaram das visitas diárias de enormes caminhões da UPS parando na minúscula entrada de automóveis para entregar cartuchos de capacete e pegar novas remessas.

Sua "sede" era a mesa da cozinha, coberta com papéis, protótipos de capacetes de bicicleta, livros e impressões e um computador Macintosh torto no canto. Sentado àquela mesa, cercado por pôsteres de ciclismo, Gentes, um homem intenso de quase 30 anos, disse-nos que esperava sair daquele apartamento e entrar em um local próprio em breve, no caminho para ser uma empresa de sucesso.

Em seguida, ele apontou para uma pilha de livros sobre empreendedorismo e gestão de pequenos negócios. "Eles me ajudaram a decolar", disse ele. "Mas eles não me dizem o que eu realmente quero saber."

"O que seria?", perguntamos.

Gentes olhou pela janela e esperou 30 ou 40 segundos. Então ele se virou e nos disse: "Quero que a Giro seja uma grande empresa."

E a ideia para este livro nasceu.

Este livro aborda como tornar uma empresa grande e duradoura. Nós o escrevemos para pessoas como Jim Gentes — que desejam que a sua empresa seja especial, digna de admiração e de orgulho. Nosso foco é ajudá-las a construírem uma organização extraordinária, que viabilize o alto desempenho, que exerça um papel de liderança na formação do seu setor, ascenda ao status de modelo e permaneça excelente por gerações. Se você é o líder de uma empresa que deseja transformar em uma grande empresa, este livro é para você.

Este *não* é um livro sobre como iniciar um negócio. Presumimos que você seja (ou pretenda se tornar) um contribuidor importante para o desenvolvimento de uma empresa em operação — uma que você iniciou, comprou, herdou ou na qual ingressou.

Embora muitas das lições deste livro se apliquem a empresas de qualquer tamanho, nós o escrevemos principalmente para líderes de pequenas e de médias empresas (que podem incluir pequenas empresas em organizações maiores). Por quê? A base da grandeza geralmente é lançada enquanto a empresa ainda é pequena e maleável o suficiente para ser transformada em uma entidade que incorpora plenamente os valores dos seus líderes.

A IBM é excelente por causa das coisas que Tom Watson fez muito antes de a IBM se tornar o monólito que é hoje. A Nike é excelente por causa das coisas que Phil Knight fez quando a Nike era um Davi confuso enfrentando Golias. A 3M é excelente porque William McKnight curvou a empresa de acordo com seus valores décadas atrás. A L.L.Bean é excelente por causa das ações de Leon Bean quando sua pequena empresa operava em um único prédio em Freeport, Maine. A Patagonia é uma candidata à grandeza por causa da marca indelével deixada por Kristine McDivitt durante os estágios de formação da empresa renegada e agressiva.

Se você é o líder de uma empresa de pequeno a médio porte, é sua tarefa ser o arquiteto da grandeza. Este livro aborda como ser esse arquiteto.

Embora tenhamos nos concentrado em empresas com fins lucrativos, os gestores de organizações sem fins lucrativos também acharão útil muito do material deste livro. Os princípios de construção de uma grande empresa geralmente se aplicam a qualquer organização que busca uma grandeza duradoura.

O que É uma Grande Empresa?

Definimos uma grande empresa como aquela que atende aos quatro critérios a seguir:

1. Desempenho. Uma grande empresa gera fluxo de caixa suficiente (por meio de operações altamente lucrativas) para ser autossustentável; tam-

bém possui um sólido histórico de cumprimento de outros objetivos definidos por seus líderes e proprietários. Embora tenha altos e baixos — e talvez até alguns momentos difíceis —, uma grande empresa sempre se recupera e, por fim, recupera o alto desempenho.

2. Impacto. Uma grande empresa desempenha um papel de liderança significativo na formação do seu setor. Não é necessariamente a maior empresa; pode influenciar tanto pela inovação quanto pelo tamanho.
3. Reputação. Uma grande empresa é admirada e respeitada por pessoas fora de seus muros, muitas vezes sendo usada como modelo.
4. Longevidade. Uma grande empresa tem poder de permanência, mantendo-se saudável por décadas. As maiores empresas são instituições que se autorrenovam, cuja grandeza perdura por gerações de gestão, transcendendo a presença dos indivíduos que originalmente a formaram. Quando você pensar na grandeza duradoura, pense em construir uma empresa que permaneça grande por 100 anos.

Uma empresa não precisa ser perfeita para ser excelente. Nenhuma empresa é perfeita; todas têm as suas arestas. Uma grande empresa, como um grande atleta, tropeça de vez em quando, manchando brevemente sua reputação. Mas uma grande empresa também é resiliente e se recupera de seus períodos difíceis — assim como um grande atleta se recupera de uma queda ou de uma lesão.

A Estrutura Deste Livro: Como Tornar Sua Empresa Excelente

Cada capítulo cobre um elemento essencial para atingir a grandeza corporativa, apresentando uma estrutura de ideias e de métodos, apoiada por exemplos específicos e vívidos.

Começamos o Capítulo 1 com *estilo de liderança*. É impossível construir uma grande empresa sem um estilo de liderança eficaz. Começa com você.

No Capítulo 2, passamos para a função de liderança corporativa eficaz: instituir uma *visão*. Toda grande empresa tem em sua fundação uma visão convincente. O que *é* visão, *por que* é tão importante e *como* você define uma? Respondemos a essas perguntas e apresentamos uma estrutura útil para definir a visão corporativa.

No Capítulo 3, desmistificamos o tópico da *estratégia*. Uma vez que a visão esteja clara, você precisa tomar boas decisões e ter um roteiro para fazê-la acontecer.

No Capítulo 4, passamos para uma parte empolgante e integral da grandeza: *inovação*. Como você estimula a criatividade e mantém sua empresa inovadora à medida que ela evolui? Apresentamos uma estrutura e uma infinidade de sugestões e de exemplos específicos.

Por fim, concluímos o Capítulo 5 com a importância da *excelência tática*: como traduzir visão e estratégia em tática e, o mais importante, como criar um ambiente que produza excelência tática consistente.

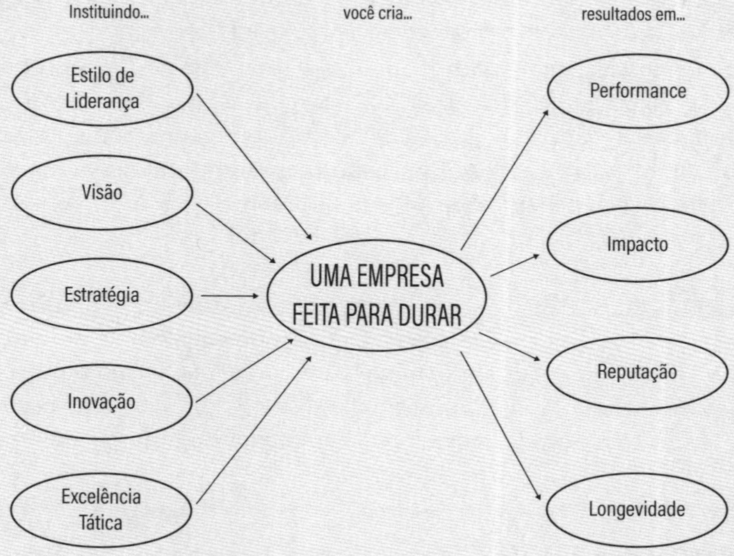

Ao escrever este livro, baseamo-nos fortemente na nossa própria experiência prática de negócios (ambos trabalhamos no setor privado antes de retornarmos à Escola de Negócios de Stanford para lecionar), em pesquisas acadêmicas e em teorias, em trabalhos de consultoria e em experiência servindo como diretores para várias empresas. Além disso, a pesquisa de campo, a redação de casos e os projetos dos alunos forneceram uma fonte contínua de exemplos e percepções. As ideias deste livro foram moldadas por nossa exposição a mais de 300 empresas.

A propósito, Jim Gentes não dorme mais com o seu estoque. A Giro cresceu mais de cem vezes desde aquela reunião em sua "sede", em 1986, e está a caminho de se tornar uma grande empresa duradoura. Para todos que compartilham o sonho de Gentes, de grandeza corporativa, desejamos a vocês um destino semelhante.

James C. Collins
e William C. Lazier

NOTAS DOS CAPÍTULOS

INTRODUÇÃO

Hastings deu um conselho aos aspirantes a CEO: Bill Snyder, "Netflix Founder Reed Hastings: Make as Few Decisions as Possible", Stanford Graduate School of Business Insights, 3 de novembro de 2014, https://www.gsb.stanford.edu/insights/netflix-founder-reed-hastings-make-few-decisions-possible; "Reed Hastings, Netflix: Stanford GSB 2014 Entrepreneurial Company of the Year", Escola de Negócios de Stanford, 15 de outubro de 2014, https://www.youtube.com/watch?v=zCO0lNfs4oM.

CAPÍTULO 1: BILL E EU

a se comprometerem a doar uma grande parte de sua fortuna: George Climo, "HP's Profit-sharing Tradition", Measure, junho de 1979, www.hp.com/hpinfo/abouthp/histnfacts/publications/measure/pdf/1979_06.pdf, 2–5.

Hewlett seguia um lema simples: "The Hewlett Family and Foundation History", The William and Flora Hewlett Foundation, https://hewlett.org/about-us/hewlett-family-and-history.

CAPÍTULO 2: UMA ÓTIMA VISÃO SEM ÓTIMAS PESSOAS É IRRELEVANTE

Tire nossos 20 melhores funcionários: Rich Karlgaard, "ASAP Interview: Bill Gates", *Forbes*, 7 de dezembro de 1992.

A Apple não lançou o iPhone até quase: "Apple Reinvents the Phone with iPhone", Apple Newsroom, 9 de janeiro de 2007, https://www.apple.com/newsroom/2007/01/09Apple-Reinvents-the-Phone-with-iPhone.

a Apple, havia caído no limite da capitulação à irrelevância: Brent Schlender and Rick Tetzeli, Becoming Steve Jobs: The Evolution of a Reckless Upstart into a Visionary Leader (Nova York, NY: Crown Business, 2015) p. 165; Jim Collins e Morten T. Hansen, *Great by Choice: Uncertainty, Chaos, and Luck — Why Some Thrive Despite Them All* (Nova York, NY: Harper Business, 2011) pp. 91–95.

Mais de US$600 bilhões: Tripp Mickle and Amrith Ramkumar, "Apple's Market Cap Hits $1 Trillion", *Wall Street Journal*, 2 de agosto de 2018, https://www.wsj.com/articles/apples-market-cap-hits-1-trillion-1533225150.

princípio "primeiro quem": Ed Catmull, *Creativity, Inc.: Overcoming the Unseen Forces That Stand in the Way of True Inspiration* (Nova York, NY: Random House, 2014) pp. 90, 112, 127, 315.

Essa máxima do historiador Edward T. O'Donnell: Edward T. O'Donnell, *America in the Gilded Age and Progressive Era Transcript Book* (Chantilly, VA: The Great Courses, 2015) p. 9.

Bakar assumiu: Telecare Corporation, Telecare Annual Report (Alameda, CA: Telecare Corporation, 2014), https://static1.squarespace.com/static/55f9afdfe4b0f520d4e4f-f43/t/5798db9920099eba44ded0aa/1469635483265/Annual+Report_FY13-14_vFinal_

Small.pdf, 3, 12; Anne Bakar, Presentation to Haas School of Business, University of California Berkeley, 16 de março de 2017; "Bay Area Council 2017 Business Hall of Fame—Anne Bakar", Bay Area Council, 17 de novembro de 2017, https://www.youtube.com/watch?v=3I4LmlhLL-E.

precisou reconhecer os dons de Eisenhower: "Dwight David Eisenhower Chronology", Dwight D. Eisenhower Presidential Library, Museum & Boyhood Home, https://www.eisenhower.archives.gov/all_about_ike/chronologies.html; Chester J. Pach, Jr., "Dwight D. Eisenhower: Life Before the Presidency", Miller Center, University of Virginia, https://millercenter.org/president/eisenhower/life-before-the-presidency; Jean Edward Smith, Eisenhower in War and Peace (Nova York, NY: Random House, 2012) Capítulo 6, Capítulo 8.

Compreender a mensagem da vida de Steve Jobs: Schlender e Tetzeli, *Becoming Steve Jobs*, pp. 76, 392–393.

Nossa pesquisa mostra que a permanência média: Jim Collins e Jerry I. Porras, *Built to Last: Successful Habits of Visionary Companies* (Nova York, NY: Harper Business, 2002) p. 184.

Ele transformou a Progressive: Collins e Hansen, *Great by Choice*, p. 6.

J. W. Marriott Jr. Começou a trabalhar: "J.W. Marriott Jr.", *Marriott International*, https://www.marriott.com/culture-and-values/jw-marriott-jr.mi.

Katharine Graham pode ser a CEO mais corajosa: Jim Collins, "The 10 Greatest CEOs of All Time", *Fortune*, 21 de julho de 2003, 54–68.

L.L.Bean aumentou as receitas: Leon Gorman, *L.L.Bean: The Making of an American Icon* (Boston, MA: Harvard Business School Press, 2006) pp. 3–5, 29–31; "An Inside Look at an Outdoor Icon", L.L.Bean Company History, https://www.llbean.com/llb/shop/516918?page=company-history, pp. 2–5; Tom Bell, "Leon Gorman, Visionary Who Led L.L. Bean's Growth into a Global Giant, Dies at 80", Portland Press Herald, 3 de setembro de 2015, https://www.pressherald.com/2015/09/03/l-l-bean-magnate-leon-gorman-dies/.

A Xerox havia tentado anteriormente: Jim Collins, *How the Mighty Fall: And Why Some Companies Never Give In* (Boulder, CO: Jim Collins, 2009) pp. 113–116; Anthony Bianco e Pamela L. Moore, "Xerox: The Downfall: The Inside Story of a Management Fiasco", Bloomberg Businessweek, 4 de março de 2001, https://www.bloomberg.com/news/articles/2001-03-04/xerox-the-downfall.

Mulcahy arquitetou uma das reviravoltas: Collins, How the Mighty Fall, pp. 113–116; Betsy Morris, "The Accidental CEO", *Fortune*, 23 de junho de 2003, https://archive.fortune.com/magazines/fortune/fortune_archive/2003/06/23/344603/index.htm; Kevin Maney, "Mulcahy Traces Steps of Xerox's Comeback", *USA Today*, 21 de setembro de 2006, https://www.coursehero.com/file/6128734/Mulcahy-traces-steps-of-Xerox/; Lisa Vollmer, "Anne Mulcahy: The Keys to Turnaround at Xerox", Stanford Graduate School of Business, 1º dezembro de 2004, https://www.gsb.stanford.edu/insights/anne-mulcahy-keys-turnaround-xerox; "The Cow in the Ditch: How Anne Mulcahy Rescued Xerox", Knowledge@Wharton, Wharton School of the University of Pennsylvania, 16 de novembro de 2005, https://knowledge.wharton.upenn.edu/article/the-cow-in-the-ditch-how-anne-mulcahy-rescued-xerox.

Austin serviu como: "Austin Leaves Legacy of Leading from the Front", *United States Central Command*, 5 de abril de 2016, https://www.centcom.mil/MEDIA/NEWS-ARTICLES/News-Article-View/Article/885335/austin-leaves-legacy-of-leading-from-the-front; "General Lloyd J. Austin III", U.S. Department of Defense, https://archive.defense.gov/bios/biographydetail.aspx?biographyid=334 [inativo].

Lemann e seus dois sócios: Cristiane Correa, *Dream Big: How the Brazilian Trio behind 3G Capital — Jorge Paulo Lemann, Marcel Telles and Beto Sicupira — Acquired Anheuser-Busch, Burger King and Heinz* (Rio de Janeiro, Brasil: Primeira Pessoa, 2014) pp. 54–60, 88–90, 131–138, 168–171, 206–223.

Em nossa pesquisa, não encontramos um padrão sistemático: Jim Collins, *Good to Great: Why Some Companies Make the Leap… and Others Don't* (Nova York, NY: Harper Business, 2001) pp. 49–52.

A Clínica Cleveland se tornou: Toby Cosgrove, *The Cleveland Clinic Way: Lessons in Excellence from One of the World's Leading Healthcare Organizations* (Nova York, NY: McGraw-Hill Education, 2014).

Esses líderes ganham: "Monthly Basic Pay Table: Active Duty Pay January 2019", U.S. Department of Defense, https://militarypay.defense.gov/Pay/Basic-Pay.

Dick Couch, que serviu como líder: Dick Couch, *The Sheriff of Ramadi: Navy SEALs and the Winning of al-Anbar* (Annapolis, MD: Naval Institute Press, 2008) p. 52.

os oficiais-generais multiestrelas ganham muito menos: "Monthly Basic Pay Table: Active Duty Pay janeiro 2019"; Theo Francis and Lakshmi Ketineni, "The WSJ CEO Pay Ranking", *Wall Street Journal,* 6 de maio de 2019, https://www.wsj.com/graphics/ceo-pay-2019.

Ele ficou feliz em ver o valor: Collins, *Good to Great,* pp. 42–45; Warren E. Buffett, 1990 Letter to the Shareholders of Berkshire Hathaway Inc. (Omaha, NE: Berkshire Hathaway Inc., março 1, 1991), https://www.berkshirehathaway.com/letters/1990.html, Marketable Securities; Warren E. Buffett, 1992 Letter to the Shareholders of Berkshire Hathaway Inc. (Omaha, NE: Berkshire Hathaway Inc., 1º de março de 1993), https://www.berkshirehathaway.com/letters/1992.html, Common Stock Investments.

Ao contrário do etos de liderança: Wells Fargo & Company, *Relatório Anual, 2016, da Wells Fargo & Company* (São Francisco, CA: Wells Fargo & Company, 2017), https://www08.wellsfargomedia.com/assets/pdf/about/investor-relations/annual-reports/2016-annual-report.pdf, p. 3.

Timothy J. Sloan, que se tornou CEO: Wells Fargo & Company, *Relatório Anual, 2016, da Wells Fargo & Company,* p. 5.

em uma tentativa de resolver: Independent Directors of the Board of Wells Fargo & Company, *Sales Practices Investigation Report,* 10 de abril de 2017, https://www08.wellsfargomedia.com/assets/pdf/about/investor-relations/presentations/2017/board-report.pdf, Overview of the Report.

de um ato de amor: William Manchester, *Goodbye, Darkness: A Memoir of the Pacific War* (Nova York, NY: Little, Brown and Company, 1980) p. 391.

quando você tem caminhões e aviões: P. Ranganath Nayak e John M. Ketteringham, *Breakthroughs!: How Leadership and Drive Create Commercial Innovations That Sweep the World* (San Diego, CA: Pfeiffer & Company, 1994) Capítulo 13.

no início, a empresa: Roger Frock, *Changing How the World Does Business: FedEx's Incredible Journey to Success—The Inside Story* (São Francisco, CA: Berrett-Koehler Publishers, Inc., 2006) Edição do Kindle, Capítulo 18.

Essa história é excepcionalmente bem contada: Nayak e Ketteringham, *Breakthroughs!,* Capítulo 13.

CAPÍTULO 3: ESTILO DE LIDERANÇA

O segredo para o impacto de um líder: William Manchester, *The Last Lion, Alone* (Boston, MA, Little Brown, and Company, 1988) p. 210. Ao longo do livro, usamos Churchill como exemplo. Para uma excelente visão da vida e do estilo de liderança de Churchill, recomendamos a série *Last Lion,* de Manchester.

Desde a fundação, o Teach for America: Laura Baker, "Teach For America by the Numbers", *Education Week,* 15 de janeiro de 2016, https://www.edweek.org/ew/section/multimedia/

teach-for-america-by-the-numbers.html; "The History of Teach For America", Teach For America, https://www.teachforamerica.org/what-we-do/history.

Nessa discussão, votei em Kopp: Bo Burlingham, "Jim Collins: How to Thrive in 2009", Inc., 1º de abril de 2009, https://www.inc.com/magazine/20090401/in-times-like-these-you-get-a-chance.html.

Como James MacGregor Burns ensinou: James MacGregor Burns, Leadership (Nova York, NY: Harper Torchbooks, 1978) p. 4.

Powell aprendeu que: Colin Powell, *It Worked for Me: In Life and Leadership* (Nova York, NY: HarperCollins, 2012) p. 159.

Em West Point, influenciado: "Quotes", Dwight D. Eisenhower Presidential Library, Museum & Boyhood Home, 5 de novembro de 2019, https://www.eisenhowerlibrary.gov/eisenhowers/quotes.

poucas semanas depois que John F. Kennedy: William Manchester, *Portrait of a President: John F. Kennedy in Profile* (Boston, MA: Little Brown, and Company, 1962).

Walton: Vance H. Trimble, *Sam Walton* (Nova York, NY: Dutton, 1990) pp. 141–155. O livro de Vance Trimble sobre Sam Walton é um excelente relato biográfico sobre Walton e sobre o perfil histórico do Walmart.

Foi sua determinação feroz: Mark A. Stoler, *The Skeptic's Guide to American History Transcript Book* (Chantilly, VA: The Great Courses, 2012) pp. 383–392.

George C. Marshall: Merle Miller, *Plain Speaking: An Oral Biography of Harry S. Truman* (Nova York, NY: Berkeley Publishing Group, 1984) p. 406.

"Quando todas as evidências parecem estar presentes": Michael Ray e Rochelle Myers, *Creativity in Business* (Nova York, NY: Doubleday, 1986) p. 157.

"Estranhamente": Ray e Myers, *Creativity in Business*, p. 163.

"Aprendi a confiar piamente": Miller, *Plain Speaking*, p. 313.

"Não tema os erros": Harry Mark Petrakis, *The Founder's Touch: The Life of Paul Galvin of Motorola* (Nova York, NY: McGraw-Hill Book Company, 1965) p. 226.

existe um contínuo de estilos de tomada de decisão: Uma discussão interessante sobre estilos de tomada de decisão na gestão está em *Managing for Excellence*, de David L. Bradford e Allan Cohen; *Managing for Excellence* (Nova York, NY: John Wiley & Sons, 1984) p. 185. Embora tenhamos adaptado e desenvolvido os conceitos apresentados no seu livro, fomos influenciados pela sua descrição do estilo de tomada de decisão.

"As melhores decisões": C. Krenz, "MIPS Computer Systems", Estudo de Caso de Stanford S-SB-112.

"O fato de podermos falar": Robert F. Kennedy, *Thirteen Days* (Nova York, NY: W. W. Norton & Company, 1969) p. 111.

Não importava se você fosse: Andrew S. Grove, "How to Make Confrontation Work for You", *Fortune*, 23 de julho de 1984.

Sloan à sua equipe: Peter F. Drucker, *The Effective Executive: The Definitive Guide to Getting the Right Things Done* (Nova York, NY: Harper Business, 2017) Edição do Kindle, p. 165.

"Washington cultivou uma cultura": Ron Chernow, *Washington: A Life* (Nova York, NY: Penguin Books, 2011), p. 604.

mesmo com toda a pressão: Robert F. Kennedy, *Thirteen Days: A Memoir of the Cuban Missile Crisis* (Nova York, NY: W. W. Norton & Company, 1999).

salvaram o mundo da aniquilação nuclear: Kennedy, *Thirteen Days*.

"aquele não era um avião pequeno": Karen B. Hunter, "The Man in Charge of the Skies Remembers 9/11", *Sandwich Enterprise*, 11 de janeiro de 2018, https://www.capenews.net/sandwich/news/the-man-in-charge-of-the-skies-remembers/article_89764007-04bd-5fd6-a0c4-b09c6a15bb1a.html.

Sliney mais tarde: "Aviation Officials Remember September 11, 2001", C-SPAN, 11 de setembro de 2010, https://www.c-span.org/video/?295417-1/aviation-officials-remember-september-11-2001, 56:55–58:22.

pousando 4.556 aeronaves: "Aviation Officials Remember September 11, 2001"; "September 11 Attack Timeline", 9/11 Memorial & Museum, https://timeline.911memorial.org/#Timeline/2.

Descobrimos que algumas: Collins e Hansen, *Great by Choice*, pp. 110–113.

"Resolva as prioridades primeiro": Peter F. Drucker, *The Effective Executive* (Nova York, NY: Harper & Row, 1967) p. 24.

"há inimigos ao redor": Bob Bright, palestra proferida na Escola de Negócios de Stanford, 1º de maio de 1987.

"Se o seu trabalho for bem-sucedido": Kenneth Atchity, *A Writer's Time* (Nova York, NY: W. W. Norton & Company, 1986) pp. 29–31.

Marriott: Robert O'Brian, *Marriot: The J. Willard Marriott Story* (Salt Lake City, UT, Deseret Book Company, 1987) pp. 265–267.

Churchill: Manchester, *The Last Lion, Alone*, pp. 3–37.

L.L.Bean: Arthur Bartlett, "The Discovery of L.L. Bean", *The Saturday Evening Post*, 14 de dezembro de 1946.

"A política de portas abertas": Thomas J. Watson, Jr., *Father, Son & Co.* (Nova York, NY: Bantam Books, 1990) pp. 308–309.

Sam Walton: Trimble, *Sam Walton*, pp. 141–155.

"Eles estavam planos": Debbi Fields, *One Smart Cookie* (Nova York, NY: Simon and Schuster, 1987) p. 132.

Ele até criou um departamento: Martin Gilbert, *The Churchill War Papers: Never Surrender* (Nova York, NY: W. W. Norton & Company, 1995) p. xvii.

Felizmente para a história: Winston S. Churchill, Triumph and Tragedy (Nova York, NY: RosettaBooks, 2013) Capítulo 1.

Essa EPO "natural": Edmund L. Andrews, "Mad Scientists", *Business Month*, maio de 1990.

"Amgen criou o único caminho viável": Alun Anderson, "Growing Pains for Amgen as Epoetin Wins US Approval", *Nature*, 15 de junho de 1989, p. 493.

No final, a Amgen: Edmund L. Andrews, "Mad Scientists"; Alun Anderson, "Growing Pains for Amgen as Epoetin Wins US Approval"; Barry Stavro, "Court Upholds Amgen's Patent on Anemia Drug Medicine: The Decision Solidifies Its Position as the Nation's No. 1 Biotech Company and Will Encourage Other Firms to Protect Scientific Discoveries", Los Angeles, *Times*, 7 de março de 1991; Edmund L. Andrews, "Amgen Wins Fight over Drug: Rights to Patent Lost by Genetics Institute", *New York Times*, 7 de março de 1991; Rhonda L. Rundle e David Stipp, "Amgen Wins Biotech Drug Patent Battle—Genetics Institute's Shares Plunge on Court Ruling as Victor's Stock Surges", *Wall Street Journal*, 7 de março de 1991; Diane Gershon, "Amgen Scores a Knockout", *Nature*, 14 de março de 1991; Elizabeth S. Kiesche, "Amgen Wins EPO battle, but Patent War Goes On", *Chemical Week*, 20 de março de 1991; Paul Hemp, "High Court Refuses Genetics Patent Appeal", *Boston Globe*, 8 de outubro de 1991; "High Court Backs Amgen on Drug Patent", *Washington Post*, 8 de outubro de 1991; Ann Thayer, "Supreme Court Rejects Erythropoietin Case", *Chemical & Engineering News*, 14 de outubro de 1991.

poderia afetar a dinâmica do grupo: Paul Hemp, "A Time for Growth: An Interview with Amgen CEO Kevin Sharer", *Harvard Business Review*, julho-agosto de 2004, https://hbr.org/2004/07/a-time-for-growth-an-interview-with-amgen-ceo-kevin-sharer.

Psicólogos: Thomas J. Peters e Robert H. Waterman, *In Search of Excellence* (Nova York, NY: Warner Books, Inc., 1982) pp. 55–60.

Psicólogos: Russell A. Jones, *Self-Fulfilling Prophecies: Social, Psychological and Physiological Effects of Expectancies* (Hillsdale, NJ: Lawrence Erlbaum Associates, 1977) p. 167.

"Pessoas felizes": "The Business Secrets of Tommy Lasorda", *Fortune*, 3 de julho de 1989, pp. 129–135.

"para encerrar a prática": John Wooden, *They Call Me Coach* (Chicago, IL: Contemporary Books, 1988) p. 108.

San Francisco 49ers: Bill Walsh, *Building a Champion* (Nova York, NY: St. Martin's Press, 1990) p. 147.

Wooden: Wooden, *They Call Me Coach*, p. 60.

"estiloso": Walsh, *Building a Champion*, p. 97.

"Lembro-me de quando": Robert Sobel, *Trammell Crow: Master Builder* (Nova York, NY: John Wiley & Sons, 1990) p. 234.

Jim Burke: Warren Bennis, *On Becoming a Leader* (Reading, MA: Addison-Wesley Publishing Company, 1989) p. 192.

"Suponha que a casa do meu vizinho": William Manchester, *The Glory and the Dream* (Nova York, NY: Bantam Books, 1990) pp. 229–230

"[A Apple] baseia-se": Steven P. Jobs, palestra proferida na Escola de Negócios de Stanford, maio 1980.

Paul Galvin, fundador da Motorola: Petrakis, *Founder's Touch*, p. viii.

William McKnight: Mildred Comfort, William L. McKnight, *Industrialist* (Minneapolis, MN: T. S. Denison & Company, Inc., 1962) p. 179.

Henry Ford: Robert Lacey, *FORD: The Men and the Machine* (Nova York, NY: Ballantine Books, 1989) p. 141.

CAPÍTULO 4: VISÃO

"A questão básica é": Edward Hoffman, *The Right to Be Human: A Biography of Abraham Maslow* (Los Angeles, CA: Jeremy P. Tarcher, Inc., 1988) p. 280.

"Considere qualquer grande organização": Thomas J. Watson, Jr., *A Business and Its Beliefs* (Nova York, NY: McGraw-Hill Book Company, Inc., 1963) pp. 4–5. Esse pequeno livro é uma contribuição marcante, e nós o recomendamos fortemente.

3M: Minnesota Mining and Manufacturing Company, *Our Story So Far: Notes from the First 75 Years of 3M Company* (St. Paul, MN: Minnesota Mining and Manufacturing Company, 1977).

"Qualquer organização, para sobreviver e alcançar o sucesso": Watson, *A Business and Its Beliefs*, pp. 4–5.

O pai de Watson: Thomas J. Watson, Jr., *Father, Son & Co.* (Nova York, NY: Bantam Books, 1990) p. 51.

Credo J&J: Lawrence G. Foster, *A Company That Cares: One Hundred Year Illustrated History of Johnson & Johnson* (New Brunswick, NJ: Johnson & Johnson Company, 1986) p. 108.

McKinsey: Marvin Bower, *Perspective on McKinsey* (Nova York, NY: McKinsey & Company, Inc., 1979). Este não é um livro de circulação geral; foi escrito e impresso de forma privada para ser lido apenas por funcionários da McKinsey & Company. Jim trabalhou na McKinsey no início da sua carreira, onde leu e ficou impressionado com o livro.

"Com todos os seus problemas, Israel": Barbara W. Tuchman, *Practicing History* (Nova York, NY: Ballantine Books, 1982) p. 134.

Miller comentou: C. Krenz, "MIPS Computer Systems", Estudo de Caso de Stanford S-SB-112.

"Sabe, vocês nunca nos derrotaram": Harry G. Summers, *Jr., On Strategy: A Critical Analysis of the Vietnam War* (Nova York, NY: Bantam Doubleday Dell Publishing Group, Inc., 1982) p. 21.

Em termos de tática e logística: Summers, *On Strategy*, pp. 21–22.

"Essa confusão sobre os objetivos": Summers, *On Strategy*, p. 149.

"Os responsáveis nunca definiram": William Manchester, *The Glory and the Dream* (Nova York, NY: Bantam Books, 1990) p. 1054.

"Escolhi Williamsburg": Watson, *Father, Son & Co.*, pp. 285–289.

Vermont Castings: C. Hartman, "Keeper of the Flame", *Inc.*, março de 1989, pp. 66–76.

Estrutura Collins–Porras: J. Collins e J. Porras, "Organizational Vision and Visionary Organizations", *California Management Review*, outono de 1991.

"Venda boas mercadorias": Arthur Bartlett, "The Discovery of L.L. Bean", *The Saturday Evening Post*, 14 de dezembro de 1946.

L.L.Bean: "L. L. Bean, Inc. (B)", Caso da Escola de Negócios de Harvard 9-676-014.

Herman Miller: Max De Pree, *Leadership Is an Art* (Nova York, NY: Doubleday Dell Publishing Group, Inc., 1989) pp. 4–80.

Telecare Corporation: Entrevista com a CEO Anne Bakar.

Credo da Johnson & Johnson: Foster, *A Company That Cares*, p. 108.

Dave Packard: "Interview with Bill Hewlett and Dave Packard", *HP Lab Notes Journal*, 6 de março de 1989.

Bill Hewlett: Interview com Jim Collins e com Jerry Porras, novembro, 1990.

Merck & Company: Merck & Company, "Statement of Corporate Purpose", 1989.

"Os negócios não podem ser definidos": Peter F. Drucker, *Management: Tasks, Responsibilities, Practices* (Nova York, NY: Harper & Row, 1974) pp. 59–61.

"Metas quantitativas não podem dar propósito": T. Richman, "Identity Crisis", *Inc.*, outubro 1989, p. 100.

L.L.Bean: "L.L. Bean, Inc. (B)", Caso da Escola de Negócios de Harvard 9-676-014.

"Sinto que meu trabalho nunca será terminado": Steve Jobs, talk given at Stanford Business School, março 1989.

Merck: Merck & Company, "Statement of Corporate Purpose", 1989.

Schlage Lock Company: Declaração de Visão da Schlage Corporate, 1990.

Celtrix: Bruce Pharriss, Entrevista com os autores, julho 1991.

Lost Arrow/Patagonia: J. Collins, "Lost Arrow Corporation (C)", Caso da Escola de Negócios de Stanford S-SB-117C.

Pioneer Hi-Bred: Ron Zemke e Dick Schaaf, *The Service Edge: 101 Companies That Profit from Customer Care* (Markham, Ontario: Penguin Books, 1989) p. 462.

Telecare Corporation: Anne Bakar, entrevista com os autores, julho 1991.

Mary Kay Cosmetics: Mary Kay Ash, *Mary Kay on People Management* (Newport Beach, CA: Books on Tape, Inc., 1984), cassete 1, lado 1.

Kennedy-Jenks: David Kennedy, entrevista com os autores, julho 1991.

Advanced Decision Systems: Mike Kaul, entrevista com os autores, julho 1991.

"Esta nação deve se dedicar": Daniel J. Boorstin, *The Americans: The Democratic Experience* (Nova York, NY: Vintage Books, 1974) p. 596.

exemplos de propósito que demos: F. David, "How Companies Define Their Mission", *Long Range Planning*, volume 22, nº 1, fevereiro de 1989, pp. 90–92.

"Difundir a arquitetura MIPS": C. Krenz, "MIPS Computer Systems", estudo de Caso de Stanford S-SB-112-TN.

Democratizar os automóveis: Boorstin, *The Americans: The Democratic Experience*, p. 548.

"Todo o nosso povo": Winston S. Churchill, *Blood, Sweat, and Tears* (Nova York, NY: G. P. Putnam's Sons, 1941) p. 403.

IBM 360: Watson, *Father, Son, & Co.*, pp. 346–351.

Boeing: Harold Mansfield, *Vision: Saga of the Sky* (Nova York, NY: Madison Publishing Associates, 1986) pp. 329–339.

Para cumprir a missão, a P&G: Oscar Schisgall, *Eyes on Tomorrow: The Evolution of Procter & Gamble* (Chicago, IL: J. G. Ferguson Publishing Company, 1981) pp. 87–98.

"Gostamos de testar o impraticável e o impossível": Schisgall, *Eyes on Tomorrow*, p. 200.

chance de sucesso era de 50%: Boorstin, *The Americans: The Democratic Experience*, p. 595.

Merck: P. Gibson, "Being Good Isn't Enough Anymore", *Forbes*, 26 de novembro de 1979, p. 40.

Coors: C. Poole, "Shirtsleeves to Shirtsleeves", *Forbes*, 4 de março de 1991, p. 56.

Tokyo Tsushin Kogyo: Akio Morita, *Made in Japan* (Nova York, NY: Dutton, 1986) pp. 63–74.

Home Depot: C. Hawkins, "Will Home Depot Be 'The Wal-Mart of the '90s'?", *Business Week*, 19 de março de 1990, p. 124.

Walmart: Vance H. Trimble, *Sam Walton* (Nova York, NY: Dutton, 1990) p. 168.

"Nossos objetivos são sempre baseados": "Being the Boss", *Inc.*, outubro 1989, p. 49.

"Sempre acreditamos": John Schulley, *Odyssey* (Nova York, NY: Harper & Row Publishers, 1987) pp 4–5.

"Yamaha wo tsubusu!": G. Stalk, Jr., "Time — The Next Source of Competitive Advantage", *Harvard Business Review*, julho-agosto, 1988, p. 44.

Phil Knight: "Sneaker Wars", *ABC's 20/20*, 19 de agosto de 1988.

Parkinson: J. Collins, "Passion Can Provide a Propelling Purpose", *San Jose Mercury News*, 7 de agosto de 1988, p. PC 1.

Trammell Crow: N. Aldrich, "The Real Art of the Deal", *Inc.*, novembro 1988, p. 82.

Norwest: S. Weiner, "The Wal-Mart of Baking", *Forbes*, 4 de março de 1991, p. 65.

Walmart: Trimble, *Sam Walton*, pp. 33–34.

"Estamos empenhados em desenvolver": *The General Electric Story* (Schenectady, NY: General Electric Company, 1989) p. 128.

varrendo os escritórios de todo o país: Adam Bryant, "When Management Shoots for the Moon", *New York Times*, 27 de setembro de 1998, https://www.nytimes.com/1998/09/27/business/business-when-management-shoots-for-the-moon.html.

"Tínhamos um sonho": "The Art of Loving", *Inc.*, maio, 1989, p. 46.

"Você tem que colocar [sua visão] no papel": "Thriving on Order", *Inc.*, dezembro 1989, p. 47.

"Vou construir um automóvel para o grande público": Robert Lacey, *FORD: The Men and the Machine* (Nova York, NY: Ballantine Books, 1986) p. 93.

"Hitler sabe que terá que nos destruir": William Manchester, *The Last Lion, Alone* (Boston, MA: Little, Brown, and Company, 1988) p. 686.

O cofundador Doug Woods: "Our History", *DPR Construction*, https://www.dpr.com/company/history.

Em 2015, a DPR: "Our History", *DPR Construction*.

A DPR ultrapassou os US$4,5 bilhões: "Our History", *DPR Construction*.

"As pessoas não se dizem visionárias": V. Woodruff, "Giving the Globe a Nudge: Ted Turner", *Vis a Vis*, agosto de 1988, p. 58.

CAPÍTULO 5: A SORTE FAVORECE O PERSISTENTE

Você começa de baixo: Sam Scott, "Sheer Focus", *Stanford Magazine*, julho/agosto de 2014, https://stanfordmag.org/contents/sheer-focus.

Barack Obama tuitou: Barack Obama, *Obama White House Twitter*, 14 de janeiro de 2015, https://twitter.com/obamawhitehouse/status/555521113166336001?lang=en.

Jobs nem mesmo recebeu um convite: Mona Simpson, "A Sister's Eulogy for Steve Jobs", *New York Times*, 30 de outubro de 2011, https://www.nytimes.com/2011/10/30/opinion/mona--simpsons-eulogy-for-steve-jobs.html.

"No momento, está disfarçada até demais": Winston S. Churchill, *Triumph and Tragedy* (Nova York, NY: RosettaBooks, 2013) Capítulo 40.

se você considerar a companhia como a criação soberana: Jim Collins e Jerry I. Porras, *Built to Last: Successful Habits of Visionary Companies* (Nova York, NY: Harper Business, 2002) p. 28.

CAPÍTULO 6: O QUE MOVE AS GRANDES EMPRESAS — O MAPA

Em uma sociedade em constante renovação: John W. Gardner, *Self-Renewal: The Individual and the Innovative Society* (Nova York, NY: W. W. Norton & Company, 1995) p. 5.

Só porque a dinastia do basquete UCLA Bruins: "John Wooden — A Coaching Legend: outubro 14, 1910–junho 4, 2010", *UCLA Athletics*, https://uclabruins.com/sports/2013/4/17/208183994.aspx.

Nas palavras de F. Scott Fitzgerald: F. Scott Fitzgerald, "The Crack-Up", Esquire, 1º de fevereiro de 1936, http://classic.esquire.com/the-crack-up.

CAPÍTULO 7: ESTRATÉGIA

"A estratégia é fácil": A. Rock, "Strategy vs. Tactics from a Venture Capitalist", *Harvard Business Review*, novembro-dezembro de 1987, p. 63.

O desenvolvimento do tanque: William Manchester, *The Last Lion: Visions of Glory* (Nova York, NY: Dell Publishing, 1983) pp. 510–512.

Estágios da evolução do setor: Michael Porter, *Competitive Strategy* (Nova York, NY: The Free Press, 1980) pp. 158–162.

David Birch: D. Birch, "Trading Places", *Inc.*, abril 1988, p. 42.

"Sua esperança ferrenha": Winston S. Churchill, *The Gathering Storm* (Boston, MA: Houghton-Mifflin Company, 1948) p. 222.

criou um departamento à parte: Churchill, *The Gathering Storm*, p. 468.

"indivíduos astutos, ásperos, incômodos e quase desagradáveis": T. Watson, "The Greatest Capitalist in History", *Fortune*, 31 de agosto de 1987, p. 24.

"Não existe lei de estratégia": Carl von Clausewitz, *On War* (Princeton, NJ: Princeton University Press, 1976) p. 204.

companhia aérea mais lucrativa dos Estados Unidos: "Southwest Airlines Reports 47th Consecutive Year of Profitability", *Southwest Airlines*, 23 de janeiro de 2020, http://investors.southwest.com/news-and-events/news-releases/2020/01-23-2020-112908345.

Quando Robert Noyce e Gordon Moore: Leslie Berlin, *The Man behind the Microchip: Robert Noyce and the Invention of Silicon Valley* (Nova York, NY: Oxford University Press, 2005) p. 159.

Moore calculou: Gordon E. Moore, "Cramming More Components onto Integrated Circuits", *Proceedings of the IEEE 86*, nº 1 (janeiro 1998): 82–85. (Esta é uma reimpressão da publicação original: Gordon E. Moore, "Cramming More Components onto Integrated Circuits", *Electronics 38*, nº 8 [abril 19, 1965]: 114–117).

O 1103 tornou-se o chip de memória: Berlin, *The Man Behind the Microchip*, Capítulo 7, Capítulo 8 e Capítulo 9.

"vendaval perene de destruição criativa": Joseph A. Schumpeter, *Capitalism, Socialism and Democracy* (Nova York, NY: Harper Perennial, 2008) p. 84.

A resposta: vinte e cinco esquadrões: Winston S. Churchill, *Their Finest Hour* (Nova York, NY: RosettaBooks, 2013) Capítulo 2.

"não importava quais fossem as consequências": Churchill, *Their Finest Hour*, Capítulo 2.

"Poderíamos até mesmo ter que morrer como indivíduos": Winston S. Churchill, *The Grand Alliance* (Nova York, NY: RosettaBooks, 2013) Capítulo 32.

nas palavras de Andy Grove: Andrew S. Grove, *Only the Paranoid Survive: How to Exploit the Crisis Points That Challenge Every Company* (Nova York, NY: RosettaBooks, 2004) Capítulo 6.

Como o professor Gary Gallagher, da Universidade da Virgínia: Gary W. Gallagher, Robert E. Lee e *His High Command Transcript Book* (Chantilly, VA: The Great Courses, 2004); Gary W. Gallagher, *The American Civil War Transcript Book* (Chantilly, VA: The Great Courses, 2000).

Lincoln derramou sua angústia em uma carta: Série 1. Correspondência Geral. 1833–1916: Abraham Lincoln para George G. Meade, terça-feira, 14 de julho de 1863 (Falha de Meade em perseguir Lee), Biblioteca do Congresso, https://www.loc.gov/resource/mal.2480600/?sp=1&st=text.

O que permanece verdadeiro sob todas as condições imagináveis: Von Clausewitz, *On War*, p. 263.

"Não cresça muito rápido": Entrevista ao HP-TV assistida pelos autores.

Osborne Computer precificou: K. Baron, "Spectacular Failures", *Peninsula*, julho de 1989, p. 40.

o crescimento rápido tende a criar arrogância: Baron, "Spectacular Failures", pp. 40–50.

EXEMPLO DE CASO: UNIVERSITY NATIONAL BANK AND TRUST: "Small Business: Second Thoughts on Growth", *Inc.*, março de 1991, pp. 60–66, e K. Moriarty, "University National Bank and Trust Company", Caso da Escola de Negócios de Stanford S-SB-125.

Warren Buffett tem a melhor resposta: Andrew Frye e Dakin Campbell, "Buffett Says Pricing Power More Important Than Good Management", Bloomberg, 17 de fevereiro de 2011, https://www.bloomberg.com/news/articles/2011-02-18/buffett-says-pricing-power-more-important-than-good-management?sref=3oJ96vqe.

"Se você diversificar": Larry Ansin, palestra proferida na Escola de Negócios de Stanford, outubro de 1990.

Cargill: M. Berss, "End of an Era", *Forbes*, 29 de abril de 1991, p. 41.

Tensor: T. Gearreald, "Tensor Corporation", Caso da Escola de Negócios de Harvard #9-370-041.

"É bom não sermos uma empresa de capital aberto": J. Pereira, "L.L. Bean Scales Back Expansion Goals to Ensure Pride in Its Service is Valid", *Wall Street Journal*, 31 de julho de 1989.

Porter oferece: Porter, *Competitive Strategy*, pp. 158–162.

CAPÍTULO 8: INOVAÇÃO

"Portanto, todo o progresso depende": Jorgen Palshoj, "Design Management at Bang and Olufsen", in *Design Management*, ed. Mark Oakley (Oxford, England: Basil Blackwood, 1990) p. 42.

"Este 'telefone' tem muitas defasagens": M. Miller "Sometimes the Biggest Mistake Is Saying No to a Future Success", *Wall Street Journal*, 15 de dezembro de 1986, p. 30.

"O conceito é interessante e bem estruturado": P. Ranganath Nayak e John M. Ketteringham, *Breakthroughs!* (Nova York, NY: Rawson Associates, 1986) p. 318.

"Não lhes dizemos como treinar": Nayak e Ketteringham, *Breakthroughs!*, p. 238.

"Falamos com a Atari": Steve Jobs, palestra proferida na Escola de Negócios de Stanford, maio 1980.

"Vocês deveriam fazer uma franquia": Vance H. Trimble, *Sam Walton* (Nova York, NY: Dutton, 1990) p. 99.

"Não gostamos do som deles": Miller, "Sometimes the Biggest Mistake Is Saying No to a Future Success", p. 30.

pelos direitos da caixa registradora: Daniel J. Boorstin, *The Americans: The Democratic Experience* (Nova York, NY: Vintage Books, 1974) pp. 201–202.

"O que é toda essa bobagem de computador": Nayak e Ketteringham, *Breakthroughs!*, p. 158.

"Perfurar para obter óleo?": Boorstin, *The Americans: The Democratic Experience*, p. 46.

"para os militares, o avião é inútil": Basil H. Liddell Hart, *The Real War* (Newport Beach, CA: Books on Tape, Inc., 1989), cassete 3, lado 1.

"A televisão nunca alcançará popularidade": William Manchester, *The Glory and the Dream* (Nova York, NY: Bantam Books, 1990) p. 240.

as ideias básicas por trás do Macintosh: T. Simmers, "The Big Bang", Peninsula, julho de 1988, pp. 46–53.

O restaurante McDonald's original: Ray Kroc, *Grinding It Out: The Making of McDonald's* (Nova York, NY: Berkeley Publishing Corporation, 1977) pp. 5–13.

o protótipo original do *Personal Publisher*: S. Bandura, "T/Maker: The Personal Publisher Decision", Caso da Escola de Negócios de Stanford #S-SB-111.

Tylenol: Lawrence G. Foster, *A Company That Cares: One Hundred Year Illustrated History of Johnson & Johnson* (New Brunswick, NJ: Johnson & Johnson Company, 1986) p. 123.

Oxydol ou Lava Soap: Schisgall, *Eyes on Tomorrow: The Evolution of Procter & Gamble* (Chicago, IL: J. G. Ferguson Publishing Company, 1981) p. 112.

Wetordry: *Minnesota Mining and Manufacturing Company, Our Story So Far: Notes from the First 75 Years of 3M Company* (St. Paul, MN: Minnesota Mining and Manufacturing Company, 1977) pp. 64–65.

Xerox: Miller, "Sometimes the Biggest Mistake Is Saying No to a Future Success", p. 30.

Stew Leonard's: Ron Zemke and Dick Schaaf, *The Service Edge: 101 Companies That Profit from Customer Care* (Markham, Ontario: Penguin Books, 1989) pp. 317–321.

O Walmart tem uma política: Zemke e Schaaf, *The Service Edge*, p. 362.

inovações da L.L.Bean surgiram: "L. L. ean, Inc.", Caso da Escola de Negócios de Harvard #9-366-013.

O aparelho de fax: P. Drucker, "Marketing 101 for a Fast-Changing Decade", *Wall Street Journal*, 20 de novembro de 1990.

Post-it Notes da 3M: Nayak e Ketteringham, *Breakthroughs!*, pp. 50–74.

Federal Express: Nayak e Ketteringham, *Breakthroughs!*, p. 318.

Debbie Fields: Debbie Fields, *One Smart Cookie* (Nova York, NY: Simon and Schuster, 1987) pp. 56–58.

David Sarnoff: Boorstin, *The Americans: The Democratic Experience*, p. 154.

Windham Hill: Michael Ray e Rochelle Myers, *Creativity in Business* (Nova York, NY: Doubleday, 1986) p. 128.

O primeiro forno de micro-ondas: Nayak e Ketteringham, *Breakthroughs!*, p. 195.

Akio Morita, da Sony: Akio Morita, *Made in Japan* (Nova York, NY: E.P. Dutton, 1986) p. 79.

"Os consumidores, quando confrontados com algo novo": Jean-Pierre Vitrac, "Prospective Design", in *Design Management*, ed. Mark Oakley (Oxford, England: Basil Blackwell, 1990) p. 305.

"Certamente, a busca por um mercado": Nayak e Ketteringham, *Breakthroughs!*, pp. 17–18.

e do produto *Personal Publisher*: S. Bandura, "T/Maker: The Personal Publisher Decision", Caso da Escola de Negócios de Stanford #S-SB-111.

"Como a maioria das grandes ideias": Steve Jobs, palestra proferida na Escola de Negócios de Stanford, maio 1980.

o Band-aid foi inventado: Foster, *A Company That Cares*, p. 82.

"Na minha faixa etária": Nayak e Ketteringham, *Breakthroughs!*, p. 119.

Na L.L.Bean, por exemplo: J. Skow, "Using the Old Bean", *Sports Illustrated*, 2 de dezembro de 1985.

o talco para bebês da Johnson: Foster, *A Company That Cares*, p. 32.

Ballard Medical Products: T. Richman, "Seducing the Customer: Dale Ballard's Perfect Selling Machine", *Inc.*, abril de 1988, pp. 95–104.

"Claro, essa é uma forma um tanto não científica": Paulo Viti e Pier Paride Vidari, "Design Management at Olivetti", in *Design Management*, ed. Mark Oakley (Oxford, England: Basil Blackwell, 1990) p. 305.

"O importante é a experimentação": Vinod Khosla, palestra proferida na Escola de Negócios de Stanford, outubro de 1988.

Edison: J. Collins, "The Bright Side of Every Failure", *San Jose Mercury News*, 29 de março de 1987, p. PC 1.

"Gordon the Guided Missile": John Cleese, palestra proferida em 9 de dezembro de 1987. O discurso foi reproduzido pela Video Arts, de Northbrook, Illinois.

"O segredo do adesivo Post-it": Nayak e Ketteringham, *Breakthroughs!*, p. 57.

"Ela [a pipoca]": Nayak e Ketteringham, *Breakthroughs!*, p. 185.

"Vejo Jennifer, Bill e eu": B. Maxwell, "Powerfood's First Year", *Powerbar News*, dezembro de 1987, pp. 1–4.

Por exemplo, a Novellus Systems: V. Rice, "A Model Company", *San Jose Mercury News*, 21 de fevereiro de 1991, p. B1.

Modelo T: Robert Lacey, *FORD: The Men and the Machine* (Nova York, NY: Ballantine Books, 1989) p. 82

foram falhas de produto para a Motorola: Harry Mark Petrakis, *The Founder's Touch: The Life of Paul Galvin of Motorola* (Nova York, NY: McGraw-Hill Book Company, 1965) pp. 102, 129, 167, 180.

"As pessoas devem ser persistentes": R. Burgelman, "Intraorganizational Ecology of Strategy-making and Organizational Adaptation: Theory and Field Research", Stanford Graduate School of Business Research Paper #1122, p. 24.

empreendimentos corporativos internos da Intel: Burgelman, "Intraorganizational Ecology", p. 17.

"Você tem que equilibrar os excêntricos": Vinod Khosla, palestra proferida na Escola de Negócios de Stanford, outubro 1988.

"Se você deseja que as melhores coisas aconteçam na vida corporativa": G. Melloan, "Herman Miller's Secrets of Corporate Creativity", *Wall Street Journal*, 3 de maio de 1988, p. 31.

Ao descrever as descobertas de eletricidade de Ben Franklin: Daniel J. Boorstin, *The Americans: The Colonial Experience* (Nova York, NY: Vintage Books, 1958) pp. 251–259.

"O maior obstáculo à criatividade e inovação que encontrei nos negócios é a sabedoria convencional": Debi Coleman, entrevista com os autores, agosto de 1991.

Boston Celtics: Entrevista concedida à CBS Sports durante o campeonato, maio de 1988.

"[...] eles faziam o trabalho": John Tracy Kidder, *The Soul of a New Machine* (Boston, MA: Little, Brown and Company, 1981) pp. 272–274.

Herman Miller: Melloan, "Herman Miller's Secrets".

Merck: De uma palestra proferida pelo CEO da Merck, Roy Vagelos, na Escola de Negócios de Stanford, 15 de fevereiro de 1990.

Rosenberg e Birdzell: Nathan Rosenberg e L. E. Birdzell, Jr., *How the West Grew Rich* (Nova York, NY: Basic Books, Inc., 1986).

"É preciso encontrar uma nova estrutura": Steve Solomon, "The Thinking Man's CEO", *Inc.*, novembro de 1988, pp. 29–42.

"Se você vai ter centenas de produtos": Paul Cook, palestra proferida na Escola de Negócios de Stanford, 17 de abril de 1981.

Herman Miller: Melloan, "Herman Miller's Secrets."

"Você ganha um jogo": Kidder, *The Soul of a New Machine*, p. 228.

Ben e Jerry: Paul Hawken, *Growing a Business* (Nova York, NY: Firside, 1988) p. 149.

Federal Express: Zemke e Schaaf, *The Service Edge*, p. 479.

William McKnight: Mildred Houghton Comfort, *William McKnight: Industrialist* (Minneapolis, MN: T. S. Dennison & Company, Inc., 1962) pp. 132, 139, 191.

Regis McKenna: Ray e Meyers, *Creativity in Business*, p. 91.

Paul Galvin: Petrakis, *The Founder's Touch*, p. 209.

A Herman Miller permite que seus designers: Melloan, "Herman Miller's Secrets".

Claude Rosenberg: Palestra proferida na Escola de Negócios de Stanford, 8 de novembro de 1984.

Ted Nierenberg: Palestra proferida na Escola de Negócios de Stanford, 5 de dezembro de 1984.

Como Gerard Tellis e Peter Golder demonstraram: Gerard J. Tellis e Peter N. Golder, *Will and Vision: How Latecomers Grow to Dominate* Markets (Nova York, NY: McGraw-Hill, 2002) pp. xiii–xv, 43–46, 288–292.

CAPÍTULO 9: EXCELÊNCIA TÁTICA

"Deus está nos detalhes": "Thoughts on Business of Life", *Forbes*, 19 de agosto de 1991, p. 152.

Certa vez, perguntaram a Hemingway: Theodore A. Rees Cheney, *Getting the Words Right* (Cincinnati, OH: Writer's Digest Books, 1983) p. 3.

Uma pesquisa da revista *Inc.*: J. Case, "The Origins of Entrepreneurship", *Inc.*, junho, 1989, p. 62.

junto com a IBM e com a Apple: Relatórios anuais de 1990 da Compaq, da Apple e da IBM.

"O ingrediente principal acabou sendo": Vance H. Trimble, *Sam Walton* (Nova York, NY: Dutton, 1990) pp. 120–122.

"A maior parte das causas": W. Edwards Deming, *Out of the Crisis* (Cambridge, MA: Massachusetts Institute of Technology, Center for Advanced Engineering Study, 1986). Essa citação é repetida por Deming inúmeras vezes em seus seminários e de várias formas ao longo do seu livro. Para obter uma compreensão completa da citação, recomendamos a leitura de *Out of the Crisis*, de Deming.

A. Richard Barber: R. Barber, "How L. L. Bean Restored My Soles — And Warmed My Soul", *Wall Street Journal*, 18 de dezembro de 1990, p. A12.

a experiência de um fabricante de peças de avião: Peter F. Drucker, *Concept of the Corporation* (Nova York, NY: The John Day Company, 1972) pp. 157–158.

como a Federal Express conseguiu: P. Ranganath Nayak e John Ketteringham, *Breakthroughs!* (Nova York, NY: Rawson Associates, 1986) pp. 314–322.

O famoso Prêmio Deming: Mary Walton, *The Deming Management Method* (Nova York, NY: Perigee Books, 1986) pp. 3–21.

Stew Leonard's: Ron Zemke e Dick Schaaf, *The Service Edge: 101 Companies That Profit from Customer Care* (Markham, Ontario: Penguin Books, 1989) pp. 317–321.

Marriott: Zemke and Schaaf, The Service Edge, pp. 117–120.

Whole Foods: B. Posner, "The Best Little Handbook in Texas", Inc., fevereiro, 1989, pp. 84–87.

Jim Miller: Zemke e Schaaf, *The Service Edge*, pp. 516–519.

Parisan: Zemke e Schaaf, *The Service Edge*, pp. 356–359.

Domino's: Zemke e Schaaf, *The Service Edge*, pp. 301–304.

Stew Leonard's: Zemke e Schaaf, *The Service Edge*, pp. 317–321.

Home Depot: C. Hawkins, "Will Home Depot Be 'The Walmart of the '90s'?", *Business Week*, 19 de março de 1990, p. 124.

Frederick Herzberg: F. Herzberg, "One More Time: How Do You Motivate Employees?", *Harvard Business Review*, setembro–outubro 1987, pp. 109–120.

A L.L.Bean avalia a porcentagem: Zemke e Schaaf, *The Service Edge*, pp. 378–381.

Marriott: Zemke e Schaaf, *The Service Edge*, pp. 117–120.

Deluxe Corporation: Zemke e Schaaf, *The Service Edge*, pp. 446–449.

em um restaurante Bob Evans: Zemke e Schaaf, *The Service Edge*, pp. 293–296.

Ciclo de Shewhart: Deming, *Out of the Crisis*, p. 88.

"Golden Falcon": Zemke e Schaaf, *The Service Edge*, p. 479.

"Não vejo como podemos": J. Skow, "Using the Old Bean", *Sports Illustrated*, 2 de dezembro de 1985.

Watson, da IBM: T. Watson, "The greatest Capitalist in History", *Fortune*, 31 de agosto de 1987, p. 24.

estudos sobre a motivação do trabalhador: D. Yankelovich e J. Immerwahr, "Putting the Work Ethic to Work", *Social Science and Modern Society* 21, nº 2 (janeiro–fevereiro, 1984): pp. 58–76.

o que Fred Smith disse: Nayak e Ketteringham, *Breakthroughs!*, pp. 314–322.

ÍNDICE

Este livro foi impresso nas oficinas gráficas da Editora Vozes Ltda.,
Rua Frei Luís, 100 – Petrópolis, RJ.